MADRID & UMGEBUNG

Hans-Peter …benhaar

Text und Recherche: Dr. Hans-Peter Siebenhaar
Lektorat: Peter Ritter
Redaktion: Dirk Thomsen
Fotos: Dr. Hans-Peter Siebenhaar
Covergestaltung: Karl Serwotka
Coverfotos: Azulejo (oben), Puerta del Sol (unten)
Karten: Gábor Sztrecska, Hana Gundel, Kim Vanselow

Über den Autor

Dr. Hans-Peter Siebenhaar, Jahrgang 1962, Politikwissenschaftler. Studium neben Erlangen und Kalamazoo (USA) an der Universität Complutense in Madrid. Die spanische Hauptstadt ist dem Reisejournalisten zur zweiten Heimat geworden. Lieblingscafés: an warmen Tagen am Paseo de Pintor Rosales und an kalten Tagen im Circulo de Bellas Artes. Zum Tapa-Essen in die Taberna de Cien Vinos oder zu José Luis. Lieblingsausflugsort: El Escorial in den Madrider Bergen.

Herzlichen Dank für die Hilfe an diesem Buch an Maria Sarmiento für die Hilfe bei den Recherchen.

ISBN 3-89953-242-2

2. komplett überarbeitete Auflage 2006

Centro

Gran Vía

Plaza de España

Malasaña/Chueca

Retiro

Salamanca

Moncloa/Argüelles

Castellana

Die Peripherie

Umgebung von Madrid

INHALT

Kartenverzeichnis

Madrid

Umgebung von Madrid

Zeichenerklärung für die Karten und Pläne

Autobahn	Bebaute Fläche	Bushaltestelle
Schnellstraße	Grünanlage	Taxistand
Hauptverkehrsstraße	Gewässerfläche	Information
Nebenstraße	Flughafen	Museum
Bahnlinie	Metro Haltestelle	Sehenswürdigkeit

Was haben Sie entdeckt?

Haben Sie ein empfehlenswertes Restaurant gefunden, eine nette Tapa-Bar oder ein gemütliches Hostal entdeckt?
Wenn Sie Tipps, Anregungen oder Verbesserungsvorschläge zum Madrid-Buch haben, lassen Sie es uns bitte wissen. Wir freuen uns über jede Nachricht.

Hans Peter Siebenhaar
Stichwort „Madrid & Umgebung“
Michael Müller Verlag
Gerberei 19
91054 Erlangen
E-Mail: hp.siebenhaar@michael-mueller-verlag.de

Vorwort

Liebe Leserin, lieber Leser,

„Madrid hat keinerlei Respekt vor sich selbst, spart sich großes Gehabe und schert sich nicht um ehrwürdige Steine und Gedenktafeln. Madrid zu erleben, das hat nicht damit zu tun, dass man sich groß auskennt, es heißt schlicht und einfach: auf die Straße gehen und herumlaufen“, schrieb die Schriftstellerin Carmen Martín Gaite einst. Dieses Buch möchte bei den ausgedehnten Spaziergängen durch das Straßenlabyrinth eine Hilfe zum Selberentdecken geben. Hier erlebt man kleine und großen Geschichten auf Schritt und Tritt.

„Madrid me mata! – „Madrid bringt mich um“, behaupten die Einwohner ein wenig selbstironisch über ihre Stadt und möchten dennoch nirgendwo sonst auf der Welt leben. Mediterrane Lebenslust ohne Grenzen .... Madrid ist eben mehr als eine europäische Metropole und die spanische Hauptstadt. Es ist das kulturelle und gesellschaftliche Zentrum Spaniens. Hier wird die Nacht zum Tag.

Vor allem ist Madrid ein kulinarisches Paradies. Lassen Sie sich verführen von den Tapas der kastilischen, galicischen, baskischen und asturianischen Bars. Gönnen Sie sich einen Besuch in den Madrider Restaurants, deren Kochkünste zu den besten in Europa gehören – in einer rustikalen Mesón genau wie in einem palastähnlichen Restaurante.

Noch ein Wort zu den empfohlenen Adressen: Dieses Reisebuch entstand nach dem Kodex des Deutschen Presserates. Das heißt, es gibt weder Sponsoring noch irgendeine Einflussnahme durch Unternehmen oder Organisationen oder gar Schleichwerbung. Gemäß den ethischen Medien-Grundsätzen wurden für dieses Buch sämtliche Informationen vollkommen unabhängig und mit größtmöglicher Sorgfalt vor Ort recherchiert.
Madrid ist ein Stadt in ständiger Bewegung: Neue Bars eröffnen, Hotels renovieren, Gemäldesammlungen werden erweitert, Öffnungszeiten immer mal wieder geändert – mehr als anderswo in Europa unterliegen in der spanischen Metropolis Informationen einem relativ kurzen Verfallsdatum. Lassen Sie uns wissen, wenn Sie Verbesserungsvorschläge haben oder selbst bei Entdeckungstouren fündig geworden sind.

Buenas vacaciones y buen viaje

Dr. Hans-Peter Siebenhaar

Straßenmaler auf der Plaza Mayor

Mucho Madrid

„Mucho Madrid" – „viel(fältiges) Madrid": eine Stadt mit vielen Gesichtern, eine Stadt ohne Schlaf. Madrid besitzt eine Anziehungskraft, die nicht ereignisreicher Geschichte, prächtigen Baudenkmälern oder überwältigendem Charme entspringt. Madrid ist wild, ungebärdig, aufgeregt und aufregend. „Madrid me mata" – „Madrid bringt mich um", behaupten die Einheimischen angesichts der erschöpfenden Lebenslust in der spanischen Hauptstadt – einer Metropole, die seit mehr als drei Jahrzehnten eine beeindruckende Sogwirkung auf Künstler, Intellektuelle, Bonvivants und Neugierige aus aller Welt ausübt.

Gleich nach dem Tod Francos schüttelte Madrid den Mief der Diktatur mit aller Macht ab. Die Movida zeigte den neuen Weg, führte Spanien mit frischen Ideen und enormem künstlerischem Potenzial voran. Madrid ist seitdem in Mode. Heutzutage ist die Movida keine kulturell-politische Aufbruchsbewegung mehr, sondern nur noch ein Synonym für das einzigartige Nachtleben der spanischen Hauptstadt. Denn erst gegen Mitternacht erwacht Madrid zu eigenartiger Schönheit. Überall locken Lichter zum Amüsement bis zum Morgengrauen. Zuerst in den Straßencafés um die Castellana, später in den Bars der Kneipenviertel der Altstadt, nach Mitternacht in die Ausgehvierteln wie Chueca oder Moncloa, am frühen Morgen in einer der vielen angesagten Diskotheken – nachts ist die Stadt unwiderstehlich.

Im hellen Licht des Tages dagegen präsentiert sich Madrid als moderne, arbeitsame Metropole. Überall tost der Verkehr und wimmeln die Massen.

Bankenpaläste und Verwaltungs-Prunkbauten überbieten sich gegenseitig – das ungehemmte Wirtschaftswachstum der letzten Jahre hat seine Spuren hinterlassen. Die Zuversicht und die Lebensfreude sind ungebrochen. Doch es gibt auch Schattenseiten der Erfolgsgeschichte. Das Leben in Madrid ist sündhaft teuer, und viele der 3,1 Millionen Einwohner leben auf beengtem Raum. Seit den 60er Jahren ist die Stadt unglaublich schnell gewachsen, und sie wächst weiter. In der Region (Comunidad de Madrid) sind schon heute mehr als fünf Millionen Menschen zu Hause. Vor allem auf Einwanderer aus Lateinamerika oder dem Maghreb wirkt die Region wie ein Magnet. Entsprechend präsentiert sich Madrid im 21. Jahrhundert als multikulturelle Metropole: Viele Argentinier oder Chilenen absolvieren hier ihre Universitätsausbildung, Bolivianerinnen und Peruanerinnen erledigen zuverlässig ihren Job in Haushalten und Altenheimen, Deutsche, Franzosen und Amerikaner sitzen in den Konzernfilialen für den boomenden spanischen Markt, Asiaten eröffnen Läden oder Restaurants, und politische Flüchtlinge finden endlich Asyl. Madrid – eine weltoffene Metropole.

Belle Epoque an der Plaza de Espana

Madrids Schätze drängen sich nicht auf – man muss sie suchen. Am besten, man organisiert seinen Besuch als langen Spaziergang. Denn nur beim (vielleicht auch ziellosen) Schlendern durch die Millionenmetropole lernt man das wirkliche Leben kennen.

Den *Prado*, eine der bedeutendsten Gemäldegalerien der Welt, findet man freilich leicht. Er gehört ebenso zu den Klassikern wie der kunterbunte Flohmarkt *Rastro*, die grünen Oasen des *Retiro-Parks* und der *Casa de Campo*, der luftige, kühle Velázquez-Himmel klarer Herbsttage und, und, und ... Aus dem „Dorf in der Mancha“ (Ortega y Gasset) ist eine kontrastreiche, vielschichtige, vibrierende Metropole geworden. Genau das macht den Reiz Madrids aus.

Tipp: Den Juli und August meiden! Wer die Stadt in voller Aktivität erleben möchte, sollte nach Möglichkeit nicht in diesen beiden Monaten kommen. Madrid ist dann in Urlaub, viele Museen, Bars, Restaurants und Geschäfte haben geschlossen. Die kastilische Hitze macht einen Aufenthalt zur Qual.

Madrid sitzt im Zentrum Spaniens wie die Spinne im Netz. Strahlenförmig laufen die wichtigsten Fernstraßen und Bahnlinien auf die Landeshauptstadt zu. In 655 Metern Höhe besetzt die höchstgelegene Hauptstadt Europas den geographischen Mittelpunkt des Landes. Die Hauptstadt mit Parlament, Senat und Ministerien ist nicht nur das politische Zentrum Spaniens. Hier spielt auch ökonomisch die Musik. In Madrid haben die meisten großen Unternehmen ihren Sitz, und die Stadt am Manzanares-Fluss ist das unbestrittene Finanzzentrum der Iberischen Halbinsel.

Glanz und Elend liegen in Madrid nahe beieinander. Eifrige Geschäftswelt und horrende Arbeitslosigkeit, sattes Bürgertum neben Bettlern und Taschendieben, junge Manager neben noch jüngeren Drogensüchtigen. Im Herzen der Stadt verbinden sich Lust und Leid: An der abendlichen Puerta del Sol treffen sich geschäftige Menschen, drei Schritte weiter, neben dem noblen Kaufhaus Corte Inglés, lassen Fixer in den dunklen Ecken der Calle de la Montera die Zeit verstreichen. An ihrem Ende spuckt die Straße die Heimatlosen auf die Bänke an der lärmenden Gran Vía aus. Ein Stückchen weiter dann die Uralt-Bar Museo Chicote, in der schon Hemingway seine Nächte verbrachte. Die betagte Drehtür verschluckt den Lärm der Straße. Alte Barkeeper gehen mit ruhiger Würde ihrer Arbeit nach. Draußen ist es Nacht, und Madrid wird schön.

... für Kunstliebhaber

Madrid ist ein wahres Eldorado für Besucher, die sich für neue oder klassische Kunst interessieren. Dutzende von Museen und noch mehr Kunstgalerien hat die spanische Kulturmetropole zu bieten. Der absolute Höhepunkt ist bereits seit Jahrhunderten der Prado. In diesem Kunst-Palacio verbergen sich unschätzbare Meisterwerke von El Greco über Velázquez bis hin zu Goya. Schräg gegenüber geht es etwas moderner zu: Im Thyssen-Bornemisza-Museum hängen neben alten Meistern auch moderne Klassiker wie van Gogh, Cézanne, Kandinsky oder Warhol. Wenige Meter weiter: ein wahrer Publikumsmagnet – das Kunstzentrum Reina Sofía. Die meisten Besucher kommen wegen Pablo Picassos Meisterwerk „Guernica". Das monumentale Bild, das an den deutschen Angriff auf die gleichnamige baskische Stadt während des Spanischen Bürgerkriegs erinnert, zählt zu den wichtigsten Kunstwerken des 20. Jh. Doch das Reina Sofía hat nicht nur Picasso und eine exzellente Dalí- und Miró-Sammlung zu bieten. Das weitläufige Museum widmet sich insbesondere der internationalen Avantgarde. Die Ausstellungen in den historischen Hallen haben Weltruhm.

Wer Kunst kaufen will, sollte durch die Calle Claudio Coello im feinen Salamanca-Viertel spazieren. Hier reihen sich die Galerien wie an einer Perlenschnur auf.

... für Nachtschwärmer

Das Madrider Nachtleben ist legendär. Schon in den 70er und 80er Jahren hat die Movida der spanischen Hauptstadt für Schlagzeilen gesorgt. Wie kein anderer Regisseur hat Pedro Almodovar diese schrille Aufbruchsstimmung nach dem Ende der Franco-Diktatur eingefangen. Auch wenn die klassische, intellektuelle Movida mittlerweile tot ist – Tatsache ist, dass Madrid nach

Deftig – barocke Fassadenmalerei an der Plaza Mayor

Sonnenuntergang erst richtig erwacht. Die Nacht wird hier zum Tag. Selbst hochbetagte Senioren gehen erst zwischen 22 und 23 Uhr zum Abendessen. Und bei jungen Leuten gilt es als bieder, am Wochenende vor Mitternacht vor die Tür zu gehen. In Madrid gehen eben die Uhren anders als in Paris oder London. Die beliebtesten Ausgehviertel sind immer noch die Altstadtgassen um die Plaza Santa Ana und die Calle Huertas unweit der Puerta del Sol, die legendäre Malasaña (Alonso Martínez und Plaza Dos de Mayo), das Viertel Chueca und die Gassen rund um die Plaza de España. Bei den ganz Jungen ist das Studentenviertel Moncloa angesagt. Wer es etwas beschaulicher möchte, sollte das Barrio de los Austrias (Habsburgerviertel) in der Altstadt aufsuchen. Südlich der Plaza Mayor laden traditionsreiche Restaurants wie das *Casa Lucio* und anspruchsvolle Tapas-Bars wie die *Taverna de Cien Vinos* oder das *Delic* zum Schlemmen ein.

... für Shoppinglustige

Madrid – traditionelle Mode- und Design-Hochburg – ist ein ideales Einkaufsziel. Für die gut gekleideten Madrileños gehört ein Schaufensterbummel zu den beliebtesten Freizeitbeschäftigungen. Am Abend herrscht auf den Boulevards drangvolle Enge. In Spaniens Hauptstadt ist man stets auf der Suche nach dem Neuesten vom Neuen. Im Gegensatz zu anderen Metropolen beherrschen in Madrid nicht Ladenketten den Einzelhandel. Die Einheimischen lieben vor allem Boutiquen und kleine Läden, die ihren eigenen Stil pflegen. Als die feinste Einkaufsgegend gilt zu Recht das Salamanca-Viertel. Zwischen den Boulevards Serrano und Velázquez sind edle Modeboutiquen, ausgefallene Möbel- und Designgeschäfte und feine Gourmets-Tiendas zu finden. Hier haben

Frommes Madrid: Jesuskindlein

alle spanischen Top-Designer wie Loewe, Roberto Verino, Adolfo Dominguez oder Elena Benarroch eine Dependance. Natürlich fehlen auch die international bekannten Namen wie Gucci, Prada, Armani etc. nicht. Witzige Mode für junge Leute ist entlang des Boulevards Princesa im Studentenviertel Argüelles/Moncloa zu finden. Eher auf den Massengeschmack und auf Touristen sind die großen Einkaufshäuser in der Fußgängerzone im Zentrum zwischen Puerta del Sol und Callao eingestellt. Madrids berühmteste Flaniermeile Gran Vía hat längst viel von ihrem Charme verloren, auch wenn hier immer noch gute Läden zu finden sind. Avantgarde-Mode und außergewöhnliche Läden kann der Besucher im Viertel Chueca rund um die Straßen Fuencarral und Hortaleza entdecken.

... für Feinschmecker

Madrid ist ein Paradies für Feinschmecker: mediterrane Küche pur. Ein Garant für die allgemein hohe Qualität der Restaurants sind die exzellenten Produkte, die der Gastronomie zur Verfügung stehen. Bei einem Spaziergang durch eine der vielen Markthallen kann man die unglaubliche Vielfalt an Fisch, Fleisch, Gemüse und Obst bestaunen. Gutes Essen besitzt für die Madrileños seit jeher einen hohen Stellenwert. Wer gute Restaurant- und Bar-Tipps auf Lager hat, wird schnell unverzichtbarer Bestandteil einer Ausgeh-Clique. Die genusssüchtigen Hauptstädter sind dabei immer auf der Suche nach Neuem. Dieser kulinarische Wettbewerb sorgt dafür, dass neue Restaurants, Bars und Tascas mit ihren Kochkünsten erst einmal überzeugen müssen. Die Leckereien, die in Madrid auf den Tisch kommen, sind in der Regel ausgesprochen gesund. In den Tapa-Bars reihen sich hinter der Glasvitrine die köstlichen Leckereien von Pulpo über Chorizo bis Patatas bravas auf. Die beliebten Tapas freilich sind nicht gerade ein billiges Vergnügen. Schließlich sind sie nur als Aperitif und nicht als Abendessen im Stehen gedacht.

Übrigens, die spanische Küche an sich, ist nicht existent. Vielmehr gibt es eine Vielzahl von Regionalküchen: Galicier präsentieren Krustentiere und Fisch mit Albariño-Wein, Asturianer servieren deftige Eintopfgerichte und Sidra, Kastilier offerieren Lamm und Spanferkel aus dem Ofen sowie kräftige Rotweine, Andalusier frittierte Sardinen und Gazpacho, und die Basken geben sich innovativ bei Meeresfrüchten ... In Madrid sind alle diese Regionalküchen präsent. Noch dazu ist Essen in der spanischen Hauptstadt ein vergleichsweise preiswertes Vergnügen. Mittags gibt es in den familiären Restaurants günstige Menüs. Auch bei Top-Adressen stimmt das Preis-Leistungs-Verhältnis.

In den Gärten von Aranjuez

... für Naturfreunde

Auch wenn der Blick auf den Stadtplan scheinbar nur wenige Parks ausweist – Madrid ist eine Metropole, in der kein Mangel an Grünflächen und Ausflugsmöglichkeiten besteht. Traditionell ist der zentral gelegene Parque del Retiro die grüne Oase Madrids. Doch gleich hinter dem Königspalast beginnt der riesige Park Casa de Campo. Das ehemalige königliche Jagdgebiet am westlichen Ufer des Manzanares ist heute ein Naherholungsgebiet mit fast 1800 Hektar (!) Fläche. Vom Parque del Oeste (Stadtviertel Moncloa) ist dieses Waldgebiet auf originelle Weise erreichbar: Eine kleine Seilbahn (mit schönen Ausblicken) verbindet die beiden Parks in zehn Minuten. Am Stadtrand Madrids entstanden in den 80er und 90er Jahren architektonisch innovative Parks: Der Parque de Juan Carlos I. im Nordosten, ganz in der Nähe des Airports Barajas, ist beispielsweise eine Art Freiluftmuseum mit zahlreichen Skulpturen. Die ausgewählten Bäume und Pflanzen, vor allem der künstliche See, der auch mit einem Ausflugsboot erkundet werden kann, schaffen hier ein Mikroklima. Wer es alpiner möchte, sollte in die bis zu 2430 Meter hohe Sierra de Guadarrama mit ihren ausgedehnten Pinienwäldern und tiefen Tälern aufbrechen. Dieser Gebirgsriegel nördlich von Madrid ist im Winter nicht nur ein beliebtes

Familienausflug zum Plaza de Oriente

Skifahrerziel, sondern auch ein weitgehend unerschlossenes Naturparadies. Selbst am Wochenende sind die Wege rund um Navacerrada (an der Passstraße nach Segovia) nicht überlaufen.

... für Kids

Kinder sind in Spanien die kleinen Könige. Deshalb ist das Angebot für die Kleinen in Madrid überraschend groß. Ein Klassiker ist der weitläufige Parque de Atracciones im Naherholungsgebiet Casa de Campo. Der Freizeitpark mit atemberaubenden Fahrgeschäften ist leicht mit der Metro zu erreichen. Gleich nebenan liegt der Madrider Zoo mit seinem bei Kindern beliebten Delfinarium. Hoch im Kurs steht auch ein Besuch des postmodernen Planetariums und des Imax-Kinos im Parque Tierno Galván im Süden Madrids (unweit des Autobahnrings M-30). Lohnenswert ist außerdem das Museo de Ciencias Naturales (Naturwissenschaftliches Museum). Die sehenswerte Ausstellung, die auch ökologische Themen und interessante Sonderschauen umfasst, ist bei den Madrider Kindern und Jugendlichen populär. Ein bisweilen bizarr-schauriges Erlebnis ist das Museo de Cera (Wachsfigurenmuseum) in der Südwestecke der Plaza Colón, insbesondere die Terror-Säle, welche berühmte Mörder lebensecht zeigen. Und ein bisschen Landeskunde gibt es auch: Die Kleinen können hier die königliche Familie Spaniens „hautnah“ erleben. Daneben gibt es noch zahlreiche Künstler und Intellektuelle in Wachs zu bestaunen wie die Maler Picasso und Dalí, Autoren wie Camilio José Cela, Rafael Alberti und Antonio Gala. Aktuelle Tipps für Familien mit Kindern bietet außerdem wöchentlich das Veranstaltungsmagazin Guía del Ocio.

Leckere Tapas sind hier garantiert

Highlights in Madrid und Umgebung

Die spanische Hauptstadt und ihre umliegenden Städte beeindrucken durch ihre Vielfältigkeit. Eine Auswahl der Highlights ist natürlich immer subjektiv und daher nur als Anregung gedacht.

Kuriose Sehenswürdigkeiten

Real Fábrica de Tapices → S. 157
Torre Picasso → S. 184
Faro de Moncloa → S. 174
Casa Longoria → S. 132
Residencia de los Estudiantes → S. 183

Museen

Prado → S. 138
Reina Sofía → S. 151
Ermita de San Antonio de la Florida → S. 174
Thyssen-Bornemisza → S. 146
Museo Joaquín Sorolla → S. 165

Kirchen und Klöster

Monasterio de las Descalzas Reales → S. 89
Convento de la Encarnición → S. 97
Almudena → S. 98
San Francisco el Grande → S. 99
San Isidro → S. 102

Cafés/Bars

Café Gijon → S. 168
Café im Circulo de Bellas Artes → S. 108
Cerveceria Alemena → S. 112
Café de Oriente → S. 108
Embassy → S. 167

Restaurants

Casa Lucio → S. 109
Lhardy → S. 110
Teatriz → S. 168
El Rincon de Goya → S. 167
La Taverna de los Cien Vinos → S. 110

Hotels

Adler → S. 170
Santo Domingo → S. 222
Parador Chinchón → S. 243
Ciudad de Toledo → S. 226
Hotel Bauza → S. 170

Atocha-Bahnhof: Warten auf die Abfahrt inmitten tropischer Pflanzen

Anreise

Madrid ist leicht mit dem Flugzeug erreichbar. Von jeder größeren Stadt in Mitteleuropa gibt es Direktflüge, und längst steht die spanische Hauptstadt auch auf den Flugplänen von günstigen Charterfluggesellschaften und Billig-Airlines.

So ist der Flug nicht nur die schnellste – von Frankfurt bis nach Madrid sind immerhin gut 1800 Kilometer zurückzulegen –, sondern oft auch die preiswerteste Möglichkeiten, nach Madrid zu reisen. Und auch vor Ort kann man getrost auf ein eigenes Fahrzeug verzichten, denn in den letzten Jahren wurde der öffentliche Nahverkehr vorbildhaft ausgebaut. Auch zu Ausflugszielen wie Aranjuez, Toledo, Alcalá de Henares, El Escorial oder Segovia gibt es sehr gute Verbindungen mit S-Bahn, Zug oder Bus.

Mit dem Flugzeug

Die preisgünstigen Angebote der **Linienfluggesellschaften** sind aufgrund von Kapazitätsbeschränkungen und hoher Nachfrage für die Hauptsaison schnell ausgebucht. Man sollte sich also rechtzeitig um ein Ticket bemühen. Besonders gute Angebote gibt es meistens zwischen Januar und Ostern sowie im Herbst. Linienflüge mit Lufthansa oder Iberia sind bereits unter 200 € zu haben. **Billig-Fluglinien** wie Germanwings bieten Flüge ab 19 € (ohne Flughafensteuer) an.

Eine gute Möglichkeit, sich über aktuelle Angebote für Linien-, Charter- und Billigflüge nach Madrid zu informieren, bieten das Touristik-Internetportal www.opodo.de und das virtuelle Reisebüro Travel Overland (www.travel-overland.de). Ohne sich registrieren lassen zu müssen, kann man Flüge, Abflugzeiten und Platzangebot überprüfen und gegebenenfalls buchen.

Der **Madrider Flughafen Barajas** ist 13 km vom Zentrum entfernt. Zwischen Zentrum und Flughafen verkehren sowohl die **Metro** (Linie 8) als auch **Busse**. Mit der Metro sind es vom Airport nur zwölf Minuten bis zum Madrider Finanzzentrum (Station Nuevos Ministerios, Fahrpreis 1,15 €; von dort weiter siehe S. 81). Die Busse halten an den Terminals 1 und 2. Endstation ist die zentrale Plaza de Colón. Der Fahrpreis beträgt 2,50 €.

Flughafen-Information ✆ 913058343 oder 913058344, www.aena.es

Vorsicht bei Taxifahrten vom Airport in die Stadt: Oft werden überhöhte Preise verlangt. Für eine einfache Fahrt Barajas – Puerta del Sol (Altstadt) sollten es rund 15 € sein. Hinzu kommen noch Aufschläge für Gepäck. Lassen Sie sich vom Fahrer eine Quittung geben. Er muss ihnen auf Verlangen auch einen Reklamationsbogen geben. Reklamationen nimmt jede Polizeidienststelle entgegen. Der Taxiverband ist bei Beschwerden unter ✆ 915889632 zu erreichen.

Mit Auto und Motorrad

Diese Anreisevariante macht nur bei einem längeren Aufenthalt Sinn, denn die Reise auf den eigenen vier bzw. zwei Rädern dauert lange (für die gut 1800 km von Frankfurt/M. muss man mindestens rund 19 Std. reine Fahrzeit kalkulieren) und ist teuer: Zu den derzeit sehr hohen Spritkosten kommen in Frankreich und Spanien noch die Autobahngebühren hinzu (insgesamt etwa 85 € für eine Strecke).

Die Anreise mit Auto und Motorrad führt in aller Regel über Barcelona. Die katalanische Metropole ist mit Madrid über eine sehr gut ausgebaute Autobahn verbunden. Allerdings wird bisweilen der Großraum um Madrid zur Geduldsprobe. Vor allem in den Morgenstunden und am Abend stauen sich die Autos auf den Stadtautobahnen.

In Madrid selbst kann sich das eigene Fahrzeug – insbesondere das Auto – als wahrer Klotz am Bein erweisen. Denn Parkplätze sind nicht nur in der verwinkelten Altstadt, sondern auch in Wohn- und Geschäftsvierteln wie Salamanca oder Moncloa äußerst rar. Vor ein paar Jahren wurden zudem Parkuhren aufgestellt. Tausende von Kontrolleuren spazieren durch Madrids Straßen, um das Parkticket zu überprüfen.

Mit der Bahn

Die Bahn ist eine eher unattraktive Anreisevariante. Die Tickets sind in der Regel teurer als die fürs Flugzeug. Wer nicht mit dem modernen Talgo oder EC anreist, muss an der spanischen Grenze wegen der unterschiedlichen Spurweiten sogar den Zug wechseln. Und auch vorher ist in den meisten Fällen mindestens einmal Umsteigen angesagt, denn Direktzüge nach Spanien sind bislang eine Rarität, auch wenn das Angebot schrittweise ausgeweitet werden soll. Es gibt zwei Haupt-Einreisebahnhöfe nach Spanien: Port Bou am Mittelmeer (Katalonien) und Irún am Atlantik (Baskenland).

Via Strasbourg nach Port Bou (Mittelmeer): Die Direktverbindung von Deutschland zur spanischen Grenze; Start in Frankfurt, Zusteigemöglichkeiten in Karlsruhe und Kehl. Weiter über Strasbourg, Dijon, Avignon und Perpignan nach Port Bou, dort Anschlusszug nach Barcelona.

Durch die Schweiz: Eine gebräuchliche Alternative. Ab mehreren großen Städten fahren ECs oder Talgos bis Port Bou, dort Anschluss nach Barcelona. Ein Teil der Züge fährt sogar direkt bis Barcelona.

Via Paris: Nach Port Bou besonders im Sommer recht häufige Verbindungen; nach Irún noch bessere Anschlüsse. Doch: Ein großer Nachteil bei der Anreise via Paris ist, dass die Züge aus Deutschland an den Bahnhöfen Gare de l'Est oder Gare du Nord eintreffen, die Züge nach Spanien aber an den Bahnhöfen Gare d'Austerlitz oder Montparnasse (dort nur die Hochgeschwindigkeitszüge TGV) starten. Man muss also mit Sack und Pack per Metro oder Taxi quer durch Paris.

• *Information* An allen Bahnhöfen oder unter ✆ 11861 bzw. ✆ 0800-1507090 (automatische Ansage). Billiger und oft besser recherchiert der Kunde aber im Internet unter www.bahn.de. Allerdings sind im Internet bisher nur die Abfahrtzeiten zu erfahren, nicht aber der komplette Fahrpreis.

• *Fahrpreise* Für ein reguläres 2.-Klasse-Ticket ab Frankfurt/Main zahlt man rund 360 € (hin und zurück). Hinzu kommen noch Aufschläge und Platzreservierungen. Allerdings wird eine Vielzahl von Rabatten angeboten. Dabei können die Preise je nach Zugart, Reisetag, Reisedauer und Route sehr unterschiedlich ausfallen. Die Fahrtzeit Frankfurt–Madrid beträgt bei einmaligen Umsteigen in Paris mindestens 23 Stunden.

Mit dem Bus

Die Busse der „Europäischen Fernlinienverkehre" (Eurolines, Europabus), darunter die spanische Gesellschaft *Julia/Via Internacional*, verbinden Madrid rund ums Jahr mit vielen Städten Deutschlands. Ansprechpartner in Deutschland ist meist die *Deutsche Touring*. Der Bahn gegenüber kann die Busfahrt den Vorteil ins Feld führen, preiswerter zu sein. Generell sind die Busse durchaus komfortabel ausgestattet – die reine Erholung ist eine Busfahrt von 24 Stunden (Frankfurt–Madrid) und mehr natürlich ebenso wenig wie die Anfahrt per Bahn oder Auto. Die Busse kommen in der Regel in der zentral gelegenen Estación del Sur in Madrid an. Von dort gibt es eine Metroverbindung zu allen wichtigen Zielen der Stadt.

• *Preisbeispiele* Die Strecke Frankfurt–Madrid kostet einfach 121 €, hin und zurück 200 €. Es gibt zahlreiche Rabatte für Studenten, aber auch für Kinder (bis 12 J. 50 %, unter 4 J. sogar 80 % Ermäßigung).

• *Modalitäten* Zwei Gepäckstücke sind frei, Übergepäck gegen Aufpreis und nur, falls genug Platz ist. Fahrradmitnahme ist nicht möglich.

• *Information/Buchung* **Deutsche Touring (Zentrale Frankfurt)**, Am Römerhof 17, ✆ 069/790350, www.deutsche-touring.com.

In **Spanien** ist die Buchung in praktisch jeder größeren Stadt möglich, Büros meist im Busbahnhof.

Linienbusse ab der Schweiz: Die Europabusse fahren nicht mehr über die Schweiz. Als Alternative bieten sich jedoch verschiedene spanische Unternehmen an, ab Zürich z. B. Alsa + Eggmann, ✆ 01/2727210, www.alsa-eggmann.ch.

Schnell und preiswert durch die Stadt

Unterwegs in Madrid und Umgebung

Mit Auto, Motorrad & Co.

In Madrid selbst lässt man das Auto am besten stehen und benutzt die öffentlichen Verkehrsmittel.

Straßennetz: Das Straßennetz im Großraum Madrid ist in gutem bis sehr gutem Zustand. Viele Schnellstraßen, Autobahnen und Umgehungen wurden gebaut oder erweitert.

Autopistas, die spanischen Autobahnen, sind überwiegend gebührenpflichtig und derzeit die teuersten Europas. Viele **Autovías** (autobahnähnliche Schnellstraßen) rund um Madrid sind dagegen kostenlos, beispielsweise die Schnellstraßen nach Toledo, Aranjuez, Alcalá de Henares und El Escorial. Wer jedoch nach Segovia fährt, durchquert den gebührenpflichtigen Tunnel durch das Guadarrama-Gebirge. Wer sich das Geld sparen möchte, verlässt bereits in Villalba die Autobahn und nimmt die gut ausgebaute, reizvolle Landstraße über den Navacerrada-Pass. Das dauert ein bisschen länger als die Tunnel-Strecke, ist jedoch dafür viel schöner.

Unfall (*accidente*): **Polizeinotruf landesweit** ✆ **091**. Das Hauptquartier der Policia National befindet sich in der Nähe der Plaza de España, Calle Fomento 24, ✆ 915417160. Andere Polizeistationen (comisarías) gibt es beispielsweise im Ausgehviertel Calle Huertas 76 (Metro: Antón Martín), ✆ 914292226, oder in der Calle de la Luna (Metro: Callao), ✆ 915211236.

Mittlerweile gilt die Verkehrsinfrastruktur Madrids als vorzüglich – Staus gibt es heute seltener als noch in den neunziger Jahren

Pannenhilfe (*auxilio en carretera*): Spanienweit unter ✆ **915933333** erreichbar. Auf Fernstraßen und in größeren Städten sind blau-gelbe Fahrzeuge des spanischen Automobilclubs RACE unterwegs.

Parken: In Madrid ein heikles Kapitel. Auch aus Sicherheitsgründen empfiehlt es sich, Parkhäuser oder bewachte Parkplätze anzusteuern. Beide sind durch weißes „P" auf blauem Grund gekennzeichnet. Bei Ausländern drücken die spanischen Parkkontrolleure gerne mal ein Auge zu. Strafzettel wegen kleiner Parkvergehen werden von den Madrider Verkehrsbehörden in der Regel noch nicht ins Heimatland geschickt.

Mietwagen: In Verbindung mit der Anreise per Flugzeug die komfortabelste Art, Zentralspanien zu bereisen. Im Vergleich zu anderen europäischen Ländern sind Mietautos in Spanien ein relativ billiges Vergnügen. Autos können in Madrid über jede Reiseagentur angemietet werden oder bei den Verleihfirmen wie Hertz, Avis, Europcar etc. Im Madrider Flughafen Barajas gibt es unmittelbar bei der Ankunft im internationalen Terminal zahlreiche Vermietungsbüros, die bis in die späte Nacht geöffnet sind. Oft ist es jedoch günstiger, den Wagen bereits vor Reiseantritt zu buchen. Dann kann man in aller Ruhe zwischen den Angeboten auswählen. Weiterer Vorzug: Eventuelle Rechtsstreitigkeiten finden in Deutschland und nicht in Spanien statt. Übrigens sind die großen Verleihfirmen auch in den Bahnhöfen Charmatin und Atocha vertreten.

Mindestalter in der Regel 21 Jahre, den Führerschein muss man mindestens seit einem Jahr besitzen. Die Angebote beinhalten meist unbegrenzte Kilometer und – wichtiger Unterschied zur Anmietung in Spanien – auch alle Steuern. Daran gemessen, können sich die Preise internationaler Vermieter schon sehen lassen: Für ein Auto der kleinsten Kategorie muss man pro Woche mit ca. 240 € rechnen. Vollkaskoversicherung, Insassenversicherung und die Deckungssummen der Haftpflicht werden unterschiedlich gehandhabt: Beim Preisvergleich auch darauf achten.

Avis: ✆ 0180/55577, in Madrid 902135531.
Europcar: ✆ 0180/5221122, in Madrid 917211222.
Hertz: ✆ 0180/2355455, in Madrid 913937228.

Motorrad: Für Madrid und Umgebung das optimale Verkehrsmittel, keine Parkprobleme, kurvige Sträßchen durch Gebirgsregionen ... Auf der Castellana in Madrid ist ein Harley- oder BMW-Fahrer mit Anzug und Krawatte keine Seltenheit. Das Image des Motorradlers ist in Spanien positiv. Aber: Anders als die meisten Pkw sind Motorräder durchaus diebstahlgefährdet – eine gute Kette in Verbindung mit Teilkasko bringt Sicherheit.

Die Orientierung in der Metro ist leicht

Fahrrad: Das Fahrrad ist in Madrid oder anderen Städten Kastiliens unüblich. Die große Verkehrsdichte, manchmal hohe Luftverschmutzung und die Hitze des Sommers verderben den Spaß am Fahrrad. Dennoch, die Spanier sind meist radsportbegeistert. Ein Blick auf die Karte zeigt allerdings schnell die Grenzen für den Normalradler auf: Spanien ist ein fast durchweg hügeliges bis hochgebirgiges Land, und oft herrscht sehr starker Verkehr. Günstige Reisezeiten sind Frühjahr und Herbst.

Inline-Skates: Im Grunde genommen wäre Madrid für Inliner ein Paradies. Doch der tosende Verkehr macht Touren durch die Stadt zu einem lebensgefährlichen Unternehmen. Es gibt nur wenige Möglichkeiten, ohne großen Verkehr Rollschuh zu fahren. Beliebt ist beispielsweise der Parque Juan Carlos I. in der Nähe des Airports Barajas. Ein lohnenswertes Ziel ist auch die Ciudad Universitaria im Stadtviertel Moncloa. Vor allem am Wochenende sind die breiten Avenidas wie ausgestorben. Überhaupt der Sonntag: Wer zu früher Morgenstunde (vor zehn Uhr) mit seinen Skates fährt, kann sogar in den eleganten Alleen im Nobelviertel Salamanca fast ohne Autos unterwegs sein.

Mit der Bahn

Das Streckennetz in der Comunidad de Madrid ist exzellent. Die Staatsbahn und die Regionalbahn verbinden alle Orte sehr gut und meist schnell miteinander.

In Spanien existieren verschiedene Bahngesellschaften. Das Streckennetz der spanischen Staatsbahn Renfe (Red Nacional de los Ferrocarriles Españoles) umfasst das ganze Land. Der Service gilt jedoch als nicht besonders gut, die Preise sind relativ hoch. Deshalb reisen viele Spanier für lange Strecken lieber mit dem Bus. Für die Regionaldistanzen gilt dies aber nicht. Im Gegenteil, die Cercanías beispielsweise nach Alcalá de Henares oder Aranjuez sind modern, schnell, bequem und preiswert.

Auskünfte über innerspanische Verbindungen bzw. Ausflüge von Madrid aus bei **Renfe**, ✆ 902240202, www.renfe.es.

In Madrid gibt es zwei große Bahnhöfe:

Chamartín im Norden Madrids. Hier starten die Züge nach Frankreich, Barcelona, Irún, Bilbao, Santander, Málaga, Alicante, Sevilla.

Atocha im Süden Madrids. Zugverbindungen von und nach Portugal, Andalusien und in die Extremadura. Start und Ziel des Hochgeschwindigkeitszuges AVE und Ausgangspunkt für die Nahverkehrszüge in Madrid.

Besondere Fahrplankürzel: Bei nicht täglich verkehrenden Zügen oder Bussen steht im Fahrplan der Anfangsbuchstabe der Wochentage, an denen gefahren wird: L für Lunes (Montag), M für Martes (Dienstag), wieder M oder auch ein X für Miércoles (Mittwoch), J für Jueves (Donnerstag), V für Viernes (Freitag), S für Sábado (Samstag), D für Domingo (Sonntag). LXV bedeutet mithin: Abfahrten nur Montag, Mittwoch und Freitag.

Mit dem Bus

In Spanien ist der Bus das öffentliche Verkehrsmittel Nummer eins, noch deutlich vor der Bahn. Preisgünstig und leicht können selbst kleinere Orte gut erreicht werden. Hundert Buskilometer kosten im Schnitt etwa 6 €, ein durchaus akzeptabler Preis. Kein Wunder, dass der Bus ein beliebtes Verkehrsmittel nicht nur für Kurzstrecken ist.

Eine nationale spanische Busgesellschaft besteht nicht. Viele verschiedene und oft nur lokal operierende Agenturen teilen das Geschäft unter sich auf; manchmal ist auch eine Gesellschaft gebietsweise vorherrschend. In Madrid gibt es mehrere Busbahnhöfe. Der größte ist die Estación del Sur im Süden der Hauptstadt. Dieser an Metro und Cercanías angeschlossene Busbahnhof verbindet Städte wie Toledo und Aranjuez mit Madrid. Im Busbahnhof Moncloa (im Untergeschoss der gleichnamigen Metro-Station) fahren die Busse nach El Escorial ab, beim Metro- und Cercanía-Bahnhof Principe Pío (dient auch als Einkaufszentrum) im Norden Madrids die nach Segovia und Ávila.

Kleine Tücken im Busverkehr: Zwar ist das System insgesamt weniger verworren als das der Staatsbahn, doch läuft auch die Fortbewegung per Bus meist nicht ganz ohne Komplikationen ab. So ist es in den meisten Fällen aussichtslos, sich bei einer Gesellschaft nach Fahrzeiten einer anderen Agentur erkundigen zu wollen. In großen Busbahnhöfen wie der Madrider Estación del Sur muss man schon suchen, um den richtigen Schalter zu finden. Bei Fernbussen, zu denen man unterwegs zusteigt, gibt es Fahrkarten oft erst, wenn der Bus eingetroffen ist.

Die Busse sind ausgesprochen pünktlich. Dennoch lassen sich manchmal angesichts der angespannten Verkehrssituation in Madrid Verspätungen nicht vermeiden. Falls Sitzplatznummern ausgegeben werden, sollte man sich auch daran halten.

Übernachten

Die Angebotsskala in Madrid reicht von der einfachen Pension bis zum Luxushotel aus der Belle Époque. Je nach Budget und Ansprüchen finden sich Doppelzimmer zu 30 € ebenso wie solche zu 500 €. Grundsätzlich ist die spanische Hauptstadt in Sachen Übernachtung alles andere als ein preiswertes Ziel. Doch am Wochenende oder im Sommer gibt es zahlreiche Angebote.

Madrid ist einer der Schwerpunkte spanischer Hotellerie. Die Herbergen sind jedoch vorwiegend auf Geschäftsreisende eingestellt. Nur wenige Hotels bieten beispielsweise ein Schwimmbad oder andere Sportmöglichkeiten. Auch die Preise liegen über dem landesüblichen Durchschnitt. Das Prädikat Hauptstadt hat eben seinen Preis.

Preiswerte Unterkunft: Hotel Finisterre im Centro

Doch viele Hotels – vor allem der gehobenen Kategorie – bieten oft überraschend preiswerte Wochenendtarife an. Erkundigen Sie sich stets nach solchen Angeboten. Der Preisnachlass, aber auch die Termine sind höchst unterschiedlich. Grundsätzlich gilt: Bei der Quartiersuche im Juli und August gibt es keine Probleme. Vor allem im August, wenn ganz Spanien in Urlaub ist, ist Madrid nahezu menschenleer. Die Zimmerpreise erreichen dann ihren Jahrestiefststand. Allerdings, in El Escorial oder in Segovia ist genau das Gegenteil der Fall. Vor allem El Escorial im Guadarrama-Gebirge gilt als ausgesprochene Sommerfrische. Selbst im August bleibt es hier in den Nächten stets angenehm kühl.

Unsere Hoteltipps finden sie im Reiseteil bei dem jeweils vorgestellten Stadtteil von Madrid bzw. bei dem Ausflugsort.

Wer bei der eigenen Suche nach einer Unterkunft keinen Erfolg hat, wendet sich am besten an die örtliche Touristeninformation. Die in der Regel Englisch sprechenden Angestellten wissen, wie und wo sich noch freie Zimmer finden.

Probleme bei der Hotelsuche können bei den sogenannten *puentes* („Brücken“) auftreten: Lange Wochenenden, an denen der Feiertag auf einen Donnerstag/Freitag oder Montag/Dienstag fällt, werden gerne zu Kurzreisen genutzt.

Reservierungszentralen gibt es in den Bahnhöfen Chamartín (✆ 913157894) und Atocha (✆ 915391173) sowie am Flughafen (Untergeschoss, Ankunft, internationaler Terminal). Reservierungen für ganz Spanien, zu zahlen sind nur Telefongebühren.

Übernachtungs-Tipps

Das **Unterkunftsverzeichnis** von Madrid und Umgebung ist bei der spanischen Tourismusorganisation in Deutschland, Österreich und der Schweiz zu haben. Das umfangreiche Heft listet auch preiswerte Pensionen auf. Achtung: Die angegebenen Preise sind die offiziellen Zimmerpreise. Gerade im mittleren und hochpreisigen Bereich gibt es je nach Nachfrage interessante Sonderangebote. Im Winter sollte man vielleicht eine Klasse höher logieren als üblich, denn die einfachen Hostales besitzen nur selten die dann nötige Heizung.

Preise: Müssen an gut sichtbarer Stelle ausgehängt sein; mehr als die aufgeführten Preise darf der Wirt nicht verlangen. Die *Mehrwertsteuer* IVA (7 %, bei 5 Sternen 15 %) ist nur selten inklusive („incluido“), sondern wird oft erst bei Erstellen der Rechnung aufgeschlagen. Die in diesem Handbuch genannten Preise beziehen sich auf die Übernachtung im Doppelzimmer (DZ) und auf die reguläre Hochsaison (HS). Sie beinhalten die Mehrwertsteuer und orientieren sich an den offiziellen Angaben, was nicht ausschließt, dass mancher Pensionswirt oder Hotelier in der Nebensaison mit sich handeln lässt oder sogar von sich aus weniger fordert. Bei besonderen Ereignissen wie Messen und bekannten Festen ist in Madrid dagegen oft mit erhöhten Preisen zu rechnen!

Beschwerden: Jeder Beherbergungsbetrieb muss Beschwerdeformulare („Hojas de Reclamación“) zur Verfügung stellen; meist verhilft schon die Frage danach zur gütlichen Einigung. Die Drohung mit dem Gang zum Fremdenverkehrsamt zieht auch fast immer; andernfalls sollte man sich keineswegs scheuen, sie auch auszuführen.

Singles haben es nicht leicht in Spanien, denn nicht jeder Beherbergungsbetrieb verfügt über Einzelzimmer. Wo vorhanden, muss man mit etwa 70 % des Doppelzimmerpreises rechnen. Ob DZ verbilligt als EZ abgegeben werden, steht im Ermessen des Hoteliers – gelegentlich ist auch der volle Preis zu zahlen.

Doppelzimmer: Meist sogenannte „dobles“, worunter man zwei Einzelbetten zu verstehen hat. Paare werden „matrimonios“ („Ehe-Zimmer“) vorziehen, mit Doppelbett oder französischem Bett.

Zusatzbetten: Dürfen im Doppelzimmer den Preis um nicht mehr als 35 %, im Einzelzimmer um nicht mehr als 60 % erhöhen.

Die Klassifizierung der spanischen Unterkünfte wird von den örtlichen Behörden vorgenommen. Die Preise können von den Betrieben jährlich selbst festgelegt werden, sie sind jedoch den Tourismusämtern anzuzeigen und müssen dann das ganze Jahr über eingehalten werden. Nach Saison gestaffelte Preise sind in Madrid und Zentralspanien eher selten. Die Preise können allerdings zu Messezeiten, an Ostern und anderen religiösen Festen (auch lokaler Art) deutlich höher als üblich ausfallen. Nicht unbedingt aussagekräftig ist die Zahl der Sterne, die sich vor allem an bestimmten Ausstattungsdetails wie

Radio/TV im Zimmer, dem Vorhandensein eines Aufzugs etc. orientiert. Ein Zweisternehotel kann ohne Weiteres besser möbliert und moderner ausgestattet sein als der Nachbar in der Dreisterneklasse. Und manche Vier- oder Fünfsternehotels sind bisweilen eine Enttäuschung.

Paradores

Paradores sind einer staatlichen Hotelkette angeschlossene Betriebe, die jeweils drei oder vier, in seltenen Fällen auch fünf Sterne aufweisen. Leider gibt es in Madrid selbst keinen Parador. Aber in der Umgebung: In Toledo ein geschmackvolles Haus mit beeindruckender Aussicht, in Chinchón ein umgebautes Kloster, in Segovia ein modernes Komfort-Hotel mit Panorama, und in Alcalá de Henares entsteht gerade ein neuer Parador in der Altstadt. Außerdem wird derzeit auch an der Restaurierung eines Gebäudes im ehemaligen königlichen Sommersitz La Granzja gearbeitet. Kennzeichnend für Paradores ist ihre schöne Lage und/oder die Unterbringung in klassischen und stilvollen Gemäuern wie umgebauten Klöstern oder Burgen. Daran und an der sonstigen Ausstattung gemessen, sind Paradores im europäischen Vergleich tatsächlich recht preiswert. Der Richtwert liegt bei 90–130 € fürs Doppelzimmer, je nach Betrieb und Saison. Doch auch wer unterhalb dieser Preisklasse reist, sollte sich öfter mal auf einen Kaffee oder einen Drink in die auch für Nicht-Übernachtungsgäste zugänglichen Bars der Paradores hineinwagen: Zu akzeptablen Preisen bieten sie eine oft sehr schöne Atmosphäre, manchmal auch tolle Aussicht.

Die Paradores-Hotels sind der Stolz der spanischen Hotellerie

Amigo de paradores

Im Internet kann man sich über Specials unter der Adresse www.parador.es informieren. Darüber kann man auch *amigo de paradores* werden. Dieser Freundesclub informiert seine Mitglieder über Angebote und gewährt ihnen Vorteile wie kostenlose Garage etc. Die Mitgliedschaft ist kostenlos. Adresse: Apartado de correos 62097, 28090 Madrid, ✆ 0034-913742600, 📠 0034-913742636. Die amigos-Zentrale in Madrid ist täglich von 7 bis 21 Uhr erreichbar.

Reservierungen: Die Paradores sind häufig ausgebucht, Reservierung empfiehlt sich daher. Information in Deutschland: Ibero-Hotel-Reservierung, 40210 Düsseldorf, Steinstraße 21, ✆ 0211/8641520. Reservierungszentrale in Spanien: Requena 3, 28103 Madrid, ✆ 0034-915166666, 📠 0034-915265758.

Jugendherbergen

In ganz Madrid gibt es nur wenige Jugendherbergen. Die Übernachtung kostet für unter 26-Jährige 8 €, alle anderen zahlen 12 €. Eine preiswerte Alternative ist das private Hostal Los Amigos (siehe S. 114).

Albergue Juvenil San Fermín, neue Jugendherberge im Süden Madrids (Stadtteil San Fermín), von der Calle Toledo (Centro), nimmt man den Bus Nr. 23, der in ca. 25 Min. die neue Jugendherberge (bis zur Haltestelle an der Calle Antequera) erreicht. Alternative: Mit der Metro bis zur Station Legazpi und dann weiter mit Bus Nr. 23 (Haltestelle Iglesia San Fermin, Calle Antequera). Das Gebäude gleicht von außen einer Pyramide aus Beton und Glas. Innen dominieren die Farben Gelb und Blau. Die Einrichtung ist funktional. Jedes Zimmer verfügt über ein eigenes Bad mit Du/WC, Waschbecken und Fön. Einfaches Frühstück. Freundliches Personal, das gerne auch Tipps zu Madrid gibt. Die Jugendherberge liegt in einem ruhigen Viertel. Doch ganz in der Nähe preiswerte Kneipen. 60 Zimmer, auch größere Zimmer mit bis zu acht Betten. Avenida de los Fueros 36, ✆ 917920897, 📠 917924724.

Albergue Juvenil Santa Cruz de Marcenado (IYHF), nördlicher Zentrumsbereich, südlich parallel zur Calle Alberto Aguilera; Metro: Argüelles. Modern und halbwegs zentral. Calle Santa Cruz de Marcenado 28. Reservierung geraten: ✆ 915474532.

Albergue Juvenil Richard Schirrmann, im Park Casa de Campo, nicht weit vom dortigen See; Metro: Lago. Nachts etwas düsterer Weg; von der Metro-Station zweimal links, etwa einen Kilometer parallel zu den Schienen, dann beschildert. Reservierung geraten: ✆ 914635699.

Camping

Der Großteil der spanischen Campingplätze konzentriert sich auf die Mittelmeerküste, wo sich über 70 % der Plätze des Landes finden. In Madrid und Umgebung gibt es nur sehr wenige Möglichkeiten. Die sehr heißen Sommer und die kalten Winter sind nicht gerade optimale Voraussetzungen für einen Campingurlaub. Empfehlenswert ist der Camping von El Escorial. Er liegt landschaftlich reizvoll, ein wenig außerhalb des berühmten Städtchens, ist sehr gut ausgestattet, und Madrid ist zudem über die Autobahn leicht zu erreichen. Zum Stadtgebiet Madrids (ca. 12 km außerhalb des Zentrums) gehört:

Osuna (2. Kat.), im Nordosten der Stadt. Schattiges Gelände, manchmal laut durch Flughafen, Eisenbahn und Straße. Kleine Bar, Einkaufsmöglichkeit, Geschäfte auch im relativ nahen Vorort Canillejas. Die Sanitäranlagen sind für die Kategorie nichts Besonderes. Ganzjährig geöffnet. Zu erreichen mit Metro L 5 nach Canillejas (Endstation), dann auf der Fußgängerbrücke über die Autobahn, nach dem Parkplatz rechts, noch 800 Meter bis zum rechter Hand liegenden Platz. Per Pkw kompliziert zu finden, da in dem Gebiet viele neue Straßen gebaut wurden: auf der Stadtautobahn A 2 (N II) Richtung Madrid-Barajas, Ausfahrt bei km 8, Richtung Barajas-Pueblo. Preise: Erw. 6,25 €, Kind 5,75 €, Zelt 5,75 €, Auto 6,25 €. Der Platz liegt nördlich der Autobahn. Adresse: Avenida de Logroño, Alameda de Osuna, ✆ 917410510.

Das Auge isst mit

Essen und Trinken

Die Madrileños sind genussorientiert, ständig auf der Suche nach Neuem. Das kulinarische Stadtnomadentum kreiert einen unglaublichen Wettbewerb unter den tausenden von Restaurants, Bars, Tascas, Cervecerías und Cafés. Die Küche Spaniens zählt zu den vielfältigsten der Welt. Davon kann man sich in der spanischen Hauptstadt täglich aufs Neue überzeugen. Die Madrider Küche pflegt einerseits die gesunde mediterrane Tradition und ist dennoch offen für kulinarische Innovationen.

Madrid ist ein Paradies für Feinschmecker: In den Tapa-Bars reihen sich hinter der Glasvitrine die köstlichen Leckereien von Pulpo (Tintenfisch) über Chorizo (spanische Salamiwurst) bis Patatas bravas (frittierte Kartoffelwürfel in pikanter Sauce) auf. In den feinen Adressen der spanischen Metropole werden wahre Koch-Kunstwerke von einem eleganten Service in Frack serviert. Und in den Cafés kann man einer traditionellen Kaffeehauskultur frönen, die eine gute Tasse Schokolade (nicht Kakao) mit Churros zu schätzen weiß.

Von einer allgemein „spanischen Küche" zu sprechen, wäre verkehrt. Das Land hat zahlreiche Regionalküchen hervorgebracht. In Madrid sind sie alle vertreten. Das höchste Prestige besitzt die baskische Küche mit ihren exzellenten Fischgerichten und ihrer Innovationsfähigkeit. Für Fisch sind auch die Köche Galiciens berühmt, darüber hinaus schätzt man ihre Krustentiere (Hummer, Langusten ...). In Asturien werden die Eintopfgerichte wie Fabada asturiana geschätzt, und aus Kastilien selbst kommen Spanferkel und Lamm.

Nicht zu vergessen natürlich die Paella aus Valencia, die – wenn sie gut gemacht ist – nicht unbedingt preiswert ist.

Der kulinarische Tagesablauf

Frühstück (*desayuno*): Die Spanier, die sich Zeit für Mittag- und Abendessen nehmen, lieben das schnelle Frühstück. Ein Milchkaffee (café con leche) und ein *croissant* oder auch ein Stück Süßgebäck reichen den meisten Madrileños völlig aus. Entsprechend gestaltet sich meist das Frühstück in Hotels, die kaum von Ausländern besucht werden: Zwei Brötchen, Butter, Marmelade, das war's. Oft geht man besser in die nächste Bar, obligatorisch ist das Frühstück in den Hotels nämlich nicht. Spanische Frühstücksspezialitäten sind *tostadas,* geröstetes und gebuttertes Weißbrot, und *churros con chocolate,* leckeres Fettgebäck mit sehr süßer flüssiger Schokolade – besonders sonntags beliebt.

Mittagessen (*comida*): In Madrid beginnt das Mittagessen keinesfalls vor 14 Uhr, meist sogar erst um 15 Uhr oder noch später. Das bis dahin zwangsläufig auftretende Loch im Magen wird zwischendurch mit den leckeren Kleinigkeiten, den *tapas,* gestopft. Traditionell besteht bereits das Mittagessen aus mehreren Gängen: Zum Verdauen bietet die nachmittägliche Siesta ja Gelegenheit genug.

Abendessen (*cena*)): In Madrid wird das Abendessen, die wichtigste Mahlzeit des Tages, nach Möglichkeit regelrecht zelebriert. Zum Abendessen braucht man nicht vor 21 Uhr anzutreten. Die meisten Hauptstädter fangen kaum vor 22 Uhr an und retten sich deshalb am späten Nachmittag gern noch mit einem Imbiss (merienda) oder am frühen Abend mit diversen Tapas über die Runden.

Essen gehen

Madrid ist ein Paradies für Restaurantliebhaber. Das hat natürlich auch seinen Preis. Für 30 € pro Person kann man ausgezeichnet essen. Die Getränke – allen voran Wasser und Wein – sind außergewöhnlich preiswert. In Gourmet-Lokal genießt man ab 40 € meist ein ausgezeichnetes Mahl. Und wer rechnen will oder muss, kann zum *menú del día* („Tagesmenü") greifen: Es wird in einfachen bis leicht gehobenen Restaurants angeboten und bietet zu Preisen ab 10 € zwar keine kulinarischen Höhenflüge, im Normalfall aber natürliche mediterrane Kost inklusive einem Viertel Weiß- oder Rotwein und Kaffee. In Madrid wird eine naturnahe, traditionelle Küche ohne Schnörkel geschätzt, die von ihren guten Produkten, egal ob Fisch, Fleisch oder Gemüse, lebt.

Einige Tipps

Platz nehmen: In Spanien ist es absolut unüblich und ausgesprochen unhöflich, sich zu jemand Fremdem an den Tisch zu setzen. Auch wenn das Restaurant knallvoll und ein großer Tisch nur von einer einzelnen Person belegt ist: Zu fragen, ob man Platz nehmen kann, oder sehnsüchtig auf die freien Stühle zu starren, gilt als ausgesprochen unkultiviert. Etwas anderes ist es, wenn der Ober einen zu dem Tisch geleitet bzw. dessen „Inhaber" seinerseits den Platz anbietet.

Essen wird in Madrid groß geschrieben: „El Rana Verde" („Der grüne Frosch") ist ein beliebtes Ausflugslokal in Aranjuez, südlich von Madrid

Zahlen: Die Rechnung verlangt man mit „La cuenta, por favor", noch höflicher ist „La cuenta, quando pueda". Der Umgang mit der spanischen Mehrwertsteuer IVA wird unterschiedlich gehandhabt: Meist sind die auf der Karte angegebenen Preise inklusive; vor allem in teureren Restaurants werden die 7 % jedoch manchmal auch erst beim Zahlen auf den Gesamtbetrag aufgeschlagen. In Spanien ist getrenntes Zahlen absolut unüblich; einer am Tisch begleicht die Rechnung, und die anderen geben ihm ihren Anteil oder übernehmen die nächste Runde. Wer mit Madrileños in Bars unterwegs ist, wird schnell feststellen, dass die Gastfreundschaft gegenüber Ausländern hoch im Kurs steht und er kaum selbst zum Zahlen kommt. Es ist nur ein Zeichen von Stil, wenn man sich im Turnus danach drängt, selbst einmal die Gesamtrechnung zu übernehmen – die neuen Freunde werden sich zunächst dagegen wehren, es aber im Stillen gut und richtig heißen.

Trinkgeld: Die übliche 5 bis 10%-Regelung wird in Spanien nicht so eng gesehen; meist rundet man einfach auf oder lässt noch einige Münzen auf dem Tisch liegen. Dem Kellner direkt das Trinkgeld in die Hand zu drücken, gilt als arrogant.

Lokale

Bars: Die Bar ist eine Institution. Hier trifft man Nachbarn auf einen Plausch, isst einen kleinen Happen oder stillt einfach seinen Durst. Die Bar ist allerdings kein Platz, an dem man ganze Abende verbringt. Die Madrileños wechseln am Abend ohnehin mehrmals das Lokal. Bars in Madrid haben viele Gesichter: *Bodegas* sind urige Weinschänken auf der untersten Stufe der Preisskala, *cervecerías* ihr etwas teureres Pendant, in dem vornehmlich Bier getrunken wird. *Tascas* und *tabernas* sind weitere Namen für einfache Kneipen.

Straßencafés sind auch an kühlen Tagen bei den Madrileños beliebt

Essen in Bars

Tapas sind leckere Kleinigkeiten aller Art: Oliven, ein Häppchen Schinken, frittierte Fischchen, ein Stück Tortilla – die Auswahl ist bestechend. Früher wurden sie oft gratis zum Getränk serviert, doch ist diese Praxis selten geworden. Ein Rundgang durch mehrere Bars mit zwei Tapas hier, einer Tapa dort, ist eine bei Spaniern beliebte und wirklich amüsante Alternative zum kompletten Essen. Preisgünstiger ist sie nicht unbedingt: Einfache Tapas wie Oliven oder Kartoffeln mit scharfer Sauce kosten ab etwa 2 €; wer sich auf Meeresgetier kapriziert, kann auch schon mal einen Zehner loswerden. **Bocadillos** sind belegte Weißbrote ohne Butter, etwa in der Art von Baguettes: Ideal für den sättigenden Imbiss zwischendurch und nur in den einfacheren Bars zu haben. Die Auswahl ist ähnlich breit wie bei Tapas, reicht von Wurst und Schinken über Käse bis hin zu Sardellen und Tortilla. Von den manchmal standardisierten Werbetafeln sollte man sich nicht abschrecken lassen – bislang kommen Bocadillos noch nicht aus der Plastikverpackung, sondern werden stets frisch belegt.

Cafeterías: Madrid ist voller Cafeterías. Meist geht es hektisch und laut zu. In manchen Cafeterías gibt es auch preiswerte und gute platos combinados: beispielsweise Chorizo oder Serrano-Schinken mit Spiegelei, Tomate und Reis. Vor allem Gäste aus der Nachbarschaft und Leute mit wenig Zeit nehmen dieses Angebot in Anspruch.

Restaurantes: Restaurantes sind der richtige Ort für ein ausgedehntes Mahl. Ein komplettes Essen besteht mindestens aus Vorspeise, Hauptgericht und Nachspeise. Oft gibt es Menüs, die nach dem Angebot auf dem Markt zusammengestellt sind. Im Inneren von Restaurantes weist meist ein Schild auf den comedor hin: Es zeigt den Weg zum Speisesaal, der manchmal im ersten Stock liegt.

Bar-Restaurantes sind ein meist recht preiswertes Mittelding zwischen beiden, als Restaurant oft nicht zu erkennen: Der Comedor versteckt sich dann irgendwo hinter einer Seitentür oder ist gar durch die Küche zu erreichen. Bar-Restaurantes sind der richtige Ort für **raciones**, eine Art „Über-Tapa", nämlich eine ganze Portion vom Gleichen wie zum Beispiel eine Schinkenplatte. Falls man am Tresen essen kann, so fällt das immer etwas preisgünstiger aus als am Tisch.

Marisquerías servieren vorwiegend Fisch und Meeresfrüchte, in Madrid ein nicht gerade preiswertes Vergnügen.

Spanische Spezialitäten

Vorspeisen und Salate: Zu den beliebtesten Vorspeisen zählen in Spanien die entremeses variados, eine Art gemischter Teller, unter anderem mit mehreren Wurstsorten. Auch Salate sind beliebt, Suppen werden eher im Winter gegessen.

Pan blanco – knuspriges Weißbrot aus Kastilien

Die meisten *panaderías* in Madrid und Kastilien sind eher schmucklos. Doch vom zweckmäßigen Ambiente sollte man sich nicht täuschen lassen. Denn die Weißbrot-Spezialitäten sind nicht nur knusprig und stets frisch (auch an Sonntagen), sondern schmecken vor allem lecker. Die meisten Kunden kaufen ein *baguette*, auch traditionell eine *pistola* oder *barra de pan* genannt. Dabei handelt es sich um ein klassisches Stangenweißbrot. Das wahre Vergnügen ist jedoch das kastilische *pan blanco*. Das sind runde Brotlaibe, in deren Oberfläche mit einem Messer ein meist quadratisches Muster geritzt wird. Zusammen mit Chorizo oder Jamón ist dieses kastilische Brot ein wirkliches Vergnügen. Übrigens, die Madrileños essen zu fast allen Gerichten Brot. Es wird in den Bars und Restaurants kostenlos und großzügig gereicht.

Eiergerichte/Huevos: *Tortillas* sind einer der spanischen Klassiker überhaupt und werden als Vorspeise wie als Hauptgericht gegessen.

Reisgerichte/Arroces: Reisgerichte, weltberühmt die *paella*, haben ihren Ursprung in der Levante (Valencia, Murcia).

Nudelgerichte/Pastas/Pastes: In Madrid sind Nudelgerichte eher unüblich. Pasta gilt als Schnellgericht und wird hauptsächlich von anspruchslosen Ketten-Restaurants serviert.

Fleischgerichte: Rindfleisch steht in Madrid und Kastilien hoch im Kurs, aber auch Lamm, Zicklein, Kaninchen und Huhn. Nicht besonders beliebt als Hauptgericht ist Schwein. Das Schweinefleisch findet sich aber in zahlreichen höchst delikaten Würsten und Schinken wieder; die besten Schinken („jamón serrano") kommen aus Andalusien (Provinz Huelva) und der Extremadura.

Fisch und Meeresfrüchte: In Madrid ist das Meer weit, und dennoch sind die Hauptstädter begeisterte Fischliebhaber. Besuchen Sie einen der mercados.

Sie werden staunen über die Vielfalt und außergewöhnliche Qualität des Fischs auf den Märkten. In Restaurants wird deshalb eine große Vielfalt an Fischgerichten angeboten. Besonders beliebt ist *merluza*, meist mit „Seehecht" übersetzt, eine Schellfischart, preiswerter hingegen ist der *bacalao*, der Kabeljau.

Desserts/Käse: In Madrid werden natürliche Produkte geschätzt. Das heißt, viele Restaurants bieten als Nachspeise schlichtweg Obst je nach Jahreszeit, ein Glas frisch gepressten Orangensaft oder einen Naturjoghurt an. Bei kreativen Restaurants sind jedoch die Desserts oft wahre Kunstwerke. Lassen Sie sich überraschen! Etwas Besonderes in der Weihnachtszeit ist **Turrón**, eine Spezialität aus dem Raum Alicante, ähnlich dem „Türkischen Honig".

Wenig bekannt ist, dass Spanien auch ein Land der exzellenten Käse ist. An erster Stelle steht sicher der *queso manchego*, ein Schafskäse aus Kastilien-La Mancha, doch produzieren auch viele andere Regionen Hervorragendes auf diesem Gebiet, wie zum Beispiel den Schimmelkäse *queso cabrales*, der aus dem nordspanischen Gebirge Picos de Europa stammt.

Getränke

Alkoholisches

Eines vorweg: In Madrid gilt es wie in ganz Spanien als unschicklich, eimerweise Bier zu trinken und betrunken das Lokal zu verlassen. Betrunken zu sein, *borracho*, ist absolut unwürdig. Für die trunkenen Horden von Deutschen und Briten in den Ferienzentren am Mittelmeer haben Spanier nichts als blanke Verachtung.

In Chinchón – Weinanbaugebiet vor den Toren Madrids

Wein: Der Wein gehört zu Spanien wie die Sonne. Die meisten Restaurants verfügen über eine gute Weinauswahl zu oft erstaunlich niedrigen Preisen. Viele Einzelhandelsgeschäfte in Madrid sind bestückt mit bisweilen exzellenten Tropfen, besonders in den Stadtvierteln Salamanca, Altstadt und Argüelles. In Madrid und Kastilien werden insbesondere die Rotweine aus dem nordspanischen Anbaugebiet Ribera del Duero geschätzt. Spitzenweingüter wie Vega Sicilia, Pesquera oder Valduero haben den Wein weltweit berühmt gemacht. Auch im Süden der Communidad de Madrid – rund um Chinchón und Colmenar el Viejo wird Wein angebaut. In der Regel handelt es sich hier eher um einfache Landweine, die jedoch gut zur rustikalen Küche

Die meisten Cervecerías bieten nicht nur Bier vom Fass, sondern auch gute Weine und leckere Tapas

passen. Bei den Weißweinen steht das nordspanische Anbaugebiet Rueda bei Valladolid hoch im Kurs. Die trockenen Weine wie Marques de Riscal sind seit Jahrzehnten auf vielen Weinkarten zu finden. Insbesondere zu Fisch und Krustentieren eignet sich ein Wein besonders, der Albariño aus Galicien. Die Traube, die vom Riesling abstammen soll, zeichnet sich durch eine außergewöhnliche Fruchtigkeit aus. Als Aperitif eignet sich der trockene *Sherry* aus dem andalusischen Jerez de la Frontera.

Spanische Qualitätsweine sind an der Herkunftsbezeichnung *D.O.* (*denominación de origen*) zu erkennen. Rund 40 Weinbaugebiete sind durch eine D.O. herkunftsgeschützt – Sherry bereits seit 1933. Auch die einfacheren „Hausweine" ohne Qualitätsbezeichnung („vino de la casa", „vino de mesa" oder „vino del país") sind in aller Regel durchaus trinkbar.
Rotwein heißt *vino tinto*, Weißwein *vino blanco*, Rosé *vino rosado*. Wer ihn trocken liebt, frage nach *vino seco*.

Sidra: Apfelwein aus Nordspanien, insbesondere aus Asturien, wird in Madrid häufig angeboten. Beim Einschenken wird die Flasche möglichst hoch über das Glas gehalten: keine reine Show, sondern dazu gedacht, die *sidra* zum Schäumen zu bringen.

Bier: *Cerveza* hat in Spanien dem Wein schon seit längerer Zeit den Rang abgelaufen. Mit dem „Reinheitsgebot" ist es allerdings nicht weit her ... Den spanischen Markt beherrschen Bierkonzerne. Ein Glas vom Fass bestellt man mit *„una caña"*, eine Flasche (botella) schlicht mit *„una cerveza"*.

Härtere Alkoholika: Starke alkoholische Getränke werden in Spanien meistens nach dem Abendessen eingenommen. In Madrid erfreut sich der „Chinchón" aus der gleichnamigen Stadt hoher Popularität. Geschätzt werden aber auch Brandy aus Andalusien, Trester und Obstbrände aus Galicien sowie schottischer Whisky.

Sangría: Die angeblich so „typisch spanische“ Mischung aus Rotwein, Brandy, Orangen- oder Pfirsichsaft und Zucker wird von Spaniern selbst nur selten getrunken. Wenn überhaupt, dann im Sommer. Übrigens, schlechte Sangría hinterlässt am nächsten Tag starke Kopfschmerzen.

Brandy: Fälschlicherweise, aber geschmacklich relativ treffend auch als „coñac“ bezeichnet. Ein Weinbrand, dessen beste Sorten aus Andalusien kommen. Dort reifen sie in alten Sherry-Fässern, was ihnen den speziellen Geschmack und die besondere Färbung verleiht.

Aguardientes: Sammelbezeichnung für alle Arten von Schnaps, entstanden aus der Verschmelzung der Wörter agua ardiente („Brennendes Wasser“). Wer Pastis oder Ouzo mag, sollte mal den „Chinchón“ aus der gleichnamigen Stadt bei Madrid probieren. Er wird allerdings in der Regel pur getrunken, also ohne Wasser.

Alkoholfreies

Kaffee: Wer von Kaffee spricht, meint in Madrid immer etwas in der Art des italienischen „Espresso“. Café solo = schwarz; café cortado = mit ganz wenig Milch; café con leche = ein Tässchen Espresso mit ganz viel warmer Milch, optimal fürs Frühstück. Café carajillo = Café solo mit „Schuss“, wahlweise mit Brandy, Anisschnaps oder anderen Alkoholika.

Café con hielo – kühl und munter

Wenn in Madrid die Hitze steht und bereits am Vormittag Schwitzen bei 35 Grad angesagt ist, hat der *Café con hielo* Hochkonjunktur. Dieses Getränk schafft Kühle und macht munter. Der Café con hielo ist nichts anderes als ein gezuckerter Café solo, der über ein mit Eiswürfeln gefülltes Glas gegossen wird. Wer tags zuvor ein wenig zu viel Wein getrunken hat, kann mit einem *Café del tiempo* seinen Kater kurieren. Dann wird dem Café con hielo ganz einfach eine Scheibe Zitrone zugegeben.

Tee wird in Spanien nicht besonders häufig getrunken und ist oft nur als Beuteltee erhältlich. Eine Ausnahme bilden die Teestuben („teterías“) wie zum Beispiel das Café „Embassy“ im Madrider Nobelviertel Salamanca.

Chocolate ist eine ganz unglaublich dicke flüssige Schokolade. Allein schon fast sättigend, wird sie zum Frühstück meist mit dem üppigen Fettgebäck *churros* serviert.

Horchata de chufa ist süße Erdmandelmilch und kommt aus der Region Valencia, ist aber in ganz Spanien erhältlich. Sie muss frisch hergestellt sein, industriell produzierte Horchata schmeckt mäßig.

Erfrischungsgetränke sind im üblichen internationalen Angebot erhältlich. Etwas Besonderes sind die *granizados*, eine Art halbflüssiges Wassereis, meist in den Geschmacksrichtungen „limón“ (Zitrone) oder „café“ angeboten. Säfte, *zumos* genannt, gibt es in vielen Madrider Bars frisch gepresst. Oft gar nicht teuer.

Wissenswertes von A bis Z

Adressen

Die heutigen Namen von Straßen und Plätzen erinnern in Madrid nicht mehr an die unseligen Zeiten des Franco-Regimes. Aber in der Provinz war die Geschwindigkeit der Umbenennung etwas langsamer. Oft tragen Straßen auch noch zwei verschiedene Namen. Aufmerksamkeit ist unter anderem geboten bei Adressen mit „Generalísimo", „Caudillo", „Primo de Rivera" und so ziemlich jeder Anschrift mit „General ..." - in der Bevölkerung bleibt die frühere Bezeichnung aber noch lange bekannt, sodass man sich leicht durchfragen kann.

• *Wichtige Abkürzungen* Av. oder Avda. = Avenida (Allee); C. = Calle (Straße); Crta. = Carretera (Landstraße); Pl. = Plaza (Platz); Po. = Paseo (Promenade); s/n = sin numero (ohne Hausnummer).

• *Klingelschilder an Haustüren* weisen kaum jemals Namen auf, sondern sind entweder mit Buchstaben beschriftet oder, häufiger, mit der Angabe des Stockwerks und der Lage der Wohnungstür. Dann steht d für derecha, rechts; c für centro, Mitte; i für izquierda, links. Die Adresse Avda. España 23, 1, d ist also unter Hausnummer 23, 1. Stock, rechte Tür zu suchen.

Ärztliche Versorgung

Seit Mitte 2004 gehören die bis dato üblichen Auslandskrankenscheinformulare (E 111), die man beim jeweils örtlichen Krankenversicherungsträger durch einen für das Gastland gültigen Krankenschein eintauschen musste, der Vergangenheit an. Komfortabler Nachfolger ist die für alle EU-Länder und die Schweiz gültige Europäische Versicherungskarte (European Health Insurance Card, EHIC), die man auch beim Arztbesuch bzw. beim Besuch der medizinischen Zentren (Centro Sanitario de la Seguridad Social) in Madrid vorlegen muss (für Arzneimittel muss ein Kostenanteil bezahlt werden; zahnärztliche Behandlungen sind kostenpflichtig). Viele Versicherungen haben ihren Mitgliedern die Karte bereits zugesandt, meist in Gestalt einer Neuausführung der normalen Versicherungskarte, auf deren Rückseite die EHIC-Daten verzeichnet sind. Sollten sie noch keine Post bekommen haben, setzen Sie sich mit Ihrer

Bei der Versorgung mit Apotheken liegt Spanien über dem EU-Durchschnitt

Kasse in Verbindung. Empfehlenswert kann auch der Abschluss einer privaten Auslandskrankenversicherung sein, da diese auch einen gegebenenfalls notwendigen Krankenrücktransport mit einschließt. Auslandskrankenversicherungen bieten diverse Versicherer an, Formulare dazu liegen z. B. in Banken aus. Die Preise bewegen sich zwischen 8 und 20 € pro Jahr.

Notruf

spanienweit: 112. Diese Nummer gilt sowohl für die ambulancia, policia nacional, policia municipal als auch die Feuerwehr (bomberos).

ADAC-Notruf: ✆ 0049/89/222222; rund um die Uhr.

ADAC-Telefonarzt: ✆ 0049/89/76762244.

Ausgehen

In Madrid wir ausgiebig gefeiert. Egal ob schicke Cafés an der Castellana, Techno-Bars in Malasaña oder dunkle Mesones hinter der Plaza Mayor – in keiner anderen Stadt Europas wird die Nacht so ausgiebig zelebriert wie in der spanischen Hauptstadt. Einheimische und Ausländer zugleich schätzen, dass in Madrid die Uhren anders gehen. Zum Abendessen geht man in der Regel zwischen 21 und 22 Uhr, in den In-Bars sollte man vor 24 Uhr nicht auftauchen, Diskotheken füllen sich erst gegen 3 und 4 Uhr morgens. Im Sommer leeren sich die Nachtlokale erst im Morgengrauen. Und oft erst nach einem gemeinsamen Frühstück nach Sonnenaufgang werden die Vergnügungssüchtigen in den Tag entlassen.

Baden

Mit Bademöglichkeiten sind Madrid und Kastilien nicht gerade gesegnet. Die riesigen Stauseen in der Sierra Guadarrama im Norden der Hauptstadt haben Trinkwasserqualität, aber Baden ist hier nicht erlaubt. Schließlich sind die Stauseen das Wasserreservoir der Millionenmetropole.

Eine Abkühlung versprechen die Flüsse und Bäche in den Bergen zwischen Madrid und Segovia. Durch verstärkte Umweltschutzmaßnahmen in den letzten Jahrzehnten ist die Wasserqualität durchwegs gut bis sehr gut. Beliebt für eine Abkühlung ist beispielsweise das Flusstal zwischen Navacerrada und La Granja bei Segovia. Auf ein Bad in den Flüssen Manzanares in Madrid oder Tajo in Aranjuez oder Toledo sollte lieber verzichtet werden. Die meisten Spanier fahren in den heißen Monaten ans Meer. Die Mittelmeerküste ist in nur drei Stunden über eine sehr gut ausgebaute Autobahn zu erreichen. Oder man besucht einen der vielen Sportclubs am Stadtrand. Neben Tennis, Golf, Reiten etc. verfügen die Clubs auch über gepflegte Swimmingpools. Leider sind diese Sportanlagen in der Regel nur für Mitglieder oder auf Einladung zu nutzen. Mit öffentlichen Schwimmbädern ist Madrid nicht verwöhnt. Die meisten sind zudem in keinem besonders guten Zustand.

Botschaften

Die diplomatischen Vertretungen sind Ansprechpartner im akuten Notfall. Allzu viel praktische Hilfestellung sollte man sich allerdings nicht erwarten. Immerhin gibt es bei Diebstahl von Reisepapieren schnell Ersatz oder beim Verlust aller Geldmittel ein Ticket nach Hause. Selbstverständlich sind alle Auslagen zurückzuzahlen.

Deutsche Botschaft: Calle Fortuny 8, Madrid, ✆ 915579000, www.embajada-alemania.es.

Österreichische Botschaft: Paseo de la Castellana 91, Madrid, ✆ 915565315, www.aussenministerium.at/madrid.

Schweizer Botschaft: Calle Nuñez de Balboa 35, Madrid, ✆ 914363960.

Drogen

Die Drogenszene in Madrid ist groß. Im Nachtviertel Malasaña, in der Altstadt oder nachts an der Gran Vía sieht man zahlreiche Abhängige. Selbst in Schulen und Universitäten, Bars und Diskotheken sind die Dealer präsent. Spanien zählt zu den europäischen Ländern mit liberalen Drogengesetzen; der Besitz kleiner Mengen zum Eigenverbrauch ist nicht strafbar. So wurde bis vor einigen Jahren auf Plätzen und in Kneipen „Chocolate“ (Haschisch) geraucht, was das Zeug hielt. Unter dem Druck der öffentlichen Meinung angesichts der vielen Todesopfer und auch ausgelöst durch „Bürgerwehren“, die in Madrid mehrfach Heroindealer angriffen, hat die Regierung einige Gesetze geändert. Drogenkonsum in der Öffentlichkeit ist, ebenso wie selbstverständlich der Handel, nunmehr strafbar.

Einkaufen

Märkte: Die Madrider Markthallen sind wie zum Beispiel der Mercado San Miguel (Jugendstilgebäude bei der Plaza Mayor) ein Paradies für Feinschmecker.

Estancos sind aus dem Madrider Straßenbild nicht wegzudenken. Hier gibt es (fast) alles: Zeitungen, Zigaretten, Bustickets, Briefmarken und Karten …

Fleisch, Fisch, Brot, Käse, Wurst und Schinken gibt es hier in reicher Auswahl, ebenso saisonales Obst und Gemüse zu teilweise niedrigen Preisen. Geöffnet sind die meisten Märkte von Montag bis Samstag, im Gegensatz zu anderen Geschäften aber in der Regel nur bis etwa 13.30/14 Uhr. Ausnahmen finden sich in Madrid in vielen Vierteln, in denen auch schon mal nach der Siesta eine erneute Verkaufsrunde beginnt.

Kaufhäuser/Einkaufszentren: Spaniens dominierende, nach dem Aufkauf der Konkurrentin „Galerias Preciados" fast konkurrenzlose Kaufhauskette ist *El Corte Inglés*. Sie bietet gehobene Preise, große Auswahl und meist gute Qualität, verfügt in fast allen Filialen auch über eine gute Lebensmittelabteilung mit guten Schinken-, Fisch- und Käseangeboten.

Spät einkaufen: Lebensmittel, Getränke etc. zu später Nachtzeit oder am Sonntag zu kaufen, ist in Madrid kein Problem.Vor allem die spanische Kette **Vip's** ist in der Hauptstadt beliebt. Hier kann der Kunde Zeitungen, Bücher, CDs etc. kaufen. Im hinteren Teil gibt es ein Restaurant, das nicht preiswert, aber relativ gut ist. Beliebt bei Studenten, da man bis sehr spät in der Nacht essen kann. Vip's-Filialen gibt es in fast allen Stadtteilen Madrids, z. B. an Calle Princesa 5 (Plaza España), Gran Vía oder Alberto Augilera (Argüelles) oder Ortega y Gasset (Salamanca).

Estancos

Die Tabakläden, kenntlich an dem braunen Schild mit der orangefarbenen Aufschrift „tabacos", sind immer noch eine Institution in Spanien, obwohl Zigarettenautomaten und auch die Verkäufer von Schmuggelware ihnen arg zu schaffen machen. Doch gibt es in den Estancos nicht nur Zigaretten, Zigarren und Tabak in breiter Auswahl, Feuerzeuge und anderes Raucherzubehör: Hier sind ebenso Postkarten und Briefmarken erhältlich, oft auch Telefonkarten und Zehnertickets für Metro und Stadtbusse.

Die Stierkampfarena Las Ventas in Madrid ist ein Mythos

Feste und Feiertage

Madrid ist eine Stadt der fiestas. Jeder Stadtteil (barrio) hat seinen eigenen Schutzpatron. Eine Reise in die spanische Hauptstadt ohne Teilnahme an einem dieser vor Lebensfreude überschäumenden Feste wäre einfach nicht komplett. Die religiös motivierten Feste sind heute eher profan: Wein, Tanz, Musik ... Das wichtigste und größte Fest in Madrid ist dem Schutzpatron San Isidro vom 8. bis 15. Mai gewidmet. Dem frommen Mann aus dem 12. Jh. wird mit zahlreichen Veranstaltungen gedacht. Höhepunkte sind zweifellos die Stierkämpfe (corridas) in der berühmten Arena von Las Ventas. Zu Ehren von San Isidro finden neben dem Volksfest auf der San-Isidro-Wiese auch zahlreiche Kulturveranstaltungen wie Theater, Konzerte etc. statt.

Ferias entwickelten sich aus traditionellen Jahrmärkten zu allgemeinen Volksfesten, die nur teilweise noch einen Bezug zur Vergangenheit haben, aber immer ein erlebenswertes Ereignis sind. Die bekannteste und größte Feria Spaniens ist die *Feria de Abril* von Sevilla.

Fiestas sind meist religiösen Ursprungs, doch spielt das weltliche, lustbetonte Element immer auch eine Rolle – spätestens nach der Prozession oder der Messe quellen die Bars über, wird gefeiert bis in den Morgen. Als berühmteste Fiesta Spaniens darf sicher *San Fermín* in Pamplona gelten, doch gibt es noch eine ganze Reihe mindestens ebenso reizvoller Großereignisse und zahllose unbekanntere und deshalb zumindest ursprünglichere Festivitäten.

Darüber hinaus gibt es viele lokale Feste in Madrid und Umgebung. Hier ein kleine Auswahl:

Januar: Durch die Altstadt von Madrid wird für Kinder ein Umzug zu Ehren der *Heiligen Drei Könige* (cabalgata de los reyes) veranstaltet.

2. Mai: Die *Fiesta del Dos de Mayo* erinnert an das Massaker französischer Truppen im Madrider Stadtteil Moncloa während des Unabhängigkeitskrieges von 1808.

Mediziner empfehlen: Eine Siesta ist gut fürs Herz

Das Fest findet unter anderem auf der Plaza del Dos de Mayo im Underground-Viertel Malasaña und auf der Plaza de las Comendadores statt.

8.–15. Mai: Die Feierlichkeiten zu Ehren des Madrider Schutzpatrons *San Isidro* sind die wichtigsten der spanischen Hauptstadt. Neben zahlreichen kulturellen und religiösen Veranstaltungen steht San Isidro für die wichtigsten *Stierkämpfe* des Jahres. In der Arena von Las Ventas kommen dann Aficionados aus ganz Spanien, um die besten Toreros der Welt zu sehen.

Mai/Juni: Im Parque del Retiro – unweit des Bahnhofes Atocha – findet die fast familiäre *Buchmesse* statt. Auch zahlreiche Verlage präsentieren sich dort.

9.–13. Juni: Im Stadtteil Moncloa findet um die beiden Kapellen von San Antonio de la Florida (eines der Kirchlein wurde von Goya ausgemalt) eines der lustigsten und urigsten Feste Madrids statt. Rund um die ehemalige Einsiedelei (ermita) des Heiligen (bei dem Bahnhof Príncipe Pío) fließen der Cidre und der Wein in Strömen.

Ende Juni: Die Stadt organisiert die vielfältigen *Los Veranos de la Villa*. An verschiedenen Veranstaltungsorten Madrids finden Theater, Film, Konzert und Ballett statt. Auch viele ausländische Künstler von Rang werden dazu eingeladen.

September: *Fiesta de Otoño* – das Herbstfest – lockt die Hauptstadtbewohner vom Sommerurlaub in die Kulturveranstaltungen.

8.–12. Oktober: *El Pilar* – die Heilige der beiden Madrider Stadtteile Salamanca und Pilar – wird geehrt.

Dezember: *Weihnachtsmarkt auf der Plaza Mayor*. Hier kauft der Hauptstädter seinen Christbaum und spaziert mit seinen Kindern zur Krippe. Die eindrucksvollste Krippe steht in El Escorial. Dort wird das biblische Geschehen mit Puppen und Kamelen in Lebensgröße nachgestellt.

Gepäckaufbewahrung

Gegenüber dem internationalen Abflugterminal (Terminal 1 u. 2) befindet sich die Gepäckaufbewahrung des Flughafens (beim Parkplatz). Nicht ganz einfach zu finden. Schließfächer gibt es außerdem an den großen Bahnhöfen Atocha und Chamartín.

Haustiere

Ein ernst gemeinter Rat: Lassen Sie Ihren Hund nach Möglichkeit zu Hause. Madrid ist sicherlich kein angenehmes Pflaster für Ihren Liebling. Obwohl sich immer mehr Hauptstädter selber „Gesellschaftstiere" (animales de compañía) zulegen, ist das Reisen mit den vierbeinigen Freunden immer noch großen Beschränkungen unterworfen. Die Mehrzahl der Hotels und auch viele der Campingplätze akzeptieren keine Hunde. An vielen Türen von Restaurants ist ebenfalls das Schild „Perros No" zu lesen. Fast alle öffentlichen Verkehrsmittel sind für Haustiere tabu.

Der Hundekot – ein Alptraum für die Madrileños

„Man kann kaum aus dem Haus gehen, ohne ständig auf den Boden zu schauen, damit man nicht in einen Hundehaufen tritt", stöhnt ein älterer Hauptstädter im eleganten Salamanca-Viertel. Tatsächlich ist Hundekot ein in ganz Madrid verbreitetes Übel. Gerade im Frühjahr und Sommer stinken die Haufen auf dem Gehsteig. Im Jahr 2000 nahm das Madrider Rathaus den Kampf gegen die Hundescheiße auf Gehsteigen, in Hauseingängen, auf Spielplätzen und in Parks auf. Eine wissenschaftliche Studie förderte zu Tage, dass rund drei Millionen Euro aufgewendet werden müssen, um Straßen und Parks von täglich zehn Tonnen Hundekot zu reinigen. Deshalb schaffte Madrid weitere 100 Kot-Staubsauger an. Hierbei handelt es sich um Motorräder mit einem Vakuumreiniger, der den Hundekot einsaugt. Bis zur Jahrtausendwende besaß die spanische Hauptstadt nur 18 solcher Kot-Staubsauger. Außerdem werden 1000 neue Behälter mit Plastiktüten aufgestellt, damit die Hundebesitzer die Exkremente ihres besten Freundes selbst beseitigen können.

Information

Die Fremdenverkehrsämter **Oficinas de Turismo** sind vor Ort fast immer eine wertvolle Hilfe. Nur selten wird man auf mürrisches Personal treffen, das den Kunden lieber gehen als kommen sieht. Viele Angestellte sprechen Englisch oder Französisch. Erwarten kann man allgemeine Tipps, Hinweise zu Bussen und Bahnen, aktuelle Öffnungszeiten der Sehenswürdigkeiten, Stadtpläne und Unterkunftsverzeichnisse. Das Info-Material ist kostenlos.

Die Adressen der wichtigsten und zentral gelegenen Touristeninformationen in der Comunidad de Madrid:

Madrid: Plaza Mayor 3, ✆ 915881636, ℻ 913665477.
El Escorial: Calle Floridablanca 10, ✆ 918901554, ℻ 918905313.
Aranjuez: Plaza de San Antonio, ✆ 918910427, ℻ 918914197.
Alcalá de Henares: Callejón de Santa Maria 1, ✆ 918892694.

Informationsstellen des Spanischen Fremdenverkehrbüros: Sie sind Ansprechpartner für die einfachen Informationen über das Land und die Regionen vorab. Es gibt sie in mehreren Städten Deutschlands, in Österreich und der Schweiz. Es empfiehlt sich, genauere Anfragen schriftlich zu stellen. Mittlerweile gibt es auch eine **zentrale Telefonnummer** für Prospektanfragen: Diese lautet **06123-99134**. Das Büro ist von 9 bis 18 Uhr besetzt. Danach kann man seine Wünsche auf einen Anrufbeantworter sprechen. Das Informationsmaterial zu Madrid und Umgebung ist jedoch eher dürftig.

• *Deutschland* 10707 **Berlin**, Kurfürstendamm 180, ☏ (030) 8826036, ℻ 8826661, E-Mail: berlin@tourspain.es.

40237 **Düsseldorf**, Grafenberger Allee 100, im „Kutscherhaus"; ☏ (0211) 6803981, ℻ 6803985, E-Mail: dusseldorf@tourspain.es.

60323 **Frankfurt/Main**, Myliusstraße 14; ☏ (069) 725033, ℻ 725313, E-Mail: frankfurt@tourspain.de.

80051 **München**, Postfach 151940, bzw. 80336 München, Schubertstr. 10; ☏ (089) 53074460, ℻ 5328680, E-Mail: munich@tourspain.es.

• *Österreich* 1010 **Wien**, Walfischgasse 8; ☏ (01) 5129580 ℻ 5129581, E-Mail: viena@tourspain.es.

• *Schweiz* 8008 **Zürich**, Seefeldstraße 19; ☏ (01) 2527930, ℻ 2526204, E-Mail: zurich@tourspain.es.

Madrid im Internet

Das spanische Fremdenverkehrsamt hat unter der Internet-Adresse www.tourspain.es ein exzellentes Informationsangebot zu Madrid. Das Angebot steht auch in deutscher Sprache zur Verfügung. Dem Web-Surfer werden nicht nur jede Menge Neuigkeiten geboten, sondern auch aktuelle praktische Hinweise wie z. B. aktuelle Preise der Hotels in Madrid und Umgebung. Außerdem gibt es zahlreiche nützliche Links wie zum Beispiel zum öffentlichen Nahverkehr, Institutionen, Medien etc.

Einige praktische Web-Adressen:

www.tourspain.es (deutsch)
www.munimadrid.es (Rathaus von Madrid)
www.comadrid.es (Comunidad de Madrid)
www.elpais.es (spanisch, Tageszeitung El Pais)
www.renfe.es (spanisch, Zuggesellschaft)
www.parador.es (deutsch, Paradores-Hotels).

Karten

Die Karten zu Madrid und Umgebung sind sehr verlässlich und werden ständig aktualisiert. Gute Erfahrungen haben wir mit der Michelin- und der Falkkarte zu Madrid gemacht. Michelin und RV Reise- und Verkehrsverlag bieten zudem regionale Karten zu Kastilien an. Für Wanderer: Topographische IGN-Karten des Instituto Geográfico Nacional sind im Maßstab 1:50.000 oder 1:25.000 erhältlich, meist nicht mehr die jüngsten und aktuellsten, aber oft mangels Alternativen die besten. Für bestimmte Gebiete gibt es vom IGN auch

Gratis-Stadtpläne bei El Corte Inglés

Tipp: In den über ganz Madrid verteilten Kaufhäusern El Corte Inglés sind kostenlos Stadtpläne zu erhalten. Die mapas sind aktuell und informieren auch über Metrolinien. Im Erdgeschoss des El Corte Inglés wendet man sich an die Information, wo man in der Regel auch Englisch spricht.

Rund um den Boulevard Serrano gibt es elegante Einkaufsgalerien

touristische Karten („mapas turísticos") im Maßstab 1:50.000. Erhältlich im spezialisierten Buchhandel oder in großen Buchläden in Madrid. Übrigens lohnt es sich, sein Kartenmaterial vor Ort zu kaufen: Die Auswahl ist größer, die Preise sind niedriger.

Kleidung

„In dieser Hinsicht gibt es in Spanien keine bestimmten Normen", behauptet eine Broschüre des Spanischen Generalsekretariats für Tourismus. So ganz richtig ist das nicht. Der aufmerksame Beobachter wird schnell feststellen, dass sich die Mehrheit der Spanier eleganter und modischer kleidet als in Mitteleuropa üblich. Ein gepflegtes Äußeres ist deshalb wichtig, falls man im Restaurant oder Laden ernst genommen werden will. Das gilt insbesondere in der Modehauptstadt Madrid.

In Kirchen sind Shorts und blanke Schultern verpönt, eine Regel, die für beide Geschlechter gilt. Wenn deutsche oder österreichische Männer in Badehosen oder gar Boxer-Shorts durch die Stadt schlendern, reichen die Reaktionen von Erheiterung bis Empörung.

Ansonsten mag man sich nach persönlichem Geschmack kleiden, sollte bei der Zusammenstellung des Reisegepäcks jedoch bedenken, dass es auch in Madrid und vor allem im Norden wie El Escorial, Segovia oder Ávila nicht rund ums Jahr warm ist. Ein warmer Pullover könnte durchaus nützlich sein, ebenso wie ein Regenschutz und feste Schuhe. Im Winter gehören Mantel, Schal und Handschuhe ins Gepäck, denn auch in Madrid kann das Thermometer in den Wintermonaten unter null Grad fallen. In den Bergen des Guadarrama-Gebirges schneit es sogar häufig.

Buchantiquariate in der Nähe des Atocha-Bahnhofes

Klima und Reisezeit

Zentralspanien weist ausgesprochenes Kontinentalklima auf. Die Sommer sind sehr heiß und trocken, die Winter eiskalt. Aufgrund der Höhenlage Zentralspaniens kann es jedoch auch in Sommernächten empfindlich frisch werden, bis weit ins Frühjahr und schon im frühen Herbst ist mit Nachtfrost zu rechnen. Gute Reisezeiten bleiben Frühjahr und Herbst dennoch; der Sommer ist der extrem hohen Temperaturen wegen weniger geeignet.

Klimatabelle

Maximaltemperatur: Januar 9,8, August 31,4
Durchschnittstemperatur: Jährlich 14,0, Januar 5,6, August 24,0
Minimaltemperatur: Jährlich 8,3, Januar 1,3, August 16,7
Niederschlag: Jährlich 462 mm, Januar 47 mm, August 12 mm
Sonnenstunden: Jährlich 2792 Stunden, Januar 163 Stunden, August 336 Stunden

(Quelle: Instituo Nacional de Meteorología)

Kriminalität

Die Kriminalität in Madrid ist nicht höher als in anderen europäischen Metropolen. Das heißt, auf Nachtspaziergänge durch einsame Parks wie den Retiro oder Parque del Oeste sollte man verzichten. Und das riesige Freizeitareal Casa de Campo ist nach Einbruch der Dunkelheit in fester Hand der Straßenprostitution. In sozial schwachen Stadtvierteln wie in Lavapiés im Centro und im Underground-Viertel Malasaña, spät abends auch rund um die Nachtszene in Huertas (Centro), Gran Vía und in dem bei Homosexuellen beliebten Viertel Chueca, sollte man Vorsicht walten lassen. Durch die hohe Zahl von Drogenabhängigen und der damit verbundenen Kleinkriminalität kommt es immer wieder zu Straftaten.

Grundsätzlich gilt: Wertsachen lässt man möglichst im Safe des Hotels oder trägt sie wenigstens am Körper, also nicht in der Handtasche. Vor allem in überfüllten Bussen und Metro-Waggons oder im Straßengedränge versuchen Taschendiebe ihr Glück. Die Puerta del Sol und Callao im Zentrum gelten als beliebte Reviere. Offen präsentierte Fotoapparate weisen den Touristen aus. Autofahrer sollten in bewachten Garagen parken, trotzdem nichts im Wagen lassen; wenn es denn doch sein muss, ist der Kofferraum einzige Wahl. Übrigens, Sicherheit wird in der Madrider Metro groß geschrieben. Privatpolizisten und tausende von Videokameras überwachen das gesamte U-Bahn-System. Dennoch ist es empfehlenswert für alleinreisende Frauen, stets in gut besetzte Wagen einzusteigen. Am späten Abend ist es bequemer und dazu noch preiswert, sich durch Madrid mit dem Taxi fahren zu lassen.

Literatur

Die Bücher zum Thema Spanien könnten ohne Weiteres eine mittlere öffentliche Bibliothek füllen. Hier deshalb nur eine kurze, sicher subjektive Auswahl.

Belletristik und Reportagen

Peter Burghardt: Der Korrespondent der Süddeutschen Zeitung hat unter dem Titel *„Die Metropole der langen Nächte – Madrider Eigenheiten“* ein amüsantes Vademekum über die spanische Hauptstadt geschrieben. Eine kluge, kenntnisreiche Einführung der anderen Art. Picus-Verlag 2003.

Rolf Neuhaus, Jesús Serrano: „Madrid – Zeitreise in die spanische Literaturmetropole“ ist eine exzellent recherchierte und dazu noch gut geschriebene Einführung zu Madrid und seinen Dichtern – von Lope de Vega bis Javier Marías. Unverzichtbar für Literaturfreunde. Klett-Cotta 2004.

Camilo José Cela: Literaturnobelpreisträger von 1989, bekannt für surrealistisch inspirierte Texte und vulgäre Sprache, Verfasser eines *„Wörterbuchs der Obszönitäten“*. Im Verlag Piper ist sein berühmtestes Werk *„Der Bienenkorb“* erschienen, das sich rund um das Personal und die Gäste eines Madrider Cafés zur Zeit des zweiten Weltkrieges dreht.

Miguel de Cervantes: Don Quijote, zweideutiger Klassiker über die Lebensphilosophie eines Hidalgo und den Kampf gegen Windmühlen. In der Altstadt von Madrid kann man sich auf die Spuren Cervantes machen. Dort liegt der Dichter auch begraben. Reclam.

Ernest Hemingway, berühmtester aller ausländischen Spanienfans. *„Tod am Nachmittag“*, *„Gefährlicher Sommer“* (beide zum Stierkampf), *„Wem die Stunde schlägt“* (Bürgerkriegsepos), *„Fiesta“* (Angeln und Trinken anlässlich San Fermín, Liebesleid eines Kriegsgeschädigten). Alle von tiefer Spanienkenntnis geprägt und im perfekten Papa-Stil. Rororo.

Kochbücher

Culinaria España – Spanische Spezialitäten: Der schwere Leinenband ist ein wahres Schmuckstück. Exzellente Fotos und kenntnisreiche Texte stellen die spanischen Regionalküchen vor. Madrid und Umgebung mit Spezialitäten wie dem Cocido, Churros, dem Anis aus Chinchón ... kommen dabei nicht zu kurz. Optisch und inhaltlich ein lohnenswertes Kochbuch für alle Liebhaber der spanischen Küche. Könemann-Verlag, 488 Seiten, mehrere Kilo schwer.

In keinem Land ist die Begeisterung für Lotterien so groß wie in Spanien

Lotterien

Spanier gelten als das spielfreudigste Volk Europas. Gleichgültig, ob es sich um Bingo, Fußballwetten, Glücksspielautomaten oder Lotterien handelt – die Kassen klingeln. Besonders begehrt ist der Hauptgewinn der Weihnachtslotterie, „El Gordo“ (Der Fette) genannt. Verlost werden dabei Beträge, die unsere Lottogesellschaften vor Neid erblassen ließen.

O.N.C.E.: Im Straßenbild Madrids auffällig sind die blinden oder stark sehbehinderten Losverkäufer der Blindenlotterie O.N.C.E., die mit Rufen wie „Para hoy“ (Für heute) Kunden anzulocken versuchen. Die O.N.C.E., einer der größten Konzerne Spaniens, wurde nach dem Bürgerkrieg gegründet, um die Sozialhilfe zu entlasten. Das durchgängig blinde Management geriet in der Vergangenheit verstärkt unter Beschuss; zum einen durch Vorwürfe verschiedener Organisationen, Blinde würden großzügig unterstützt, während andere Behinderte leer ausgingen; zum anderen durch den Verdacht der Korruption.

Öffnungszeiten

Vorgegeben sind sie von der Hitze – und über Jahrhunderte war die Nachmittagsruhe *siesta* (s. u.) heilig. Doch viele Unternehmen in Madrid und anderen spanischen Großstädten arbeiten heute in klimatisierten Büros am Nachmittag. Grundsätzlich gilt: Abends wird länger in den Firmen gearbeitet, und die Läden haben viel länger geöffnet als beispielsweise in Deutschland mit seinem rigiden und einmaligen Ladenschlussgesetz. In großen Kaufhäusern und Läden (zum Beispiel Vips) kann man bisweilen bis Mitternacht noch Essen, Bücher oder Kleidung einkaufen. Wenn Öffnungszeiten saisonal unterschiedlich sind, wird nur in Sommer und Winter unterschieden – Spanien kennt da nur zwei Jahreszeiten. Was sie genau bedeuten, kann im Einzelfall höchst unterschiedlich sein.

Geschäfte: Im Allgemeinen Mo–Sa ab 9 Uhr bis 13.30 Uhr, nachmittags wieder 17–20.30 Uhr, mit jeweils einer halben Stunde Spielraum. Supermärkte und Kaufhäuser sind auch Samstagabend offen; kleine Lebensmittelgeschäfte, aber auch der El Corte Inglés können dagegen bis in die Nacht hinein geöffnet sein.

Museen: Hier gibt es unterschiedliche Regelungen. Öffnungszeiten sind im Text jeweils angegeben, können sich aber schnell ändern. Fast überall ist Montag geschlossen; wer Dienstag bis Freitag von 9–13 Uhr kommt, geht praktisch nie fehl. Große Madrider Museen wie Prado, Thyssen oder Reina Sofia haben natürlich auch nachmittags und abends offen.

Papiere

Für einen Aufenthalt bis zu drei Monaten genügt für EU-Bürger der Personalausweis oder Reisepass.

Post

Das Madrider Postamt am Cibeles-Platz demonstriert in seiner opulenten Fassade und seinen gigantischen Ausmaßen die Bedeutung der Post in Spanien. Jedoch in Zeiten von E-Mail und Fax hat der Postverkehr an Bedeutung verloren. Die einzelnen Schalter der Postämter (correos) haben je nach den angebotenen Diensten unterschiedlich geöffnet. Schalter für Briefmarken sind in der Regel kürzer geöffnet und während der Siesta und am Sonntag geschlossen. Um *Briefmarken (sellos)* zu kaufen, muss man sich ohnehin nicht auf die Post bemühen, zu erhalten sind sie auch im Tabakladen. Die Gebühren für Briefe und Postkarten ändern sich oft, sind aber im Vergleich zu Deutschland preiswert. Lang sind jedoch die Laufzeiten; Briefe werden schneller befördert als Postkarten – steckt man letztere in einen Umschlag, erreichen sie die Lieben daheim früher.

Siesta

Die Mediziner empfehlen es jedem gesundheitsbewussten Zeitgenossen: das Nachmittagsschläfchen. Zwischen ca. 13.30/14 Uhr und 16.30/17 Uhr hat Madrid geschlossen. Zwar fordern die modernen Zeiten auch hier ihren Tribut, doch wer irgend kann, hält immer noch daheim im abgedunkelten Zimmer sein Nachmittagsschläfchen oder ruht sich zumindest im Parque del Retiro aus. Der Grund ist einfach zu erraten: Im Sommer ist es dann schlichtweg zu heiß, um zu arbeiten. Die Madrider Nächte sind dafür umso länger... Wichtig zu wissen ist, dass es als ausgesprochen unhöflich gilt, während der Siesta zu stören; das wäre etwa vergleichbar dem Menschen, der bei uns daheim um Mitternacht vorbeischaut.

Sport

Madrid ist eine sportbegeisterte Stadt. Nicht nur passiv als Fußballfan, sondern auch aktiv. Rund um die Stadt gibt es im Grünen zahlreiche, riesige

Sportclubs. Doch leider sind diese Vereine mit ihren Tennispisten, Golfplätzen, Reitställen und Swimmingpools nur Mitgliedern vorbehalten.

Abenteuersportarten wie Parasailing, Drachenfliegen, Bungeejumping, Rafting etc. sind auch in Spanien stark im Kommen, zusammengefasst unter dem Stichwort *Turismo activo*. Naturgemäß konzentriert sich das Angebot auf die vom Fremdenverkehr schon recht gut erschlossenen Bereiche der Sierras.

Zuschauersport: *Fútbol*, Fußball, ist die bei weitem populärste Sportart Spaniens, wie jeder Barbesucher schnell herausgefunden haben wird. Ein Besuch in einem der großen Stadien ist sicher ein noch beeindruckenderes Erlebnis, zumal die Atmosphäre dort zwar leidenschaftlich, aber nie verbissen ist. Zu den Zuschauern zählen auch erstaunlich viele Frauen. Die beiden Clubs der Hauptstadt, Real Madrid und Atlético Madrid, zählen zu den besten Fußballvereinen Spaniens.

Bergsteigen/Wandern: In allen Bergregionen gute Wandermöglichkeiten, oft auch in ihrem Vorfeld. Schutzhütten und markierte Wege allerdings sind nicht gerade im Übermaß vorhanden, die vor Ort erhältlichen Karten meist veraltet. Dachverband:
Federación Española de Montañismo, C. Alberto Aguilera 3, 28015 Madrid.

Bowling: In Madrid gibt es eine Vielzahl von Kegelbahnen. Besonders beliebt ist das Bowling-Zentrum in Bahnhof Chamartín im Norden Madris.

Eislaufen: In Spanien sind Wintersportarten besonders in. Dazu zählt auch Schlittschuhlaufen. Auf einer kleinen Bahn im Bahnhof Chamartín ziehen vor allem Kinder und Jugendliche ihre Bahnen. Auch Schlittschuhverleih.

Golf: In Spanien ist Golf ein Volkssport. Es gibt zahlreiche Plätze in Madrid und Umgebung wie zum Beispiel El Escorial, Toledo oder Segovia.
Dachverband: Real Federación Española de Golf, C. Capitán Haya 9, 28020 Madrid.

Reiten: Dachverband: Federación Española de Hípica, C. Monte Esquinza 8, 28010 Madrid.

Skifahren: In der Gebirgsregion gibt es rund um das Bergdorf Navacerrada mehrere Lifte. Leider sind die Schneeverhältnisse unberechenbar. Der meiste Schnee liegt im Januar und Februar. Viel Sonne ist garantiert. Siehe auch Ortskapitel Navacerrada. Eine Ausrüstung kann man sich oft vor Ort mieten.
Dachverband: Federación Española de Deportes de Invierno, C. Infanta María Teresa 14, 28016 Madrid.

Stierkampf

Die weltberühmte Arena von Las Ventas – unweit des Einkaufsboulevards Goya – ist die Kathedrale des Madrider Stierkampfes. In der Zuschauergunst ist der Stierkampf zwar längst vom Fußball überholt worden, dabei aber trotzdem sehr populär geblieben. Las Ventas zieht noch immer tausende an. Die *corrida de toros* (Lauf der Stiere = Stierkampf) ist Gegenstand zahlreicher Diskussionen und auch in Spanien umstritten. Wie man dazu steht, muss jeder für sich selbst entscheiden.

Tierschützer – die sich ja hoffentlich auch als Naturschützer verstehen – sollten dennoch wissen, dass die Abschaffung des Stierkampfs einige negative ökologische Folgen nach sich ziehen würde: „Zum einen handelt es sich beim Kampfstier um eine sehr ursprüngliche Rinderrasse, die ohne Stierkampf schnell aussterben würde, und zum anderen weiden diese Rinder bis zu ihrem Tod mehrere Jahre in ausgedehnten Dehesas und auf Weiden, die auch Lebensraum für seltene Tiere und Pflanzen sind und ihren wirtschaftlichen Wert eben durch diese Kampfstiere erhalten. Ohne diese würden viele Weideflächen zu intensiven Landwirtschaftskulturen degradiert werden" (Roberto Cabo, Reiseführer Natur).

Die Saison dauert von April bis September, wobei längst nicht in jeder Stadt und an jedem Wochenende Kämpfe stattfinden; meist sind sie mit einer *fiesta* verbunden. Die besten Kämpfe finden in der Regel in Madrid und Sevilla statt; was in den Küstenorten den Touristen geboten wird, ist für den echten *aficionado* (Liebhaber des Stierkampfs) vergeudete Zeit.

Die Preisspanne bei Eintrittskarten ist recht weit. Ein wichtiges Kriterium unter vielen ist die Frage, inwieweit die Plätze der Sonne ausgesetzt sind: *sol* (Sonne), *sol y sombra* (teils, teils – nur manchmal angeboten) und *sombra* (Schatten) sind die Kategorien. Die Zuschauerränge nennen sich *gradas*, im Unterschied zum Beispiel zu den viel teureren Logen. Wer möglichst preisgünstig davonkommen will, wählt mithin *gradas sol* und zahlt dafür je nach Arena und Renommee der Matadore etwa 20 bis 40 €. Von dort sieht er absolut alles, jedoch aus einem gewissen, fürs erste Mal sicher günstigen Abstand. Am preisgünstigsten sind die *novilladas*, bei denen hoffnungsvolle Nachwuchsmatadore ihr Debüt gegen Jungstiere ableisten. Allerdings können solche Veranstaltungen auch leicht zu einer Schlächterei ausarten, nämlich dann, wenn ein noch unerfahrener Matador den Stier beim Todesstoß wieder und wieder nicht richtig trifft. Bei Spitzenmatadoren bleibt man dagegen in aller Regel von einem solchen Anblick verschont.

Die Kathedrale des Stierkampfes: die Arena Las Ventas

Tipp: *Videoaufnahmen* zu machen, ist bei fast allen Corridas verboten und mit Strafen bedroht – die Veranstalter wissen, warum, und die Ordner sind da sehr empfindlich und genau! Fotografieren wird dagegen meist geduldet.

Wer sich über den Stierkampf informieren möchte, hat dazu zwei Gelegenheiten. An der Rückseite der Arena von Las Ventas ist ein Stierkampfmuseum untergebracht. Ein weiteres befindet sich in Aranjuez am Rande des Stadtzentrums. Die Madrider Tageszeitungen berichten ausführlich über die Corridas im Sportteil. Dort gibt es auch die entsprechenden Programmhinweise. Die länglichen Plakate von Corridas in Las Ventas sind keineswegs nur Mitbringsel für Touristen, sondern informieren an Litfasssäulen und in Bars über die anstehenden Kämpfe.

Telefonieren

Telefonieren innerhalb Europas ist in Spanien kein Problem mehr. Jede Telefonzelle ist dem internationalen Netz angeschlossen. Die Vorwahl von Madrid lautet 91. Bei den im Buch angegebenen Telefonnummern ist die 91 jeweils bereits enthalten.

Vorwahlen

Von Spanien für internationale Gespräche immer 00 vorwählen. Nach **Deutschland** (00)49, nach **Österreich** (00)43, in die **Schweiz** (00)41. Immer gilt: die Null der Ortsvorwahl weglassen.

Nach Spanien ab Deutschland, Österreich und der Schweiz: Vorwahl 0034.

Zeitungen

Deutschsprachige Zeitungen und Zeitschriften sind überall im Zentrum erhältlich. Eine gute Auswahl hat in der Regel auch das Kaufhaus El Corte Inglés. In Madrid geben die beiden Tageszeitungen *El Pais* (linksliberal) und *El Mundo* (konservativ) den Ton an. Sie erscheinen an sieben Tage in der Woche. Die beiden Blätter verfügen auch über einen ausführlichen Informationsteil zu Theater, Kino, Konzerten und Ausstellungen.

Saubere Schuhe – eine Frage der Ehre

Das Aquädukt von Segovia: ein Meisterwerk römischer Baukunst

Geschichte

Die Geschichte Spaniens war immer auch die Geschichte der einzelnen Regionen. Wichtige historische Ereignisse regionaler Art in Madrid, Toledo, Segovia und anderen Städten Zentralspaniens sind am Ende des Geschichtskapitels tabellarisch dargestellt. Auf den folgenden Seiten deshalb nur ein kurzer allgemeiner Überblick.

Vor- und Frühgeschichte

Die Ursprünge der spanischen Völker sind bis heute nicht unumstritten. Funde wie die Wandmalereien der Höhlen Cuevas de Altamira in Kantabrien belegen die Besiedlung der Pyrenäenhalbinsel bereits in der Altsteinzeit; vor kurzem wurden die dortigen Malereien mit Hilfe der Radiokarbonmethode auf etwa 11.000 v. Chr. datiert. Noch vor den indoeuropäischen Völkerwanderungen der Jungsteinzeit waren Spaniens Mitte und Süden von den *Iberern* besiedelt, vermutlich von Afrika eingewanderte Berberstämme, die an der Mittelmeerküste Kontakt mit Handel treibenden Phöniziern und Griechen bekamen. Etwa auf dem Gebiet ihrer heutigen Autonomen Gemeinschaft lebten bereits damals die Basken, deren Herkunft unklar, auf jeden Fall nicht indogermanischen Ursprungs ist. Ab etwa dem 9. Jh. v. Chr. ist im Norden Spaniens die Existenz der *Kelten* gesichert, die wahrscheinlich von Mitteleuropa aus über die Pyrenäen gekommen waren und auf einem niedrigeren Kulturstand lebten als die Iberer. An den Schnittstellen ihrer Siedlungszonen, insbesondere in der Meseta Zentralspaniens, vermischten sich im Lauf der Jahrhunderte Kelten und Iberer zu den Keltiberern.

Romanisierung der Iberischen Halbinsel: Sie begann gegen den heftigen, letztlich jedoch nicht erfolgreichen Widerstand einheimischer Volksstämme. Die Iberische Halbinsel wurde zunächst in die beiden römischen Provinzen Hispania citerior im Nordosten und Hispania ulterior im Südwesten geteilt. Eine spätere Neugliederung hatte die drei Verwaltungsgebiete Hispania Tarraconensis (im Norden und Osten), Hispania Baetica (im Süden, etwa identisch mit Andalusien) und Hispania Lusitania (im Westen) zur Folge. Römische Kultur und Gesetzgebung wie auch die lateinische Sprache prägten die Iberische Halbinsel nachhaltig. Die Christianisierung ab Beginn des 2. Jh. wurde ebenfalls durch zugereiste Römer eingeleitet.

„Barbarenvölker" in Spanien: Mit dem Verfall des römischen Weltreichs und der einsetzenden Völkerwanderung zog es ab dem frühen 5. Jh. Westgoten, Vandalen, Alanen und Sueben nach Spanien. Die Germanenstämme beschränkten sich zunächst auf blutige Raubzüge und Gemetzel auch untereinander.

Westgotisches Reich: Als militärisch erfolgreichstes Volk erwiesen sich die Westgoten, deren Königreich bis ins 8. Jh. Bestand haben sollte. Ursprünglich arianischen Glaubens, wahrten sie zunächst Distanz zur hispano-romanischen und christlichen Bevölkerung. Die Folge waren häufige Aufstände, die von verfeindeten westgotischen Familien noch weiter geschürt wurden. Auch aus politischen Erwägungen also trat König *Rekkared* 587 zum katholischen Glauben über, der 589 auf dem *III. Konzil von Toledo* zur Reichsreligion erklärt wurde. Fortan lockerten sich die Fronten, Westgoten und einheimische Bevölkerung vermischten sich. Das Machtgerangel in der westgotischen Führungsschicht ging jedoch weiter, letztlich mit ein Grund für den Untergang des Reichs – die Mauren kamen.

Maurische Eroberung Spaniens

Zwistigkeiten zwischen westgotischen Provinzfürsten waren es, die die islamische Eroberung Spaniens einleiteten. Von einer der rivalisierenden Parteien zu Hilfe gerufen, setzten arabische und berberische Heere, die sogenannten *Mauren* („moros"), 711 über die Meerenge von Gibraltar, schlugen den letzten Westgotenkönig Roderich verheerend und eroberten Spanien in kürzester Zeit: In wenigen Jahren überrollten sie fast die gesamte Iberische Halbinsel – die neue Weltreligion des Islam war damals gerade mal ein Jahrhundert alt. Zentrum der maurischen Macht war Andalusien, die Nordafrika am nächsten gelegene Region. Zunächst noch dem Abbasiden-Kalifat in Damaskus unterstellt, gründete der letzte der von dieser Dynastie fast ausgerotteten Omaijaden in Córdoba ein unabhängiges Emirat, das später zum Kalifat ausgerufen wurde. Córdoba stieg zu einer der bedeutendsten Städte der damaligen Welt auf.

Reconquista

Schon bald nach dem Eindringen der Mauren hatte sich der Widerstand formiert. Der Norden und der Osten Spaniens wurden zum Ausgangspunkt der christlichen Rückeroberung, der Reconquista. Sie war kein geschlossener und zielgerichteter Vorgang – zu sehr verwickelten sich die einzelnen Königreiche in Rivalitäten und Erbstreitigkeiten untereinander. Die gängige Praxis, zurückeroberte Gebiete dem jeweilig siegreichen Königreich zuzuschlagen, förderte die Konkurrenz noch. Auch deshalb wohl benötigten die christlichen Heere fast fünf Jahrhunderte, bis die entscheidende Schlacht geschlagen war. Ausschlaggebend für den endgültigen Sieg war letztlich die Idee des „Kreuzzugs gegen die Ungläubigen“, die die bestehenden Differenzen überlagerte.

Spätes Mittelalter: 13. – 15. Jahrhundert

Die fast abgeschlossene Rückeroberung hatte zwei Großreiche zur Folge, die fortan für die Geschicke Spaniens bestimmend waren: Aragón mit Katalonien und Valencia am Mittelmeer, Kastilien in Zentralspanien. In beiden sank die Macht der Könige durch Aufstände des Hochadels und des wohlhabenden Bürgertums; in diese Zeit fällt ebenso die zunehmende Bedeutung der Cortes (Ständeversammlungen). Die Pest, besonders schlimm die Epidemie von 1347, wütete auch in Spanien und dezimierte die Bevölkerung erheblich.

In Kastilien erwies sich *Alfons X. der Weise* (1252–1284) zwar als großzügiger Förderer von Kunst und Kultur, war politisch jedoch nicht allzu glücklich; die ihm als Nachfolger der Staufer angebotene Krone des deutschen Kaisers konnte er wegen innenpolitischer Widerstände nicht annehmen. Nach seinem Tod kam es zu schweren Nachfolgestreitigkeiten, wie sie auch die Wechsel folgender Regenten fast immer begleiteten – schwächliche Könige lagen im Dauerstreit mit Adel und aufstrebender Mittelschicht. In der Regierungszeit von *Heinrich IV.* (1454–1474) brach sogar ein Bürgerkrieg aus, der in die Herrschaft von Isabella I. mündete – ein politischer Glücksgriff für Spanien, wie sich noch zeigen sollte. In diesen Jahrhunderten der politischen Orientierungslosigkeit ging es Kastilien jedoch gar nicht so schlecht, wie man meinen sollte: Mit Zugang zu Häfen an Atlantik und Mittelmeer nahm die Wirtschaft einen ständigen Aufschwung. Zudem riss die Pest weniger tiefe Lücken in die Bevölkerung als in Katalonien oder Aragón.

Los Reyes Católicos – der Aufstieg beginnt

1469 heirateten *Isabella von Kastilien* und *Ferdinand II. von Aragón*. Sie trat 1474, er 1479 die Thronfolge an. Das so entstandene Doppelreich war in Wahrheit vor allem durch die Personen der beiden Herrscher verbunden; außer der 1478 wieder eingesetzten Inquisition gab es im innenpolitischen Aufbau keine gemeinsamen Autoritäten. Dennoch konnte von nun an von „Spanien“ gesprochen werden. Gewinner der Vereinigung war vor allem Kastilien, das zum absoluten Machtzentrum des Landes aufstieg.

Los Reyes Católicos, die „Katholischen Könige“, wie Isabella und Ferdinand genannt wurden, machten sich schnell daran, ihren Einfluss auf den bislang so rebellischen Adel und das wohlhabende Bürgertum zu sichern, die Macht der Cortes einzuschränken und eine straffe Verwaltung zu installieren. Das Königshaus musste wieder alleiniger Herrscher, das Reich befriedet werden. Hilfreich in solchen Fällen ist immer das Errichten eines gemeinsamen Feindbildes, und wie so oft in der Geschichte mussten auch diesmal wieder Andersgläubige dafür herhalten. Der katholische Glaube wurde als Instrument zur Einigung des spanischen Volks eingesetzt, eine Idee, die über Jahrhunderte

El Escorial: Mit diesem Monumentalbau in den Bergen Madrids hat sich König Felipe II. unsterblich gemacht

die Politik des Landes bestimmen sollte. Zunächst traf es die meist wohlhabenden Juden, die unter Zwangstaufen und der Wut der Inquisition litten. Ab 1481 dann begannen die Katholischen Könige mit dem endgültigen Abschluss der Reconquista.

1492 wurde zu einem der entscheidenden Jahre der spanischen Geschichte. Mit Granada fiel nach zehnjährigem Kampf die letzte islamische Bastion in Spanien. Wenige Monate später setzte die systematische Vertreibung der Juden ein, die vor die Alternative Taufe oder Auswanderung gestellt wurden; die sogenannten *conversos*, die sich für die Taufe entschieden hatten, durften fortan der konzentrierten Aufmerksamkeit der Inquisition sicher sein. Hunderttausende Juden jedoch verließen Spanien; eine Schwächung der wirtschaftlichen Leistungskraft des Landes, die fatale Folgen hätte haben müssen. Dazu kam es jedoch nicht: Am *12. Oktober 1492* entdeckte ein Genueser in kastilischen Diensten Amerika – *Christoph Kolumbus*, in Spanien Cristóbal Colón genannt, öffnete dem Land die Tür zu den Schätzen des neuen Kontinents.

Aufstieg und Fall der Weltmacht Spanien

Als der in Gent geborene Karl als Karl (Carlos) I von Spanien 1516 die Thronfolge antrat, war er gerade 16 Jahre alt, nie vorher in Spanien gewesen und Erbe des „Reichs, in dem die Sonne nicht untergeht". Zusätzlich zu Spanien, dessen gewaltigen Kolonien in Amerika und Besitzungen im Mittelmeer brachte ihm seine habsburgische Herkunft die Herrschaft über Burgund, die Niederlande und Österreich. 1519 wurde Karl zum deutschen König gewählt, 1530 vom Papst zum Kaiser *Karl V.* gekrönt. Seine vielfältigen Verpflichtungen ließen ihm nur wenig Zeit, Spanien zu regieren, das jedoch bei seiner Frau Isabella von Portugal (Heirat 1526) und dem effizienten Verwaltungssystem der Rätekammern consejos in guten Händen war.

Die überseeischen Kolonien: In die Regierungszeit Karls I. (oder Karl V., je nach Sichtweise) fällt die weitere Ausdehnung der Kolonien, aus denen sich unvorstellbare Reichtümer über das Land ergossen. Spanische Konquistadoren, vor allem adlige, aber arme Hidalgos aus der Extremadura, nahmen weite Teile Mittel- und Südamerikas in Besitz. 1519–1522 eroberte *Hernán Cortés* Mexiko, 1532 zog *Francisco Pizarro* in Peru ein; ab 1535 besetzten Almagro und nach ihm Valdivia Bolivien und Chile. Obwohl sich Gold und Silber aus den Kolonien auf Karls riesiges Reich verteilten und es teilweise alimentieren mussten, blieb mehr als genug für Spanien übrig. Eine negative Folge war die zunehmende Inflation, doch erwies sich die Wirtschaft des Landes noch als kräftig genug, dies aufzufangen – der Grundstein des späteren Niedergangs aber war gelegt.

Universalist Karl V., letztlich gescheitert

Die Verwaltung eines so riesigen Reiches mit seinen vielfältigen diplomatischen und militärischen Verwicklungen war auch für einen politisch begabten Mann – wie Karl es zweifellos war – kaum zu bewältigen. Sein Traum vom Universalreich zerbrach. Konnte er sich gegen innerspanische Aufstände noch durchsetzen, insgesamt vier Kriege mit Frankreich siegreich (1527 gar mit der Eroberung Roms) oder zumindest ohne Verlust beenden, so war er im italienischen Konflikt mit dem Papst und im mediterranen Kampf gegen die Türken schon weniger glücklich. Den Ausschlag für seinen Rückzug aus der Politik gab schließlich der gescheiterte Kampf für die einheitliche Reichsreligion des Katholizismus – nach dem Augsburger Religionsfrieden (1555), in dem die Reichsfürsten den Protestantismus als gleichberechtigte Religion durchsetzten, dankte Karl 1556 verbittert ab und zog sich ins Kloster San Jerónimo de Yuste (Extremadura) zurück, wo er 1558 starb.
Karl V. gilt als großer Verfechter eines multikulturellen, geeinigten Europas. Darin war er mittelalterlich und zugleich unglaublich modern. Doch die aufkommenden Nationalstaaten mit ihren Machtgelüsten gingen ihre eigenen Wege. Zudem trug die Reformation in Deutschland dazu bei, ein zersplittertes Europas zu etablieren, das erst gegen Ende des 20. Jh. den Versuch unternahm, die nachteilige Trennung durch Nationalstaaten sukzessive aufzuheben.

Die Regierungszeit (1556–1598) von Karls Sohn und Nachfolger Philipp (Felipe) II eher pflichtbewusster Politikarbeiter denn glänzender Staatsmann, sah sowohl den absoluten Höhepunkt als auch den Beginn des rasanten Falls des spanischen Weltreichs. Philipp regierte, anders als sein Vater, das Reich von Spanien aus. Unter ihm stieg Madrid endgültig zur Hauptstadt auf. Philipps Augenmerk galt vor allem dem Erhalt der Macht der katholischen Kirche – in den Zeiten des sich verbreitenden Protestantismus ein problematischer und auch teurer Wunsch. Ab 1564 begann in den protestantischen Niederlanden der Befreiungskampf gegen die spanische Herrschaft, der später in die

König Felipe III. hoch zu Ross auf der Plaza Mayor in Madrid

Unabhängigkeit münden sollte. Doch die Niederlande waren nur eine der vielen Fronten, an denen sich Philipp letztlich verzettelte.

Zunächst hatte es noch gut ausgesehen für den katholischen König: 1571 markierte der Sieg in der Seeschlacht von Lepanto einen bedeutenden Erfolg gegen die Türken. Als er sich 1580 auch Portugal nebst dessen überseeischen Besitzungen sichern konnte, stand Spanien auf der Höhe seiner Macht. Es war eine glänzende, aber unsichtbar bereits im Bröckeln begriffene Macht: Schon die Kriege Karls hatten mehr Geld verschlungen, als die Kolonien liefern konnten, unter Philipp stieg die Staatsverschuldung nochmals, gleichzeitig die Inflation; die Zeche zahlten die Bürger und Bauern in Form stetig hochgetriebener Steuern.

Dann erhob sich im Kampf um die Niederlande ein neuer Gegner – England. Das protestantische Königreich unterstützte die Aufständischen offen. Philipps Antwort sollte ein vernichtender Schlag werden, entwickelte sich aber zum Fiasko. Die „Unbesiegbare Armada“, Spaniens gewaltige Flotte, wurde 1588 von den wendigeren englischen Schiffen vernichtend geschlagen – Spaniens Niedergang als Seemacht hatte begonnen, der Protestantismus triumphiert. Zwei Jahre später versuchte Philipp sein Glück in Frankreich, wo er für eine Tochter Erbansprüche auf den Thron geltend machte; 1598 musste er seinen Einmarsch mit einem schmählichen Friedensschluss beenden. Im selben Jahr noch starb Philipp II.

Seine Nachfolger zeigten sich als Abfolge unfähiger und schwacher Regenten, die die Regierungsgeschäfte Günstlingen überließen. Das 17. Jh. geriet der spanischen Politik zu einer Häufung von Katastrophen. 1609 wurden unter Philipp (Felipe) III. hunderttausende bisher verbliebener Mauren ausgewiesen;

ein schwerer Aderlass für das ohnehin durch Auswanderung und Pest von Bevölkerungsrückgang betroffene Land. Sein Nachfolger Philipp (Felipe) IV. engagierte sich ab 1621 im Dreißigjährigen Krieg mit dem Ergebnis des zeitweiligen Verlusts Kataloniens an Frankreich und des Abfalls von Portugal (1640). 1648 musste das mittlerweile fast bankrotte Reich die Unabhängigkeit der Niederlande akzeptieren, 1659 im Pyrenäenfrieden das Roussillon und Teile der Cerdaña an Frankreich abtreten, 1668 nach verlustreichen Schlachten auch Portugal endgültig freigeben. Die Kette der Niederlagen setzte sich fort in Kriegen gegen das aufstrebende Frankreich, die mit weiteren Territorialverlusten endeten. Mit dem Tod des schwachen Königs Karls II. endete 1700 die habsburgische Linie – das einst so glanzvolle Spanien am Boden.

Madrid und das Goldene Jahrhundert (El Siglo de Oro)

Stolz blickt Madrid auf das Siglo de Oro zurück: So sehr Spanien auch militärisch, wirtschaftlich und politisch absank, seine kulturelle Blüte dauerte an und erreichte im 16. und 17. Jh. ihren Höhepunkt. Das „Goldene Jahrhundert" Spaniens wurde geprägt durch Mystiker wie die heilige Theresa von Avila und Ignatius von Loyola, den Gründer des Jesuitenordens, durch Literaten wie Miguel de Cervantes („Don Quijote", erdacht im Gefängnis von Sevilla) und den Bühnenautor Calderón de la Barca, durch Maler wie El Greco und Velázquez. Letzterer, Hofmaler des Königs und mit vollem Namen Diego Velázquez de Silva (1599–1660) geheißen, war der berühmteste Vertreter der Malerschule von Sevilla, der wohl herausragendsten Künstlergruppierung Spaniens in jener Epoche, auf die im Kapitel zur Kunstgeschichte noch näher eingegangen wird.

Die Bourbonenherrschaft

Karl II. war kinderlos gestorben, hatte aber den französischen Bourbonen Philippe d' Anjou als Nachfolger bestimmt; die österreichische Habsburg-Linie sah das jedoch anders. In der Folge setzte ab 1701 der Spanische Erbfolgekrieg ein, in den halb Europa verwickelt war. In Spanien wurde er zudem zum Bürgerkrieg zwischen Kastilien auf Seiten Frankreichs und Aragón sowie Katalonien auf Seiten Österreichs. Erst der Frieden von Utrecht ließ 1713 den Bourbonen als Philipp (Felipe) V. den Thron besteigen; Spanien musste jedoch die italienischen und verbliebenen niederländischen Besitzungen abtreten. Die nächsten Jahrzehnte sahen Spanien als Verbündeten Frankreichs und unter reformfreudigen Herrschern, die ihre Nähe zum aufgeklärten Absolutismus Frankreichs nicht verleugneten.

Die Französische Revolution jedoch brachte wieder Unruhe, vor allem in den Kolonien. Ab 1788 ließ einer der Nachfolger Philipps, der unfähige Karl IV., Spanien von seinem Günstling *Manuel de Godoy* regieren, der das Land prompt erneut in verschiedene Kriege manövrierte. Der Höhepunkt des Desasters jener Jahre wurde mit der verheerenden Niederlage in der Seeschlacht von Trafalgar (1805) gegen England erreicht.

Wirre Zeiten: Unabhängigkeitskampf und Karlistenkriege

Einen Volksaufstand gegen Godoy nahm 1808 *Napoleon Bonaparte* zum Anlass, in Spanien einzumarschieren und Karl und dessen Sohn und Nachfolger Ferdinand (Fernando) VI. zum Herrschaftsverzicht zu zwingen. Ziel der Übung war die Inthronisierung seines Bruders Joseph Bonaparte und damit die völlige Unterwerfung Spaniens unter Frankreich. Der dem Einmarsch folgende Volksaufstand von Madrid wurde mit Waffengewalt niedergeschlagen. Es war der 2. Mai 1808, ein Datum, das in den vielen Straßennamen Dos de Mayo weiterlebt.

Die Spanier bewiesen – für die Franzosen wohl überraschend – Sinn für nationale Identität: Der Volksaufstand weitete sich zum Spanischen Unabhängigkeitskrieg aus, der mangels militärischer Stärke in Guerillamanier geführt wurde. In der Endphase von England unterstützt, konnten sich die Spanier nach sechs Jahren Besatzung durchsetzen. Es half ihnen wenig; die Folgezeit brachte dem Land nur weitere Kriege und innenpolitisches Chaos.

1814 kehrte *Ferdinand IV.* aus dem Exil auf den Thron zurück. Er zeigte sich wenig dankbar für die Unterstützung seines Volkes und hob die von den Cortes in Cádiz ausgearbeitete Verfassung sofort auf. Ferdinand, zuvor noch „El Deseado" (Der Ersehnte) geheißen, regierte totalitär, unterstützt von der wieder eingesetzten Inquisition und reaktionären Gefolgsleuten. Es folgten Aufstände, die nur mit Hilfe französischer Truppen unterdrückt werden konnten – eine Zeit, die die südamerikanischen Kolonien nützten, sich unter Simón Bolívar die Unabhängigkeit (1824) zu erkämpfen.

Nach Ferdinands Tod begannen Jahrzehnte noch größerer Unruhen. Sieben Jahre (1833–1840) dauerte der Erste Karlistenkrieg zwischen den Anhängern seiner unmündigen Tochter Isabella II. und den konservativen Kräften, die seinen Bruder Don Carlos favorisierten. Er mündete in eine Militärherrschaft unter General Espartero, der sich aber auch nur drei Jahre halten konnte.

Der ab 1843 mit 14 Jahren als Regentin eingesetzten Isabella war ebenfalls nicht viel mehr Glück beschieden. Sie wurde zum Spielball konservativer wie liberaler Kräfte, über 30 Regierungen wechselten in ihrer Amtszeit einander ab. Gleichzeitig warf sich Spanien erneut in riskante Kriegsabenteuer. 1868 wurde Isabella gestürzt. Auf eine Interimsregierung folgte 1873/74 die Erste Republik, die aber binnen kurzem an innerer Zerrissenheit scheiterte. Der folgende 2. Karlistenkrieg (1873–75) erschütterte das Land von neuem.

Die Restauration

Als Restauration gilt die Zeit von 1875 bis 1917, wobei der Name etwas irreführend ist: Restauriert, im Sinne der Wiederherstellung staatlicher Einheit und Geschlossenheit, wurde bestenfalls in der Anfangsphase; schon bald darauf häuften sich die politischen Krisen erneut.

Alfons (Alfonso) XII., Sohn Isabellas und 1875 zum König ausgerufen, gelang es, die Karlistenkriege zu beenden und Spanien eine relativ ruhige Zeit zu bescheren. Unter ihm und seiner Witwe *María Cristina* (ab 1885) wechselten sich die konservative und die liberale Partei nach festgelegten Phasen ab. Die

Die Madrider Hauptpost: Architektur aus der Zeit der Restauration

Katastrophen des *Kuba-Aufstands* (1895) und besonders des folgenden *Amerikanisch-Spanischen Kriegs* (1898) konnten dennoch nicht verhindert werden. Als der Krieg mit Amerika beendet war, hatte Spanien nicht nur seine Flotte, sondern auch die Philippinen, Kuba und Puerto Rico verloren und damit den Traum vom Weltreich endgültig eingebüßt – ein Verlust, den die kritische sogenannte *Generation von 98* zum Anlass nahm, die Abkehr von alten Leitbildern und den Anschluss Spaniens an modernere, humane Zeiten zu fordern. Ein vergeblicher Wunsch, wie sich zeigen sollte.

Alfons (Alfonso) XIII., der Sohn und Nachfolger María Cristinas, suchte sein Heil in der Expansion und griff Marokko an. Das militärische Abenteuer führte mit der zwangsweisen Rekrutierung von Soldaten 1909 zum Volksaufstand der *Semana Tràgica* („Tragische Woche“) von Barcelona: Linke Arbeiterverbände revoltierten und zerstörten Kirchen und Klöster; bald darauf formierte sich die anarchistisch gefärbte Gewerkschaft *Confederación Nacional de Trabajo* (CNT), eine radikalere Gegenspielerin der schon 1882 gegründeten sozialistischen UGT.

Spanien war von großer politischer Instabilität gekennzeichnet, auch wenn die Neutralität im *Ersten Weltkrieg* einen gewissen wirtschaftlichen Aufschwung ermöglichte. Die Ansiedlung von Industrie (Textilien in Katalonien, Schwerindustrie im Baskenland) verlief parallel zu einer Stärkung der Arbeiterbewegungen. Soziale Verschärfungen durch die junge Industrie und militärische Misserfolge in Marokko führten 1917 zu einer Staatskrise, die auch eine immer schnellere Abfolge von Kabinetten nicht zu lösen vermochte. Die Rufe konservativer Kreise nach dem „starken Mann“ wurden lauter – und sie verhallten nicht ungehört.

1923 putschte General *Primo de Rivera* mit Einverständnis von König Alfons XIII. und errichtete eine Militärdiktatur. Zwar gelang es ihm, den Krieg mit Marokko zu beenden, doch stolperte auch er über innenpolitische Schwierigkeiten. Seine zaghaften Reformansätze scheiterten schnell am Widerstand linker wie auch rechter Kreise. Als die Weltwirtschaftskrise die Probleme des Landes nochmals verschärfte, trat er im Januar 1930 freiwillig ab.

Wurzeln des Spanischen Bürgerkriegs

Die *Zweite Republik*, im April 1931 ausgerufen, versuchte mit einer Politik weitreichender Reformen, die wirtschaftlichen und gesellschaftlichen Probleme Spaniens zu lösen, scheiterte jedoch am Widerstand konservativer Kreise in Wirtschaft, Militär und katholischer Kirche. Gleichzeitig kam es zu antiklerikalen Ausschreitungen der Linken, denen wie schon in der Semana Tràgica von Barcelona Kirchen und Klöster zum Opfer fielen. 1933 gründete *José Antonio Primo de Rivera*, Sohn des Ex-Diktators, die *Falange Española*, eine rechtsextreme Partei, deren Programm während des Bürgerkriegs und danach eine prägende Rolle spielen sollte; gleichzeitig musste sich die Regierung zahlreicher Aufstände anarchistisch gefärbter Gewerkschaften erwehren. Zwischen 1934 und 1936 schlitterte Spanien von einer politischen Krise in die nächste. Den Rechtsruck nach den Parlamentswahlen vom Oktober '34 quittierten die Gewerkschaften mit Generalstreiks. Auch nach dem Wahlsieg der Volksfront im Mai '36 beruhigte sich die Lage nicht, verschärfte sich sogar noch. Streiks paralysierten das Land, die Rechte antwortete mit Mord, die Linke gab mit gleicher Münze zurück – Spanien im Chaos. Die Ermordung des rechten Abgeordneten *Calvo Sotelo* am 13. 7. 1936 wurde zum Auslöser eines Militärputsches, der in den *Spanischen Bürgerkrieg* mündete.

Katastrophen: Bürgerkrieg und Franco-Diktatur

Bis heute ist der Spanische Bürgerkrieg (1936–39), dem über eine halbe Million Menschen zum Opfer fielen, ein Trauma für das Land geblieben, zumindest für ältere Menschen. „Bürgerkrieg" ist eigentlich nicht der richtige Ausdruck für diesen dreijährigen Kampf: Auf der einen, der letztlich siegreichen Seite der „Nationalen", stand eine Clique von gut ausgerüsteten, antidemokratischen Militärs, auf der anderen, der der demokratischen „Republikaner", der Großteil der Bevölkerung.

Ab dem 28. Juli flogen Truppenverbände aus Spanisch-Marokko nach Südspanien ein; den Oberbefehl hatte General Franco, die Flugzeuge wurden teilweise aus Hitler-Deutschland ausgeliehen. Italien, Portugal und Deutschland unterstützten den faschistischen Putsch; die berüchtigte deutsche Flugzeugstaffel „Legion Condor" bombte unter anderen das baskische Städtchen Guernica in Schutt und Asche, eine Schandtat, die von Pablo Picasso im gleichnamigen Gemälde verewigt wurde. Die Republikaner erhielten dagegen nur sehr bescheidene Hilfen von Russland, Frankreich und Mexiko.

Eine andere Ursachen für die Niederlage der linken Kräfte war wohl, dass sie sich selbst befehdeten: Trotzkisten misstrauten den Anarchisten, Sozialisten den Kommunisten. Auch die Freiwilligen der Internationalen Brigaden, junge

Männer und Frauen aus dem Ausland, konnten Spanien nicht retten – die „Schlacht am Ebro“ (25.7.–16.11.1938) markierte den endgültigen Sieg der Faschisten. Am 26. Januar 1939 schließlich nahmen Francos Truppen Barcelona ein.

El Pardo: Hier residierte im luxuriösen Ambiente der Diktator Franco

Francisco Franco Bahamonde: der Diktator

Francos großer Triumphbogen im Madrider Stadtviertel Moncloa steht noch immer. Neonazis pilgern auch weiterhin alljährlich zur gigantischen Krypta im Valle de los Caídos. Madrid und Kastilien gehen eher gelassen mit dem antidemokratischen Diktator um. Geboren am 4.12.1892 in der galicischen Hafenstadt El Ferrol, wurde der „Caudillo“ und „Generalísimo“ zum spanischen Alptraum des 20. Jh. Grundprinzipien seines diktatorischen Regimes waren die Unterstützung durch Militär, katholische Kirche und die Falange, absolute Autorität des Staates und Unterdrückung aller abweichenden Auffassungen. Demokratische Ansätze wurden durch passende Gesetze nur vorgetäuscht, jedoch nie verwirklicht. Staatsform war eine „Monarchie ohne König“, die allein dem Staatsführer Franco das Recht zugestand, seinen – dann königlichen – Nachfolger zu ernennen. Während des Zweiten Weltkriegs blieb Spanien neutral; versuchsweise Annäherungen an Hitler-Deutschland wurden durch wirtschaftlichen Druck der Alliierten erstickt. Nach dem Krieg zunächst politisch isoliert, wurde Spanien im diplomatischen Verkehr bald wieder halbwegs salonfähig; 1959 befürwortete Adenauer vergeblich die Aufnahme des Landes in die Nato. Innenpolitisch hielt die harte Linie an. Ab den Sechzigern mehrten sich Proteste, Unruhen und Terroranschläge der baskischen Befreiungsbewegung ETA. In Madrid zogen die Studenten durch die Straßen und forderten Freiheit und Demokratie. Am 20. November 1975 starb Franco – und in Spanien knallten die Sektkorken.

Endlich: die Demokratie

Francos Nachfolger wurde der vom „Caudillo“ selbst erwählte und heute noch amtierende König Juan Carlos I. ein Bourbone. Zunächst zaghaft, dann tatkräftig mit Hilfe des von ihm ernannten Ministerpräsidenten *Adolfo Suárez*, bereitete Juan Carlos die Demokratie vor. 1977 fanden die ersten demokratischen Wahlen seit über 40 Jahren statt; die von Suárez geführte und später aufgelöste UCD (Mitte-Rechts) ging als Sieger hervor.

Das Kunstzentrum Reina Sofia: Monument des demokratischen Spaniens

Am 23. Februar 1981 hielt Spanien nochmals den Atem an: Ein gewisser Colonel Tejero versuchte im Parlament mit gezogener Pistole einen Militärputsch durchzusetzen. Doch König Juan Carlos verhielt sich mustergültig, lehnte jede Unterstützung ab. Die Armee hörte auf sein Wort, und Spaniens junge Demokratie war gerettet.

Die goldenen Achtziger

1982 wurde Spanien Mitglied der NATO. Im selben Jahr übernahm erstmals die sozialistische Partido Socialista del Obrero Español (PSOE) das parlamentarische Ruder, geführt von dem Andalusier Felipe González. Anfang 1986 trat Spanien der EG bei, die Parlamentswahlen im Juni sahen erneut die PSOE als strahlenden Sieger. Es waren Jahre der lustvollen Befreiung von Moralvorstellungen, die eine unheilige Allianz von Kirche und Staatsgewalt über mehr als vierzig Jahre hinweg diktiert hatte. Und es waren Jahre des Booms, in denen Spaniens Wirtschaft jährlich um fast fünf Prozent wuchs. Die Aktienkurse erreichten Rekordhöhen, vor allem auch in Hinblick auf 1992, das große Jahr. Unter der Führung des allseits verehrten „Felipe“ errichtete die PSOE einen Sozialstaat moderner Prägung mit Arbeitslosenunterstützung und staatlichem Gesundheits- und Rentensystem. Umsonst waren diese Erfolge nicht zu haben, drastische Einschnitte nötig. Vor allem die Stahlindustrien und die Werften, staatlich geführte Dinosaurier, die nur Verluste produzierten, mussten abgebaut werden. Zehntausende Arbeitsplätze verschwanden, die Arbeitslosigkeit, vom Wirtschaftsboom ohnehin kaum gemildert, stieg weiter. Die der PSOE seit über einem Jahrhundert eng verbundene Gewerkschaft Unión General de Trabajadores (UGT) warf der Regierungspartei Abkehr von den sozialistischen Idealen vor. Ende 1988 eskalierte der Konflikt in einem Generalstreik. Das Vertrauen in die PSOE sank, doch reichte es bei den Wahlen von 1989 noch einmal knapp zur Mehrheit.

1992 sollte Spaniens großes Jahr werden: die 500-Jahr-Feier der Entdeckung Amerikas, die Olympischen Spiele in Barcelona, die Weltausstellung Expo in Sevilla, Madrid die Kulturhauptstadt Europas. Die Preise stiegen in schwindelnde Höhen, die Staatsschulden auch. Der großen Feier folgten Ernüchterung und Stagnation. In der Euphorie hatte mancher vergessen, dass die Arbeitslosigkeit mit landesweit über 20 Prozent damals den europäischen Spitzenwert darstellte und das Defizit im Staatshaushalt Rekordhöhe erreicht hatte. Als logische Folge der schlechten Grunddaten der Wirtschaft wurde die Peseta nach der teilweisen Freigabe der Wechselkurse gleich mehrfach, insgesamt um fast ein Fünftel, abgewertet: gut für den Export und für den ausländischen Reisenden, miserabel für das internationale Prestige des Landes.

Trotz aller Schwierigkeiten gelang es der PSOE bei den Wahlen von 1993 noch einmal, stärkste Partei zu werden, doch verfügte sie über keine absolute Mehrheit mehr. Zweitstärkste Macht in Spanien wurde die konservative Volkspartei Partido Popular (PP). Die Vereinigte Linke Izquierda Unida (IU) eine bunte Gemeinschaft von Ex-Kommunisten, Grünen und mit der PSOE unzufriedenen Sozialisten, spielte keine große Rolle. Unterstützung erhielt Felipe González von zwei Regionalparteien, der Baskischen Nationalistischen Partei und der konservativen katalanischen Convergencia i Unio, die ihn als Ministerpräsident mitwählten.

Das Ende der Ära Gonzalez

Schon bald nach den Wahlen von 1993 erschütterte eine Krise nach der anderen die labile Regierung. Harte Eingriffe ins soziale Netz und das Einfrieren der Löhne der Staatsbediensteten führten Anfang 1994 zu einem weiteren Generalstreik. Wesentlich schlimmer noch war die Serie nach und nach ruchbar gewordener Skandale. So hatten weite Teile der PSOE-Regierung die öffentlichen Kassen anscheinend als Selbstbedienungsladen betrachtet. Für die Vergabe von Aufträgen an ausländische Firmen kassierte die Partei horrende Schmiergeldsummen, finanzierte damit ihren Wahlkampf. Der Chef der Notenbank nutzte Insiderwissen zur Börsenspekulation, wurde binnen weniger Monate mehrfacher Millionär. Auch der Wirtschaftsminister, so hieß es, habe im Rahmen des pelotazo, der Weitergabe von wertvollen Informationen gegen Bargeld, seinen Anteil erhalten. Am tollsten jedoch trieb es Luis Roldán, der Ex-Chef der Guardia Civil. Er soll beim Bau neuer Kasernen und aus einem Geheimfonds zur Terroristenbekämpfung insgesamt rund 30 Millionen Euro abgezweigt haben. Anfang 1995 wurde Roldán in Südostasien verhaftet und nach Spanien überführt. Seine Aussagen enthüllten erst das wahre Ausmaß der Korruption: Nicht nur er allein, sondern die gesamte Leitung des Innenministeriums habe sich aus besagtem Geheimfonds bedient.

Allzu lange wohl hatte Regierungschef González den Machenschaften in seiner Partei wenig Beachtung geschenkt, immer wieder versucht, die Affären

herunterzuspielen. Doch sollte es für die Sozialisten noch schlimmer kommen. War bisher nur von Korruption die Rede, erreichten die Skandale nun ganz andere Qualitäten: Die geheimen „Antiterroristischen Befreiungstruppen" (GAL), die während der 80er Jahre in der Manier von Todesschwadronen vermeintliche ETA-Mitglieder in Südfrankreich überfielen und ermordeten, sind offensichtlich von höchsten staatlichen Stellen gelenkt worden. Als Mitwisser oder gar Initiatoren des staatlich geförderten Terrors werden unter anderen auch der ehemalige Innenminister Barrionuevo und der frühere Verteidigungsminister Serra verdächtigt. Im Juni 1995 schließlich folgte der bislang letzte Schock für die mittlerweile an skandalöse Enthüllungen schon fast gewohnte spanische Bevölkerung: Von 1984 bis 1991 hatte der Geheimdienst CESID ohne richterliche Verfügung Privatgespräche von Prominenten und Politikern abgehört. Nicht einmal der im Volk äußerst beliebte König Juan Carlos blieb verschont. Die Rücktritte des Verteidigungsministers Vargas und des damaligen Geheimdienstchefs Serra, letzterer auch Stellvertreter von González, konnten die Wogen der Empörung nicht glätten.
Um die Zulassung vorgezogener Neuwahlen, wie sie schon seit langem gefordert worden waren, kam die spanische Regierung jetzt nicht mehr herum. Besonderen Druck hatte die katalanische CiU ausgeübt. Doch obwohl der erfahrene Politstratege und katalanische Präsident Jordi Pujol den Sozialisten endgültig jede Unterstützung kündigte, konnte sich González zu sofortigen Neuwahlen nicht durchringen. Der altgediente Regierungsführer wollte ohne Wahlkampf sein Halbjahr der EU-Präsidentschaft beenden. Dass in der Zwischenzeit sein treuer Freund und Parteigenosse Javier Solana publicityträchtig den Sessel des Nato-Generalsekretärs bestieg, war dem angeschlagenen Image der Sozialisten sicher auch nicht abträglich...

Die Renaissance der Konservativen unter Aznar

Die vorgezogenen Parlamentswahlen Anfang März 1996 brachten der Partei Partido Popular unter ihrem früher etwas blass wirkenden Führer José María Aznar nicht den glorreichen Sieg, den so mancher prophezeit hatte. Zwar erreichte die PP mit knapp 39 Prozent der Stimmen die Mehrheit, doch erzielte sie gegenüber der PSOE gerade mal einen Vorsprung von 1,4 Prozent.

Die wirtschaftliche Situation Spaniens verbesserte sich unter Aznar erheblich: Die Inflationsrate hat sich auf einem sehr niedrigen Niveau eingependelt. Das Wirtschaftswachstum erreichte Spitzenwerte in der Europäischen Union. Kein Wunder, dass Spanien die Kriterien für die Einführung des Euro fristgerecht erfüllt. Aznar kann sich der Unterstützung der überragenden Mehrheit der Spanier bei der Europäischen Währungsunion sicher sein. Vor allem gelang es Aznar in den 90er Jahren, die damals noch immer hohe Arbeitslosigkeit deutlich zu verringern. Allerdings sind die zeitlich befristeten Arbeitsverträge bei vielen Neueinstellungen noch immer ein Problem.

Die Kehrseite der konservativen Politik ist auf den Straßen Madrids zu sehen: Die Zahl der Bettler, die sich nur teilweise aus Drogensüchtigen und Profis rekrutieren, hat sich sichtbar erhöht. Besonders bei älteren Menschen steckt oft auch blanke Not dahinter. Wer sich ab und zu von einem kleinen Bruchteil

Die Schattenseite der Liberalisierungspolitik ist überall in Madrid sichtbar

seines Urlaubsbudgets trennt, handelt sicher nicht falsch – auch viele Spanier haben für diesen Zweck immer einige Münzen einstecken.

Die Parlamentswahlen vom März 2000 sahen nur einen Sieger: Die Volkspartei PP unter José María Aznar erreichte überraschend 44,5 Prozent der Stimmen und damit die absolute Mehrheit, ist somit auf keinen Koalitionspartner mehr angewiesen. Herbe Verluste hinnehmen mussten die Sozialisten der PSOE, die nur mehr 34,1 Prozent erreichte und jetzt vor einem Neuanfang steht, erst recht die Vereinigte Linke IU, die – auch wegen eines unglücklichen Paktes mit den Sozialisten – fast die Hälfte ihrer Stimmen von 1996 einbüßte und mit 5,5 Prozent sogar hinter die katalanische Regionalpartei CiU zurückfiel.

Belohnt wurde die PP wohl insbesondere für ihre Wirtschaftspolitik und die damit verbundenen Steuersenkungen, die vor allem der Mittelstand spürte. Mit seinem Leitspruch „España va bien“ (Spanien geht es gut). hat Aznar durchaus Recht, zumindest was die Ökonomie betrifft. Eine Wachstumsrate von zuletzt knapp 4 Prozent würden sich viele andere europäische Länder auch wünschen, die Inflationsrate stieg zwar in jüngerer Zeit wieder an, liegt aber immer noch bei einer recht soliden Zwei vor dem Komma, und auch die bislang immens hohe Arbeitslosigkeit von über 15 Prozent scheint weiter rückläufig zu sein.

Es zählt zu den Verdiensten Aznars, der ja 1996 nur mit einer hauchdünnen Mehrheit zum Ministerpräsidenten gewählt wurde, aus der zerstrittenen rechten Volkspartei eine einigermaßen liberale, weltoffene Bewegung gemacht zu haben, die den Geruch des Franquismus längst losgeworden ist. Die neue Mitte, die Aznar ähnlich wie Gerhard Schröder für sich entdeckte, entspricht dem Lebensgefühl der meisten Spanier in diesen postmodernen Zeiten jenseits der bekannten Ideologien.

Optimismus prägt Spanien zu Beginn des 21. Jh. Die Wirtschaft boomt, der Tourismus bleibt auf Rekordkurs, die Inflation existiert beinahe nicht, und vor allem die Arbeitslosigkeit sinkt, wenn auch sehr langsam. Spanien ist heute ein selbstbewusstes Mitglied der Europäischen Union, das exzellente Beziehungen zum Nachbarn Frankreich und traditionell zu Deutschland unterhält.

In Madrid, aber auch in vielen Städten Kastiliens ist der Boom der 90er Jahre sichtbar: Die spanische Hauptstadt verfügt über neue Hochschulen und ein gut funktionierendes öffentliches Nahverkehrssystem sowie eine Vielzahl neuer Autobahnen und Schnellstraßen. Die Kehrseite des Booms sind trostlose Vorstädte mit viel Beton und wenig Grün, das weitere Auseinanderklaffen der Schere zwischen Arm und Reich und die Zunahme der Fremdenfeindlichkeit.

Der Bombenanschlag von Madrid und das Ende der Ära Aznar

Der Anschlag am 11. März 2004 auf den Madrid Bahnhof Atocha hat alles verändert. Nachdem die konservative Regierung kurz vor den spanischen Parlamentswahlen die baskische Separatistenorganisation ETA für den furchtbaren Anschlag verantwortlich gemacht hatte, kam es zu spontanen Demonstrationen vor der Parteizentrale der Partido Popular. Mit dem Versuch, den Verdacht auf die ETA zu lenken, wollte Aznar die Spanier hinter sich sammeln. Doch von der Mehrheit wurde der Trick durchschaut. Für den Anschlag waren islamistische Terroristen verantwortlich. Völlig überraschend gewann die PSOE mit ihrem Spitzenkadidaten José Luis Rodríguez Zapatrero die Parlamentswahlen am 14. März 2004 souverän. Die Konservativen kamen gerade auf 37 Prozent, vier Jahre zuvor waren es noch 44 Prozent gewesen. Die Bombenabschläge auf die Vorortzüge forderten 191 Menschenleben, hinzu kamen rund 2000 Verletzte. Unter den Opfern waren vor allem Ausländer und Spanier aus den Arbeitervororten.

Sozialist Zapatero und seine Politik der Versöhnung

Die neu gewählte Regierung unter dem Sozialisten Zapatero versucht seitdem, die Integrationsprobleme zu lösen und das soziale Netz auszubauen. Schnelle Lösungen können allerdings nicht erwartet werden. Das gilt auch für die ETA. Die baskische Terrororganisation ist das größte innenpolitische Problem. Das bekommen die Madrilenen zu spüren. Immer wieder explodieren Bomben der baskischen Separatisten im Zentrum Madrids. Auch zum Jahreswechsel 2005 ging wieder die Furcht vor einer Terrorwelle der ETA um. Wie das Problem ETA gelöst werden kann, darüber zerbrechen sich Regierung, Medien und Bürger gleichermaßen den Kopf. Eine Zauberformel ist noch nicht gefunden. Im Frühjahr 2005 lehnte das spanische Parlament die neuen Unabhängigkeitspläne der baskischen Regionalregierung ab. Dennoch glaubt Zapatero – ein Mann des Kompromisses – an seine Politik der Versöhnung. Trotz erneuter ETA-Anschläge im Sommer 2005 sucht er das Gespräch mit den Basken.

Baukunst aus der Zeit des industriellen Aufschwungs: der Kristallpalast im Retiro-Park

Zeittafel zu Madrid und Umgebung

Um 400 n. Chr.	Zentralspanien mit Madrid und Toledo wird von den Westgoten erobert.
711	Los Moros, die Mauren, landen in Südspanien. Die arabischen Truppen erobern Teile des heutigen Andalusien. Das Reich der Westgoten zerfällt. In Zentral- und Nordspanien organisiert sich der christliche Widerstand gegen die Mauren.
Um 860	Die Mauren gründen auf einer Anhöhe über dem Madrider Fluss Manzanares die befestigte Stadt mit einem Alcázar. Die Anlage dient als nördlicher Vorposten gegen die christlichen Rückeroberer.
1083	Die Mauren werden aus Madrid vertrieben. Alfonso VI. findet – so will es die Legende wissen – unter den Trümmern der arabischen Befestigungsanlage (rund um den heutigen Königspalast) eine Marienfigur. Sie soll der kastilischen Krone bei der Rückeroberung geholfen haben. Die Figur wurde Almudena genannt und ist heute die Schutzheilige der Stadt. Auch die neue Kathedrale von Madrid neben dem Königspalast trägt den Namen Almudena.
Um 1100	Madrid wird immer wieder von den Mauren angegriffen.
1202	Alfonso VIII. verleiht Madrid die sogenannten *fueros*, städtische Sonderrechte.
1329	Ferdinando IV. von Kastilien versammelt die Cortes (so heißt noch heute das Parlament) in Madrid. In der Ständevertretung sind Geistlichkeit, Adel und Städte repräsentiert.
1369 –1379	Enrique II. von Kastilien regiert. Ein Brand zerstört Madrid.
1390 –1406	Die Madrider Festung wird wieder aufgebaut.

1454 –1474	Enrique IV. von Kastilien heiratet in Madrid Juana von Portugal.
1469	Die beiden rivalisierenden Königreiche Kastilien und Aragón werden durch die Heirat von Ferdinando II. von Aragón mit Isabella von Kastilien vereinigt.
1477	Ferdinando II. und Isabella I. ziehen in Madrid ein. Zahlreiche Gebäude entstehen, z. B. das Kloster San Jerónimo (beim Prado), Häuser wie Cisneros und Lujanes (bei der Plaza Mayor) und Teile des Kloster Descalzas Reales (bei der Puerta del Sol).
Um 1522	Der Habsburger-König Carlos I. (als deutscher Kaiser Karl V. bekannt) schlägt den Aufstand der kastilischen Städte nieder. Der Absolutismus wird zur Regierungsform, und Madrid wird der Ehrentitel „Kaiserliche und Gekrönte Stadt" verliehen.
1525	In der Madrider Torre de los Lujanes (bei der Plaza Mayor) wird der französische Monarch Franz I. festgehalten.
1537– 44	Carlos I. beginnt mit dem Bau des Schlosses El Pardo (außerhalb von Madrid).
1561	Der Grundstein für die Metropole Madrid wird gelegt: König Felipe II. bestimmt das 25.000 Einwohner zählende Madrid zur Hauptstadt. Der Alcázar, die alte arabische Festung, wird zum politischen Mittelpunkt. Umfangreiche Bautätigkeiten bestimmen die Regierungszeit: Unweit des Klosters San Jerónimo wird Buen Retiro (heute Stadtpark) angelegt, es entsteht Madrids berühmtester Platz, die Plaza Mayor, und das Kloster La Descalzas Reales wird neu errichtet.
1563 –1584	Das mächtige Festungsschloss El Escorial im Guadarrama-Gebirge wird gebaut. Felipe II., in dessen Reich nie die Sonne untergeht, beauftragt mit dem gigantischen Bau den Architekten Juan Bautista de Toledo und später Juan Herrera, der die Plaza Mayor plante.
1601–1606	Felipe III. brüskiert Madrid und verlegt seinen Regierungssitz nach Valladolid in Kastilien-León. Ein bronzenes Reiterbild auf der Plaza Mayor, die er umbauen ließ, erinnert an ihn.
16.–17. Jh.	Das Siglo de Oro, das goldene Zeitalter, bestimmt die Stadt. In Madrid leben und arbeiten Schriftsteller wie Cervantes, Calderón, Lope de Vega und Quevedo, Maler wie Velázquez und Zurbarán.
1701–1746	Nach dem Tod des letzten Habsburger Herrschers Carlos II. entbrennt der spanische Erbfolgekrieg zwischen Karl von Habsburg und dem Bourbonen Philippe d'Anjou alias Felipe V. Erst der Frieden von Utrecht lässt 1713 den Bourbonen als Felipe V. den Thron besteigen. Die Bourbonen bauen ihre Hauptstadtverwaltung auf.
1721	Das Sommerschloss La Granja unweit von Segovia wird errichtet.
1734	Der Alcázar von Madrid brennt an Weihnachten ab.
1759 – 88	Carlos III. modernisiert Madrid. Es entstehen nicht nur Straßenbeleuchtung und Kanalisation, sondern auch der Palacio Real (Königsschloss) auf dem Gelände des zerstörten Alcázar. Zahlreiche spätbarocke Gebäude werden errichtet, die noch heute das Bild Madrids bestimmen: Prado, Kunstakademie San Fernando, Casa des Correas an der Puerta del Sol und der Botanische Garten.
1798	Goya malt die Fresken von San Antonio de la Florida, unweit des heutigen Bahnhofs Príncipe Pío.
1808	Die Franzosen besetzen Madrid. Napoleon zwingt Carlos IV. zur Abdankung.

Mai 1808	*Dos de Mayo.* Die Madrider Bürger erheben sich gegen die verhassten Besatzer aus Frankreich. Die französischen Truppen reagieren mit brutaler Gewalt. In Moncloa finden Massenerschießungen statt, die Goya in seinem weltberühmten Gemälde (heute im Prado) festhält.
1808 –1813	Joseph I. Bonaparte, Bruder Napoleons wird zum König Spaniens gekrönt. Der von den Madrider Bürgern verächtlich als Pepe Botella titulierte Monarch lässt die Plaza de Oriente vor dem Königsschloss errichten.
1813 – 33	Die Bourbonen kehren mit Fernando VII. auf den spanischen Thron zurück. Die 1812 beschlossene liberale Verfassung wird außer Kraft gesetzt und die Inquisition wieder eingeführt. Die Puerta de Toledo wird zur Erinnerung an den Einzug Fernandos VII. gebaut.
1819	Der Prado wird eröffnet.
1833 – 68	Thronstreitigkeiten zwischen den Kindern von Fernando VII., Isabella und Karl, bestimmen das politische Leben (Karlistenkriege). Schließlich wird eine liberale Verfassung eingeführt. Isabella II. lässt den noch heute nach ihr benannten Kanal bauen, der die Hauptstadt mit Wasser aus dem Guadarrama-Gebirge versorgt.
1850	Teatro Real (Oper) wird eröffnet.
1851	Die erste Eisenbahn fährt zwischen Madrid und Aranjuez.
1858	Isabella II. wird gestürzt und die erste spanische Republik ausgerufen. Madrid wird von Städteplanern angesichts der Bevölkerungszunahme modernisiert. Das Nobel-Viertel Salamanca entsteht. Seinen Namen erhielt es vom Marqués de Salamanca, der die Errichtung des rechtwinkligen *barrio* finanziert.
1874 –1885	Der Sohn Isabellas, Alfonso XII., kommt mit Hilfe des Militärs an die Macht. Die Industrialisierung erfasst die spanische Hauptstadt: Straßenbahnen, elektrische Beleuchtung, Telefonnetz ... Riesige Eisenkonstruktionen entstehen, die noch heute in Betrieb sind, beispielsweise der Palacio de Velázquez und der Palacio de Cristal im Retiro Park sowie die Estación del Norte.
1910	Unter dem spanischen König Alfonso XIII. entsteht der Prachtboulevard Gran Vía. Auch das gewaltige Postgebäude (Palacio de Comunicaciones) an der Plaza de Cibeles wird gebaut.
1919	Die erste Metro in Madrid fährt.
1923	Die spanische Monarchie hält sich mit Hilfe der Militärdiktatur unter Primo de Rivera an der Macht.
1929	An der Gran Vía entsteht Europas erster Wolkenkratzer, der Hauptsitz der Telefónica.
1931	Die Zweite Republik wird ausgerufen. Alfonso XIII. geht nach Portugal ins Exil.
1936	Der spanische Bürgerkrieg beginnt. General Franco und andere Offiziere putschen am 18. Juli in Spanisch-Marokko gegen die Republik. Im Herbst beginnt der blutige Kampf um Madrid. Bereits im November verlässt die republikanische Regierung Madrid und verlegt ihren Sitz nach Valencia.
1939	Am 1. April marschieren die faschistischen Truppen unter General Franco in Madrid ein.

1975	Nach dem Tod des Diktators Franco wird die Monarchie wieder eingeführt. Juan Carlos de Bourbon, ein Enkel von Alfonso XIII., wird spanischer König.
1977	Spanien kehrt zur Demokratie zurück. Die ersten freien und demokratischen Wahlen finden statt.
1978	Am 7. Dezember (heute Feiertag) wird über die neue Verfassung abgestimmt. Zustimmung zur parlamentarischen Monarchie.
1981	Rechtsgerichtete Angehörige der Guardia Civil stürmen die Cortes, das spanische Parlament. In einem dramatischen Appell rettet König Juan Carlos in Zusammenarbeit mit den demokratischen Parteien und den Gewerkschaften die junge Demokratie.
1983	Madrid wird autonome Region.
1986	Eröffnung des modernen Kunstzentrums Reina Sofia.
1992	Madrid ist Kulturhauptstadt Europas.
1993	Premier Gonzalez tritt seine vierte Amtszeit an.
1995	Misslungenes ETA-Attentat auf der damaligen Oppositionsführer Aznar. Abhöraffäre um den Geheimdienst. Rücktritt mehrerer Minister.
1996	Der konservative Politiker Aznar gewinnt die vorgezogenen Parlamentswahlen.
1998	Spanien fordert vergeblich die Auslieferung des chilenischen Diktators Pinochet.
1999	Spanisch-britischer Fischereikonflikt um Gibraltar.
2000	Bombenanschlag der ETA auf ein Kaufhaus an der Puerta del Sol. Schwere ausländerfeindliche Ausschreitungen gegen nordafrikanische Immigranten in Andalusien.
2001	Die Regierung Aznar verschärft das Einwanderungsrecht.
2002	Wegen Verbindungen zur Terrororganisation ETA wird die baskische Partei Herri Batasuna mit dreijährigem politischem Bestätigungsverbot belegt.
2003	Obwohl sich in Umfragen 90 Prozent der Spanier gegen eine Beteiligung am Irak-Krieg ausgesprochen haben, hält Aznar am Bündnis mit dem US-Präsidenten George W. Bush fest.
2004	Am 11. März 2004 verüben islamistische Terroristen einen Anschlag auf Vorortzüge im Madrider Bahnhof Atocha. Durch die Bomben werden 191 getötet und rund 2000 verletzt. Die Bevölkerung reagiert mit Massendemonstration gegen Terror in Madrid und anderen Städten des Landes. In der Folge kommt es am 14. März zur Abwahl der konservativen Regierung. Die Sozialisten unter Führung von José Luis Rodriguez Zapatero gewinnen die politischen Macht zurück. Die neue Regierung beschließt den Rückzug aus dem Irak. Der spanische Thronfolger Felipe heiratet in Madrid die Fernsehmoderatorin Letizia Ortiz.
2005	Das spanische Parlament lehnt die neuen Unabhängigkeitspläne der Basken ab). Die Liberalisierung des Rechtes auf gleichgeschlechtliche Ehen ruft den Widerstand des neuen Papstes Benedikt XIII. hervor. Mit Unterstützung des Vatikans lehnen einige spanischen Städte gegen geltendes Recht die Trauung von Homosexuellen ab.

Der Bär – „El Oso“ – Wappentier Madrids

Madrid

Madrid ist eine Metropole für Fußgänger. Im Gassengewirr der Altstadt oder auf den eleganten Paseos – zu entdecken gibt es immer etwas Neues. Die spanische Hauptstadt ist lässig und offen, wild und anarchisch. Was gestern noch angesagt war, ist heute schon vergessen. Alles ist ständig in Bewegung. Ein Trip nach Madrid ist daher stets eine Reise voller Überraschungen. Wer nur auf der Suche nach spektakulären Sehenswürdigkeiten ist, dem wird sich die multikulturelle Metropole nie erschließen.

Die höchstgelegene Hauptstadt Europas besitzt viele Gesichter. In den postmodernen Hochhäusern an der Castellana schlägt der Puls des Geldes, am eleganten Paseo de Prado bilden die Museen Prado, Thyssen-Bornemisza und Reina Sofía ein Kunstdreieck europäischen Ranges, in der Cortes, dem spanischen Parlament gegenüber dem Luxushotel Palace, wird große Politik gemacht, im Underground-Viertel Malasaña betteln Drogenabhängige ihre Nachbarn an, und im Nobelviertel Salamanca shoppen die Schönen und Reichen. Madrid ist seit jeher widersprüchlich und facettenreich.

Die selbstbewussten Madrileños lieben ihre Stadt. Eines verbindet sie über alle sozialen Schichten hinweg: die Lust auf Spaß. Egal ob auf einen Café solo in der Bar oder bei einem opulenten Dinner im Restaurante – der Genuss steht im Mittelpunkt. Die Lust, zu leben und zu essen. Noch eines spielt im Alltagsleben eine große Rolle: Kleidung. Egal ob Rentner oder Student, Manager oder Fabrikarbeiter – die Madrileños schätzen es, gut gekleidet durch ihre Stadt zu flanieren. Jeder auf seine Art.

Die boomende Millionenmetropole befindet sich ziemlich genau in der Mitte der Iberischen Halbinsel. Eine ideale Voraussetzung für eine Stadt, die nicht nur politisches und wirtschaftliches Zentrum des Landes sein möchte. In den letzten Jahrzehnten ist Madrid zum spanischen Medienzentrum aufgestiegen. Das spanische Internet wird hier gemanagt. Madrid ist Sitz der expandierenden Film- und Fernsehindustrie und Sitz fast aller wichtigen Zeitungen. Nur in Sachen Kultur und Design liegt die ewige Konkurrentin Barcelona gut im Rennen. Die Aufmerksamkeit des Madrilenen richtet sich heute ganz auf Europa. Nicht umsonst wurde das vielleicht spektakulärste Bauwerk der letzten Jahre, das aus zwei schiefen Hochhäusern bestehende „Stadttor" im Norden Madrids, als Puerta de Europa benannt.

Francisco Goya und Madrid: Ein inniges Verhältnis

Kein anderer Maler ist in Madrid populärer als Francisco de Goya y Lucientes. Der 1746 in Fuendetodos in der nordspanischen Region Aragonien geborene Künstler wurde in Zaragoza und Madrid ausgebildet und war seit 1775 für die Teppichmanufaktur in Madrid tätig. 1785 wurde er stellvertretender Direktor der Akademie von San Fernando und stieg schließlich 1799 zum privilegierten ersten Hofmaler des Königs auf. Goya, der in der von ihm ausgemalten Kapelle San Antonio de la Florida im Stadtteil Moncloa begraben liegt, wurden Denkmäler gesetzt, Schulen, Institutionen und eine der nobelsten Einkaufsstraßen wurden nach ihm benannt. Eine gleichnamige Metrostation zeigt im Untergrund Reproduktionen seiner wichtigsten Werke. Goya ist in Madrid allgegenwärtig. Nirgendwo sonst sind mehr seiner Meisterwerke zu bewundern als in den Museen der spanischen Hauptstadt.

Goya, der übrigens 1824 Asyl in Frankreich fand und vier Jahre später in Bordeaux starb, setzte der Stadt und seinen Menschen ein epochales künstlerisches Denkmal. Seine Porträts der Aristokratie und des Bürgertums sind einfühlsame Darstellungen hintergründiger Individualität. In seinen Kriegs- und Sittenbildern begreift sich Goya als zutiefst politischer Künstler. Und in seinen pessimistischen *pinturas negras* werden die Abgründe der menschlichen Seele erkundet. Der Maler zwischen *ancien régime* und Modernität, zwischen Auftragskunst und künstlerischer Autonomie, bleibt schwer zu fassen. Goya ist antiklerikal und trotzdem zutiefst gläubig. Er entlarvt den dekadenten Monarchenstaat und gleichzeitig dient er ihm. Aus der ästhetischen Welt des Rokoko kommend, macht sich Goya die Leichtigkeit und teilweise Heiterkeit zu eigen und entwickelt sich weiter. Vom zeitgenössischen Klassizismus entfernt, führt bei Goya die Emotion den Pinselstrich.

Geschichte der spanischen Hauptstadt

Die historischen Ursprünge Madrids sind nicht eindeutig geklärt: Obwohl dank einiger Funde über eine Römersiedlung spekuliert werden darf, reichen gesicherte Erkenntnisse über den Bestand einer Ortschaft nur bis zur Mauren-

Verliebt in Madrid. Im Hintergrund der Palacio Real und die Almudena-Kathedrale

zeit zurück. Das islamische *Mayrit* hatte die Funktion eines militärischen Vorpostens gegen die von Norden vorrückende Reconquista, politisch aber keinerlei Bedeutung. Erst nach der christlichen Eroberung 1083 begann Madrid langsam zu wachsen und war ab dem 13./14. Jh. auch gelegentlich Residenz der Könige. Verglichen mit mächtigen Städten wie Toledo oder Burgos war Madrid aber immer noch ein besseres Dorf: Als *Felipe* (*Philipp*) *II.* 1561 Madrid zur Hauptstadt machte, lebten dort gerade mal 25.000 Menschen. Die Gründe des habsburgischen Königs, Madrid den Vorzug zu geben, sind nicht genau geklärt. Ein Argument war sicher die zentrale Lage, ein anderes vielleicht gerade die geschichtliche Bedeutungslosigkeit, die als Symbol eines Neuanfangs gelten mochte.

In der Epoche von Felipe II. erlebte Madrid die Blütezeit der spanischen Literatur, doch hatte das damalige Stadtbild offenbar nicht allzu viel Glanz: Nuntius Camillo Borghese, der spätere Papst *Paul V.*, bemerkte, dass „Madrid außerordentlich arm und hässlich ist und alle Abfälle einfach auf die Straße gekippt werden". Änderung erfolgte erst im 18. Jh. mit König *Carlos III.*, der nicht nur eine Reihe repräsentativer Bauten wie den Prado errichten ließ, sondern seinen Untertanen auch zivilisatorische Wohltaten wie Müllabfuhr und Straßenbeleuchtung gönnte.

Der Madrileño liebt seine Freiheit, Unabhängigkeit und gönnt sich bisweilen eine Portion Anarchismus. Seit jeher waren die Hauptstädter gegenüber den Herrschenden kritisch. Schier unerträglich erschien die Situation nach der Eroberung durch Napoleon. Am 2. Mai 1808 wagte Madrid den Volksaufstand gegen die französischen Besatzer unter Napoleons Bruder Joseph Bonaparte. Goyas berühmtes Bild „Erschießungen des 3. Mai in Moncloa" im Prado dokumentieren eindrucksvoll die blutige Konsequenz dieser Rebellion. In den sechs

Jahren Herrschaft, die ihnen verblieben, krempelten die Franzosen Madrid gründlich um, rissen eine ganze Reihe von Klöstern und Kirchen im Stadtkern ab und schufen so neue Plätze.

Madrids eigentlicher Wachstumsschub kam erst in der zweiten Hälfte des 19. Jahrhunderts. Die Zentralisierung des Eisenbahnnetzes und die einsetzende Industrialisierung sorgten für eine stete Zunahme der Einwohnerzahl. Im Spanischen Bürgerkrieg konnte sich die Hauptstadt lange den Angriffen der faschistischen Truppen Francos widersetzten und kapitulierte trotz verheerender Bombardements durch italienische und deutsche Staffeln erst kurz vor Kriegsende am 28. 3. 1939.

Nach dem Bürgerkrieg wuchs Madrid stetig an. Seine Vororte griffen besonders ab den 1960er Jahren weit ins Umland. Das kulturelle Leben in Madrid war allerdings tot. Die meisten Intellektuellen waren längst immigriert, Spanien vor allem ab Mitte der 60er Jahre weitgehend isoliert. Erst der Tof Francos 1975 war Signal für den kulturellen Aufbruch Spaniens in die Gegenwart. Madrid wurde zur Hauptstadt der legendären, heute oft totgesagten *Movida*. In den 80er Jahren setzte ein ungeheurer wirtschaftlicher und kultureller Boom ein. An der Castellana wuchsen immer neue Bürohäuser in den Himmel. Die strahlend weiße Torre Picasso – höchster Wolkenkratzer Spaniens – ist dafür ein Symbol. Filmemacher Pedro Almodovar drückte mit seiner charmanten Komödie *Mujeres al borde de una ataque de los nervios* „Frauen am Rande des Nervenzusammenbruchs“ das Lebensgefühl auf dem Vulkan namens Madrid aus.

Spätestens in den 90er Jahren etablierte sich das selbstbewusste Madrid als eine der großen Metropolen des alten Kontinents. 1992 war Madrid kulturelle Hauptstadt Europas, heute zählen Museen wie Prado (in den 90ern erweitert), Reina Sofía oder Thyssen weltweit zu den Top-Adressen. Und die weltberühmte Oper an der Plaza de Oriente macht durch interessante Inszenierungen international von sich reden. Aber auch infrastrukturell wurde in den 90er Jahren viel erreicht. Nicht zuletzt dank der Hilfe der Europäischen Union wurde die Schnellzug-Trasse für den AVE nach Sevilla gebaut, der Bahnhof Atocha mustergültig renoviert, wurden Metro und S-Bahn großzügig ausgebaut und zwei Autobahnringe um die Millionenstadt sowie eine gigantische Messe nahe dem Airport errichtet. Und die Stadt wächst weiter. Vor allem in Richtung Norden entstanden immer neue Vororte mit Zehntausenden von Einwohnern ... Die Attraktivität Madrids – nicht zuletzt als Brückenkopf zwischen Europa und Lateinamerika – ist ungebrochen.

Madrid Card – viel Stadt für wenig Geld

Wer Madrid intensiv erleben will, für den lohnt sich die Madrid Card. Sie erlaubt den freien Zugang zu den 40 wichtigsten Museen der Stadt und freie Fahrt mit Bus, Metro und den Doppeldecker-Bussen von „Madrid Vision“ (siehe S. 78). Außerdem gewähren einige Läden und Restaurants Preisnachlässe. Die Madrid Card kostet für einen Tag 28 €, für zwei Tage 42 € und für drei Tage 55 €. Erhältlich ist sie bei allen Touristen-Informationsstellen, in den „Madrid Vision“-Bussen und online unter www.madridcard.com.

Stadtaufbau

Die Grenzen der Innenstadt bildet im Osten der *Parque Retiro* und im Westen der Park *Campo del Moro* am schmalen *Río Manazanares*. Nach Norden sind die Plaza de España und im Süden die Linie Puerta de Toledo, Gloria de Embajadores und Atocha die Grenzen.
Die *Plaza Puerta del Sol* ist der Mittelpunkt nicht nur Madrids, sondern ganz Spaniens: An der Südseite des Platzes steht der Kilometerstein „0“, von dem aus alle Straßenentfernungen des Landes gemessen werden.

Centro, das Stadtzentrum, setzt sich aus folgenden Stadtteilen zusammen (gegen den Uhrzeigersinn):
„Madrid de los Austrias“, das Madrid der Habsburger. Von der Puerta del Sol Richtung Westen, entlang der *Calle Mayor* und über die schöne *Plaza Mayor* hinaus. Kein offizielles Viertel, aber eine Konzentration der meisten historischen Gebäude der an solchen recht armen Stadt.
Latina, südlich unterhalb der Calle Segovia an das habsburgische Madrid anschließend, ist ein ursprüngliches und wenig besuchtes Areal, in dem noch einige wenige Reste der maurischen „Morería“ überlebt haben.
El Rastro, das Viertel des berühmten sonntäglichen Flohmarkts, liegt östlich von Latina, etwa im Gebiet zwischen den Straßen Calle Toledo und Calle Ribera de Curtidores.
Lavapiés erstreckt sich östlich der Calle Ribera de Curtidores bis etwa zur Calle Atocha und wurde als eine der bodenständigeren Adressen Madrids in den letzten Jahren zunehmend „entdeckt“, leider mittlerweile auch von der Drogenszene. Heute ist Lavapiés vor allem das Viertel der Immigranten aus Marokko und Lateinamerika.
Huertas, nördlich der Calle Atocha und um die *Plaza Santa Ana*, gilt mit einigen bekannten Theatern, kleinen Museen und vielen antiquarischen Buchhandlungen als „Kulturviertel“ und als beliebtesten Ausgehviertel – und das schon seit Jahrzehnten.

Retiro, zwischen dem gleichnamigen Stadtpark und dem Paseo del Prado, gehört zu den elegantesten Vierteln

Plaza de Cibeles: Madrids berühmter Platz an der Hauptpost

des Zentrums. In prächtigen Belle-Époque-Häusern residiert die Großbourgeoisie. Die Nähe zum eleganten Retiro-Park, die Nachbarschaft zum Botanischen Garten, aber auch die zentrale Lage neben Parlament, Ministerien, Börse und Konzernen sowie Atocha-Bahnhof machen Retiro zu einem der begehrtesten Wohnviertel Madrids.

Die **Gran Vía** ist die Hauptstraße der Innenstadt, eine erst im 20. Jh. mit mächtigem Aufwand etwa in Ost-West-Richtung durchs Zentrum geschlagene Schneise. Breit und verkehrsgeplagt, ist und bleibt die Gran Vía die Kinomeile Spaniens. Angesichts der zentralen Lage ist der Boulevard mit seinen vielen Art-déco-Gebäuden eine beliebte Hoteladresse. Leider aber haben Fastfood, Drogen und Prostitution der Gran Vía mittlerweile die Eleganz früherer Jahre genommen.

Chueca liegt nördlich der Gran Vía und zwischen Paseo de Recoletos und Calle Hortaleza. Die Zeiten, als das Schwulenviertel von Drogenabhängigen beherrscht wurde, sind längst vorbei. Heute ist Chueca eines der beliebtesten Ausgehviertel mit interessanten Szeneläden.

Malasaña schließlich, ebenfalls nördlich der Gran Vía und westlich der C. Hortaleza an Chueca anschließend, gilt als Ausgangspunkt der Movida der 70er. Ein tagsüber ruhiges, nachts lebendig-schräges Viertel.

Salamanca war seit seiner Entstehung in der zweiten Hälfte des 19. Jh. ein elegantes, großbürgerliches Viertel. Die Nähe zum Retiro-Park und der quadratische Grundriss machen Salamanca so beliebt. In der Franco-Zeit war der noble Stadtteil als Hochburg einflussreicher Faschisten verschrien. Heutzutage gilt Salamanca als das Einkaufsviertel schlechthin. In den Boulevards wie Serrano, Goya oder Claudio Coello sind die feinsten Geschäfte der Stadt zu finden.

Argüelles liegt am Parque del Oeste und ist heute ein beliebtes Wohngebiet. Das heterogene Viertel entstand überwiegend im 19. Jahrhundert und liegt verkehrsgünstig. Der Einkaufsboulevard Princesa, der vom Uni-Viertel zur Plaza de España führt, ist gerade bei den Studenten beliebt. Der breite Paseo de Rosales zählt mit seinen Luxus-Hochhäusern zu den nobelsten Adressen Madrids. Argüelles zu durchstreifen, lohnt sich: Hier trifft man noch auf interessante Läden, Tapa-Bars, Kinos und Museen abseits der üblichen Besichtigungsrouten.

Moncloa ist Madrids Uni-Viertel schlechthin. Das überwiegend quadratisch angelegte Viertel grenzt unmittelbar an die weitläufige Ciudad Universitaria an. Viele In-Shops, Buchhandlungen, Bars und Cafés sind zu finden. In Moncloa – neben der Stadtautobahn – befindet sich auch der Amtssitz des spanischen Präsidenten. Der frühere sozialistische Premier Felipe González konnte sich mit dem nüchtern Gebäudekomplex nie so richtig anfreunden. Am Freitag und Samstag ist jedoch das Viertel rund um die Metrostation Moncloa, vor allem die Straßen Fernandez de los Rios und Fernando el Católico in den Händen von lärmenden Teenagern aus den grauen Vorstädten Madrids.

Paseo de la Castellana und **Paseo de Recoletos** sind keine Stadtviertel, sondern bilden die breite Hauptachse, die Madrid in Nord-Süd-Richtung durchzieht: Der Paseo de la Castellana (kurz „Castellana"), an dem sich einst die vornehmen Stadtvillen aneinander reihten wie Perlen auf einer Schnur, ist

Moncloa – fest in Studentenhand

heute die zentrale Verkehrsarterie der Stadt. Hier haben unübersehbar viele spanische Konzerne, insbesondere Banken und Versicherungsgesellschaften, ihren Sitz. Übrigens, im Sommer wird aus der Allee eine Vergnügungsmeile mit zahlreichen Nachtbars unter freiem Himmel, von den Einheimischen liebevoll „Costa Castellana" genannt. Im Süden (nach der Plaza de Colón) wird aus der Castellana der Paseo de Recoletos – ein feiner Boulevard zum Flanieren. Eine der besten Adressen Madrids.

Chamberí liegt nördlich des historischen Zentrums und ist eines buntes Wohnviertel. Zu den Ausgehvierteln wie Malasaña oder Chueca ist es nur ein Katzensprung. Das ursprüngliche Arbeiter- und Angestelltenviertel westlich des Castellana ist in den letzten Jahren in Mode gekommen. Madrileños behaupten: Hier kann man das wahre Madrid entdecken. Das größte Gebäude in Chamberí ist zweifellos Nuevos Ministerios an der Castellana.

Chamartín ist vor allem durch den gleichnamigen Bahnhof bekannt. Hier kommen die Züge aus Frankreich an, Chamartín ist zudem ein wichtiger Postumschlagplatz. So grau, wie der Bahnhof aussieht, ist jedoch das Wohnviertel keineswegs. Das barrio, das im Norden von der Plaza de Castilla begrenzt wird, besitzt auch teure Wohnstraßen. Nicht zuletzt wegen seiner Nähe zum modernen Business-Viertel Madrids wohnen hier viele Angestellte. Touristen verirren sich hierher nur selten.

El Viso: Unmittelbar im Norden grenzt das noble Viertel El Viso an Salamanca an. Die kubistischen Häuser entstanden überwiegend in den 20er und 30er Jahren im Architekturstil der Neuen Sachlichkeit. Heute wohnen in dem grünen Viertel nördlich der Plaza de la República Argentina wohlhabende, bisweilen auch berühmte Hauptstädter. Bars und Restaurants sucht man hier vergeblich.

Casa de Campo, westlich des Zentrums und jenseits des Río Manzanares, ist Madrids größte Grünfläche, sein Picknick- und Naherholungsgebiet. Hier sind der populäre Parque de Atracciones (Freizeitpark) und der Zoo mit seinem bekannten Delfinarium zu finden. Die einstige Attraktivität hat jedoch durch Straßenstrich und Drogen in den letzten Jahren sehr gelitten. Nach Einbruch der Dunkelheit ist der weitläufige Park fest in der Hand der Prostitution.

Puerta Hierro, das nördlich von Moncloa gelegenen Villenviertel, ist eine der feinsten Adressen der Stadt. Hier lebte einst Argentiniens Caudillo Perón im Exil, dort verbrachte der Literatur-Nobelpreisträger Camilo José Cela seinen Lebensabend, und Diplomaten verschanzen sich hinter hohen Mauern. Auch wenn der Zustand der Straßen und Gehsteige eher dürftig ist, Puerta Hierro ist immer noch das In-Viertel für die Superreichen.

Madrid Vision: Orientierung im Schnelldurchgang

Um sich einen ersten Überblick zu verschaffen, lohnt sich eine Rundfahrt mit den bequemen Doppelstock-Bussen, die an der Puerta del Sol abfahren. Die roten Gefährte haben ein offenes oberes Deck und bieten somit völlig neue Perspektiven. Es gibt drei Routen. Die beliebteste umfasst nicht nur die zentralen Sehenswürdigkeiten wie Plaza Mayor, Palacio Real, Prado und Atocha, sondern auch das Salamanca-Viertel, San Francisco el Grande und die Gran Vía bis hin zum Bernabeu-Stadion (Real Madrid). Abfahrten alle 10 bis 20 Minuten von der Puerta del Sol. Preis 13 €, Kinder/Rentner 7 €. Infos unter www.madridvision.es.

Information

• *Informationsbüros* **Oficina Municipal de Turismo**, Plaza Mayor 3, ✆ 915881636, www.munimadrid.es. Metro: Sol. Städtische Infostelle, oft überfüllt, trotzdem freundlich und geduldig. Achtung: Hier sind angesichts des Gedränges auch Taschendiebe unterwegs. Mo–Sa 10–20 Uhr, So 10–5 Uhr.

Zweigstelle im Bahnhof Atocha, ✆ 902100007, geöffnet täglich 9–21 Uhr.

Zweigstelle im Bahnhof Chamartín, Vestibulo-Puerta 14,; ✆ 902100007. Mo–Sa 9–19 Uhr, So 9–15 Uhr.

Hilfe in der Not: Wer individuell eine Betreuung aus psychologischen, sprachlichen oder rechtlichen Gründen braucht, dem hilft der „Servicio de Atención al Turista Extranjero (SATE)". Untergebracht ist das SATE-Büro im Polizeirevier in der Calle Leganitos 19 (ganz in der Nähe von der Plaza de Espana), ✆ 915487985.

Zweigstelle im Flughafen Barajas, Terminal 1, 28042, ✆ 903100007. Mo–So 8–20 Uhr.

Zweigstelle Medinaceli, Tourist-Büro gegenüber vom Hotel Palace (beim spanischen Parlament), ✆ 902100007. Mo–Sa 9–19 Uhr, So 9–15 Uhr.

Zweigstelle Puerta de Toledo, Ronda de Toledo 1, Mercado Puerta de Toledo, 28005 Madrid, ✆ 902100007. Mo–Sa 9–19 Uhr, So 9–14.30 Uhr.

• *Info-Magazine* Guía del Ocio, wöchentlich erscheinendes Adressen- und Terminblättchen, für etwa 1 € an jedem Kiosk erhältlich. Exzellente Tipps zu Veranstaltungen, Nightlife, Restaurants etc. Das kleinformatige Wochenmagazin erscheint auf Spanisch, hat aber auch Texte in Englisch.

Zweisprachig und umsonst erscheint das Magazin En Madrid. Das Heftchen informiert zuverlässig über alle wichtigen Ausstellungen und Theatervorstellungen. Erhältlich in den Tourist-Infos und in vielen Hotels.

• *Telefonvorwahl* 91

Taxifahren ist in Madrid ein preiswertes Vergnügen

Verbindungen von und nach Madrid

Flug

Aeropuerto Internacional Madrid-Barajas, 13 Kilometer außerhalb, ist bequem über eine Abzweigung von der Stadtautobahn A 2 Richtung Zaragoza zu erreichen. Auch die Anbindung mit öffentlichen Verkehrsmitteln ist optimal. Alle 20 Min. fährt ein Bus ins Zentrum, und seit kurzem gibt es auch eine Verbindung mit der Metro (Linie 8).

• *Flughafeninformation* ✆ 913058344. Im Ankunftsgebäude eine Zweigstelle des Fremdenverkehrsamts, siehe oben unter „Information". Der Airport Barajas besteht aus drei Terminals T1–T3, die auch auf dem Ticket jeweils vermerkt sind.

• *Verbindungen vom und zum Flughafen*
Metro: Die einfachste, bequemste und oft sogar schnellste Möglichkeit. Die U-Bahn-Linie 8 verbindet den Flughafen (Aeroporto) mit der Station Mar de Christal. Dort umsteigen auf die Linie 4, die bis ins Zentrum Madrids (Colón/Serrano) in ca. 25 Min. fährt. Wer in die Umgebung will, beispielsweise nach El Escorial, fährt bis zur Station Nuevos Ministerios, dem Bahnhof für die Vorortzüge. Die Fahrtzeit beträgt nur zwölf Minuten.

Taxi: Aktuelle Taxi-Preise vor Abfahrt bei Informationsstelle erfragen. Immer wieder werden ausländische Fahrgäste – insbesondere wenn sie kein Spanisch können – übers Ohr gehauen. Für eine Fahrt vom Airport in die Innenstadt sollte man ca. 15 € rechnen, sofern es keine Staus gibt.

Bus: Eine Alternative zum Taxi ist der Flughafenbus, der von Terminal 1 und 2 alle 20 Min. abfährt. Er bringt seine Fahrgäste zur zentral gelegenen Plaza de Colón. Auf dem Weg gibt es mehrere Haltestellen mit Metrostationen, beispielsweise Canillejas oder Avenida de América. Von dort kann man sich auch ein Taxi nehmen und erspart sich ein paar Euros. Die Endhaltestelle befindet sich an der Plaza de Colón (im Tiefgeschoss, zwischen Paseo Recoletos und Castellana). In einem kleinen Kiosk werden die Tickets verkauft. Hier gibt es auch Autovermietung und Hotelinformationen. Der Flughafenbus fährt mehrmals stündlich, sonntags seltener. Preis: 2,40 € (einfach).

Zug

Madrid besitzt die zwei Hauptbahnhöfe Atocha und Chamartin (je nach Herkunfts-

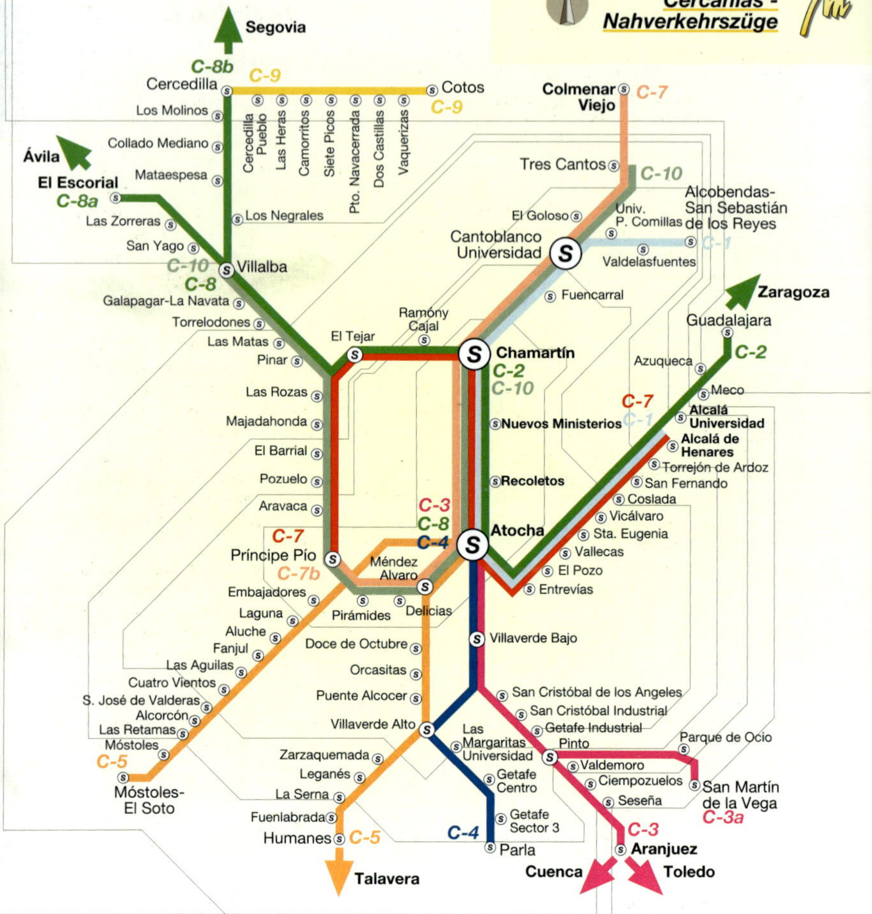

bzw. Zielort). Etwas kompliziertes System, vor dem Fahrkartenkauf nach dem richtigen Bahnhof erkundigen. Die beiden Bahnhöfe sind miteinander durch U-Bahnen und Nahverkehrszüge (Cercanías) verbunden.

- *Information* ✆ 902240202, www.renfe.es.
- *Bahnhöfe* **Estación Chamartín**, Avda. Pío XII. weit im Norden der Stadt; Metro: Chamartín. Wichtigster Bahnhof, an dem die meisten Linien starten, enden oder vorbeikommen. Alles Nötige ist geboten: Infostelle, Geldwechsel, Post, Telefon, Autovermietung, Schließfächer … Am Abend ist der Bahnhof nicht ganz ungefährlich.

Estación Atocha, Plaza del Emperador Carlos V., nahe Südwestecke Retiro-Park; Metro: Atocha-RENFE, nicht Atocha! In den 90er Jahren vorbildlich renoviert, hat sich das Angebot an Fahrzielen erweitert. Faustregel dennoch: Zu vielen Zügen, die hier halten oder abfahren, kann man auch in Chamartín zusteigen, jedoch nicht umgekehrt! Richtung Toledo, La Mancha, Extremadura jedoch häufigere Anschlüsse. Hier auch Abfahrt der superschnellen AVE-Züge via Córdoba nach Sevilla. Ein Genuss sind Wartenzeiten in Atocha. Eine riesige Halle mit botanischem Garten wartet auf den Fahrgast. Durch den von islamistischen Terroristen verübten Anschlag vom 11. März 2004 hat der Bahnhof eine traurige Berühmtheit erlangt.

Cercanías: Die Nahverkehrszüge (S-Bahn) sind interessant für Ausflüge nach El Escorial (Linie C 8a), nach Alcalá de Henares (C 2) und nach Aranjuez (Linie C 3). Hauptabfahrtsbahnhof ist Atocha, Richtung Norden Haltestellen am Paseo Recoletos (Plaza Colón), Nuevos Ministerios und Bahnhof Chamartín. Als Verbindung zwischen den Bahnhöfen ist die Benutzung mit gültigem Ticket nach einem Ziel außerhalb von Madrid kostenlos.

Bus

Madrids Haupt-Busbahnhof ist die Estación Sur de Autobuses, an der auch die internationalen Verbindungen starten. Die Abfahrtsstellen einiger kleinerer Gesellschaften liegen über die Stadt verstreut – vor größeren Anstrengungen besser die Informationsstellen kontaktieren.

Estación Sur: Im Süden Madrids ist die große Busstation für den Süden. Der weitläufige Bahnhof liegt bei der Metrostation Mendez Alvaro (unweit des Planetariums und Imax-Kinos) und ist leicht mit Cercanías und U-Bahn (z. B. den Cricular, Linie 6) zu erreichen. Hier starten die Busse nach Aranjuez und Toledo, außerdem Fernbusse Richtung Andalusien, Murcia, Barcelona, León und in die meisten Städte Galiciens. ✆ 914684200.

Continental, Avenida de América 34, gleichnamige Metro-Station. Unter anderem nach Alcalá de Henares.

Auto-Res, Plaza Conde de Casal 6, weit östlich Bhf. Atocha; Metro: Conde de Casal. Busse nach Salamanca, Zamora, Cuenca, Extremadura, Valencia.

La Veloz, Avenida Mediterraneo 49 (Metro: Conde de Casal). Busse nach Chinchon.

Larrea/La Sepulvedana, Paseo de la Florida 11, wenige Meter vom Metro- und S-Bahnhof Pincipe Pío entfernt. Hier fahren die Busse nach Segovia, La Granja oder Ávila ab.

Herranz, Calle de la Princesa, Abfahrt in der Metrostation Moncloa. Busse nach El Escorial und sonstigen Zielen in der Sierra Guadarrama.

Metro/Stadtverkehr

• *Stadtverkehr* Die häufigen Staus und der permanente Parkplatzmangel machen Autofahren nicht gerade zum Vergnügen. Die beste Idee ist es wohl, den Wagen in eine Garage zu stellen und bis zur Abreise zu vergessen. In den Nächten hingegen, wenn keine Metro mehr fährt, lohnt sich das Auto durchaus. Freilich ist man auch morgens um drei Uhr auf der Gran Vía oder in Huertas nicht vor Staus gefeit.

Parken: Erst vor wenigen Jahren wurden in Madrid Parkuhren aufgestellt. Vor allem in der Altstadt, in Salamanca-Viertel und Argüelles neigt die Stadtpolizei dazu, relativ schnell den Abschleppdienst zu verständigen. Am besten, man lässt seinen Wagen in den großen Parkhäusern, wie z. B. an der Plaza del Colón (Paseos Recoletos/Castellana), Plaza de Oriente, Plaza de España (Ende Gran Vía) und Plaza Mayor. Gleich mehrere finden sich an der Calle Velázquez nördlich des Retiro-Parks. Umsonst kann man übrigens in der Ciudad de Universitaria parken. Vor allem an Wochenenden und in den Semesterferien herrscht hier kein Parkplatzmangel. Von dort lassen sich mit der Metro alle wichtigen Viertel schnell erreichen (die Station heißt übrigens auch Ciudad Universitaria).

Metro: Schnell, effektiv und preisgünstig, ist die U-Bahn das optimale öffentliche Verkehrsmittel. Elf Linien erschließen Madrid; Fahrzeiten 6 Uhr bis 1.30 Uhr. Zehnertickets (5,35 €) bringen gegenüber der Einzelfahrt (1,15 €) eine deutliche Ersparnis! Tickets und kostenlose Pläne („Plano de Metro") sind an den Schaltern vor den Sperren erhältlich. Infos und Pläne zur Metro unter www.metromadrid.es.

Abono Turistica: Das Angebot speziell für Madrid-Besucher. umfasst die unbegrenzte Nutzung der U-Bahn in Madrid (Zone 1): ein Tag 3,50 €, drei Tage 8,40 €, eine Woche 18,40 €. Die Zona T schließt auch Städte wie El Escorial oder Toledo mit ein: ein Tag 7,50 €, drei Tage 16,80 €, eine Woche 36,70 €.

Stadtbus: Das Liniengeflecht der Stadtbusgesellschaft EMT ist auf den ersten Blick ein wenig verwirrend, nach einer Eingewöhnungsphase kommt man aber gut zurecht. Informationskioske mit Fahrkartenverkauf an Puerta del Sol, Plaza Callao, Plaza Cibeles.

Die Busse verkehren 6–24 Uhr, einige Nachtbusse („Búho") ab Puerta del Sol und Plaza Cibeles die ganze Nacht über. Die „Circular"-Linie fährt im Kreis ums Zentrum; Haltestellen sind unter anderen Atocha und

Stadtautobahn M-30 – Entlastung für die Innenstadt

Plaza España. Einzeltickets (beim Fahrer) kosten 1 € und Zehnertickets („Bonobus") 5,80 € (nur am Zeitungskiosk, nicht beim Fahrer erhältlich). Informationen unter ✆ 91 5803590.

Taxi: Taxifahren in Madrid ist ein relativ preiswertes Vergnügen. Gerade in den Abend- und Nachtstunden schätzen nicht nur junge Spanier das Verkehrsmittel. Teilt man sich gar zu dritt oder zu viert den Preis, kann eine Fahrt preiswerter als die Metro sein. Den ungefähren Fahrpreis sollte man dennoch vorher erfragen. Es kommt selten, aber manchmal dennoch zu „bedauerlichen Irrtümern" gerade gegenüber Ausländern. Wer mit dem Fahrpreis nicht einverstanden ist, sollte sich daher die Taxinummer, die an jedem Fahrzeug befestigt ist, notieren und auch den Weg zur Polizei nicht scheuen.

Teleférico: Ein Spaß für sich ist die Fahrt mit dieser Schwebebahn hinüber in den Park Casa de Campo. Abfahrt an „Estación Salida Teleférico", Paseo Pintor Rosales; Metro: Argüelles.

Adressen

Polizei/Notfälle: ✆ 112
Policia Nacional (Staatl. Polizei): ✆ 091
Policia Municipal (Städt. Polizei): ✆ 092
Guardia Civil (Verkehrspolizei): ✆ 914577700
Ambulanz: ✆ 092 oder ✆ 915222222 (Rotes Kreuz)

Notfallklinik: Ciudad Sanitaria La Paz, Paseo Castellana 261, ✆ 917342600.

Notfallapotheken: Info-Tel. 098.

Ärzte: Krankenhaus La Paz, Castellana 261 (Metro: Virgen de Begona), ✆ 917277000. Krankenhaus Gregorio Maranon, Doctor Esquerdo 46 (Metro: O'Donnell), ✆ 915868000.

Feuerwehr: ✆ 080

Fundbüro („Objetos Perdidos"): Im Rathaus, Plaza Legazpi 7, ✆ 915884346.

Auch bei Diebstahl hier mal nachfragen: „Anständige" Diebe werfen Pass, Schlüssel etc. in den nächsten Briefkasten. Weitere Fundbüros separat für die jeweiligen Nahverkehrsmittel, Adressen bei den Infostellen.

Post: Hauptpost im Palacio de Comunicaciones, Plaza Cibeles. Geöffnet 9–21 Uhr.

Geldwechsel: Hotels sind zweifellos angesichts der schlechten Euro-Wechselkurse nicht der beste Ort, um beispielsweise Schweizer Franken zu tauschen. Am besten ist es, eine der großen Banken aufzusuchen. Viele von ihnen verlangen nicht einmal mehr eine Wechselgebühr. Außerhalb der Bankzeiten: Corte Inglés-Kaufhäuser, unter anderem an Puerta del Sol, Mo–Sa bis 21 Uhr.

1 Plaza de Castilla / Congosto
2 Ventas / Cuatros Caminos
3 Legazpi / Moncloa
4 Argüelles / Parque de Santa María
5 Canillejas / Casa de Campo
6 Circular
7 Las Musas / Pitis
8 Nuevos Ministerios / Barajas
9 Herrera Oria / Arganda del Rey
10 Fuencarral / Puerta del Sur
11 Plaza Elíptica / Pan Bendito
12 Metro Sur
R Ópera /Príncipe Pio
Pitis 7
Lacoma
Avda. Ilustración
Peñagrande
Antonio Machando
Valdezarza
Francos Rodriguez
Metropolitano
Ciudad Universitaria
9 Herrera Oria
Barrio del Pilar
Ventilla
10 Fuencarral
Begoña
Chamartín
Valdeacederas
Tetuán
Estrecho
Alvarado
Cuzco
Santiago Bernabeu
1 Plaza de Castilla
Duque de Pastrana
Pio XII
Colombia
Concha Espina
Cruz del Rayo
8 Nuevos Ministerios
República Argentina
2 Cuatro Caminos
Guzmán el Bueno
Ríos Rosas
Alonso Cano
Gregorio Marañón
Islas Filipinas
Canal
3 Moncloa
Quevedo
Iglesia
Avda. de América
Cartagena
Argüelles 4
San Bernardo
Bilbao
Rubén Darío
Ventura Rodríguez
Noviciado
Núñez de Balboa
Lista
Colón
Velázquez
Diego de León
2 Ventas
El Carmen
Quintana
Pueblo Nuevo
Ascao
García Noblejas
Simancas
San Blas
7 Las Musas
Ciudad Lineal
Suanzes
Torre Arias
5 Canillejas
Barrio de la Concepción
Parque de las Avenidas
Prosperidad
Alfonso XIII
Avda. de la Paz
Arturo Soria
Esperanza
Canillas
Mar de Cristal
San Lorenzo
4 Parque de Santa Maria
Campo de las Naciones
Aeropuerto
Barajas 8
Plaza de España
Tribunal
Alonso Martinez
Manuel Becerra
Goya
Serrano
Príncipe Pio R
Santo Domingo
Gran Vía
Chueca
Príncipe de Vergara
O'Donnell
Ibiza
Callao
Sevilla
Banco de España
Retiro
Sainz de Baranda
Lago
Puerta del Ángel
Opera R
Sol
Tirso de Molina
Antón Martín
Atocha
Atocha Renfe
La Latina
Lavapiés
Casa de Campo 5
Batán
Alto de Extremadura
Lucero
Laguna
Puerta de Toledo
Acacias
Pirámides
Embajadores
Estrella
Vinateros
Artilleros
Pavones
Valdebernardo
Vicálvaro
San Cipriano
Puerta de Arganda
Rivas Urbanizaciones
Rivas Vaciamadrid
La Poveda
Arganda del Rey 9
Colonia Jardin
Campamento
Empalme
Carpetana
Urgel
Marqués de Vadilio
Palos de la Frontera
Delicias
Menéndez Pelayo
Pacífico
Puente de Vallecas
Nueva Numancia
Portazgo
Alto del Arenal
Buenos Aires
Miguel Hernández
Sierra de Guadalupe
Villa de Vallecas
Congosto 1
Conde de Casal
Méndez Álvaro
Cuatro Vientos
Aluche
Eugenia de Montijo
Oporto
Carabanchel
Vista Alegre
Opañel
11 Plaza Elíptica
Usera
3 Legazpi
Abrantes
Pan Bendito 11
Parque Oeste
Alcorcón Central
Parque Lisboa
Joaquín Vilumbrales
Puerta del Sur 12 10
Universidad Rey Juan Carlos
Móstoles Central
Pradillo
San Nicasio
Hospital Severo Ochoa
Julián Besteiro
Casa del Reloj
El Carrascal
El Bercial
Los Espartales
El Casar
Metrolinien

Das Rathaus von Madrid an der Plaza de la Villa

Centro

Für Entdecker ist das historische Zentrum ein Paradies: quirlige Gassen, kuriose Geschäfte, extravagante Nachtlokale, traditionsreiche Tapa-Bars und Kirchen, Paläste und Klöster an jeder Ecke.

Das Centro ist kein historisch oder städtebaulich geschlossenes Gebiet. Als Mittelpunkt von Madrid bezeichnet man das verwinkelte Stadtviertel zwischen der Plaza de Oriente im Westen, dem Paseo del Prado und Atocha im Osten, dem Boulevard Gran Vía im Norden und der Puerta de Toledo im Süden. Es sind nicht in erster Linie die traditionsreichen Kirchen, intakten Klöster und prächtigen Paläste, die den Reiz des Zentrums ausmachen. Vielmehr sind es die vielen Entdeckungen links und rechts der Wege, die immer wieder faszinieren. „Auf die Straße gehen und herumlaufen", dieser Appell der Madrider Schriftstellerin Carmen Martín Gaite hat gerade für das Centro seine Richtigkeit. Wählen Sie für ihre Erkundungsrouten verschiedene Tageszeiten aus, und gehen Sie einfach drauflos. Das Centro ist kein städtebauliches Museum. Die Häuser sind oft schon seit Generationen von den gleichen Familien bewohnt, in den Läden und Bars kennt man sich über Jahrzehnte, und ein kleiner Verkehrsstau in der Gasse wird zu einem Gespräch aus dem Autofenster genützt ... Auch wenn mittlerweile gerade junge Familien in die grünen Vororte Madrids gezogen sind, sind die Viertel zwischen Atocha und Puerta del Sol intakt. In den letzten Jahren hat die Stadtregierung zumindest Teile der Altstadt vor dem Verfall gerettet. Doch die Sanierungsarbeiten kommen nur langsam voran. Ein schlüssiges Verkehrskonzept fehlt aus Sicht der Bewohner noch immer. Doch es gibt auch Erfolge. Die beliebte Ausgehstraße Huertas, wichtigste Achse im Literatenviertel von Madrid, wurde restauriert und für den Verkehr gesperrt.

Vor allem für Liebhaber der spanischen Küche sind ausgedehnte Spaziergänge ein Erlebnis. In den Gassen gibt es immer was zu entdecken. Ein Erlebnis ist der Besuch einer der Markthallen: Hier türmen sich Seehecht (merluza), Kabeljau, Tintenfische und Muscheln auf fein geriebenem Eis, Äpfel und Orangen sind zu kleinen Pyramiden getürmt, und der Metzger präsentiert seine Milchlämmer aus dem kastilischen Hochland ... Das Centro ist auch Madrids kulinarischer Mittelpunkt. Die meisten Traditionslokale der Stadt sind

Lautes Madrid: Die akustische Umweltverschmutzung

Besucher, die aus einem Land kommen, in dem ab 22 Uhr gesetzlich verordnete Totenstille herrschen muss, wo Wohnviertel von meterhohen Lärmschutzwällen wie in einer Burganlage umgeben sind und wo ein lautstarker Gefühlsausbruch auf der Straße als unfein empfunden wird, erleben in Madrid ihr blaues Wunder. Die lebenslustige und zugleich tolerante Stadt gilt als die lauteste Metropole Europas. Ein Spaziergang beispielsweise durch das Centro mit seinen engen Gassen gleicht einem virtuosen Konzert von Straßenmusikanten: Hupende Autos im Stau, brummende Lkw-Motoren, quietschende Stadtbusse und die Einlage von laut aufheulenden Fahrzeugen, die gerade ein waghalsiges Einparkmanöver starten. Zur Straßen-Sinfonie gibt es auch ein Libretto: Los-Verkäufer tönen „para hoy, para hoy" („für heute, für heute"), aus den Geschäften dringen fröhliche Abschiedsformeln, aus den Bars ein Stimmengewirr zum Klangteppich der Spielautomaten, und aus den Wohnungen meldet sich der Fernseher, der akustische Begleiter für die eigenen vier Wände. Ist der *homo madrileño* von Geburt an mit einem besonderen Trommelfell ausgerüstet? Jeder leistet seinen Beitrag, damit die Dezibelgrenze nicht unterschritten wird. Eine Nachtbar, in der der Lautstärkepegel nicht bis Endanschlag gestellt ist, riskiert schnell, von ihrem jungen Publikum im Stich gelassen zu werden. Selbst die Kaffeeautomaten verwandeln sich für jeden *café solo* in eine Koffein-Lokomotive. Alltagspsychologen haben für die Liebe Madrids zum Lärm zwei Erklärungen: Zum einen hilft die akustische Mega-Kulisse gegen Einsamkeitsgefühle, zum anderen ist sie eine Frage der täglichen Bequemlichkeit. Freude und Ärger werden lautstark zum Ausdruck gebracht.

Doch allmählich wird es auch den Madrilenen zu viel. Die Zahl der Stadtbewohner, die sich über die akustische Umweltverschmutzung bei der Stadtregierung beschwert, wächst seit Jahren. Es gab sogar schon Demonstrationen für mehr Ruhe wie im Studentenviertel Moncloa. Mittlerweile hat die Stadt das Trinken unter freiem Himmel verboten. In Moncloa, dem Centro oder Chueca kehrt dennoch an Wochenenden erst bei Morgengrauen allmählich Ruhe ein, wenn die letzten (betrunkenen) Gäste die Nachtbars und Diskotheken verlassen haben.

Ü bernachten

- 1 Hotel Liabeny
- 2 Hotel Santo Domingo
- 3 Hostal Los Amigos
- 5 Hotel Carlos V.
- 7 Hotel Palacio San Martin
- 8 Hotel Regina
- 9 Hotel Suecia
- 13 Hotel Vincci Centrum
- 15 Hotel Moderno
- 21 Hostal Cervantes
- 25 Hotel El Prado
- 26 Hotel Plaza Mayor
- 29 Hostal Perla Asturiana
- 31 Hotel Puerta de Toledo
- 33 Gran Hotel Reina Victoria
- 34 Hostal Cruz Sol
- 37 Hostal Plaza D'Ort
- 38 Hostal Persal

E ssen & Trinken

- 10 Asador Real
- 11 Fresc Co
- 16 Museo de Jamon
- 20 Lhardy
- 23 Casa Ciriaco
- 24 El Botín
- 30 Vinoteca Maestro de la Villa
- 40 Casa Alberto
- 41 El Estragón
- 42 Taverna de Cien Vinos
- 43 Posada de la Villa
- 44 Taberna del Nuncio
- 46 El Malandrín
- 47 Almendro 13
- 48 Julián de Tolosa
- 49 El Schotis
- 51 Orixe
- 52 Casa Lucio
- 54 Cerveceria Santa Isabel 36
- 55 Restaurante Malacatín

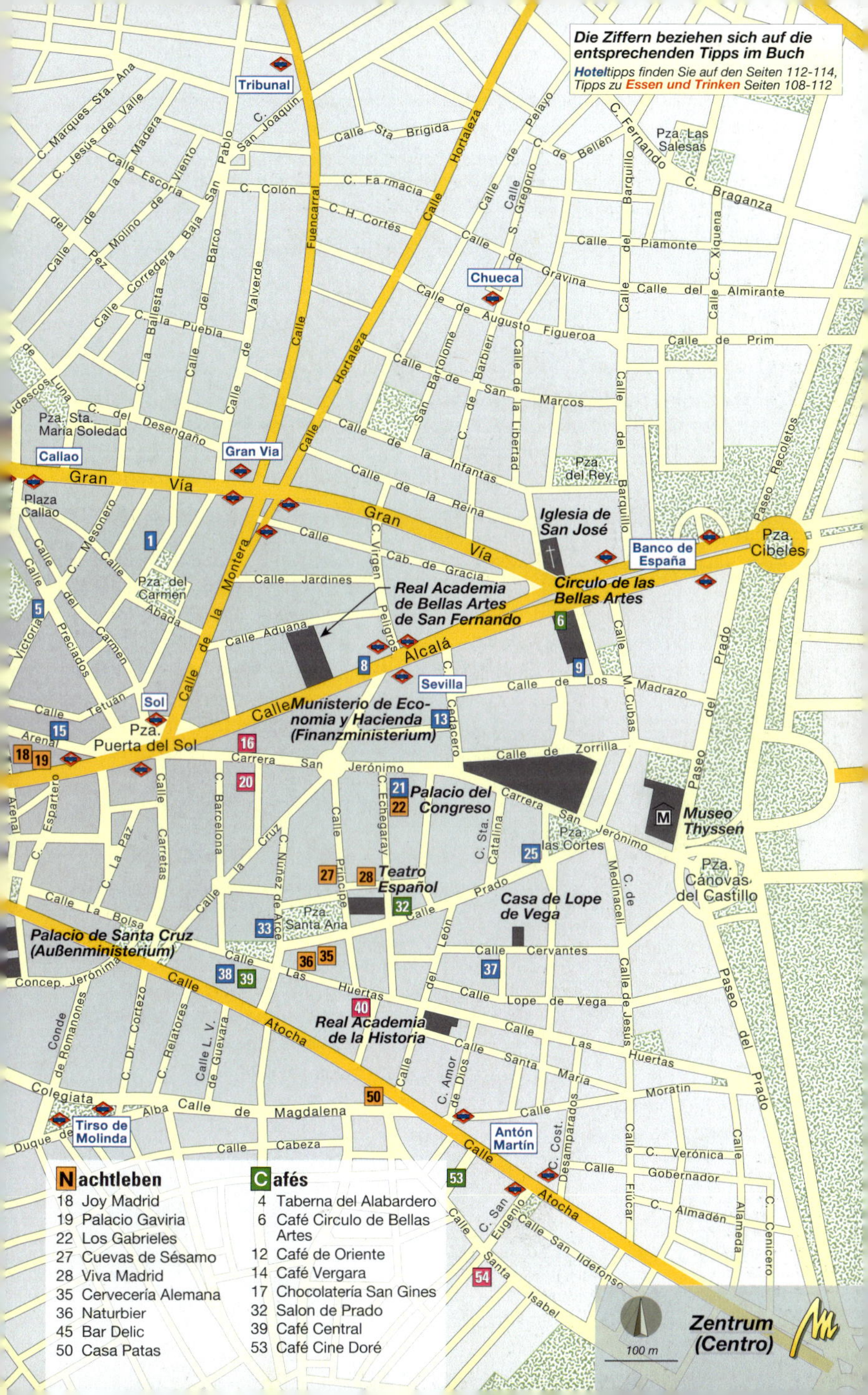
Die Ziffern beziehen sich auf die entsprechenden Tipps im Buch
Hoteltipps finden Sie auf den Seiten 112-114, Tipps zu Essen und Trinken Seiten 108-112
Tribunal
Chueca
Gran Via
Callao
Plaza Callao
Sol
Pza. Puerta del Sol
Sevilla
Banco de España
Pza. Cibeles
Tirso de Molinda
Antón Martín
Gran Vía
Calle Alcalá
Calle Hortaleza
Calle Fuencarral
Calle de la Montera
C. Fernando
Pza. Las Salesas
C. Braganza
Calle Piamonte
Calle del Almirante
Calle de Prim
Calle de Augusto Figueroa
Calle de San Marcos
Calle de las Infantas
Calle de la Reina
Calle Jardines
Calle Aduana
Calle Preciados
Calle del Carmen
Pza. del Carmen
Pza. Sta. Maria Soledad
C. del Desengaño
Pza. del Rey
Calle del Barquillo
Paseo Recoletos
Paseo del Prado
Iglesia de San José
Círculo de las Bellas Artes
Real Academia de Bellas Artes de San Fernando
Ministerio de Economia y Hacienda (Finanzministerium)
Palacio del Congreso
Museo Thyssen
Pza. Cánovas del Castillo
Pza. las Cortes
Teatro Español
Pza. Santa Ana
Casa de Lope de Vega
Palacio de Santa Cruz (Außenministerium)
Real Academia de la Historia
Carrera San Jerónimo
Calle Cervantes
Calle Lope de Vega
Calle Las Huertas
Calle Santa María
Calle Atocha
Calle de Magdalena
Calle Cabeza
Calle Colegiata
Calle Moratín
Calle de Los Madrazo
Calle de Zorrilla
Nachtleben
18 Joy Madrid
19 Palacio Gaviria
22 Los Gabrieles
27 Cuevas de Sésamo
28 Viva Madrid
35 Cervecería Alemana
36 Naturbier
45 Bar Delic
50 Casa Patas
Cafés
4 Taberna del Alabardero
6 Café Circulo de Bellas Artes
12 Café de Oriente
14 Café Vergara
17 Chocolatería San Gines
32 Salon de Prado
39 Café Central
53 Café Cine Doré
100 m
Zentrum (Centro)

hier zu Hause. Es gibt viele Möglichkeiten einen Tag im Centro zu verbringen. Unser Vorschlag: Ein Frühstück auf der Plaza Mayor, ein Mittagessen in einer der innovativen Tavernen im *barrio de los Austrias*, danach eine Siesta in den Jardines de Sabatini beim Königspalast, ein abendlicher Aperitif an der Plaza de Oriente, ein Abendessen in einem der urigen Restaurants der Cava Baja (gleich hinter der Plaza Mayor) und ab Mitternacht ein Besuch in einer der vielen Bars oder in einem der Nachtcafés rund um die Plaza Santa Ana und Las Huertas.

Puerta del Sol

Als der zentrale Platz Madrids und zugleich Spaniens geographisches Zentrum gilt die Puerta del Sol, von Einheimischen kurz „Sol" genannt. Ihren Namen erhielt die ovale Plaza von dem bereits im 16. Jh. abgerissenen Stadttor, das zur aufgehenden Sonne (= sol) nach Osten gerichtet war. Heute ist die laute Puerta del Sol der wichtigste Verkehrsknotenpunkt der Altstadt.

Nicht nur bedeutende Straßen wie die Alcalá und Mayor laufen hier zusammen, auch mehrere Metrolinien kreuzen sich hier. Die Puerta del Sol ist zudem der „Kilometer null". Hier beginnen die sechs größten Fernstraßen, die in alle Landesteile führen – der Kilometerstein „0" an der Südseite des Platzes symbolisiert ihren Ausgangspunkt.

Die Puerta del Sol ist bis heute einer der lebendigsten Plätze der Stadt und zugleich eine Bühne für die *madrileños*: Lotterieverkäufer wollen ihre Lose an den Mann bringen, Kunden mit vollen Einkaufstüten aus dem nahen Kaufhaus El Corte Inglés rufen nach einem Taxi, und die Zeitungsleser diskutieren über die Nachrichten des Tages ... *Mucho Madrid.* Am Rand des Platzes, an der Einmündung der Calle Carmen, steht übrigens auch das bronzene Wahrzeichen der Stadt: ein aufgereckter Bär, der an einem Erdbeerbaum knabbert. *Oso y Madroño* (Bär und Erdbeerbaum) zieren das Madrider Stadtwappen.

Reiterstandbild des Königs Carlos III: auf der Puerta del Sol

Viele Geschichten könnte dieser Platz erzählen: Am 2. Mai 1808 begann hier der blutige Widerstand gegen die französischen Besatzer, 1912 wurde Spaniens Regierungschef Canalejas von einem Anarchisten niedergestreckt, und 1931 wurde vom Balkon der heutigen Provinzregierung die zweite Republik ausgerufen, die keinen langen Bestand haben sollte (Metro: Sol).

Madrid – Centro
Karte S. 86/87

Puerta del Sol: Der große Auftritt an Silvester

Ihren großen Auftritt hat die Puerta del Sol Jahr für Jahr an Silvester. Schon Tage vorher beherrschen die riesigen Container und Aufbauten der Fernsehstationen den Platz. Am Abend des 31. Dezember versammeln sich die Spanier mit Weintrauben in der Hand vor dem Fernseher. Längst haben die Kameras den Glockenturm der Casa de Correos, heute Sitz der Regionalregierung, im Visier. Pünktlich um 24 Uhr ertönt zwölf Mal der Glockenschlag. Zum Rhythmus der Uhr werden dann die einzelnen Trauben (stammen in der Regel aus Almería) verzehrt. Wenn die „goldene Kugel" im Glockenturm schließlich fällt, hat das neue Jahr begonnen. Viele *madrileños* lassen es sich nicht nehmen, selbst auf der Puerta del Sol dabei zu sein. Zehntausende feiern anschließend, bis die ersten Sonnenstrahlen auf den berühmten Platz fallen.

Monasterio de las Descalzas Reales

An der gleichnamigen Plaza nördlich der Puerta del Sol in Richtung Gran Vía – mitten im Einkaufsviertel – liegt das „Kloster der königlichen Barfüßerinnen", das von den Architekten Antonio Sillero und später Juan Bautista de Toledo errichtet wurde. Die Tochter des spanischen Königs Carlos I. alias Karl V., Prinzessin Juana de Austria, die früh verwitwet nach Madrid zurückkam, stiftete den Orden der Barfüßerinnen. Der für Töchter aus Adelsfamilien gegründete Konvent ist eines der wenigen Madrider Baudenkmäler aus dem 16. Jh. Aus Spenden ihrer Verwandten stammen eine hochrangige Gemäldesammlung (Murillo, Zurbarán, Tizian, Brueghel etc.), prächtige Gobelins (nach Vorlagen von Rubens) und Skulpturen (u. a. von Cristo Yacente). Die heutige Inneneinrichtung datiert jedoch aus dem 18. Jh., verantwortlicher Architekt war Diego de Villanueva. Vor einigen Jahren wurde das Renaissance-Kloster umfassend renoviert und ist seitdem wieder zugänglich.

⌚ Das Kloster ist Di, Mi, Do und Sa von 10.30 bis 12.45 und 16–17.45 Uhr zu besichtigen, Fr 10.30–12.45 und So 11–13.45 Uhr. Eintritt 5 €, Rentner/Stud. 2,50 €. Plaza de las Descalzas Reales 3 (Metro: Opera).

Plaza Mayor

Das mächtige, in sich geschlossene Geviert mit seinen Ausmaßen von 120 mal 90 Metern geht auf Pläne des Escorial-Architekten Juan de Herrera unter Felipe II. von 1590 zurück. Auch das auffälligste Gebäude, die *Casa de la Panedería*, ein ehemaliges Backhaus an der Nordseite, stammt von Juan de Herrera. Nach den Bränden von 1631, 1672 und 1790 erhielt der Platz seine heutige Gestalt. Es war der Architekt Juan de Villanueva, Baumeister des Prado, der sämtliche Häuser auf die gleiche Höhe brachte und so dem ehemaligen Marktplatz seine geschlossene Form gab. Als Hauptplatz Madrids ist die Plaza Mayor mittlerweile allerdings von der lauten Puerta del Sol abgelöst worden.

In ihrer langen Geschichte sah die Plaza Mayor die Ausrufung von Königen, Seligsprechungen, Turniere und Stierkämpfe, aber auch Schnelltribunale der Inquisition und öffentliche Hinrichtungen: 1620 wurde der Stadtpatron San

Vielbeachtet: Maler auf der Plaza Mayor

Isidro hier selig gesprochen, 1621 König Felipe IV. zum König ausgerufen, und noch im gleichen Jahr rollte der Kopf eines Ministers über das Pflaster. Heute ist die Plaza Mayor mit ihren nostalgischen Läden fein herausgeputzt. Man trifft sich in den Cafés unter den Arkaden und am bereits von Lope de Vega verspotteten Reiterstandbild von Felipe III. oder sieht den Porträtisten und Hobbymalern bei ihrer Arbeit zu. Zu Fiestazeiten finden auf der Plaza oft Gratiskonzerte statt, und jeden Sonntag treffen sich dort die Briefmarken- und Münzsammler. Im Dezember wird auf der Plaza Mayor der traditionelle Madrider Weihnachtsmarkt abgehalten.

Da Autos und Mopeds den Platz nicht passieren dürfen, ist die Plaza Mayor mit ihren Arkadengängen auch ein idealer Platz für ein ruhiges Frühstück unter freiem Himmel. In den Cafés auf der Westseite kann man am Morgen die ersten Sonnenstrahlen genießen und bei einem *café con leche* Energie für einen Spaziergang durch das Centro tanken. Wer übrigens zum Brothaus alias *Casa de la Panedería* blickt, in dem früher tatsächlich mal die Bäcker ihre Produkte verkauften, soll nicht glauben, dass die farbenprächtigen Wandmalereien so schön die Jahrhunderte überdauerten. Das „barocke" Fresko pinselte der Madrider Maler Carlos Franco Rubio erst 1992 – als Madrid als Kulturhauptstadt Europas fungierte – an die Hauptfassade.

Palacio de Santa Cruz

Ursprünglich wurde der Palast von Santa Cruz (südöstlich der Plaza Mayor) im 17. Jh. als Gefängnis erbaut; seit 1931 ist er Sitz des spanischen Außenministeriums. Unter Carlos III. wurde das Gebäude 1786 von seinem Architekten

Juan de Villanueva zum Justizpalast umgebaut. Nicht zugänglich (Metro: Puerta del Sol).

Plaza de la Villa

An der Calle Mayor gelegen, ist die Plaza de la Villa der älteste Platz der Stadt. Das wuchtige Rathaus – *Casa de la Villa* – im Herrera-Stil entstand zwischen 1586 und 1696. Es ist verbunden mit der plateresken *Casa de Cisnero*, dem Amtssitz des Bürgermeisters. Gegenüber vom Rathaus wurde die Torre de los Lujanes errichtet. Hier hielt im 16. Jh. Karl V. den französischen König Franz I. fest. Die Plaza de la Villa wird häufig für offizielle Feiern genutzt und ist deshalb prachtvoll mit Pflanzen und Blumen geschmückt.

Iglesia San Miguel

Südlich der Plaza de la Villa wurde in der ersten Hälfte des 18. Jh. die barocke Kirche San Miguel errichtet. Das mit sehenswerten Fresken ausgestattete Gotteshaus ist als Treffpunkt des ultra-konservativen Opus Dei berühmt. Gegründet wurde das „Werk Gottes" von Josemaría Escrivá de Balaguer, dessen Statue links vom Eingang steht. Noch heute kommen viele Gläubige hierher, um ihre Gebete an den 1975 verstorbenen Priester zu richten. San Justo 4 (Metro: Sol od. Opera).

Opus Dei: Das mächtige „Werk Gottes" in Spanien

Über Opus Dei gehen in Spanien die Meinungen auseinander: Strenggläubige Katholiken sehen in der Organisation eine Speerspitze des Glaubens, liberale Zeitgenossen kritisieren den autoritären Ultra-Konservatismus und die enorme politische Macht der Vereinigung. Opus Dei wurde von dem Spanier Josemaría Escrivá de Balaguer (1902–1975) im Jahre 1928 gegründet. Ziel der internationalen Vereinigung ist es, ein konsequent christliches Leben unter seinen Mitgliedern zu verwirklichen. Die Mitglieder streben zu christlicher Vollkommenheit inmitten der Welt, also ohne Gemeinschaftsleben. Sie bleiben daher im weltlichen Beruf und sind ausschließlich auf das religiöse Ziel des Opus Dei verpflichtet. Durch ihre strenge Pflichtethik und Disziplin gelang es vielen Mitgliedern des Opus Dei bereits zu Zeiten der Franco-Herrschaft, aber auch heute noch, in wichtige öffentliche Ämter und in hohe Positionen der Wirtschaft zu gelangen und dort vielfältigen Einfluss auszuüben. Heute leitet die wichtige Katholiken-Organisation Universitäten, Studentenheime, Kulturzentren, Frauen- und Landwirtschaftsschulen etc. Leitungsorgane des Opus Dei sind Generalrat und Generalpräsident. 1982 wurde das Opus Dei zu einer „Personalprälatur" erhoben, wodurch die Opus-Dei-Priester aus der Gehorsamspflicht (Obedienz) des örtlichen Bischofs entlassen wurden. Die Organisation ist heute auf allen fünf Kontinenten vertreten und zählt 60.000 Mitglieder aus 80 Ländern. Der Vatikan unterstützt nachhaltig die Ziele der einflussreichen Vereinigung. Bereits 1992 wurde deshalb der Gründer Escrivá von Papst Johannes Paul II. selig gesprochen.

Iglesia San Nicolás

Im Gebiet nordwestlich der Plaza de la Villa trifft man jenseits der Calle Mayor inmitten von engen Gassen auf die älteste Kirche der Stadt, *San Nicolás* aus dem 12. Jh. Von dem ursprünglichen Bau ist nur der Backsteinturm im Mudéjar-Stil erhalten. Es wird vermutet, dass es sich dabei um ein Relikt eines ehemaligen Minaretts handelt. Auch die Hufeisenbögen am Choreingang und die Stuckdekoration entsprechen dem Mudéjar-Stil. Übrigens stammt der Altaraufsatz von Juan de Herrera. Der Architekt und Erbauer des Escorial wurde hier vorübergehend beigesetzt. San Nicolás 6 (Metro: Sol oder Opera).

Palacio Real (Königspalast)

Das königliche Madrid: Der aus hellgrauem Granit und weißem Kalkstein erbaute Herrscherpalast an der schmucken Plaza de Oriente im Westen des Zentrums entstand ab 1738.

Spaniens König Juan Carlos wohnt nicht in diesem weitläufigen, überdimensionierten Stadtschloss, sondern im kleinen, eher bescheidenen Landschlösschen La Zarzuela nordwestlich von Madrid. Der im klassischen Barock erbaute Palacio Real ist jedoch keineswegs nur ein Museum, sondern wird häufig von der Regierung und der Königsfamilie für wichtige Anlässe genutzt. Beispielsweise wurde hier 1986 der Beitrittsvertrag Spaniens zur Europäischen Union unterzeichnet.

Anstelle des heutigen Palastes stand einst ein Alcázar (9. Jh.). Spaniens Könige benutzten zeitweise ab dem 11. Jh. die arabische Festung und bauten sie nach ihren Bedürfnissen um. Nachdem Felipe II. Madrid zur Hauptstadt seines Imperiums machte, wurde der Alcázar stark vergrößert. Berühmte Architekten wie Juan de Herrera oder Juan Bautista de Toledo planten die Erweiterungen. Durch einen verheerenden Brand wurde 1734 der Alcázar endgültig zerstört und die wertvolle Sammlung an Gemälden und Möbeln ein Raub der Flammen. Die Katastrophe war gleichzeitig die einmalige Chance für einen Neubau nach den Bedürfnissen und dem Zeitgeschmack. Felipe V. beauftragte den italienischen Architekten Felippo Juvara mit dem Neubau. Nach dessen Tod übernahm sein Schüler Giovanni Battista Sacchetti die Arbeiten. Im Jahre 1764 schließlich bezog Carlos III als erster spanischer König das nach Versailler Muster erbaute Schloss. Mit Ausnahme der französischen Besatzungszeit diente der Palacio Real bis zur Flucht von Alfonso XIII. im Jahre 1931 als königliche Residenz. Der festungsartige Palast ist von riesigen Ausmaßen und zählt rund 2000 Zimmer. Das Innere quillt vor Luxus und Schätzen geradezu über. Zu den Höhepunkten zählen die prunkvollen Räume Carlos III., die riesige Sammlung prächtiger Gobelins und die zahlreichen Gemälde von Hieronymus Bosch bis Goya. Die königliche Bibliothek Biblioteca Real, eine der größten der Welt, ist im Erdgeschoss zu finden, ebenso die nostalgische Apotheke Real Oficina de Farmacía. Die königliche Waffenkammer Armería Real ist in einem Anbau untergebracht. Seit 1950 ist der Palast der Öffentlichkeit zugänglich, wenn auch nur in Teilbereichen. Für eine ausführliche Besichtigung sollte man rund drei Stunden rechnen.

Der Königspalast hat heute nur noch repräsentative Funktionen – die „Familia Real" wohnt längst vor den Toren der Stadt

Die wichtigsten Sehenswürdigkeiten des Palacio Real

La Plaza de Armas: Den Königspalast betritt man über die Südseite. Der von Sacchetti und dem Madrider Architekten Ventura Rodriguez konzipierte Platz hat vor allem repräsentative Funktion (patio de honor).

Haupttreppe: In das Obergeschoss gelangt man über eine imposante Treppe von Sabatini. Im Zentrum das eindrucksvolle Gemälde von Corrado Giaquinto mit dem Titel „Die Religion, beschützt durch Spanien".

Salon de Alabarderos: Der Saal der Wachen wird beherrscht vom meisterhaften Fresko des Venezianers Giovanni Battista Tiepolo, das die Vergöttlichung des Äneas zum Thema hat.

Salon de Columnas: Der einstige Festsaal von Carlos III. wird heute von einem Deckenfresko von Corrado Giaquinto (1762/63) beherrscht. Es zeigt allegorisch, wie die Sonne die Naturkräfte in Bewegung setzt. In diesem Saal wurde übrigens am 12. Juni 1986 von König Juan Carlos I. die Beitrittsurkunde Spaniens zur EU feierlich unterzeichnet. Beachtenswert sind auch die wertvollen Gobelins und Bronzefiguren wie der Diskuswerfer und Neptun.

Thronsaal: Einer der Höhepunkte der Palastbesichtigung ist zweifellos der mit rotem Samt ausgestattete salón del trono, der mit seiner gesamten Dekoration aus der Zeit von Carlos III. aus dem Ende des 18. Jh. erhalten ist. Hier sollte der Größe und der Macht der spanischen Monarchie ästhetisch Ausdruck verliehen werden. Tiepolo verewigte diese Aufgabe in einem farbenkräftigen Deckengemälde. Personifiziert werden hier beispielsweise die amerikanischen Provinzen dargestellt. Vier vergoldete Bronzelöwen von Matteo Bonicelli (1651) bewachen die beiden Thronsessel, über denen das Wappen der spanischen Krone prangt.

Gasparini-Säle: Aufwendig und luxuriös sind die Privaträume von Carlos III. ausgestattet. Der kleine Gasparini-Saal (saleta de Gasparini) – benannt nach dem gleichnamigen neapolitanischen Maler – wird durch ein Deckengemälde des Hofmalers Anton Raphael Mengs (1728–1778) verziert, ebenso wie die Antecámara (Vorsaal) von Carlos III. Dort widmet sich Mengs der Vergöttlichung des Herkules. Beachtenswert sind außerdem die Porträts von Carlos IV. als Jäger und seiner Gemahlin Maria Luisa de Parma als maja (siehe auch Prado). Der eigentliche Gasparini-Saal, wo sich der König anzog, aber auch Audienzen gab, ist mit verschwenderischen Rokoko-Seidenbezügen an Wänden und Möbeln ausgestattet. Der aufwendig gearbeitete Marmorboden, aber auch die Rokoko-Dekoration lassen die Atmosphäre in der zweiten Hälfte des 18. Jh. lebendig werden.

„Tranvia" de Carlos III.: Dieses Zimmer – im Zustand des Jahres 1880 erhalten – beherbergt das Goya-Gemälde „Die Jagd des Wildschweins".

Salon de Carlos III.: In diesem Salon starb der spanische König am 13. Dezember 1788, der wie kaum ein anderer Bourbone noch heute das Stadtbild Madrids entscheidend geprägt hat. Das Deckengemälde stammt von Vicente López und das imperiale Porträt von Carlos II. von Mariano Salvador Maella. Die Einrichtung, die heute in diesem Saal zu sehen ist, wurde von Fernando VII. in der ersten Hälfte des 18. Jh. erworben.

Gabinete de Porcelana: Animiert von seiner aus Sachsen stammenden Frau, gründete Carlos III. die Real Fábrica del Buen Retiro. Ein Beispiel spanischer Porzellankunst enthält dieser schmale Salon.

Sala Amarilla: Dieser kleine Salon hat seinen Namen von der gelben Seide. Carlos III. diente der Raum als Schlafzimmer.

Comedor de Gala: Der lang gestreckte Gala-Speisesaal ist einer der Höhepunkte jeder Besichtigung. 140 Personen finden an dieser Tafel statt. Die Sitzordnung war sorgfältig nach Rang festgelegt. Je näher man dem König platziert wurde, desto größer war die Bedeutung des Gastes oder die ihm gewährte Gunst. Dieser aufwendig mit Brüsseler Gobelins, chinesischem Porzellan und silbernen Kandelabern ausgestattete Saal beherbergt auch Fresken von Mengs und seinen Schülern.

Sala Plateresca: Das ehemalige erste Vorzimmer der Königin zeigt Münzen sowie Gegenstände der Tischdekoration. Außerdem sind Urkunden zum EU-Beitritt und zur Madrider Nahostkonferenz im Oktober 1992 ausgestellt. Weiteres königliches Silbergeschirr wird in der Sala de la Plata gezeigt.

Sala de los Stradivarius: Nach zwei weiteren Räumen gelangt man zur Ausstellung der berühmten Werke des Streichinstrumentenbauers Antonio Stradivarius (1664–1736) aus dem norditalienischen Cremona. Musikinstrumente des 18. und 19. Jh. werden in der nachfolgenden Camara del Infante don Luis präsentiert. Und in der Sala de vajillas ist Porzellangeschirr aus Meißen (1738) und Sèvres (1776) zu sehen.

Eine Galerie mit schönem Blick auf die Plaza de Armas und die Almudena-Kathedrale führt zur Schlosskapelle, die von Sacchetti und Ventura Rodriguez erbaut wurde. Beachtenswert das Altarbild von Mengs. Anschließend gelangt man

Velázquez: Der Hofmaler ohne Grab

Nur einen Steinwurf vom Palacio Real, gleich hinter dem noblen Café de Oriente, trifft man auf die kleine Plaza Ramales. Auf einer schmucklosen Granitsäule steht dort zu lesen: „Es starb der Maler Don Diego Rodriguez de Silva y Velázquez am 6. August 1660 – sein Ruhm wurde nicht mit ihm begraben." Genau hier wird das Grab des berühmten spanischen Hofmalers vermutet. Doch ganz genau weiß es eigentlich niemand. Es gehört zu den Kuriositäten, dass einer der bedeutendsten und am meisten verehrten Künstler Spaniens schließlich ohne Grabstätte geblieben ist. Auch sein Geburtsdatum ist – wie so vieles im Leben von Velázquez – unbekannt. Fest steht nur, am 6. Juni 1599 wurde er in Sevilla getauft. Bereits mit 23 Jahren wurde er von König Felipe IV. zum Hofmaler in Madrid ernannt, wo er 1660 starb. Berühmt wurde der Andalusier durch seine Historienbilder und Gruppenporträts, wie zum Beispiel „Die Übergabe von Breda" (1635), „Die Spinnerinnen" (um 1657) und „Las Meninas" (1656), das die junge Prinzessin Margrita und ihre Meninas (Hofdamen) zeigt. Diese drei Bilder hängen heute im Prado und gehören zu den wertvollsten Exponaten des weltberühmten Museums. Gleichzeitig gelten die Meisterwerke als Höhepunkte des Goldenen Zeitalters der spanischen Malerei. Velázquez war jedoch nicht nur ein außergewöhnlicher Maler, sondern auch ein weltoffener Kunstsammler. Als Einkäufer des spanischen Königs bereiste er Italien und erwarb zahlreiche wertvolle Gemälde seiner Zeit. Er ließ sich von seinen europäischen Kollegen Malergenerationen. Das Spiel von Licht und Schatten, das Festhalten des besonderen Augenblicks, die Umsetzung des Raums – Velázquez war eine Künstler mit vielen außergewöhnlichen Qualitäten.

In den Jahren 1999 und 2000 trugen Arbeiter mit Spaten und Spitzhacke das Straßenpflaster auf dem Ramales-Platz ab, um die Überreste von Diego Rodriguez de Silva y Velázquez zu finden. Seine Grabstätte ist seit rund 200 Jahren verschollen. Ursprünglich wurde der Künstler in der Kirche San Juan, nur wenige Meter vom Palacio Real, beigesetzt. Doch 1809 ließ Joseph Bonaparte, der damals in Spanien herrschte, das Gotteshaus kurzerhand abreißen, um den heutigen Ramales-Platz entstehen zu lassen. Schon 1845 und 1958 machten sich Archäologen auf die Suche nach der Krypta. Freilich ohne Erfolg. Heute gehen die Spezialisten mit Ultraschall-Geräten vor, um die Grabstätte zu orten. Vielleicht liegt Velázquez auch gar nicht mehr unter dem Ramales-Platz? Schließlich ließ Carlos III. (1759–1788) aus Angst vor Seuchen Gräber in Kirchen verbieten und reihenweise Leichen exhumieren. Vielleicht waren darunter auch die Überreste von Velázquez? Viele Fragen und wenige Antworten. Die Archäologen auf dem eher tristen Ramales-Platz haben längst aufgegeben. Das Rätsel bleibt vermutlich für immer ungelöst.

zu einer Zahl kleiner Räume wie zum Beispiel dem Billardzimmer und dem im japanischen Stil ausgestatteten Rauchersalon von Alfonso XII. Und das benachbarte Gabinete de escayola begeistert durch seine klassizistische Ausstattung, die von Francisco Sabatini und den Stuckateuren Brilli 1791

Die Oper von Madrid an der Plaza de Oriente: ein Haus mit Weltniveau

geschaffen wurden. Dazu ganz im Gegensatz das Gabinete de maderas finas, das mit Möbeln im Rokoko ausgestattet wurde.

Real Farmacia: Die über die Plaza de Armas erreichbare königliche Apotheke im Barockstil war bereits von Felipe II. gegründet worden. Mit der Einrichtung aus dem 18. und 19. Jh. werden vergangene Zeiten der Pharmazie wieder lebendig.

⌚ Besichtigungen des Palasts sind sowohl individuell als auch mit einem Führer möglich. Geöffnet Mo–Sa 9–18 Uhr (bei Staatsakten geschlossen), So 9–15 Uhr (im Winter Mo–Sa 9.30–17 Uhr und So 9–14 Uhr). Eintritt 8 €, Rentner/Studenten 3,30 €. Bibliothek, Apotheke und Waffenkammer sind in der Besichtigung eingeschlossen. Calle Bailen (Metro: Opera).

Plaza de Oriente

Der Name der Plaza de Oriente beruht auf der Lage des schmucken Platzes an der Ostseite des Palacio Real. An dem eleganten, halbrunden Platz um das Reiterstandbild von Felipe IV. stehen das 1818 begonnene Opernhaus *Teatro Real* und außerdem eine ganze Reihe von Statuen spanischer Herrscher. Heute ist die Plaza de Oriente, nachdem sie vor ein paar Jahren für den Autoverkehr gesperrt wurde, ein populärer, vornehmer Treffpunkt für die *madrileños*. Somit haben sich die Hoffnungen des französischen Statthalters Joseph Bonaparte schließlich doch erfüllt, der mit der Gründung des Platzes einen repräsentativen städtischen Raum schaffen wollte, welcher die Eleganz des Palacio Real noch unterstützt. Nur wenige Meter nordwestlich der Plaza de Oriente – an der Calle Bailén – befinden sich die *Jardines de Sabatini*. Der auf einer niedrigeren Terrasse angelegte Garten mit seinen sorgfältig geschnittenen Eibenbäumen und Buchsornamenten entstand auf dem Grundstück der ehemaligen Reitställe. Der rund 2,5-Hektar-Park mit seinen in geometrische Formen geschnittenen Hecken und einem Pool ist ein ideales Plätzchen für eine Siesta (Metro: Opera).

Chocolate con churros

In der Madrider Altstadt wird die für die spanische Hauptstadt typische Frühstückstradition noch hochgehalten: *chocolate con churros*. Die heiße, dickflüssige Schokolade (kein Kakao) wird in großen, dicken Tassen serviert. Dazu gibt es *churros*. Hierbei handelt es sich um ein Gebäck, das lediglich aus Mehl, Kartoffelstärke und Wasser besteht. Mit einer sternförmigen Spritztülle wird der ungesüßte Teig zu Schleifen geformt und in siedendes Öl getaucht. Churros müssen frisch und heiß gegessen werden. Die Schleifen taucht man in die heiße Schokolade ein und genießt ... Die Madrilenen lieben Schokolade seit Jahrhunderten, denn schließlich hatten einst die spanischen Konquistadoren die kostbare Ware aus Mexiko mitgebracht. Übrigens, in jedem Lebensmittelladen kann man diese Schokolade in großen Tafeln kaufen, um sie für eine dickflüssige Tasse *chocolate* dann in heißer Milch aufzulösen. Die beste Schokolade der ganzen Altstadt wird in der schicken Chocolatería San Ginés unweit der Plaza Mayor serviert. Vor allem in den Herbst- und Wintermonaten ist in dem stimmungsvollen Café kaum ein Platz zu bekommen, denn Schokolade wird nicht nur zum Frühstück, sondern auch am späten Abend genossen.

Teatro de la Opera (Opernhaus)

Das Madrider Opernhaus an der Plaza de Oriente erstrahlt wieder im alten Glanz. Das mehrfach veränderte Gebäude, das im November 1850 erstmals seine Pforten öffnete, wurde von dem Schüler des Prado-Architekten Juan de Villanueva, Antonio López Aguado, geplant. Zuerst diente es als Theater, noch vor Jahren als Konzerthaus und jetzt wieder als prachtvolle Oper. Hier singt und sang alles, was Rang und Namen in der Operwelt hat: Placido Domingo, José Carreras, Alfredo Krauss, Luciano Pavarotti ... (Metro: Opera).

⌚ Die Oper kann besichtigt werden. Die Kasse für Tickets sind im Foyer erhältlich. Dort werden auch die aktuellen Besichtungstermine mitgeteilt. Wer einmal eine Oper unter der Leitung des musikalischen Chefs Jesús López Cobos erleben möchte, muss nicht unbedingt tief in die Tasche greifen. Karten gibt es bereits ab 15 €. Für exzellente Plätze sollte man allerdings mit über 100 € rechnen.

Convento de la Encarnación

An einem stillen Platz, nur wenige Meter von der Plaza de Oriente, liegt das stimmungsvolle Augustinerinnenkloster, das im Auftrag der Frau von Felipe III., Margarethe von Österreich, zu Beginn des 17. Jh. errichtet wurde. Nach einem verheerenden Brand wurde die Kirche 1767 von Ventura Rodriguez wieder aufgebaut und innen komplett im Stil des Klassizismus neu ausgestattet. Seit den 60er Jahren ist ein Teil des Konvents der Öffentlichkeit zugänglich. Neben Einrichtungsgegenständen und zahlreichen Reliquien zieht vor allem die Sammlung von Gemälden Madrider Meister des 17. Jh. (Pereda,

Carducho etc.) Besucher an. Das Kloster samt Kreuzgang und spätbarocker Kirche mit eindrucksvollen Fresken (im Reliquiensaal Kassettendecke von Carducho) ist nur im Rahmen einer Führung (Spanisch, Englisch, Französisch) zu besichtigen. Gleich im ersten Saal (links vom Eingang) hängen die Porträts von Felipe III. und Margarethe von Österreich. Plaza de la Encarnación 1 (Metro: Opera).

⌚ Di–Sa 10.30–12.45 u. 16–17.45 Uhr, Fr nur 10.30–12.45 und So 11–13.45 Uhr. Mo geschlossen. Eintritt 3,60 €, Stud./Rentner gratis.

Kathedrale Nuestra Señora de la Almudena

Die Kathedrale von Madrid wird von den Einheimischen schlicht Almudena genannt. Der „Waffenkammerplatz" (*Plaza de Armería*) trennt den Königspalast vom weiter südlich gelegenen Komplex der Kathedrale Almudena. Die neugotische Kathedrale wurde 1883 begonnen, der Bau 1940 eingestellt und schließlich unter dem Architekten Fernando Chueca zu einem glücklichen Ende gebracht. 1993 konnte die Almudena-Kathedrale offiziell eingeweiht werden. Die Meinungen über den Baustil des Gotteshauses gehen auseinander. Denn die willkürliche Mischung von Kunststilen ist nicht jedermanns Geschmack. Angesichts des heutigen Neubaus kann man sich kaum vorstellen, dass die Almudena eine der ältesten Kirchen der spanischen Hauptstadt ist. Ihre Vorläufer gehen bis ins 9. Jh. zurück. Links vom Haupteingang in der Calle Bailén eine etwas kitschige Bronzestatue von Papst Johannes Paul II. (Metro: Opera).

Immer wieder wird das Gotteshaus, das vor allem durch seine gewaltigen Dimensionen besticht, für offizielle Feierlichkeiten genutzt. 2004 z. B. für die

Verregnete Traumhochzeit in der Almudena

Schiefergraue Wolken verdunkeln den Himmel über Madrid am 22. Mai 2004. Die Einheimischen schütteln ungläubig den Kopf, denn im Spätfrühling ist die Sonne ansonsten garantiert. Doch an diesem Tag regnet es eimerweise, als der spanische Thronfolger Felipe in der Almudena kurz vor der Trauung nervös auf seine Verlobte Letizia Ortiz wartet. Statt TV-gerecht über den roten Teppich zu schreiten, muss sich die 32-jährige Fernsehmoderatorin mit dem Rolls-Royce vor die Kathedrale fahren lassen. Aus dem roten Teppich quillt nur noch Wasser.

20 Millionen Euro hat der spanische Steuerzahler für die Traumhochzeit aufgewendet. Schließlich ist es die erste königliche Trauung seit fast einem Jahrhundert. Der amtierende König Juan Carlos hatte seine Sofia noch in deren Heimatland Griechenland geheiratet.

Doch die Spanier ließen sich vom Dauerregen die Stimmung nicht vermiesen. Vor 1600 geladenen Gästen und Millionen von Fernsehzuschauern gaben sich Felipe und Letizia schließlich das Jawort. Dem Publikum in und außerhalb der Kathedrale gefiel die Märchenhochzeit mit jeder Menge Hocharistokratie aus ganz Europa. Die Begeisterung in Spanien war riesengroß. Im Jahr 2004 war kein Taufname für Mädchen so populär wie Letizia.

Trauung des spanischen Thronfolgers, aber auch für die Trauerfeierlichkeiten für die Opfer des Terror-Anschlages vom 11. März 2004 im Madrider Bahnhof Atocha. Die Almudena war aber des Öfteren auch Schauplatz von Protestaktionen. So trat dort im Jahr 2000 eine Gruppe von Exil-Chilenen in einen (letztlich vergeblichen) Hungerstreik, um gegen die Freilassung des chilenischen Ex-Diktators Augusto Pinochet durch die britischen Behörden zu protestieren und damit seine Rückkehr in die südamerikanische Heimat zu verhindern.

Die Almudena steht Besuchern kostenlos offen. Nur während der Messen wird gebeten, auf eine Besichtigung zu verzichten. Die Kirchenleitung legt auch Wert darauf, dass die Gäste gerade in den Sommermonaten nicht mit Boxer-Shorts, Bikini-Oberteilen oder gar in Badehosen die Kathedrale betreten. Am Eingang gibt es einen kleinen Laden, der Postkarten und Bücher zur Almudena verkauft.

Iglesia San Francisco el Grande

Das mächtige Gotteshaus am Südende der Calle Bailén hat seinen Namen – el Grande – zu Recht. Eine Kuppel mit einem Durchmesser von 33 Metern besitzt die klassizistische Kirche, die von dem Architekten Francisco Sabatini im Jahre 1785 fertig gestellt wurde. San Francisco hat eine bewegte Vergangenheit: So machte der Statthalter Napoleons in Spanien, Joseph Bonaparte, die Kirche zum Versammlungsort der Cortes. Ende des 19. Jh. wurde aus dem prominenten Gebäude der Pantéon Nacional. Beispielsweise sind Architekten wie Juan de Villanueva oder Ventura Rodriguez hier beigesetzt. Wer die Kirche betritt, wird erstaunt sein, wie wenig das Tageslicht den Rundbau mit seinen Kapellen erleuchtet. Schade, denn die Seitenaltäre sind wahre Meisterwerke. Darunter auch ein Altarbild von Francisco de Goya, „Die Predigt des Hl. Bernhard". Außerdem verfügt die Franziskaner-Kirche über eine wertvolle Gemäldesammlung (Zurbarán, Cano) in der Sakristei.

⌚ Das Gotteshaus ist Di–Sa von 11 bis 13 und von 16 bis 19 Uhr zu besichtigen. Eintritt 3 €, Stud. und Rentner 2 €.

El Rastro: Der Madrider Flohmarkt

Manche halten einen Spaziergang über den Rastro für eines der schönsten Erlebnisse in Madrid. Andere leiden unter den unübersehbaren Menschenmassen, die sich stundenlang durch die engen Gassen des Barrio Bajo schieben. Der am Sonntagvormittag stattfindende Flohmarkt im Dreieck Calle Toledo, Calle Embajadores und Ronda de Toledo ist keinesfalls eine Touristenattraktion. Die vielen privaten, aber auch professionellen Händler leben von ihrer einheimischen Kundschaft. Egal ob Schraubenzieher, Barockspiegel oder kastilisches Ölbild – auf dem Rastro bleibt kein Wunsch unerfüllt. Die Zeiten, in denen dort wertvolle Antiquitäten für ein Butterbrot verkauft wurden, sind allerdings längst vorbei. Heute werden auf dem Rastro eher Dinge des alltäglichen Lebens, aber auch viele Kuriositäten gehandelt als Kostbarkeiten aus längst vergangenen Zeiten. Nach Briefmarken und Münzen sucht man hier jedoch meist vergeblich. Die Sammler treffen sich sonntags auf der nahen Plaza Mayor. Übrigens, der Rastro ist ein Eldorado für Taschendiebe (Metro: Puerta de Toledo, La Latina, Embajadores).

San Isidro im Centro beherbergt die Gebeine des Stadtheiligen

Puerta de Toledo

Die Puerta de Toledo machte in den 80er Jahren Schlagzeilen, als hier ein gleichnamiges, avantgardistisches Einkaufszentrum für Antiquitäten entstand. Doch um das Schmuckstück kreiste bald der Pleitegeier. Heute sind die Läden weitgehend verweist. Geblieben ist natürlich die eigentliche Puerta de Toledo, neben der Puerta de Alcalá das einzige erhaltene historische Stadttor Madrids (Metro: Puerta de Toledo).

Iglesia San Andrés

Eine der eindrucksvollsten und schönsten Kirchen der Altstadt steht an der gleichnamigen Plaza de San Andrés. Der aus roten Ziegelsteinen und Granit errichtete Bau im malerischen *barrio de los Austrias* (Habsburger Stadtviertel) bildet mit der gotischen Capilla del Obispo einen Baukörper. San Andrés wurde im Bürgerkrieg 1936 schwer beschädigt. ist aber nach jahrelangen Restaurierungsarbeiten längst wieder in einem tadellosen Zustand. Im Mittelalter war ein Vorgängerbau die Grablege des Madrider Stadtpatrons Isidro. Nach dessen Heiligsprechung wurde die Kirche in der zweiten Hälfte des 17. Jh. umgebaut. Von der wertvollen Ausstattung aus dieser Zeit blieb aber nur wenig erhalten (Metro: Latina).

Die Plaza de los Carros (der Vorplatz von San Andrés) und vor allem die nördlich gelegene, zur Calle de Segovia abfallende Plaza Paja zählen zu den schönsten Altstadtplätzen. Hier und in den umliegenden Gassen haben sich zahlreiche Restaurants und Tapa-Bars niedergelassen, die zu den besten des Centro gehören (Metro: La Latina).

Madrid im Sommer: Überleben bei 40 Grad im Schatten

Madrid im Sommer ist gnadenlos. Die Sonne brennt von Kastiliens Himmel herunter. Ein Spaziergang durchs Centro wird zur Schattensuche: Immer an der Hauswand entlang und nie über schattenlose Plätze wie die Plaza Mayor oder die Plaza de Oriente ab dem frühen Vormittag laufen ... Ein Survivaltrip bei 40 Grad im Schatten. Spaniens Hauptstadt befindet sich im Juli und August in einem Ausnahmezustand. In den ansonsten verkehrsumtosten Altstadtgassen herrscht eine unheimliche Ruhe. Niemand zu Hause. Die meisten Bewohner liegen längst an den Stränden von Alicante und Valencia. Andere fahren gleich in den kühlen und regnerischen Norden wie Galicien und Asturien. Der Versuch, ein Mittagessen in einem der Traditionslokale des Centro zu erhalten, ist eine vergebliche Mühe: *L'Hardy* hat Betriebsurlaub, und die Hoffnung auf den Madrider Eintopf *cocido* im Traditionslokal *La Bola* ist auch vergeblich. Am Nachmittag zur Siesta herrscht endgültig Totenstille. Nur ab und zu streifen Germanen in kurzen Hosen und Unterhemden mit ihren Frauen in Caprihosen über die Plaza de España. Doch Madrid ist nicht die Costa Brava. Man geht der Sonne aus dem Weg, so gut man kann. Auch wenn sich sonnenverbrannte Deutsche hartnäckig dieser Weisheit zu widersetzen versuchen.

Zwar sind die Flüge nach Madrid im Hochsommer fast geschenkt, und die Hotels warten mit Super-Last-Minute-Discount-Preisen auf, aber ein Besuch wird im Juli und August schnell zu einer physischen Belastung. Ja sogar die Seele leidet. Schließlich ist die Stadt wie ausgestorben. Einsamkeitsgefühle beschleichen einen. Schnell stellen sich Fluchtgedanken ein: Wie kann man der unerträglichen Hitze entkommen? Es gibt zwei Möglichkeiten: Man kann es den *madrileños* gleichtun, also die Nachmittage verschlafen und in der Nacht bis zum frühen Morgen aktiv sein oder sich in die Metro zur Busstation im Stadtteil Moncloa setzen und dort einen Regionalbus zum Escorial besteigen. In einer dreiviertel Stunde ist man dann in den Madrider Bergen. Die alte und schöne Sommerfrische im Norden der Hauptstadt garantiert zumindest kühle Nächte.

Museum San Isidro

An der östlichen Seite von San Andrés befindet sich der kastilische Palast der Herzöge von Paredes, besser bekannt als Casa de San Isidro: Hier lebte und starb der Stadtheilige. Heute ist im Palast ein Museum untergebracht, das sich der Archäologie und Stadtgeschichte widmet. Interessant ist das Modell von Madrid aus dem Jahr 1656. Ein Gang durch das historische Gebäude mit dem berühmten Pozo de los Milagros (Wunderbrunnen) lohnt sich.

Ⓞ Mo–Fr 9.30–14.30 Uhr, Sa/So 10–14 Uhr. Eintritt frei (Metro: La Latina).

Iglesia San Pedro el Viejo

Nur wenige Meter nördlich von San Andrés an der breiter werdenden Calle del Nuncio trifft man auf die Kirche „St. Peter der Alte“ mit ihrem quadratischen Backsteinturm aus dem 14. Jh. Das Gotteshaus selbst stammt jedoch aus dem 17. Jh. und ist eine noch heute genutzte Kirche des weitgehend sanierten Stadtteils, der zu den ältesten Madrids gehört (Metro: La Latina).

Iglesia San Isidro

Nur wenige Meter von der Plaza Mayor, an der Calle de Toledo, steht die Kathedrale des Madrider Namenspatrons. Die 1622 von den Architekten Pedro Sanchéz, Juan de Haro und Francisco Bautista erbaute Barockkirche San Isidro beherbergt auch die Gebeine des Heiligen. An die Kirche, in die nur wenig Tageslicht dringt, grenzt das Instituto de San Isidro an, das unter den Jesuiten große Berühmtheit erlangte. Zu seinen Schülern gehörten so bekannte Schriftsteller wie Calderón de la Barca, Lope de Vega und Francisco Gómez de Quevedo (Metro: La Latina).

Real Academia Española de la Historia

Vom gleichen Architekten wie der Prado wurde die Königliche Akademie für Geschichte errichtet. Juan de Villanueva schuf 1788 aus den für Madrid typischen Baumaterialien – Granit und roter Backstein – dieses Gebäude. Der Schatz der Akademie ist ihre 200.000 Bücher und Manuskripte umfassende Bibliothek. Leon 21 (Metro: Antón Martín).

Lope de Vega: ein noch immer beliebter Autor

Museum Casa de Lope de Vega

Es klingt fast wie Ironie, dass das ehemalige Wohnhaus von Lope de Vega (1562–1635) im Literatenviertel ausgerechnet in der engen Cervantes-Straße liegt. In dem Wohnhaus, mitten im heutigen Ausgehviertel der Plaza Santa Ana und Las Huertas, lebte der Schriftsteller von 1610 bis zu seinem Tod im Jahre 1635. Die Exponate und Einrichtungsgegenstände des Museums erinnern an den immer noch populären Theaterautor in der für die spanische Literatur so wichtigen Zeit des *siglo de oro*, des Goldenen Zeitalters. Viele Teile des 1935 renovierten Backstein-Hauses wurden nach Beschreibungen des Schriftstellers rekonstruiert. Das gilt insbesondere für den lauschigen Garten auf der Rückseite des Hauses. Ein Rundgang bringt einen somit nicht nur dem berühmten Literaten näher, sondern gibt auch einen Eindruck der Lebensweise und Architektur des Goldenen Zeitalters.

Ⓛ Di–Fr 9.30–14 Uhr, Sa 10–14 Uhr. Das Museum ist nur im Rahmen einer halbstündigen Führung zu besichtigen. So und Mo geschlossen. Eintritt 2 €, Rentner/Studenten 1 €. Cervantes 11 (Metro: Antón Martín).

Lope de Vega: Der fleißige Volksdichter

Unter seinem richtigen Namen, nämlich Lope Félix de Vega Carpio, kennt den am 25. November 1562 geborenen Lyriker und vor allem Theaterautoren heute niemand. Damit sein volkstümlicher Namen – Lope de Vega – der Nachwelt erhalten bleibt, hat der in einfachen Verhältnissen aufgewachsene Madrider Poet viel geleistet. Rund 1500 Dramen soll der Kastilier in seinem Leben geschrieben haben. Rund 500 Komödien, religiöse und mythologische Stücke etc. haben die Jahrhunderte überdauert. Zu den bekanntesten gehören u. a. „La noche de Don Juan“ (Die Nacht des Don Juan), „Los melindres de Belisa“ (Die Launen der Doña Belisa), „Las paces de los reyes y judía de Toledo“ (Die Jüdin von Toledo). Lope de Vega, der als offizieller Dichter an der Expedition der Armada gegen England teilnahm, war früher ein populärer Theaterautor. Schließlich spiegelten seine Stücke die Vorurteile breiter Volksschichten wider, betonten die Liebe zu Kirche, Monarchie und Bauernstand, lobten Ehre und Treue. Der nach dem Tod seiner zweiten Frau 1614 zum Priester geweihte Poet, der mit der humanistischen Tradition gebrochen hat und als Begründer des spanischen nationalen Theaters gilt, zählt auch zu den bedeutendsten spanischen Lyrikern des Goldenen Zeitalters. Rund 3000 Sonette stammen aus der Feder des Vielschreibers.

Calle de Alcalá: Die Bankenmeile

Eine der Verkehrsarterien Madrids ist die Calle de Alcalá, die von der Puerta del Sol in die östlichen Außenbezirke führt. Der insgesamt vier Kilometer lange Boulevard, der an der Stierkampfarena Las Ventas unweit der Stadtautobahn M-30 endet, zeigt sich von seiner prächtigsten Seite im Centro. Hier schlägt das Finanzherz des Landes.

Entlang der stark befahrenen Straße finden sich das spanische Wirtschafts- und Finanzministerium, die spanische Zentralbank und die großen Privatbanken: die BBV (Banco Bilbao-Viscaya), Banco Santander, Banco Central-Hispano und Banesto (Banco Español de Crédito) …

Im Mittelalter war die Calle Alcalá ein Viehtreiberpfad, der von der Extremadura durch Madrid ins nördliche Spanien führte. Im 17. Jh., als sich der Habsburger Herrscher Philipp IV. beim heutigen Kloster San Jerónimo den Palast Buen Retiro bauen ließ, wurde aus dem Weg schnell ein vornehmer Boulevard. Die meisten der opulenten Gebäude entstanden Ende des 19. Jh. oder zu Beginn des 20. Jh. Einer der spektakulärsten Bankpaläste ist der Sitz von Banesto. Nachts strahlt das Gebäude wie ein hell erleuchteter Schiffsbug. Über einen halbrunden Eckkörper erhebt sich ein exzentrischer Glockenturm samt Uhr und kupfernem Zwiebeldach. Die mit Blumenmotiven verzierte Fassade

Bescheidenheit ist eine Zier im Bankenviertel an der Calle Alcala

weist dieses Bankgebäude als Frühwerk des spanischen Jugendstils aus. Die eklektische Stilvermischung ist typisch für die Architektur des späten 19. Jh., das die Calle de Alcalá zu einem Architekturmuseum macht. Ein anderes prägnantes Gebäude ist der Circolo de Bellas Artes. Der Madrider Kunstverein, bekannt für seine Theateraufführungen und Ausstellungen, besitzt eines der berühmtesten Kaffeehäuser der Hauptstadt. In bequemen Sesseln versammeln sich noch heute bekannte Schriftsteller, Maler, Politiker und Journalisten zum Debattieren.

Circulo de Bellas Artes

Der Ende des 19. Jh. gegründete Madrider Kunstverein besitzt einen der originellsten größten Paläste der Calle de Alcalá. Das pompöse Gebäude wurde von Antonio Palacio, dem Architekten des grandiosen Palacio des Comunicaciones am nahen Cibeles-Platz, geschaffen. Der Kunstverein mit seinen interessanten Wechselausstellungen, Theatersälen und Veranstaltungen ist einer der bedeutendsten Intellektuellentreffs der Hauptstadt (Metro: Banco de España).

Der Eintritt zum Kunstverein bzw. dem Café kostet 1 €.

Real Academia de Bellas Artes de San Fernando

Der klassizistische Palast an der Calle de Alcalá 13, ein kleines Stück östlich der Puerta del Sol, wurde im Jahre 1774 von Carlos III. als repräsentativer Sitz dieser Kunsteinrichtung festgelegt. Die königliche Akademie ist ein Ort mit großer Vergangenheit: Zu ihren Direktoren gehörte Francisco de Goya, unter ihren Schülern waren Pablo Picasso und Salvador Dalí. Seit jeher spielt sie eine große Rolle für das Kunstleben Spaniens.

Die meisten Besucher kommen wegen der Gemäldesammlung des 16.–20. Jh., mit Schwerpunkt auf dem 18./19. Jh. Besonders gut vertreten ist Francisco de Goya. Sein *El entierro de la Sardina* („Das Begräbnis der Sardine") darf im Kontrast der unheimlichen Atmosphäre zur oberflächlichen Heiterkeit schon als ein Vorläufer der „Schwarzen Bilder" gelten. Aber auch an anderen großen Namen der spanischen Malerei mangelt es nicht: Zurbarán, Murillo, El Greco, Velázquez. Auch eine Skulptur Pablo Picassos und ein Bild von Juan Gris. Lohnenswert sind ein Besuch der königlichen Chalkographie mit ihrem Stichkabinett im 1. Stock und des zweiten Innenhofs mit zahlreichen Skulpturen.

Di–Fr 9–19, Sa, So und Mo 9–14.30 Uhr, Eintritt 2,40 €, Studenten/Rentner 1,20 €, mittwochs gratis. Alcalá 13 (Metro: Sol oder Sevilla).

Ministerio de Hacienda

Das Finanzministerium in der Alcalá 11, nur wenige Meter von der Puerta del Sol, ist das Gebäude eines ehemaligen Zollhauses (!). Der Renaissance-Palast wurde von Francesco Sabatini, dem Architekten von Carlos III., 1769 geschaffen. Das Regierungsgebäude ist nicht zugänglich (Metro: Sol oder Sevilla).

Cortes (Parlament)

Über den korinthischen Säulen des spanischen Parlaments prangt der Schriftzug *Congreso de los Diputados*. Doch jeder nennt die Volksvertretung an der Carrera de San Jerónimo schlicht Cortes. Der Palast mit seiner klassizistischen Säulenvorhalle, flankiert von zwei bronzenen Löwen, ist heutzutage ein Symbol für die spanische Demokratie. Die Geschichte des Parlaments ist ereignisreich. Oft Jahrzehnte war die Vertretung ohne Einfluss oder gar Macht. Erst die 1931 ausgerufene Republik machte die Cortes zu einer wahren Volksvertretung. Doch mit der Demokratie und der Cortes war es schnell vorbei, als Franco mit Hilfe von Hitler und Mussolini den Spanischen Bürgerkrieg für sich entschied. Durch die 1978 angenommene Verfassung erhielt das Parlament nach den ersten freien Wahlen seine für westliche Demokratie üblichen Rechte zurück (Metro: Banco de España).

Teatro Español/Plaza de Santa Ana

Mitten im heutigen Ausgehviertel Las Huertas mit seinen berühmten Tapa-Bars und Konzertcafés liegt die Plaza de Santa Ana. Der Platz hat seine Entstehung dem französischen Statthalter in Spanien, Joseph Bonaparte, zu verdanken. Er ließ ein Karmeliterkloster aus dem 16. Jh. und ein halbes Dutzend Häuser abreißen. Heute zählt die Plaza de Santa Ana zu den beliebtesten Treffpunkten des Centro. Das Denkmal für den Theaterschriftsteller Calderón de la Barca kommt nicht von ungefähr. Der Dramatiker wohnte wie seine berühmten Dichterkollegen Cervantes und Lope de Vega genau in diesem Viertel. Optisch wird die Plaza vom Teatro Español beherrscht, dessen Anfänge bis ins Jahr 1583 zurückgehen. Schon im 19. Jh. zählte dieses Haus zu den besten des Landes. Und auch heutzutage wird das Teatro Español an erster Stelle unter den Bühnen Madrids genannt. Der spanische Regisseur Adolfo Marsillach feierte hier in den 80er und 90er Jahren seine größten Triumphe (Metro: Sol, Tirso de Molina oder Antón Martín).

In seinem lesenswerten Buch „Madrid, Madrid, Madrid" (Schöfflings & Co, Frankfurt) schreibt der Fernsehjournalist Wolf Hanke:
„Am Abend könnte ich Dir vielleicht noch *Las Huertas* zeigen, eine alte enge Straße gleich hinter dem anmutigen Platz der Heiligen Anna. Die Straße muss wohl sehr alt sein, denn *Las Huertas* sind eingezäunte Obstgärten, die hier blühten, wo heute beinahe das Zentrum der riesigen Stadt liegt. Hier öffnen nachts die Konzert-Cafés, die nichts zu tun haben mit schmalzigen Stehgeigern unausrottbarer Wiener Tradition. Im Gegenteil: Man sitzt, isst, trinkt, unterhält sich, während auf einem kleinen Podium in der Ecke fast immer gute, anspruchsvolle Musik gemacht wird. In *La Fidula*, einem der bekanntesten dieser Lokale, habe ich einmal eine erstklassige Harfenistin gehört, eine prächtige richtige Harfen-Jule, die sonst in einem berühmten Kölner Symphonie-Orchester zupft. Kunstergriffene Germanen stören sich meistens daran, dass hier auch gescherzt, gelacht, nach dem Kellner gerufen oder lauthals ein Freund begrüßt wird, aber ich erzähle dann immer beiläufig, dass es bei Goethe nicht anders zuging und dass Carl Maria von Weber beim Vorspielen in Weimar den Eindruck hatte, der Alte sei wohl doch ein Banause. Dabei hatte er sich nur nett unterhalten, während der Musikus sich abstrampelte."

Einkaufen/Märkte

Das historische Zentrum ist ein kleines Einkaufsparadies. Zwischen Gran Vía und Puerta del Sol finden sich die großen Kettenläden wie El Corte Inglés oder Fnac, die bei den Madrileños hoch im Kurs stehen. Spaziert man abseits der kleinen Fußgängerzone – vor allem im Dreieck Plaza de Oriente, Plaza Mayor und Puerta del Sol –, entdeckt man viele faszinierende Läden mit ausgefallenen Waren. Uralte Handwerksläden, Musikinstrumenten-Sammlungen, Antikes und Antiquiertes, Feinschmecker-Paradiese ... Einige empfehlenswerte Läden im Centro:

El Real Musical: Direkt an der Madrider Oper – wo sonst? – trifft man auf Madrids besten Musikladen. Egal ob eine Bratsche oder nur die Noten einer Zarzuela – kein Wunsch bleibt offen. Fachkundige Beratung und jede Menge prominente Kundschaft. Carlos III. 1. Stock (Metro: Opera).

El Corte Inglés: In das Mega-Kaufhaus an der Puerta del Sol gehen die Madrileños nicht nur zum Einkaufen, sondern auch zum Spaziergehen. Das auf mehrere Gebäude verteilte Kaufhaus lässt keine Wünsche übrig. Direkt an der Plaza trifft man auf die Buchhandlung, die neben deutschsprachigen Reisebüchern zu Madrid und Kastilien auch zahlreiche Wanderkarten verkauft. El Corte Inglés verfügt in der Regel über hochqualitative Produkte. Doch der gute Service und die nette Beratung machen den Erfolg dieser Kaufhauskette aus. Preciados 3 (Metro: Sol).

Museo de Pan Gallego: Wie gut Landbrot nach galicischen Rezepten schmecken kann, demonstriert die Bäckerei täglich. Dazu werden leckerer Käse und Wein aus Nordspanien verkauft. Eine ideale Adresse, um sich für ein Picknick auszurüsten. Plaza de Herradores 9 (Metro: La Latina).

Mercado de la Cebada, Plaza Cebada (Metro: La Latina), westlich der Calle Toledo. Öffnungszeiten wie Mercado San Miguel. **Kunsthandwerk** wird am Samstagabend an der Plaza Santa Ana verkauft.

El Flamenco Vive: Das in der Calle Conde de Lemos zwischen Opera und Plaza Mayor gelegene Geschäft bietet alles für den Flamenco-Liebhaber: natürlich Gitarren, aber auch Schuhe, Kleidung, Noten, Videos, Fotos und jede Menge Flamenco-Musik (Metro: Opera).

Skulpturen Bartolozzi: In der kleinen Straße Bordadores 4 zwischen Calle Arenal und Calle Mayor findet sich dieser kleine Skulpturenladen. Die Gipsfiguren werden noch in echter Handarbeit hergestellt. Egal ob Aphrodite oder Beethoven oder korinthische Säulen – die Auswahl ist groß (Metro: Sol).

Casa Lara: Das Material Kork – ein traditioneller Rohstoff der iberischen Halbinsel – lässt sich vielfältig einsetzen. Was man aus Kork alles machen kann, zeigt dieser Laden in der Calle Mayor 82: Figuren, Krippen, Burgen etc. Ein Paradies für Freunde des Korks (Metro: Opera).

Antigüedades de Oficina: Über ein halbes Jahrhundert alte Bürogeräte vom Locher bis zur kuriosen Schreibmaschine werden hier verkauft. Arganzuela 29 (Metro: Puerta de Toledo).

Täglich frische Ware: Markthalle San Miguel

Markthalle San Miguel: Einkaufen als Vergnügen

Viele Jahre war der Mercado de San Miguel an der gleichnamigen Plaza, nur wenige Schritte von der Plaza Mayor, fast vergessen. Die reich verzierte Jugendstil-Eisenkonstruktion rostete vor sich hin, und die Kunden wurden von Jahr zu Jahr weniger. Das hat sich mittlerweile geändert. Seit der Renovierung erstrahlt die Markthalle im habsburgischen Madrid in neuem Glanz. Ein Spaziergang durch die Ladengassen lohnt sich. Das Angebot an frischem Fisch, Obst, Gemüse, Fleisch und Würsten zählt zu den besten der Stadt. In San Miguel kaufen nicht nur die Einwohner des Viertels rund um die Plaza Mayor ein, sondern auch viele Einwohner, welche die Qualität der Markthalle schätzen. Geöffnet Mo–Fr auch nachmittags, Sa nur bis mittags. Doch am besten, man kommt vormittags, wenn das ganze Sortiment dargeboten wird.

Essen und Trinken

(→ Karte S. 86/87)

Cafés

Fast alle berühmten Kaffeehäuser Madrids sind im Centro zu finden. Auch wenn die Kultur der *tertulias*, der Intellektuellen-Diskutierclubs, vorüber ist, die Lokalitäten haben sich erhalten. Doch noch führt man im Circulo de Bellas Artes oder im Café de Oriente politische und gesellschaftliche Debatten bei einer Tasse heißer Schokolade oder einem Glas Rueda-Weißwein. Mit den Cafés in Mitteleuropa haben diese oft noblen Häuser wenig gemein – kein Kaffee-und-Kuchen-Ambiente.

Tipp! **Café im Circulo de Bellas Artes (6)**, eine nackte Schönheit aus Marmor räkelt sich unter dem riesigen Kristallleuchter, Kellner balancieren um die milchfarbenen Säulen ... Im **Café La Pecera** (zu Deutsch „Goldfischglas") im Kulturpalast Circulo de Bellas Artes ist alles ein wenig extravaganter. Das Café in dem 1926 errichteten prunkvollen Gebäude ist eine Institution: Viele Künstler, Schriftsteller, Musiker und Journalisten treffen sich hier. Die herrliche Jugendstiloptik besticht ebenso wie die riesigen Fenster zur Calle de Alcalá. Hier lässt es sich in den tiefen Ledersofas bei einem café con leche gut über Gott und die Welt philosophieren. Calle de Alcalá 42 (Metro: Banco de España), www.circulobellasartes.com.

Die beste Schokolade Madrids

Chocolatería San Ginés (17), historisches Café. Mit seinen Marmortischchen ist es eine traditionelle nächtliche/morgendliche Anlaufstelle, vor allem in der kalten Jahreszeit. Die *churros y chocolate* haben in Madrid seit Jahrzehnten Kultstatus. Vor allem zwischen Mitternacht und 8 Uhr morgens ist die Bar proppenvoll. Zu finden ist das Café in Pasadizo San Gínes, bei der gleichnamigen Kirche an der Calle Arenal, nahe Puerta del Sol und Plaza Mayer (Metro: Puerta del Sol).

Café de Oriente (12), das schönste Straßencafé im Centro. Im Winter lassen sich die Gäste in den Belle-Époque-Räumen – darunter viele Schauspieler, Schriftsteller und Journalisten – von den livrierten Kellnern mit heißer Schokolade aufwärmen. Im Sommer kommen die Gäste aus der ganzen Welt, um von der Terrasse den schönen Blick auf den Palacio Real zu genießen. Die Speisekarte des Cafés ist klein. Gute Weine aus Kastilien. Die Preise sind niedriger, als man annehmen würde. Plaza de Oriente 2 (Metro: Opera).

Café Central (39), schönes Jugendstilcafé an der Plaza del Angel, ums Eck von der Plaza Santa Ana. Beliebter Intellektuellentreff. Abends gibt es sehr oft Live-Jazz (teilweise prominente Musiker), dann Aufschlag fürs erste Getränk. Offen bis 2.30 Uhr (Metro: Puerta del Sol oder Tirso de Molina oder Antón Martín).

Café Vergara (14), an der viel befahrenen Calle Vergara. Heiße Schokolade in historischem Ambiente. Hinter dem holzvertäfelten Eingang verbirgt sich ein angenehmes Café für Plaudereien. Nicht ganz billig. Vergara 1 (Metro: Opera).

Taberna del Alabardero (4), berühmte Tapa-Bar bei der Oper. Die Taberna blickt auf eine lange Tradition zurück. Früher war sie ein Treffpunkt für *tertulias*. Die vielen Prominentenfotos an den Wänden dokumentieren das Publikum. Sehr gutes Essen, und angesichts der Qualität des Service sind die Preise angemessen. Im Sommer gibt es auch ein Straßencafé. Calle Felipe V. 6 (Metro: Opera).

Café Cine Doré (53), das 1922/23 im Jugendstil erbaute Ciné Doré ist ein Treffpunkt für Cineasten. Nach dem Kinobesuch bleiben viele in diesem außergewöhnlichen Café hängen. Junges Publikum. Preiswerter Mittagstisch zwischen 14 und 16 Uhr (außer sonntags). Santa Isabel 3/Pasaje de Doré. Mo geschlossen.

Tipp! **Salón de Prado (32)**, das Café mit seinen runden Marmortischen und dem Piano in der Ecke hat bereits Patina angesetzt, obwohl es erst 1984 gegründet wurde. Seitdem hat es die Filmwelt ins Herz geschlossen. Das nostalgische Ambiente diente mehrmals als Filmkulisse. Barmann Angel ist in Madrid längst eine Institution. Stammgäste schätzen die Qualität und Vielfalt des Kaffees. Bekannt sind auch die guten Kuchen und Toasts. Werktags gehört zum Salón de Prado am Nachmittag der

Tertulia. Am späten Abend kommen viele Gäste nach den Vorstellungen in den nahen Theatern auf einen Kaffee vorbei. Täglich von 14 bis 2 Uhr. Prado 4/Ecke Echegaray (Metro: Sevilla).

Restaurants

Die meisten Restaurants im Zentrum, vor allem rund um die Gourmetgasse *Cava Baja* (*Barrio de los Austrias*), pflegen die traditionelle Küche Kastiliens. Zu den Spezialitäten zählen der Eintopf *cocido madrileño* und *callos madrileños*, Kutteln auf Madrider Art. Die Altstadt-Lokale wie Casa Lucio, El Schotis oder Casa Ciriaco sind weit über Madrids Grenzen hinaus bekannte Klassiker. Eher vermeiden sollte man die Bars und Billig-Restaurants zwischen Grand Vía und Puerta del Sol. Sie sind ganz auf Touristen eingerichtet. Sonntags haben die meisten Restaurants geschlossen. Die Hauptstädter fahren dann aufs Land.

Almendro 13 (47), bevor die Tapa-Bar öffnet, bilden sich bereits Schlangen an der Eingangstür. Zu den Spezialitäten gehören deftige Gerichte wie huevo roto oder pisto roto. Almendro 13 (Metro: La Latina).

El Malandrín (46), das kleine Restaurant (nur ein paar Schritte vom Almendro 13) bietet eine exzentrische Küche. Der asturianische Chef bezeichnet sich als „cocina imaginativa". Er lässt sich auch von der indischen Küche inspirieren. Preiswert. So und Mo zu. Almendro 9 (Metro: La Latina).

Restaurant Orixe (51), hier wird die kreative Küche Galiciens gepflegt. Doch nicht immer gelingt alles. Leckere Empanada. Kleine Portionen. Viele Fischgerichte und eine große Auswahl an galicischen Weinen. Die Toiletten des modern eingerichteten Lokals sind eine Überraschung. Cava Baja 17 (Metro: Sol).

Vinoteca Maestro de la Villa (30), Dutzende von Weinen in den Regalen dieses gemütlich-eleganten Restaurants verlocken zu Neuentdeckungen unter den iberischen Rebsäften – eine Vielfalt, über die selbst Fachleute staunen! Das L-förmige Lokal unterhalb der Plaza Mayor (beim Arco de los Chuchilleros) hat nicht nur gute Tapas (leckere *pimiento de Padron*), sondern auch leckere Menüs zu vernünftigen Preisen. Fischgerichte ab 13 €. Die Vinoteca pflegt die leckere baskisch-riojanische Regionalküche. Im Sommer auch zum Draußensitzen. Cava de San Miguel 8 (Metro: Sol).

El Botín (24), Traditionslokal zu vernünftigen Preisen. Das Botín, das sich gerne als das älteste Restaurant der Welt bezeichnen lässt, pflegt die reine Lehre der kastilischen Küche. Gebratenes Spanferkel (cochinillo) und Lamm zählen zu den Spezialitäten des beliebten Restaurants. Bisweilen berühmte Gäste aus dem spanischen Königshaus. Nette Bedienung. Chuchilleros 17 (Metro: Sol), in der Südwestecke der Plaza Mayor, ✆ 913664217 (Reservierung empfehlenswert).

Tipp! Casa Lucio: Cocina à la madrileña (52) Eines der Restaurants, die die cocina madrileña bereits seit Jahrzehnten pflegen. In dieser berühmten Taverne haben schon viele Berühmtheiten gespeist, egal ob sie Julio Iglesias, Pedro Almodovar, Johnny Depp oder König Juan Carlos heißen. Tischreservierung empfehlenswert, am besten schon einige Tage vor dem Termin. Wer im Restaurant keinen Platz findet, kann sich auch an der Tapa-Bar von der hohen Küchenqualität überzeugen: sehr guter Schinken. Hier schmeckt alles: frisches Spanferkel, frischer Fisch oder leckere Gemüseplatten. Mittleres Preisniveau. Samstagmittag und im August geschlossen. Cava Baja 35, ✆ 913653252 (Metro: La Latina).

Cocido madrileño – Eintopf in drei Gängen

In den kalten Wintermonaten hat der Cocido madrileño – eine Art Eintopf – Hochkonjunktur. Das Leib- und Magengericht der Hauptstädter ist eine herzhafte Angelegenheit. Der Cocido completo ist eine dreigängige Mahlzeit, die in einem Keramiktopf zubereitet wird. Als Vorspeise genießt man deftige Brühe mit Nudeln. Danach kommen Kichererbsen, Karotten, Lauch, Weißkohl und anderes Gemüse auf den Teller. Und zuletzt: Huhn, Speck, aber auch Chorizo (Paprikawurst) oder Morcillo (Blutwurst). Jedes Lokal hat sein eigenes Rezept. Probieren lohnt sich.

El Schotis (49), positives Beispiel dafür, dass die Cava Baja nach wie vor eine der interessanten Altstadtstraßen für Liebhaber mediterraner Küche ist. Über Jahre wurde hier mit guten Produkten zu vernünftigen Preisen gekocht. Berühmt ist Cocido, aber auch die guten Fleischgerichte. Gute Weine vom Duero. Mo geschlossen. Cava Baja 11 (Metro: La Latina).

Posada de la Villa (43), malerisches Restaurant im *barrio de los Austrias*, das bereits 1642 gegründet wurde. Es pflegt die Madrider Küche. Die Posada verfügt über einen Ofen (horno de asar) für Lammgerichte. Nicht ganz billig, aber der Qualität der Küche angemessen. Cava Baja 9, ✆ 913661860 (Metro: La Latina).

Julián de Tolosa (48), eine gastronomische Legende der Cava Baja. Stilvolles Restaurant, das anspruchsvolle kastilische Küche pflegt. Berühmt sind hier die Fleischgerichte, beispielsweise Chuletón de buey mit Paprika. Gehobenes Preisniveau. Hauptgerichte über 20 €. Cava Baja 18, ✆ 913658210 (Metro: La Latina).

Fresc Co – Essen zum Sonderpreis (11)

Hier wird jeder satt. Für 9,50 € kann sich jeder Gast am Buffet so viel holen, wie er möchte. Vor allem die Pasta ist beliebt. Frische mediterrane Küche zum Sonderpreis. Selbstbedienung. Junges Publikum. Es gibt rund ein halbes Dutzend Fres-Co-Restaurants in Madrid, darunter in der de las Fuentes 12 (Metro: Opera) oder Caballero de Gracia 8 (Metro: Gran Via).

Tipp! El Estragón (41), wer bei all seinen Speisen auf Fleisch verzichten möchte, ist in diesem Lokal im Barrio de los Austrias genau richtig. Vegetarische Küche mit vielen kastilischen Gerichten zu erstaunlich niedrigen Preisen. Beliebt sind die Crêpes. Plaza de la Paja 10 (Metro: La Latina).

Casa Ciriaco (23), 1906 gegründete Taverne im kastilischen Stil, für Madrileños eine *tasca tipica*. Sie zählt zu den traditionellsten Adressen des Centro. Das in der viel befahrenen Calle Mayor beheimatete Lokal war schon das Lieblingslokal der Malers Ignacio Zuloaga. Noch heute kommen Prominente. Einst war das Restaurant bekannt für seine *tertulias*; Gäste aus dem Kulturleben und dem Showbusiness versammelten sich hier. Doch die Zeiten sind vorbei. Geblieben ist die gute Hausmannskost zu vernünftigen Preisen. Mi geschlossen. Mayor 84 (Metro: Sol).

Lhardy (20), in der lauten Carrera de San Jerónomio, unweit des Parlaments. Eine gastronomische Institution. Seine Ursprünge reichen bis in die erste Hälfte des 19. Jh. zurück. Heute hat das Lhardy eine nostalgisch-elegante Atmosphäre. Wer das Erdgeschoss betritt, wird von den alten Regalen und Holzvitrinen begeistert sein. Hier kann man eine der beliebten warmen Suppen probieren oder mit Sandwich und Kroketten den Hunger bekämpfen. Alle Produkte sind von erstklassiger Qualität. Das angegliederte Restaurant, das vor allem von Politikern geschätzt wird, ist allerdings ein teures Vergnügen. Berühmt ist hier das Leibgericht der Madrilenen: Cocido. So geschlossen. Carrera de Son Jerónimo 8 (Metro Sol).

Restaurante Malacatín (55), nahe der Plaza Cascorro, hier wird die Madrider Küche groß geschrieben. So und Samstagabend geschlossen. Reservierung ratsam. Calle Ruda 5 (Metro: La Latina).

Tipp! Taverna de Cien Vinos (42): Ein Paradies für Kenner des spanischen Weins.Die Taverne in einem sorgfältig restaurierten Altstadthaus (mit unauffälligem Eingang) in einer engen Gassen des *barrio de los Austrias* besitzt einen guten Weinkeller. Doch man muss nicht gleich eine ganze Flasche bestellen, um die edlen Tropfen zu genießen. Ständig gibt es zehn offene Weine, die monatlich wechseln. Die Auswahl ist erstklassig, die Tapas sind es auch. Essen kann man entweder an der Bar oder auf Schemeln an kleinen Holztischen. Die Gerichte sind von bester Qualität und raffiniert zubereitet. Das hat natürlich seinen Preis. Ein kundiger, netter Service umsorgt das Stammpublikum. Mo und Di geschlossen. Nuncio 17 (Metro: La Latina).

Asador Real (10), gepflegtes Restaurant bei der Oper an der Plaza Isabel II. Es hat sich mit großem Erfolg der kastilischen Küche verschrieben hat. Die Gäste lieben vor allem das Milchlamm und das Lamm aus dem Ofen sowie die Fischgerichte. Gute Weine. Plaza Isabel II./Ecke Escalinata (Metro: Opera).

Museo de Jamón (16), das Schinken-Museum, bei Einheimischen und Touristen gleichermaßen beliebt. Von der Decke hän-

Für eine Tasse Kaffee ist in Madrid immer Zeit

gen die Keulen gewaltiger Schinken, die Appetit machen. Schinken in unterschiedlicher Qualität als Tapa, als Bocadillo … Preiswert und gut. Calle San Jerónimo 6, weitere Filialen z. B. an der Gran Vía 72, Paseo del Prado 44.

Casa Alberto (40), rustikale Taverne, hinterer Teil Restaurant, im Ausgehviertel Huertas. Hier lebte 1614 Miguel de Cervantes. Stimmungsvoll. Relativ preiswerte Menüs. Spezialität ist Stierschwanz. Huertas 18 (Metro: Antón Martín).

Taberna del Nuncio (44), beliebtes Traditionslokal im verkehrsberuhigten Teil der Calle Nuncio (Hausnr. 2). Nur 200 m von der Plaza Mayor und doch abseits des Rummels. Im Sommer auch Straßencafé. Hier treffen sich die Bewohner des Viertels gerne auf einen Aperitif. Gute Tapas (Metro: Sol).

Cerveceria Santa Isabel 36 (54), das einfach eingerichtete Altstadtlokal ist mittags ein Treffpunkt der Handwerker und Anwohner. Denn ein schlichtes Menü gibt es bereits für 7,50 € (mit Wein). Auch leckere Tapas. Santa Isabel 36 (Metro: Lavapies/Anton Martin).

Bars/Nachtlokale/Diskotheken

Das Zentrum, das heute als Wohnquartier an Attraktivität verloren hat, ist zweifellos immer noch ein beliebtes Ausgehviertel. Vor allem im ehemaligen Dichterviertel um Las Huertas und die Plaza Santa Ana gibt es ab Mitternacht am Wochenende kein Durchkommen mehr. Wer es ruhiger will, begibt sich in das Barrio de los Austrias mit der Cava Baja und der Calle Nuncio. Die früher bei Studenten so beliebten Kellerlokale – *mesones* – beim Arco de Chuchilleros an der Plaza Mayor haben viel von ihrer Ursprünglichkeit verloren und sind heute eher eine Touristenattraktion.

Tipp! Bar Delic (45), das Delikatessen-Lokal unweit der Kirche San Andrés ist bei jungen Madrilenen schwer angesagt. Kein Wunder, denn das Delic serviert exzellente Tapas, aber auch Crêpes und leckere Früchtekuchen. Als Nachtisch empfiehlt sich einer der Cocktails. Stammgäste schwören auf den Mojito Cubanao und die Margarita. Im Sommer auf der malerischen Plaza de la Paja auch Straßencafé. Costanilla de San Andrés 14 (Metro: La Latina).

Tipp! Viva Madrid (28), prominentes Altstadtlokal, dessen Außenfassade mit Azulejos ein beliebtes Fotomotiv ist. Viva Madrid ist jedoch keine Touristenattraktion, sondern ein populäres Lokal der Nachtszene. Laute Musik und viele schöne Menschen. Nicht vor 23 Uhr kommen. Wenn im sparsam eingerichteten Inneren kein Platz zu finden ist, wird der Cocktail eben auf der Straße getrunken. Manuel Fernandez González 7 (Metro: Sol und Anton Martín).

Cervecería Alemana: Traditionsbar im Dichterviertel (35)

Die holzgetäfelte Fassade der „Deutschen Bierstube" dient sogar als Postkartenmotiv: Das Traditionslokal an der Plaza Santa de Ana – 1904 von einem Deutschen eröffnet – begeistert Spanier und Ausländer seit Jahrzehnten gleichermaßen. Die Liste internationaler Promis unter den Gästen ist lang: Nobelpreisträger Santiago Ramón y Cajal, Schriftsteller Ramón-Maria Valle-Inclán, Diktator Primo de Rivera. Heutzutage sitzen vor allem Schauspieler, Musiker und Journalisten an den weißen Marmortischen und genießen die Delikatessen. Hier soll Ernest Hemingway seinen Bürgerkriegs-Roman „Wem die Stunde schlägt" verfasst haben. Zu Zeiten Hemingways war die nostalgische Bar Treffpunkt der Stierkämpfer, die nur ein paar Meter weiter im feinen Hotel Victoria logierten. Die Tapa-Spezialität ist Tortillas de patatas, nicht ganz billig, dafür aber von exzellenter Qualität. Für einen Aperitif oder Digestif gibt es im Centro kaum einen schöneren Platz. Plaza de Santa Ana.

Naturbier (36), Bar an einem der beliebtesten Altstadt-Plätze. Bierkenner sind dort genau richtig, denn: nomen est omen. Das in einem alten Kloster untergebrachte Lokal hat zwei Etagen, im hinteren Teil der schlauchartigen Bar stehen die Braukessel. Zweimal wöchentlich wird hier eigenes, unfiltriertes Bier hergestellt. Zum kühl servierten Gerstensaft gibt es leckere Tapas. Naturbier ist bei Spaniern und Ausländern gleichermaßen geschätzt. Die Tapas sind eher konventionell. Plaza de Santa Ana 9 (Metro Sol).

Tipp! Los Gabrieles (22), die rund 100 Jahre alte Bar im andalusischen Stil ist weit über Madrid hinaus berühmt. Einst war die Weinschenke ein Treffpunkt für Flamenco-Sänger, Stierkämpfer, Literaten und Generäle. In den wilden 80er Jahren traf sich hier die Movida zu einem Drink in der hektischen Nacht. Heute beherrscht ein buntes Publikum die Szenerie. Es lässt sich auch nicht von der makabren Dekoration abschrecken: Kachelbilder mit trinkenden Skeletts. Stammgäste schätzen den Sherry Fino. Echegaray 17 (Metro: Sol und Antón Martín).

Cuevas de Sésamo (27), eine Taberna, die schon zu Hemingway-Zeiten berühmt war. Auch Truman Capote war Stammgast. Linksintellektuelles Publikum. Calle Principe 7, eine Seitenstrasse der Plaza de Santa Ana (Metro: Sevilla).

Casa Patas (50), Restaurant mit Flamenco-Aufführungen. Ein Klassiker in der Altstadt. Während der Woche geht's um 22.30 Uhr los, Fr und Sa bereits um 21 Uhr. So geschlossen. Calle Cañizares 18 (Metro: Anton Martin).

Palacio Gaviria (19), der alte Palast von 1846 ist ein Klassiker unter den Diskotheken der Hauptstadt, noch heute dominiert das historische Interieur mit großen Spiegeln und einer wunderschönen Decke. Musikalisch geben hier Salsa, Disco und Dancefloor den Ton an. Täglich ab 23 bis 5.30 Uhr. Sonntag ist Schwulentag. Arenal 9 (Metro: Sol).

Joy Madrid (18), *die* Diskothek im Zentrum (neben Palacio Gaviria). Seine besten Zeiten hat das Joy aber bereits gesehen. Heute wird das verwinkelte Tanzlokal von älteren Semestern besucht, und zwar ab Mitternacht. Tägl. bis 5.30 Uhr. Eintritt 12 €, am Wochenende 15 € (es gibt ein Freigetränk). Arenal 11 (Metro: Sol).

Hotels

(→ Karte S. 86/87)

Das historische Zentrum von Madrid ist bei vielen Reisenden immer noch das bevorzugte Hotelviertel. Vor allem preiswerte Unterkünfte in einfachen Pensionen mit oftmals pittoreskem Ambiente sind hier zu finden. Besonders rund um die Puerta del Sol haben sich die 1- und 2-Sterne-Hotels niedergelassen. Wer es stimmungsvoller möchte, ist bei der beliebten Plaza de Santa Ana (Tiefgarage!) an der richtigen Adresse: Ein sehr empfehlenswertes Ausgehviertel mit einer großen Auswahl an Hostals, Cafés und Nachtbars vor der Tür. Nächtliche Ruhe sollte man hier jedoch nicht immer erwarten.

Obere Preisklasse

Tipp! ** Hotel Vincci Centrum (13)**, cooles neues Designerhotel, die 88 Zimmer sind in dunklem Holz mit moderner Kunst an den Wänden ausgestattet. Junges Publikum, etwas dunkle Rezeption und Lounge. DZ 220 € (nach Angeboten fragen), Cedaceros 4, ✆ 913694720, 📠 915224515, www.vinccihoteles.com.

**** **Gran Hotel Reina Victoria (33)**, direkt an der Plaza Santa Ana gelegen. Eines der schönsten Hotels der Altstadt, ein unter Denkmalschutz gestellter, schneeweißer Klassiker mit Türmchen und Säulen. Früher logierten hier gerne die Toreros, heute sind es vor allem ausländische Touristen. DZ/Bad allerdings auch rund 200 €. Nach Angeboten fragen. Plaza Santa Ana 14, ✆ 915314500, 📠 915220307 (Metro: Sol).

Tipp! **** **Hotel Palacio San Martin (7)**, das Hotel mit Belle-Epoque-Ambiente liegt zentral (gleich neben dem Kloster Descalzes Reales), aber dennoch relativ ruhig. Hinter der Backstein-Fassade verbirgt sich eine gemütlich-elegante Herberge mit schönem Patio und freundlichem Service. DZ ab 170 €. Plaza de San Martin 5, ✆ 917015000, 📠 917015010, www.intur.com.

**** **Hotel Suecia (9)**, relativ ruhig und dennoch sehr zentral gelegen. Hier logierte schon Hemingway. Zum Circulo de Bellas Artes oder zum Parlament sind es nur ein paar Meter. Moderne und komfortable Einrichtung. Bei Geschäftsleuten und Politikern beliebt. DZ ab 184 €. Recht preiswert sind die Mittagsmenüs. Nichtraucherzimmer vorhanden. Terrasse im 7. Stock. Marqués de Casa Riera 4, ✆ 915316900, 📠 915217141, www.hotelsuecia.com (Metro: Banco de España oder Sevilla).

**** **Hotel Liabeny (1)**, in der Calle Salud, einer der wenigen einigermaßen ruhigen Strassen im Zentrum rund um die Puerta del Sol. Die Calle Salud führt von der Plaza del Carmen zur Gran Vía. Das Hotel bietet 222 komfortable Zimmer mit Bad und Aircondition. Fragen Sie nach Discountangeboten. Regulärer Preis ab 172 €. Salud 3, ✆ 915319000, 📠 915327421, www.liabeny.es (Metro: Sol).

Tipp! **** **Hotel Santo Domingo (2)**, nobler, aus zwei Teilen bestehender Stadtpalast mitten in der Altstadt, nur wenige Schritte von der Oper. Auch wenn die Straße nicht zu den schönsten zählt, das Hotel genügt selbst überdurchschnittlichen Ansprüchen. Das Hotel ist mit echten Antiquitäten und Gemälden aus dem 19. Jh. ausgestattet. Viel Stammpublikum, auch Tenor Placido Domingo nächtigt bisweilen hier. Gutes Restaurant und Wintergarten als Bar. 119

Zentrale Herberge: Hotel Moderno

Zimmer. DZ ab 120 €, Plaza de Santo Domingo 13, ✆ 915479800, 📠 915475995, www.hotelsantodomingo.net (Metro: Santo Domingo oder Opera).

Mittlere Preisklasse

*** **Hotel Regina (8)**, ein gepflegtes Haus mitten im historischen Bankenviertel an der berühmten Calle de Alcalá gelegenes Mittelklassehotel. Unschlagbar ist noch immer die Lage – nur ein paar Schritte von der Puerta de Sol und neben dem Casino von Madrid. Konservativ, aber in hellen Farben eingerichtet, mit schöner Lobby. DZ ab 135 €. Calle Alcalá 19, ✆ 915214725, 📠 915224088, www.hotelreginamadrid.com (Metro: Sevilla).

*** **Hotel El Prado (25)**, so nüchtern wie die Backsteinfassade sind auch die Zimmer. Wegen seiner guten Lage ist das Hotel aber praktisch. DZ ab 160 €. Prado 11, ✆ 913690234, 📠 914292829, www.green-hoteles.com.

*** **Hotel Moderno (15)**, ein sympathisches, professionell geführtes Mitteklassehotel im Herzen der Altstadt, wegen der Lage leider etwas laut. Die mit dunklen Holzmöbeln klassisch eingerichteten Zimmer besitzen große Fenster. DZ 110 €, Arenal 2, ✆ 915310900, 📠 915313550, www.hotel-moderno.com.

Tipp! *** **Hotel Carlos V (5)**, in der Nachbarschaft des Klosters Descalzas Reales, nur ein paar Schritte vom Callao-Platz. Abends tauchen die Scheinwerfer die Fassade des Best-Western-Hotels in mattes Hellbraun. Das 2000 renovierte Haus hat einen nostalgischen Charme, die Zimmer sind klassisch eingerichtet, der Frühstücksraum besitzt noch ein wenig Belle-Epoque-Atmosphäre. DZ ab 130 €. Maestro Vitoria 5, ✆ 915314100, 📠 915313761, www.hotelcarlosv.com.

*** **Hotel Puerta de Toledo (31)**, moderner Backstein-Kasten mit Blick auf die schöne Puerta de Toledo. Sicherlich nicht gerade ruhig gelegen, dafür aber zentral und abseits der üblichen Touristenrouten. Die Metro-Station vor der Haustüre. Das 152-Zimmer-Hotel ist bekannt für seinen aufmerksamen Service. DZ ab 120 €. Glorieta de Puerta de Toledo 4, ✆ 914747100, 📠 914740747 www.hotel-puetadetoledo.com (Metro: Puerta de Toledo).

Untere Preisklasse

** **Hostal Persal (38)**, eine solch großzügige Rezeption mit Sitzecke erwartet der Gast bei einem solch preiswerten Hostal nicht. Die Zimmer sind allerdings meist kleiner, dafür sauber und funktional. Die Stammgäste loben die Freundlichkeit des Personals. Das 77-Zimmer-Hotel liegt mitten im Ausgehviertel und verfügt auch über eine Cafeteria. DZ zwischen 60 bis 75 €. Plaza de Angel 12, ✆ 913694654, 📠 913691952, www.hostalpersal.com (Metro: Sol).

* **Hostal Plaza D'Ort (37)**, neben dem Persal, ein einfaches, sehr beliebtes Hostal (drei Stockwerke) mit sauberen Zimmern, die alle über Bad und TV verfügen. Manche Zimmer sind allerdings sehr klein. Es werden auch Apartments für bis zu sechs Personen vermietet. Die Lage an der Plaza del Angel ist ideal für alle, die ihre Nächte lieber in den benachbarten Bars oder Musik-Cafés verbringen als im Hotelzimmer. DZ ab70 €. Plaza del Angel 13, ✆ 914299041, 📠 914201297, www.plazadort.com (Metro: Sol).

** **Hostal Cervantes (21)**, moderne Pension in der gleichnamigen Straße (beim Museo Lope de Vega). Lisardo López Alonso vermietet sehr saubere Zimmer mit kleinen Fernsehern. Auch Wohnzimmer für Gäste vorhanden. Sehr ruhig, jedoch wenig Licht. Zimmer mit Du ab 60 €. Cervantes 34, ✆ 914299594 (Metro: Antón Martín).

** **Hostal Perla Asturiana (29)**, an einem kleinen Platz nur wenig östlich der Plaza Mayor. Nostalgisch-schöne Herberge im 1. Stock mit 30 Zimmern (im EG Touristenladen), die von vergangenen großen Zeiten träumt. Gepflegte DZ/Bad ab 50 €, die manchmal in grellen Farben gestrichen sind. Plaza Santa Cruz 3, ✆ 913664600, 📠 913664608, www.perlaasturiana.com (Metro: Sol).

* **Hostal Cruz Sol (34)**, beliebte Unterkunft im 2. und 3. Stock eines renovierten Altstadthauses mit überdurchschnittlichem Ambiente. Zimmer sehr gut möbliert, der Kachelboden spendet Kühle, es gibt einen freundlichen Aufenthaltsraum. Die Eckzimmer haben sogar zwei bodentiefe Fernster. Alle 17 Zimmer verfügen über Klimaanlage, Fernseher und Zentralheizung. DZ/Bad ab 60 €. Plaza Santa Cruz 6, ✆ 915327197, www.hostalcruzsol.com (Metro: Sol od. Tirso de Molina).

** **Hotel Plaza Mayor (26)**, angenehmes und komfortables, erst 1998 eröffnetes Haus mit rosa Fassade. Nicht nur die Lage (ein Katzensprung von der Plaza Mayor entfernt), sondern auch die Ausstattung besticht. Die 20 Zimmer sind zwar nicht groß, aber mit Geschmack eingerichtet. Bad, TV und Klimaanlage vorhanden. Außerdem rustikale Cafeteria Santa Cruz. DZ 70–89 €, Dreibettzimmer 85–85 €. Calle Atocha 2, ✆ 913600606, 📠 913600610, www.h-plazamayor.com (Metro: Sol oder Tirso de Molina).

Tipp! **Hostal Los Amigos (3)**, der Name ist Programm: hier herrscht eine lockere, unkomplizierte Atmosphäre. Viele junge Gäste aus der ganzen Welt. Das von jungen Frauen geführte Hostal gleicht eher einer Jugendherberge als einem Hotel. Die Zimmer mit Parkettboden haben zweistöckige, gelb lackierte Metallbetten. In den Mehrbettzimmern kostet die Übernachtung nur 16 € (!). Wer lieber zu zweit schlafen möchten: Es gibt auch DZ zum Preis von 37,50 € mit Frühstück. Alle Zimmer sind hell und sehr sauber. Das für Madrid exzellente Preis-Leistungs-Verhältnis macht das Hostal im 4. Stock eines klassizistischen Gebäudes (nur 50 Meter von der Oper) zu einer begehrten Adresse vor allem für Rucksacktouristen. ✆ 915471707, 📠 915599745, www.losamigoshostel.com Campomanes 6 (Metro: Opera).

Gran Vía: Madrids berühmter Boulevard

Gran Vía

Die Gran Vía ist schlichtweg *der* Boulevard in Madrid. Die grandiose Verkehrsachse beginnt an der repräsentativen Plaza de España und endet an der Plaza de Cibeles im Osten. An dieser eineinhalb Kilometer langen Hauptstraße reihen sich die prächtigen Paläste aneinander. Die Gran Vía ist ein „Museum" moderner Architektur: Art déco und Rationalismus. Das Madrid der 20er, 30er, und 40er Jahre zeigt sich von seiner besten Seite.

Noch heute spazieren auf den Bürgersteigen der Gran Vía jeden Abend – trotz des vielen Verkehrs – tausende von Madrileños. Kein andere Straße bietet mehr und opulentere Kinos in Spanien als die Gran Vía. Doch die Eleganz der Avenida ist ein wenig in die Jahre gekommen. Vor allem nach Mitternacht gehören Drogenabhängige und Prostituierte zum Straßenbild ... Gleich dahinter beginnen die beiden interessanten Stadtviertel Malasaña und Chueca.

Die meisten Gebäude der Gran Vía stammen aus der Wende vom 19. zum 20. Jh. Sozusagen offiziell beendet wurde die Prachtstraße 1952, als das letzte freie Grundstück schließlich bebaut wurde. Die meisten Paläste haben eine aufwendig gearbeitete Fassade mit zahlreichen architektonischen Details: Sie sind Dokumente spanischer Architektur zu Beginn des 20. Jh. Dort, wo die Calle Alcalá auf die Gran Vía trifft, steht eines der originellsten Gebäude, das Metrópolis. Gleich gegenüber serviert das Museo Chicote, die einstige Bar der Schönen, Prominenten und Reichen, zu nächtlicher Stunde seine Cocktails. Architektonisch beherrscht wird die Gran Vía vom ersten Wolkenkratzer Madrids, dem Verwaltungsgebäude der spanischen Telefónica. Bereits 1929 wurde das champagnerfarbene Gebäude erbaut. Aus den 30er Jahren stammen die Kinos Palacio de la Prensa und das Kino Capitol.

Auf der Gran Vía ist immer was los. Auch wenn der Boulevard längst nicht mehr die noble Einkaufsstraße des modernen Madrids ist, so ist die Ost-West-Achse nach wie vor die Ausgehmeile schlechthin. Selbst zu später Stunde drängen sich die Kino- und Theaterbesucher auf den breiten Gehsteigen. Auch während des Tages sind die vielen Läden und Warenhäuser rund um die Plaza de Callao von Kunden umlagert. In der Rushhour – und die gibt es dank der *siesta* viermal am Tag – droht der Verkehr vollständig zum Erliegen zu kommen. Polizisten stellen sich dann in die Abgaswolken und versuchen mit schnellen Gesten, den Verkehrsfluss wieder herzustellen, meist vergeblich.

Gran Vía: Die Straße der Moderne

Das weltoffene Madrid interessierte sich stets mehr für die Zukunft als die Vergangenheit. Voller Bewunderung blickte man zu Beginn des 20. Jh. ins Ausland und beneidete andere europäische Metropolen um ihre großen, modernen Boulevards. Am 4. April 1910 nahm Spaniens König Alfonso XIII. höchstpersönlich den Hammer in die Hand, um das Startsignal für den Einriss des ersten Altstadthauses zu geben. Dieses Gebäude, heute Gran Vía 8 (Ecke Victor Hugo), sollte ironischerweise das letzte, 1952 fertig gestellte Gebäude der Gran Vía sein. Der städtebauliche Aufbruch in die Moderne war ein Mammutprojekt, wie es Madrid seit dem Bau des Paseo del Prado unter König Carlos III. nicht mehr gesehen hatte. Insgesamt mussten 14 Straßen und Gassen und über 300 Häuser der verwinkelten Altstadt für die strategische Verkehrs- und Einkaufsachse abgerissen werden. Die Gran Vía wurde in drei Bauabschnitten errichtet. Der erste Abschnitt (Calle de Alcalá bis Red de San Luis) entstand von 1910 bis 1920 und ist geprägt vom Pariser Vorbild. Die anderen beiden Abschnitte (Red de San Luis bis Callao und Callao bis Plaza de España) sind von nordamerikanischen Stilrichtungen geprägt worden.

Capitol

Stilechte Art-déco-Architektur: Das zwischen 1931 und 1933 von den Architekten Louis Martínez Feduchi und Vicente Eced erbaute Gebäude Carrión, heute Kino Capitol, ist eines der besten Beispiele für diese dekorative Stilrichtung. Gran Vía 41 (Metro: Callao).

Palacio de la Prensa

Der Pressepalast mit seiner mächtigen Fassade wurde 1924 von Petro Muguruza erbaut und zählt zu den eindrucksvollsten Art-déco-Gebäuden der Gran Vía. Gran Vía 46 (Metro: Callao).

Telefónica

Das Bürogebäude der mächtigen spanischen Telefongesellschaft Telefónica war das erste Hochhaus Madrids. Das 81 Meter hohe Haus wurde zwischen 1925 und 1929 von den Architekten und ITT-Angestellten Louis S. Weeks und Ignacio de Cárdenas erbaut. Die 14 Stockwerke bieten eine Fläche von 1600 Quadratmetern. Im spanischen Bürgerkrieg benutzte die Artillerie der Franco-Truppen den Wolkenkratzer als Zielmarkierung für das Bombardement der Innenstadt. Das markante Hochhaus ist nach wie vor Sitz der privatisierten Telefonfirma und das Wahrzeichen der Gran Vía. Gran Vía 28 (Metro: Gran Vía).

Iglesia San Antonio de los Alemanes

Das barocke Gotteshaus mit seiner markanten Kuppel wurde ursprünglich von dem Architekten und Jesuitenpater Pedro Sánchez errichtet, der auch die Kirche San Isidro im Habsburger-Viertel plante. Doch Ende des 19. Jh. wurde sie grundlegend umgebaut. Im Inneren faszinieren die von Francesco Ricci und Juan Carreño ausgemalte Kuppel sowie die ausgemalten Wände und Decken, die vor kurzem umfassend renoviert wurden. Die Kirche „der Deutschen" verdankt ihren Namen der vierten Ehefrau von Felipe II., Maria Anna von Österreich. Die Habsburgerin stellte das von ihrem Gatten 1607 gegründete Krankenhaus für Portugiesen und die 1624 geweihte Kirche unter ihren persönlichen Schutz und übergab sie an die deutsche Gemeinschaft, die damals in Madrid lebte. So erhielten die Kirche und das Hospital – zwischen Plaza Dos de Mayo und Gran Vía inmitten eines Arbeiterviertels, das auch von der Prostitution geprägt ist, gelegen – den Beinamen de los Alemanes. Calle de la Puebla 22 (Metro: Callao). Übrigens eine kuriose Besonderheit: Am Ausgang kann man seinen Obolus für die Kirche auch per Kreditkarte oder Euroscheque bezahlen.

Iglesia de San José

Die schmucke Kirche San José, wo die Gran Vía auf die Calle Alcalá trifft, wurde 1773 von dem Architekten José de Ribera erbaut. Im Vorgängerbau wurde einst der Schriftsteller Lope de Vega zum Priester geweiht.

Oratorio de Caballero de Gracia

Ein paar Meter weiter, in einer südlichen Parallelstraße der Gran Vía, in der Caballero de Gracia 5, trifft man auf das kuriose Gebetshaus Oratorio de Caballero de Gracia. Dieses Ende

Das Telefónica-Hochhaus an der Gran Vía

des 18. Jh. von dem Prado-Architekten Juan de Villanueva erbaute Sakralgebäude (die Fassade entstand erst später) überzeugt durch harmonischen Innenaufbau und großartige Fresken. Es gilt als eines der besten Beispiele des Klassizismus. (Metro: Gran Vía oder Banco de España).

Einkaufen

Ursprünglich war die Gran Vía mal der eleganteste Einkaufsboulevard der Stadt. Doch diese Zeiten sind seit Jahrzehnten vorbei. Dennoch gibt es an der Gran Vía eine Reihe exzellenter Läden, die sowohl gerne von der Stammkundschaft als auch von Touristen besucht werden.

Loewe: Die spanische Nobelmarke für Kleidung und Lederwaren schlechthin. Die farbenfrohen Seidenschals und die aufwendig verarbeiteten Handtaschen werden von ausländischen Kunden seit Jahrzehnten geschätzt. Gran Vía 8 (Metro Gran Vía).

Lladró: Die edlen Porzellanfiguren aus Spanien sind in aller Welt zu finden. Eine besonders große Auswahl der romantischen Plastiken hat das Geschäft in der Gran Vía 74 (Metro: Plaza de España).

Camper: Für seine modischen und komfortablen Schuhen wird diese Marke von der jungen Generation Spaniens geschätzt. Camper zu tragen, ist einfach angesagt. Überraschend preiswert. Gran Vía 54 (Metro: Callao).

Juan Bravo: Der Schuhladen hat seit Jahrzehnten sein Stammpublikum. Juan Bravo verfügt über alle wichtigen Marken von Qualitätsschuhen: Yanko, Camper, Sebago. Gran Vía 68 (Metro: Plaza de España).

Lurueña: Ebenfalls ein Schuhladen mit sehr guter Auswahl in Nachbarschaft zu Juan Bravo. Oft erstaunliche Sonderangebote. Gran Vía 60 (Metro: Plaza de España).

Grassy: Schon das beeindruckende Gebäude in der Gran Vía sorgt für Prominenz. Grassy ist einer der berühmtesten Juweliere der Stadt. Selbstverständlich verfügt der edle Laden mit einer Dependance im Stadtviertel Salamanca nicht nur über außergewöhnlichen Schmuck, sondern verkauft auch noble Uhren wie Piaget oder Baume-Mercier (Metro: Banco de España).

Opulente Pracht in der Gran Vía, Ecke Alcalá

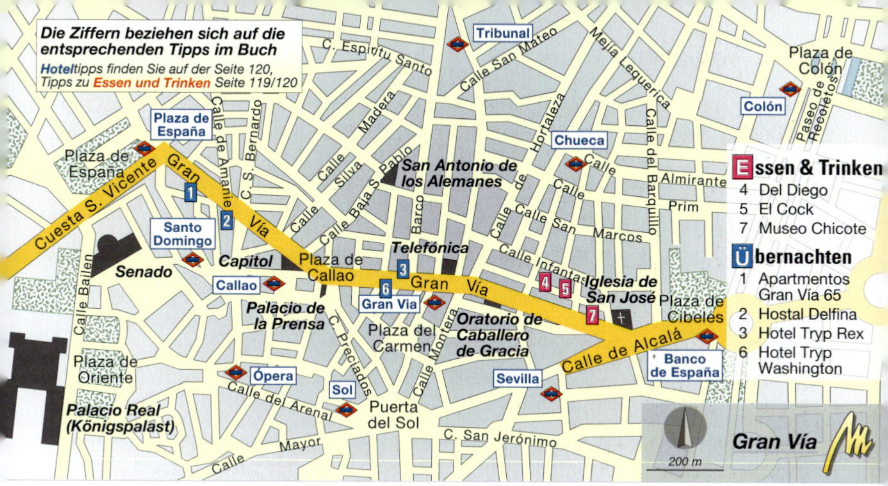

Cortefiel: Die spanische Bekleidungskette ist gleich mit zwei Läden in der Gran Vía (Hausnummer 27 und 76) vertreten. Sowohl für Damen als auch für Herren gibt es hier klassische Oberbekleidung zu vernünftigen Preisen. Auch Nobelmarken wie Ralph Lauren oder Yves Saint Laurent sind im Sortiment. Gute Sonderangebote im Januar und Juli (Metro: Callao oder Plaza de España).

Casa del Libro: Über Jahrzehnte war dies in der Gran Vía das größte Buch-Kaufhaus der Stadt. Auf vier Stockwerke wird die spanische Literatur von Miguel de Cervantes bis Miguel Delibes präsentiert. Hier gibt es auch englischsprachige Literatur. Eine gute Auswahl an Reiseführern und Bildbänden zu Madrid und Umgebung (auch in Englisch und Deutsch) bietet die nahe Dependance in der Straße Maestro Victoria 3 an (Metro: Callao).

Fnac: Französische Medienkette, die in ihrem Kaufhaus einfach alles anbietet: CDs, Videos, Bücher, Zeitschriften ... angeblich zu den billigsten Preisen der Stadt. Gute Beratung darf man sich hier allerdings nicht erwarten. Preciados 28 (Metro: Callao).

Bars/Restaurants

Die Gran Vía mit ihren vielen Kinos und Läden ist eine Shopping- und Vergnügungsmeile. Bars und Restaurants sind mit Ausnahme von Fastfood-Läden hier eher selten. Die meisten Besucher gehen nach einem Kino- oder Theaterbesuch ins nahe gelegene Centro mit seinen vielen Traditionslokalen. Die jüngere Generation bricht auf ins nahe Malasaña oder im Sommer zu den nahen Terrassencafés an der Castellana oder Rosales. Eine kleine Auswahl empfehlenswerter Lokale an der Gran Vía:

El Cock (5), 1921 gegründete Bar, einst über eine Geheimtür mit dem Chicote verbunden. Doch das ist längst Vergangenheit. Heute ist das Cock im Stil eines englischen Landhauses eine etwas elitäre, aber bei der intellektuellen Movida sehr beliebte Cóctel-Bar. Übrigens gehörte der in Madrid gestorbene Maler Francis Bacon zu den Gästen. Ab Mitternacht wird's hier richtig voll. Bis 3 Uhr, am Wochenende bis 3.30 Uhr geöffnet. Reina 16 (Metro: Gran Vía).

Del Diego (4). In einer Parallelstraße zur Gran Vía präsentiert ein früherer Kellner und Maître des Chicote, Fernando del Diego, seine Cocktails. Und die gehören zu den besten Madrids. Die Spezialität der modernen Art-déco-Bar ist das Wodka-Getränk – wie könnte es anders sein – namens „Del Diego". Hier trifft sich das intellektuelle Madrid nach Mitternacht. Bekannte Schauspieler, Schriftsteller und Journalisten zählen zu den Stammkunden von Diego und seinen beiden Söhnen David und Fernando. Lässig-freundliche Atmosphäre. Originelle Toiletten. Ab und zu dient die Bar auch als Filmkulisse, oder Autoren wie Francisco Umbral stellen ihr neuestes Werk vor. Tägl. bis 3 Uhr, sonntags geschlossen. Reina 12 (Metro: Gran Vía).

Museo Chicote: Der Mythos des Cocktails (7)

Das Museo Chicote ist keine Nachtbar, sondern ein Mythos. Als die Art-déco-Bar 1931 ihre Pforten öffnete, war sie schnell der Treffpunkt der Reichen, Schönen und Klugen. Perico Chicote, der ehemalige Barmann des Madrider Luxus-Hotels Ritz und leidenschaftlicher Sammler von Alkoholika-Flaschen, zählte zu seinen Gästen Luís Buñuel, Sophia Loren, Orson Welles, Frank Sinatra ... und den unvermeidlichen Ernest Hemingway. Mittlerweile ist die Bar in die Jahre gekommen. Die (teuren) Cocktails zählen jedoch noch immer zu den besten der Stadt. Nicht vor Mitternacht kommen. Täglich bis 3 Uhr, am Wochenende bis 4 Uhr geöffnet. Sonntag geschlossen. Gran Vía 12 (Metro: Gran Vía).

Hotels

(→ Karte S. 119)

Die Gran Vía hat zweifellos ihre besten Tage schon gesehen. Durch das unglaubliche Verkehrsaufkommen und den damit verbundenen Lärm und Gestank sind Hotels an der Gran Vía nicht geeignet für Ruhebedürftige. Dennoch logieren hier viele Reisende. Die günstige Lage wiegt andere Nachteile auf. Die eindrucksvollsten Sehenswürdigkeiten können von hier per pedes erkundet werden.

Die Gran Vía: beliebte Hoteladresse trotz des Verkehrslärms

• _Mittlere Preisklasse_ **Apartmentos Gran Vía 65 (1)**, 1996 eröffnetes Aparthotel, zweifellos eines der bequemsten Häuser an der Gran Vía, unweit der Plaza de España. Schon der marmorne Eingang verrät, dass man auf Stil Wert legt. Die kleinen Apartments sind mit schönen blauen Möbeln ausgestattet, vor allem moderne Bäder. In der Bar werden Frühstück und Snacks von 7.30 bis 23 Uhr serviert. Der Komfort und die Lage haben freilich ihren Preis: Studio 110 €, pro Woche 830 €. Gran Vía 65, ✆ 915413170, ℻ 915417370, www.espahotel.es. (Metro: Plaza de España).

*** **Hotel Tryp Washington (6)**, ein Klassiker der gehobenen Mittelklasse, direkt an der Gran Vía. Ganzjährig geöffnet, 120 helle und freundliche Zimmer, Parkgarage um die Ecke. DZ/Bad ab 180 €. Gran Vía 72 (Metro Callao), ✆ 915417227, ℻ 91545199, www.tryp.es.

*** **Hotel Tryp Rex (3)**, zwischen Callao und der Plaza de España. Das Hotel verfügt über 144 Zimmer, die alle TV und Klimaanlage besitzen, auch Restaurant und Friseursalon sind vorhanden. DZ ab 140 € (nach Sonderangeboten fragen) ✆ 915474800, ℻ 915471238, Gran Vía 43 (Metro: Callao oder Plaza de España).

• _Untere Preisklasse_ ** **Hostal Delfina (2)**, im alten Stil, mit großen und gepflegten Räumen, auch Dreibettzimmer. DZ/Bad ab 50 €. Gran Vía 12 (im 4. Stock). ✆ 915226423.

Die Plaza de España: Hier setzte sich Franco ein architektonisches Denkmal

Plaza de España

Jede Epoche baut sich ihre Plätze. Und wenn sich Caudillo Franco ein architektonisches Monument gesetzt hat, dann ist es die Plaza España am nordwestlichen Ende der Gran Vía. Wo, wenn nicht hier, hätte der Nationalist seine imperialen Gedanken in Stein umsetzen können? Vor allem eindrucksvoll sollten die repräsentativen Gebäude im „neuen" Madrid der Nachkriegsjahre sein. Das 1948 erbaute Edificio España erreicht eine Höhe von 107 Metern, die 1957 errichtete Torre de Madrid übertrifft mit 124 Metern ihren Nachbarn. Geradezu winzig im Vergleich wirkt das eigentlich recht große Cervantes-Denkmal samt den Romanfiguren Don Quijote und Sancho Pansa.

Dieser gewaltige Platz stößt an das alte Madrid, das Viertel der Habsburger und Bourbonen. Heute ist die Plaza de España eine beliebte Promenade und ein Verkehrsknotenpunkt für die südlichen Stadtviertel. Noch im 18. und 19. Jh. wurde dieses Gelände für Kasernen genutzt, schließlich war der Königspalast um die Ecke. Erst in den 1940er und 1950er Jahren erhielt der Platz sein heutiges Aussehen.

Cervantes-Denkmal

Die bronzenen Romanfiguren Don Quijote und Sancho Pansa sind heute eines der beliebtesten Fotomotive der Stadt. Viele Madrid-Besucher klettern gar auf die Plastiken. Über allen wacht auf einem Obeliskensockel Spaniens berühmtester Dichter, Miguel de Cervantes Saavedra (1547–1616). Sein in zwei Teilen

1605 und 1615 erschienenes tragikomisches Hauptwerk „*El ingenioso hidalgo Don Quijote de la Mancha*" – ein Stück Weltliteratur – erzählt die Abenteuerfahrten dieses kuriosen Vertreters des niederen kastilischen Adels und seines treuen Begleiters, des bauernschlauen Sancho Pansa. Das als Satire gegen die damaligen Ritterromane geplante Werk Cervantes' gilt heute als umfassendes Kulturbild nicht nur des damaligen Spanien (Metro: Plaza de España).

Templo de Debod: Ägypten in Madrid

Was macht ein ägyptischer Tempel mitten in einer Madrider Parkanlage? Das Bauwerk ist ein Geschenk Kairos an Spanien für die archäologischen Leistungen und Unterstützung. Ursprünglich stand der Templo de Debod, der im 6. Jh. aufgegeben wurde, in einem nubischen Dorf in der Nähe von Assuan, das dem Mammutprojekt Assuan-Staudamm weichen musste. 1968 wurden die Steine und Säulen aus dem 4. Jh. v. Chr. nach Madrid geschafft und 1972 aufgebaut. Heute ist die beeindruckende Tempelanlage mit ihrem lang gestreckten Bassin ein beliebter Treffpunkt. Das massive Gebäude ist auch von innen zu besichtigen: Dunkle Gänge und Räume, deren Wände noch mit Hieroglyphen versehen sind, geben einen Eindruck des alten Ägypten. Im ersten Stock informiert eine kleine Ausstellung den Besucher über die Götter und Riten dieser Kultur entlang des Nils. Von der Terrasse des Templo de Debod hat man zudem einen großartigen Blick zum Königspalast, zu der Casa de Campo und der Sierra de Guadarrama. Übrigens, ganz in der Nähe von hier fanden die Erschießungen vom 3. Mai 1808 statt, was Goya mit seinem berühmten Gemälde (im Prado) für die Nachwelt festgehalten hat.

Ⓘ Mo–Fr 9.45–13.45 Uhr und 16.15–18.15 Uhr, Sa/So 10–14 Uhr, Mo und an Feiertagen gratis. Jardines del Paseo de Pintor Rosales (Metro: Ventura Rodriguez oder Plaza de España).

Senado

An der südlichen Ecke der Plaza de España hat die zweite Kammer des spanischen Parlaments ihren Sitz: der Senat. Das bereits im 19. Jh. zum Sitz der Madrider Stadtverwaltung umgewandelte Augustinerkloster Maria de Aragón wurde von dem Architekten Salvator Gayarre Ruiz de la Galarreta zwischen 1988 und 1992 im postmodernen Stil erweitert. Doch statt auf Transparenz als architektonisches Symbol des demokratischen und proeuropäischen Spanien zu setzen, zeigt sich das Senatsgebäude zur Calle Bailén als überdimensionierter, wuchtiger Bauklotz. Weitaus angenehmer ist die alte Frontseite an der malerischen Plaza Marina Española. Viele Madrileños schätzen die Restaurants rund um diesen Platz (Metro: Plaza de España).

Palacio de Liria

Der hohe Zaun und die dichten Bäumen verbergen nahezu vollständig den Blick auf diesen Stadtpalast, wenige hundert Meter von der Plaza de España. Bereits in der Zeit von Carlos III. begonnen und von Ventura Rodríguez 1780 fertig gestellt, ist der Palast noch heute im Besitz der schwerreichen Herzöge von

Postmoderne Architektur: der Senat von Spanien

Alba. Während des spanischen Bürgerkriegs brannte der Barock-Palacio komplett nieder und wurde später wieder aufgebaut. Die im Krieg gerettete Kunstsammlung mit Werken von El Greco, Velázquez, Goya, Murillo und Ribera ist nur mit einer Sondergenehmigung (✆ 912475302) zu besichtigen (Metro: Ventura Rodriguez).

Cuartel de Conde Duque/Museo Municipal de Arte Contemporáneo

Dieser von Pedro Ribera 1720 errichtete Barockbau nördlich der Plaza de España (neben dem Palacio de Liria) ist heute ein Kulturzentrum und umfasst Ausstellungsräume, eine Bibliothek und das städtische Zeitungsarchiv. Im Sommer werden im Innenhof Konzerte und Theaterinszenierungen veranstaltet (Metro: Plaza de España). Lohnenswert ist ein Besuch des 2001 gegründeten städtischen Museums für zeitgenössische Kunst im ersten und zweiten Stock (neben dem Haupteingang in der Conde Duque 11). Die Ausstellung gibt einen guten Querschnitt durch das Kunstschaffen der vergangenen zwei Jahrzehnte (z. B. Eduardo Arroyo). Sie spiegelt aber auch den bisweilen provinziellen Geschmack der jeweiligen konservativen Bürgermeister wider.

⌚ Di–Sa 10–14 und 17.30–21 Uhr, So 10.30–14.30 Uhr. Eintritt frei (Metro: Plaza de Espana)

Museo de Cerralbo

Die Kunstsammlung wenige Schritte von der Plaza de España ist selbst Madrileños oft kein Begriff. Keine große Tafel weist auf die bedeutende Privatsammlung hin, die bereits seit 1922 im Besitz des spanischen Staates ist. Der weitläufige Palast aus dem 19. Jh. gehörte einst dem vermögenden Enrique de Aguilera y Gamboa Marquis de Cerralbo (1845–1922). Schon das marmorne Treppenhaus mit seinen Freskos verschlägt dem Besucher den Atem. Der kunstsinnige Aristokrat sammelte nicht nur edles Porzellan aus Deutschland (Meißen)

und England, zahlreiche Waffen, Möbel, 12.000 Bücher, archäologische Fundstücke aus iberischer und römischer Zeit, sondern vor allem große Meister. So verfügt die wenig besuchte Sammlung über großartige Werke von Ribera, Zurbarán, Goya, Tizian, Van Dyk, Tiepolo und Tintoretto, aber auch Angelica Kauffmann. Eines der beeindruckendsten Werke ist das von El Greco gemalte Bildnis von Franziskus von Assisi in der Hauskapelle. Leider sind die Räume schlecht ausgeleuchtet.

Museo Cerralbo – der einstige Stadtpalast ist heute ein Kunstmuseum

Die Stadtvilla gibt einen guten Eindruck vom Leben der Madrider Oberschicht an der Wende vom 19. zum 20. Jh. Im ersten Stock ist sogar noch eine tiefe Marmorbadewanne zu sehen. Eine wichtige Rolle spielte die Bibliothek mit 12.000 Bänden. Graf Cerralbo schätzte neben der Kultur und den Naturwissenschaften das Reisen, wie die zahlreichen Führer zu europäischen Zielen noch heute belegen.

Lohnenswert ist ein Besuch des kleinen Gartens mit seinen römischen Büsten. Innerhalb der efeuumrankten Backsteinmauern hat sich ein kleines Paradies erhalten.

Ⓞ Di–Sa 9.30–15 Uhr, So 10–14 Uhr. Eintritt 2,40 €. Studenten 1,20 €, Rentner gratis. Ventura Rodriguez 17 (Metro: Ventura Rodriguez).

Essen und Trinken

Cafés/Bars

Café/Restaurant Viena (1), schönstes Café des Stadtviertels. Das seit Jahren beliebte Viena lässt die Kaffeehausatmosphäre zu Beginn des 20. Jh. wieder aufleben. Das angeschlossene Restaurant überzeugt dagegen nicht immer. Mittlere Preisklasse. Luisa Fernanda 23 (Metro: Ventura Rodriguez).

Restaurants

Tipp! La Bola (5), ein Mythos der Madrider Restaurantszene. Manche glauben, nirgendwo könne man besser *cocído madrileño* essen. Dieser Eintopf aus Kichererbsen und Fleisch (16 €) hat das Restaurant mit der roten Holzverkleidung und der weißen Leuchtkugel – unweit des Senats – zur Berühmtheit werden lassen. Aber auch die anderen Gerichte kastilischer Küche sind überdurchschnittlich. Klimaanlage vorhanden. Klassische spanische Weine. So geschlossen. La Bola 5 (Metro: Plaza de España/Santo Domingo).

El Buey (6), nur ein paar Schritte von der Plaza de España an dem feinen Platz der spanischen Marine. Durch den Senat haben sich zahlreiche gute Restaurants dort niedergelassen. El Buey ist eines davon: Wer spanische Küche und vor allem Rind- und Kalbfleischgerichte schätzt, ist hier an der richtigen Adresse. Das Restaurant sieht teurer aus, als es tatsächlich ist. Plaza de la Marina española 1 (Metro: Santo Domingo).

Das Café des Flamenco

Café de Chinitas (4), in der Nähe des Senats gelegen, eine der berühmtesten Flamencobühnen Madrids. Der andalusische Tanz in allen seinen Varianten wird hier gepflegt. Die Vorstellungen beginnen in dem Café-Restaurant nicht vor 22 Uhr. Für eine Eintrittskarte mit Getränk sollte man rund 40 € bereithalten. Seit 1850 existierte hier bereits ein Gesangscafé, das heutige Lokal wurden aber erst 1969 gegründet. Das Publikum sitzt an kleinen Tischen um die halbkreisförmige Bühne. Die Höhe des Preises ist stark abhängig von der Prominenz der Gruppen. So geschlossen. Torija 7 (Metro: Santo Domingo oder Plaza de España), ✆ 915595135, www.chinitas.com.

Hotels

(→ Karte S. 124)

Die wenigen Hotels rund um die Plaza de España gehören eher der oberen Kategorie an. Nicht zuletzt die Lage entschädigt neben der Ausstattung der Häuser für den hohen Preis. Der Königspalast, die Gran Vía, die Altstadt und der Einkaufsboulevard Princesa sind in wenigen Minuten zu erreichen. Preiswerte Pensionen findet man hingegen eher in der nahen Altstadt.

****** Hotel Crown Plaza (2)**, beheimatet im franquistischen Monumentalbau *Edificio España*. Die Zimmer sind komfortabel, der Service ist aufmerksam, die Lage erstklassig, aber auch sehr laut. DZ ab 300 €. Nach Offerten fragen. Plaza de España 8 (Metro: Plaza de España), ✆ 914548500, ✆ 915482389, www.madrid-citycentre.crowneplaza.com.

***** Hotel Casón del Tormes (3)**, solides Mittelklassehotel in einer Parallelstraße zur Gran Vía, große Lobby mit roten Sofas, die hellen Zimmer sind mit dunklen Holzmöbeln eingerichtet. Aufmerksames Personal, nur 150 Meter von der Plaza de España (Parkgarage) entfernt, gutes Preis-Leistungs-Verhältnis, DZ 100 €. ✆ 915419746, ✆ 915411852.

Blick vom Templo de Debod auf die Hochhäuser der Plaza de España

Die Plaza de Chueca ist das Zentrum des schrillen Viertels

Malasaña/Chueca

Hier hatte einst die Movida ist ihr Zuhause. Malasaña, das verwinkelte Häusermeer nördlich der Gran Vía, ist noch heute das schrillste und bunteste Stadtviertel Madrids. Rund um die Plaza Dos de Mayo hat der Madrider Underground das Sagen. Döst das malerische Viertel während des Tages dahin, wacht es am späten Abend auf, wenn die wilde Madrider Szene die Bühne betritt. Im nicht minder verwinkelten Nachbarviertel Chueca ist die Schwulen-Szene zu Hause. Längst sind die Zeiten vorbei, als nur Drogenabhängige die Straßen rund um die Plaza de Chueca beherrschten. Heute gehört Chueca zu den In-Vierteln Madrids.

Ab Mitternacht geht der Ausgeh-Spaß in der Malasaña richtig los. Das Viertel gleicht dann einer riesigen Open-Air-Bar. In den Gässchen drängen sich die Menschen auf den Straßen. Am Wochenende ziehen tausende durch das Viertel. Spontanpartys sind hier nie ausgeschlossen. Die Ausgehzentren liegen rund um die Plaza Dos de Mayo (Metro: Bilbao) und die Plaza Santa Barbara (Metro: Alonso Martínez).

Der Stadtteil Malasaña, der im Norden von den Straßen Carranza und Sagasta (Metro: Bilbao und Alonso Martínez), im Süden von der Gran Vía und im Westen von der Straße San Bernardo begrenzt wird, ist heute fest in der Hand der Progressiven. Die Öko-Bewegung hat sich hier über Läden und Initiativen längst ihre eigene Infrastruktur geschaffen. Aber auch von den Kommunalpolitikern ist das traditionell linke Viertel nicht vergessen worden: Zahlreiche Straßen wurden verkehrsberuhigt und historische Straßenzüge wieder instand

gesetzt. Dennoch bleibt Malasaña ein Viertel mit vielen Problemen. Wer hier lebt, ist auf Schritt und Tritt mit der Drogenszene konfrontiert.

Östlich von Malasaña liegt Chueca. Das verwinkelte In-Viertel, einem Viereck ähnlich, wird im Osten von der Calle Hortaleza, im Norden von der Calle Genova, im Osten vom noblen Paseo de Recoletos und im Süden von der Gran Vía und der Calle de Alcalá begrenzt. Mit der Metro ist Chueca, an dessen Peripherie das opulente Verteidigungsministerium und der Justizpalast mit

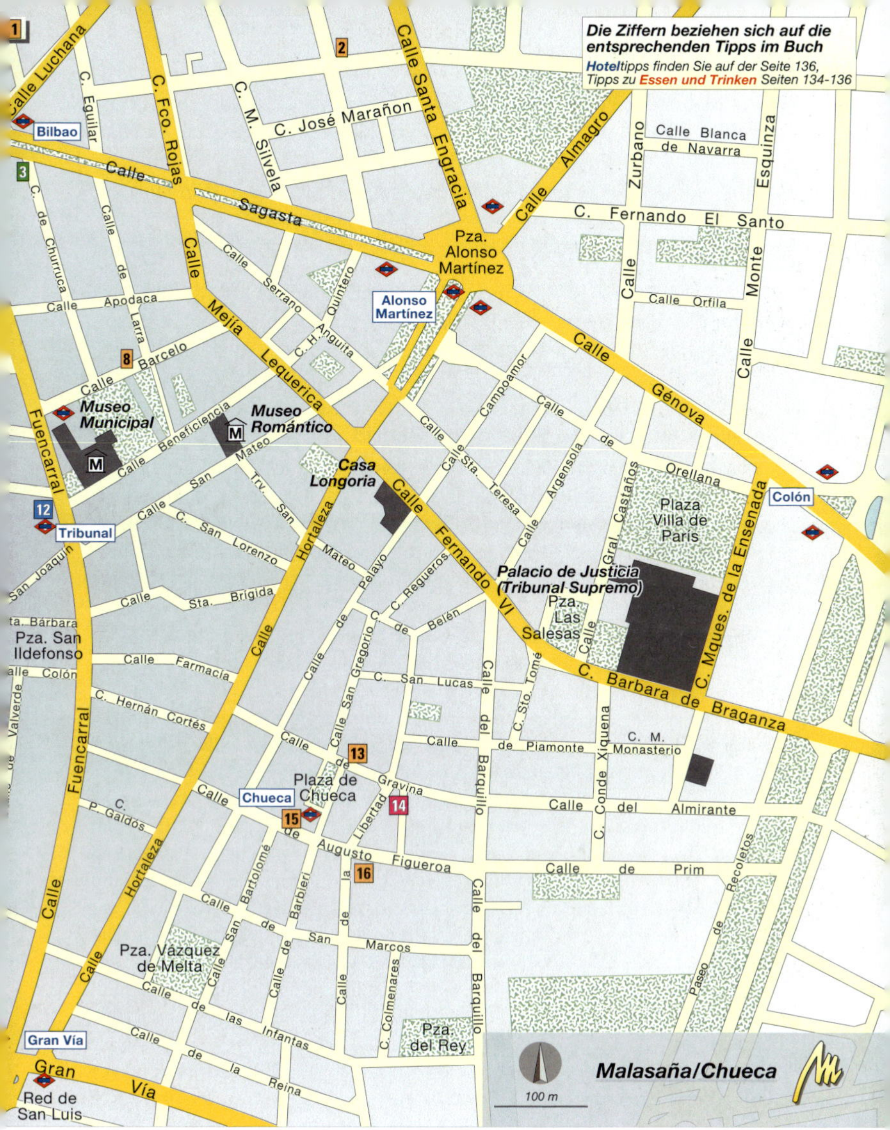

der Plaza de la Villa liegen, leicht zu erreichen. Einfach nur an der gleichnamigen Haltestelle an der Plaza de Chueca aussteigen, und schon ist man mittendrin.

In den wilden 80er Jahren waren in Chueca die schrillen Vögel der Movida zu Hause, und seit den 90er Jahren hat rund um die U-Bahn-Station Chueca die Homosexuellen-Szene der Millionenmetropole ihr Zentrum. (Am Wochenende kommen viele Schwule aus der Provinz, denn Chueca ist in ganz Spanien als Gay-Viertel bekannt.) Doch längst bietet Chueca viel mehr. In diesem

Viertel ist für alle Platz: Schwule, (Lebens-) Künstler, Familien und Alte. Die Einwohner sind stolz auf die Toleranz und das Miteinander im Viertel („*La convivencia vive*").

Doch da Chueca derzeit schwer angesagt ist, sind in den letzten Jahren auch die Immobilienpreise in astronomische Höhen gestiegen.

Plaza Dos de Mayo

Der Platz des 2. Mai ist das Zentrum der Malasaña, Treffpunkt für Drogensüchtige und gleichzeitig ein historischer Ort. Hier befand sich eine strategisch wichtige Artilleriekaserne. Als die Franzosen die spanische Hauptstadt

Movida – die jungen Wilden von Madrid

Was ist die Movida? Eine kulturelle Bewegung nach dem Ende der Franco-Zeit, ein neuer kastilischer Lebensstil oder die ungezügelte Vergnügungssucht einer jungen Konsumgeneration? Es gibt eben Fragen, auf die selbst schlaue Lexika keine Antwort finden. Ja selbst unter den Madrileños, die es eigentlich wissen müssten, scheiden sich die Geister, wenn es um die Movida geht.

Auf alle Fälle hat sie seit Beginn der 80er Jahre dazu beigetragen, Madrid den Ruf zu verschaffen, die aufregendste und wildeste Nacht-Diva unter Europas Hauptstädten zu sein. Ursprünglich war die Movida der Aufbruch der jungen Generation nach dem Tod Francos, die dem spießigen Mief und der selbstverliebten Provinzialität ein Ende setzte. Kreativ, europäisch und frech gab sich die Bewegung. Und einige ihrer frühen Protagonisten haben es zu Ruhm und Ehre gebracht. Musikgruppen wie Cabinete Caligari, Alaska oder Radio Futura haben ein Stück spanischer Musikgeschichte geschrieben. Der Oskar-dekorierte Regisseur Pedro Almodóvar hat dieser wilden Zeit mit seiner schrill-witzigen Madrid-Komödie „Frauen am Rande des Nervenzusammenbruchs" ein filmisches Denkmal gesetzt. Agatha Ruiz de la Prada, aus feinem spanischem Hochadel, gehört heute zu den begehrtesten Designerinnen des Landes. Egal ob Film, Musik, Design, Theater, Kunst – Spanien schaffte nach Jahrzehnten wieder den Anschluss an die europäische Avantgarde. Heute ist der Kreativitäts- und Freiheitsrausch der Post-Franco-Jahre längst vorüber, und viele Protagonisten sind in die Jahre gekommen, doch die Exzentrizität, die Wildheit und Spontaneität der heutigen jungen Madrileños ist ungebrochen. Noch bringen tausende von Autofahrern weit nach Mitternacht den Autoverkehr fast zum Erliegen. La noche, die Nacht, wird zum Tag. Schrill, bunt und vor allem lustig geht es in den Gassen und Straßen der Hauptstadt zu. Die Vielfalt der nächtlichen Vergnügungsstätten – vom Jazz-Lokal über urige mesones bis zur Freiluft-Terrasse – ist schier unglaublich. Nur individuell, vielleicht auch ein wenig snobistisch muss das Ausgehziel sein. La marcha de la gente guapa: Wer das Lokal im Verlauf einer Nacht nicht schnell genug wechselt, hat verloren. Zur richtigen Zeit am richtigen Ort zu sein, ist wichtig: Ein Verkehrskarussell bis zum Sonnenaufgang hält die Stadt in Atem. Doch die eigentliche Movida ist mausetot.

einnahmen, fanden am 2. Mai 1808 zwischen den Madrider Bürgern und der Besatzungsarmee erbitterte Kämpfe statt. Unter der Führung der beiden Offiziere Velarde und Daoiz leistete die Bevölkerung hartnäckigen Widerstand. Heute erinnert ein Denkmal in der Platzmitte an die beiden Artillerie-Soldaten. An den Kämpfen nahm auch ein 15-jähriges Mädchen, Manuela Malasaña, teil. Heute ist ihr Heimatstadtteil, der eigentlich barrio de maravillas (Viertel der Wunder) heißt, nach ihr benannt. Übrigens wurden die meisten Verteidiger im benachbarten Moncloa, an der Montaña de Principe Pío, erschossen. Francisco de Goya hat dieses Massaker an der Madrider Bevölkerung auf eindrucksvolle Weise (siehe auch Prado) festgehalten (Metro: Tribunal).

Museo Municipal

Das von Pedro de Ribera (1683–1742) erbaute Hospicio de San Fernando zählt zu den eindrucksvollsten Beispielen profaner Madrider Barockarchitektur. Besonders das aufwendig-überladene Eingangsportal aus der Barockzeit ist ein populäres Fotomotiv. Bereits seit 1929 dient das weitläufige Gebäude als

Pedro Almodóvar – eine filmische Liebe zu Madrid

Der Filmmacher Pedro Almodovar hat wie kein anderer Regisseur seines Landes Madrid als Kulisse für seine melodramatischen, exaltierten Filme genutzt. Eigentlich stammt er aus einem Kaff namens Calzada de Calatrava in der trostlosen La Mancha. Als 17-Jähriger hielt er es dort nicht mehr aus und ging nach Madrid. Zunächst schlägt er sich mit Gelegenheitsjobs durch, später bekommt er eine langweilige Stelle bei Telefónica. Als Undergroundkünstler des Hedonismus macht er sich schnell einen Namen. Er gründet die Theatergruppe Los Goliardos, spielt in einer Punk-Rockband und dreht Kurzfilme. Sein erster Kinofilm „Pepi, Luci, Bom y otras chicas del montón" („Pepi, Luci, Bom und andere Mädchen aus der Clique", 1980) ist wegen seines innovativen Stils bereits eine Sensation.

In den 80er Jahren stieg Almódovar zum vielleicht wichtigsten Protagonisten der movida madrileña auf. Mit seiner schrillen Komödie „Mujeres al borde de un ataque der nervios" („Frauen am Rande des Nervenzusammenbruchs") von 1988 hat er dieser wilden, schrillen Zeit nach dem Ende der Franco-Diktatur ein wunderbares filmisches Denkmal gesetzt. Almodóvar, bekennender Homosexueller, rückt in seinen Filmen immer wieder gesellschaftliche Randfiguren oder Ausnahmesituationen mit seiner ihm eigenen Ästhetik in den Mittelpunkt, z. B. im Film „Fessle mich" von 1990. Heute ist der einstige Außenseiter der international wichtigste Filmregisseur Spaniens. Auch Hollywood-Stars wie Antonio Banderas oder Penélope Cruz machten ihre Karriere über Almodóvar. In Madrid wird der Drehbuchautor, Produzent und Regisseur beinahe wie ein Heiliger verehrt. Doch seinen ersten Oscar bekam Almodóvar 1999 ausgerechnet für einen Film, den er in Barcelona drehte: „Todo sobre mi madre" – „Alles über meine Mutter". Der nächste Oscar folgte drei Jahre später mit „Hable con ella" („Sprich mit ihr") – das hat vor Almodovar noch kein Filmkünstler Spaniens geschafft.

Stadtmuseum und gibt deshalb eine gute Ouvertüre zu einer Besichtigungstour ab. Hier sind über 42.000 Zeugnisse der Stadtgeschichte von den Anfängen bis zum Ende des 20. Jh. ausgestellt. Besonders die vielen alten Ansichten, Fotos und Stadtpläne geben einen guten Einblick, wie sich Madrid in den vergangenen Jahrhunderten entwickelte. Eindrucksvoll sind das Modell der Stadt Madrid von 1830 und das rekonstruierte Arbeitszimmer des einstigen Avantgarde-Autors Ramón Gómez de la Serna. Regelmäßig finden hier Ausstellungen zur Madrider Stadtgeschichte statt.

⌚ Di–Fr 9.30–20 Uhr, Sa/So 10–14 Uhr. Eintritt gratis. Fuencarral 78 (Metro: Tribunal).

Im Casa Longoria treffen sich Spaniens Schriftsteller

Casa Longoria: Jugendstil aus Katalonien

Gebäude der spanischen Jugendstil-Architektur sind in Madrid kaum noch erhalten. Eines der schönsten Beispiele dieses heiter-überladenen Baustils in der Zeit des Übergangs vom 19. zum 20. Jh. ist die Casa Longoria im Stadtteil Chueca (unweit des Ausgehviertels rund um die Plaza de Santa Barbara). Die von dem katalanischen Architekten José Grases Riera für einen Bankier erbaute Eckvilla ist heute Sitz des spanischen Schriftstellerverbandes (sociedad general de autores y editores). Die Autoren-Verwertungsgesellschaft mit ihren 52.000 Mitgliedern vertritt die Urheberrechte von weltweit über zwei Millionen Künstlern. Leider kann das prächtige Gebäude mit seinem bezaubernden Garten lediglich von außen besichtigt werden. Nur am Eingang kann man einen Blick in die opulente Innenausstattung samt dem kreisförmigen Treppenhaus werfen. Calle Fernando VI. 4 (Metro: Alonso Martínez). Im Internet: www.sgae.es

Gotteshaus in der Nähe der Plaza de la Villa de Paris

Museo Romántico

In Nachbarschaft zum Stadtmuseum liegt in einem für Madrid typischen Stadtpalast des ausgehenden 18. Jh. das Museo Romántico. Die Kunstsammlung des Marques de la Vega-Inclán (1858–1942), die Möbel, Gebrauchsgegenstände und Gemälde umfasst, lässt das Leben von Aristokraten und Großbürgern aus vergangenen Jahrhunderten lebendig werden. Die meisten Besucher kommen wegen der exzellenten Bilderkollektion. Hier sind Werke von Goya, Sorolla, Zurbarán, Velázquez, Murillo und Mengs vertreten. Die Sammlung von Stichen des romantischen Madrid um 1860 gibt außerdem einen Eindruck, wie die spanische Hauptstadt vor über hundert Jahren ausgesehen hat. Zum Zeitpunkt der Recherche war das Museum wegen Restaurierungsarbeiten vorübergehend geschlossen.

San Mateo 13 (Metro: Tribunal/Alonso Martínez).

Plaza de la Villa de Paris

Die schöne, fein herausgeputzte Plaza de la Villa de Paris ist in Spanien ein Begriff. Nicht weil der Platz eine Insel der Ruhe im hektischen Madrid ist, sondern weil hier in einem ehemaligen Konventsgebäude seit Ende des 19. Jh. der Justizpalast untergebracht ist. Das Gebäude, dessen Fassade zwischen 1915 und 1926 entstand, bildet seit jeher die Kulisse für spektakuläre Prozesse, zuletzt für das Verfahren gegen islamische Terroristen im Zusammenhang mit dem Attentat vom 11. März 2004. Das Viertel rund um den Platz, in dem übrigens auch das Institut Français und das renommierte Teatro Nacional María Guerrero liegen, gehört nicht mehr zu Malasaña bzw. Chueca. Es ist aber bei einem Spaziergang auf dem Weg zur Plaza de Colón leicht zu erreichen (Metro: Colón oder Alonso Martínez).

Einkaufen

Mode: Die Straßen Fuencarral und Hortaleza sind ein Einkaufsparadies. Hier haben sich in den letzten Jahre schrille, exzentrische Läden abseits des Mode-Mainstreams niedergelassen. Dazu zähen das Einkaufszentrum Mercado de Fuencarral mit Läden wie „Cannibal" (Fuencarral 45), das französische Modegeschäft „Hand – Have a nice day" (Hortaleza 26) oder der italienische Designladen „Quadra" (Hotaleza 53).

Olivenölgeschäft Patrimonio Comunal Olivarero: In vielen spanischen Supermärkten findet man heutzutage nur noch die wenigen großen Olivenölmarken. Dieses kleine Geschäft des Patrimonio Comunal Olivarero bietet eine einzigartige Vielfalt des Olivenöls. Es bietet 150 Sorten an. Vor allem die exzellenten Öle aus der andalusischen Provinz von Jaen dominieren. Die Produkte meist kleiner Kooperativen sind sogar erstaunlich preiswert. Verkauf nicht nur in Glasflaschen, sondern auch in Kanistern. Mejia Lequerica 1 (bei Calle Hortaleza).

Essen und Trinken

(→ Karte S. 128/129)

Cafés

In Malasaña gibt es alte und neue Cafés. Doch eines haben alle gemeinsam: Hier kommt man mit seinen Tischnachbarn leichter ins Gespräch als in anderen Teilen Madrids. Es folgt eine kleine Auswahl:

Tipp! Café Ruiz (5), altmodisches Café mitten in Malasaña bei der Plaza Dos de Mayo. Ein guter, relaxter Platz, um am Abend einen Aperitif zu nehmen oder ganz einfach die Zeitung bei einem Kaffee zu lesen. Man sitzt gemütlich auf kleinen Sofas, und ein netter Service umsorgt einen. Seit vielen Jahren ist das Ruiz ein Treffpunkt für Künstler, Autoren, Müßiggänger und Studenten. Gute Schokolade. Täglich von 15 bis 2.30 Uhr. Ruíz 11 (Metro: Bilbao).

Café Commercial (3), an der hektischen Glorieta de Bilbao, eine Madrider Institution. In Bürgerkriegszeiten war das Commercial einer der populärsten Treffpunkte für Schriftsteller und Journalisten. Noch immer treffen sich hier *madrileños* zu regelmäßigen *tertulias*. Das mit großen Spiegeln eingerichtete Café hat freilich seine besten Zeiten schon gesehen. Vor allem alte Stammkunden halten ihm nach wie vor die Stange. Glorieta de Bilbao 7 (Metro: Bilbao).

Café Moderno (6), an der ruhigen, von der alternativen Szene geschätzten Plaza de las Comendadores gelegenes Art-déco-Café. Es gehört eigentlich nicht mehr zum Viertel Malasaña. Doch ist die Bar – bekannt für ihre verschiedenen Kaffee- und Teesorten – Bestandteil der Szene. Hier gibt es auch bisweilen Kulturveranstaltungen. Am Wochenende bis 3 Uhr geöffnet! Plaza de las Comendadoreas 1 (Metro: Noviciado oder San Bernardo).

Nachtbars

In Malasaña gilt das ungeschriebene Gesetz: niemals vor 23 Uhr. Die meisten Gäste rund um die Plaza Dos de Mayo, insbeson-

Pacha – Tanzen im Art-déco-Theater (8)

Die Diskothek hat einen Ruf wie Donnerhall. Das Logo – zwei knallrote Kirschen – kennt jedes Kind in Madrid. Für alle Techno-Freaks ist das Pacha, das schon seit vielen Jahren Bestandteil der Szene ist, ein Muss. Mittlerweile gibt sogar einen Ableger im eleganten Skiort Baqueira-Beret in den Pyrenäen. Der Eintritt ist relativ teuer, dafür aber inklusive Getränk. Achtung: Die Diskothek öffnet am Freitag und Samstag bereits um 18.30 Uhr für das ganze junge Publikum. Die eigentliche Öffnungszeit ist aber erst um 0.30 Uhr. Erst dann ist richtig der Bär los. Selbst wer keine Lust auf Tanzen hat, sollte dem ehemaligen Theater hinter dem Museo Municipal einen Besuch abstatten. Denn es ist ein Musterbeispiel imposanter Art-déco-Architektur. Die Fassade ist noch im Originalzustand erhalten. Barcélo 11 (Metro: Tribunal).

dere in den Straßen Velarde, Palma, San Vicente Ferrer, Espiritu Santo, kommen erst nach Mitternacht in die zahlreichen Nachtbars. Offiziell gilt bereits seit 1998, dass die Nachtlokale um 3.30 Uhr schließen müssen. Doch das steht bisher eher auf dem Papier.

Die kleinen Lebensmittelläden in dem Viertel haben auch nach 4 Uhr morgens geöffnet. Und genau dort versorgen sich die Gäste mit Getränken, um die Party auf den Straßen und Plätzen der Malasaña fortzusetzen.

Café La Palma (9), ein Klassiker. In diesem Café (nur ein paar Schritte von der Plaza Dos de Mayo entfernt) trifft sich die alternative Szene. Das Publikum schätzt hier die *copas* und die Konzerte. Vorstellungen beginnen ab 22 Uhr. Die Bar ist täglich von 16 bis 3.30 Uhr geöffnet. La Palma 62 (Metro: Noviciado).

Tipp! Clamores: Der Club des Jazz (1), in einem Untergeschoss bei der Metro-Station Bilbao, fester Bestandteil der Madrider Jazz-Szene. An den Wänden stimmen die Fotos der Jazz-Größen auf das meist exzellente Musikprogramm ein. Konzerte von Di bis Sa jeweils ab 22 Uhr. Es wird kein Eintritt verlangt. Doch die Getränke haben einen Aufschlag. Albuquerque 14 (Metro: Bilbao).

Honky Tonk (2), nach einem Song der Rolling Stones benannte Nachtbar nördlich der Metro-Station Alonso Martínez. Sie bietet Live-Musik (im Keller), aber auch Humoristen-Auftritte und wird vor allem von Intellektuellen geschätzt. Interessante Atmosphäre auf zwei Etagen, vor allem nach Mitternacht. Täglich ab 21.30 Uhr bis 5.30 Uhr. Covarrubias 24 (Metro: Alonso Martínez).

La Via Lactea (7), Hier soll die Movida ihren Anfang genommen haben. In den 80er Jahren war dieses Lokal ein Treffpunkt der schrillen Pop-, Theater-, Design- und Autorenszene. Tägl. ab 19.30 Uhr. Calle de Velarde 18 (Metro: Tribunal).

Café Figueroa (16), das gelb angestrichene Haus mit dem Café ist ein Klassiker und seit vielen Jahren ein fester Bestandteil der Homosexuellen-Szene. Jung und Alt trifft sich im Stadtteil Chueca, dem Zentrum der Schwulenbewegung. Täglich ab 12 Uhr, So ab 16 Uhr. Augusto Figueros 17 (Metro: Chueca).

La Bardemcilla (15), populäreTapa-Bar, die bis 2 Uhr morgens offen hat, Mónica Bardem serviert leckere Kroketten und Chorizos, am Wochenende ist kaum ein Platz zu finden, August Figueroa 47 (Metro: Chueca).

Cafe Figueroa, eine Institution im Chueca-Viertel

Antigua Casa Angel Sierra (13), die holzvertäfelte Tapa-Bar an der Plaza Chueca hat viele Freunde im Viertel. Existiert bereits seit 1917, guter Cidre. Gravina 11 (Metro: Chueca).

Restaurants

Malasaña und Chueca sind immer in Bewegung. Dementsprechend oft wechseln auch die Restaurants. Was gestern noch in war, ist morgen vielleicht schon vergessen. Wer offen ist für experimentelle Küche und gerne eine kulinarische Entdeckungsreise macht, ist an der richtigen Adresse.

Tipp! La Alacena de Paula (10), eines der gastronomisch anspruchsvollsten Adressen des Viertel, die kreative Küche lockt viele Stammgäste an. Geboten wird feine kastilische Küche, zu den Spezialitäten des Hauses gehört Seeteufel in Weißwein, mittlere Preisklasse, Hauptgerichte kosten zwischen 13 und 19 €, relativ teure Vorspeisen, preiswerte Mittagsmenüs. Tischreservierung am Abend empfehlenswert. So und Mo geschlossen. La Palma 63 (Metro: Noviciado), ✆ 915325441.

Monteprincipe (4), gegenüber dem Café del Foro. Hinter der holzverkleideten Fassade verbirgt sich ein beliebtes Restaurant mit traditioneller Küche zu vernünftigen Preisen. Berühmt sind die Kroketten mit iberischem Schinken. Sonntagabend geschlossen. San Andrés 31 (Metro: Bilbao).

Restaurante Taberna Carmencita (14), beliebtes und rustikales Restaurant, 1830 gegründet und seitdem kaum verändert. Baskisch-kastilische Küche, recht preiswerte Tagesmenüs. Empfehlenswert sind besonders die Fischgerichte. Calle Libertad 16, zwei Querstraßen östlich der Calle Pelayo. Samstagmittag, So und im August geschlossen (Metro: Chueca).

Hotels

(→ Karte S. 128/129)

Malasaña und Chueca sind nicht unbedingt ideale Viertel zum Übernachten. Vor allem an Wochenenden wird oft bis zum Morgengrauen in den Straßen gefeiert, selbst wenn die Bars ihre Türen geschlossen haben. Nachtruhe ist hier nur schwer zu finden, wie viele Bewohner des Viertels beklagen.

*** **Aparthotel Tribunal (12)**, eine ideale Unterkunft für alle, die mitten im historischen Madrid, in unmittelbarer Nähe zu den Ausgehvierteln Malasaña und Chueca, ihren Aufenthalt verbringen möchten. Das gegenüber dem Stadtmuseum bei der Metro-Station Tribunal gelegene moderne Backsteinhaus bietet in seinen 96 Apartments viel Komfort. Schon die blitzblanke Rezeption ist einladend. Die Zimmer (Schlaf- und Wohnzimmer) sind ein wenig im Stil der 80er Jahre eingerichtet, aber mit Parkettboden ausgestattet. Eine Kitchenette ermöglicht die Selbstversorgung. Die Apartments sind zwischen 25 und 50 Quadratmetern groß, besitzen Aircondition, Telefon und TV. Ruhig gelegen. EZ 80 €, DZ 100 €. Im Hochsommer und am Wochenende nach Angeboten fragen. San Vicente Ferrer 1, ✆ 915221455, 📠 915234230.

* **Hostal Los Perales (11)**, eines von einer ganzen Reihe von 1-Sterne-Hostals unter dieser Adresse; die Zimmer von Ambrosia Rodriguez sind sehr einfach und preisgünstig. DZ mit Bad etwa 30 €. Calle Palma 61 (1. Stock, links), ✆ 915227191.

Im selben Haus das nur 12 Zimmer große * **Palma 61**. DZ mit Bad 39 €, ✆ 915327011 (Metro: Tribunal).

Retiro-Park: elegante Gartenkunst unweit des Prado

Retiro

Das Kunstdreieck als Besuchermagnet: Der *Paseo del Arte*, der „Spazierweg der Kunst", bestehend aus den drei Museen Prado, Thyssen-Bornemisza und Reina Sofía, gehört zu den Höhepunkten jedes Madrid-Besuches.

Seit jeher ist der Retiro eine der feinsten Adressen Madrids. Rund um den weitläufigen Parque del Retiro mit seinem berühmten See und den spektakulären Monumenten entstanden schon im 19. Jh. vornehme Wohnhäuser und Büropaläste. Am verkehrsumtosten und dennoch eleganten Paseo del Prado glänzt die schmucke Fassade von Spaniens berühmtester Gemäldegalerie, dem Prado. Gleich schräg gegenüber das Museum Thyssen-Bornemisza, das die legendäre Kollektion der deutschen Industriellenfamilie zeigt. Und im Reina Sofía am Bahnhof Atocha ist nicht nur Picassos Antikriegs-Meisterwerk „Guernica" zu bewundern, sondern zudem die beste Kollektion der spanischen Kunst des 20. Jh. im ganzen Land.
Zu Beginn des 21. Jh. wurde mit umfangreichen Arbeiten im Kunstdreieck begonnen. Alle drei Museen – Prado, Thyssen und Reina Sofía – haben großzügige Erweiterungsbauten erhalten. Die Bauarbeiten am Prado laufen derzeit noch auf Hochtouren. Mit den Prestigeprojekten hat die spanische Regierung den Prado zu einem der besten und größten Kunstzentren der Welt gemacht.
Unweit des Prado schlagen die Aktionärsherzen höher: In der Börse an der kleinen Plaza de la Lealtad geht es in den letzten Jahren hektischer zu, nachdem Spanien den Euro eingeführt hat. Bei so viel Kunst und Geld ist der Luxus

nicht weit. Das stets elegante Hotel Ritz und seine pompösere Konkurrenz, das Palace, verwöhnen seit Jahrzehnten ihre Gäste nach allen Regeln der gastronomischen Kunst.

Das noble Stadtviertel, das im Norden von der Verkehrsarterie Alcalá und im Westen vom Paseo del Prado begrenzt wird, lädt zum Spazieren und Entspannen ein. Hier geht es ruhiger und großbürgerlicher zu, als in anderen Barrios der Hauptstadt. Bei einer Tasse Kaffee im bequemen Café des „Palace", einer Bootspartie im See des Retiro-Parks oder im Blumenparadies des Botanischen Gartens kann man vorzüglich Energie auftanken nach den anstrengenden Stunden im Kunstlabyrinth namens Prado und nach ausgedehnten Spaziergängen durch die Gassendschungel der Altstadt.

Die Restaurants rund um den Retiro gelten als vorzüglich. Die meisten Lokale haben sich auf Geschäftsleute und Börsianer eingestellt und bieten Mittagsmenüs der gehobenen Art. Besonders beliebt im Frühjahr und Sommer sind die schattigen Cafés im Retiro-Park. Die kleine Siesta mit kühlen Getränken hat allerdings ihren Preis.

Der Prado

Spaniens berühmteste und mit Abstand bestbestückte Gemäldegalerie braucht weltweit nicht viele Konkurrenten zu fürchten. Den Prado muss man einfach gesehen haben: Goya, Velázquez, El Greco, Murillo, Ribera, aber auch Brueghel, Bosch, Rubens, Tiepolo, Watteau und Dürer … Hinter der neoklassizistischen Fassade des Prado – Herzstück des Paseo del Arte – verbirgt sich ein wahres Labyrinth europäischer Kunst vom 12. bis 18. Jh. Das weitläufige Museum ist seit Jahrzehnten einer wahrer Besuchermagnet.

Bereits am Morgen bilden sich Schlangen an der Kasse, und vor den berühmten Exponaten drängt sich das kunstsinnige Publikum. Die meisten Besucher strömen ins erste Obergeschoss zu den weltberühmten Bildern von Goya, Velázquez und Murillo.

Prado – die permanente Wechselausstellung

Der Prado wäre nicht der Prado, würden nicht immer wieder Bilder umgehängt, einzelne Säle gesperrt, neue Bilder aus dem Archiv geholt oder andere Werke monatelang auf Weltreise geschickt. Mit anderen Worten, kein Besuch gleicht dem anderen. Das heißt aber auch, dass die Angaben zu den Standorten der Bilder sich schnell verändern können. Ein spannender Spaziergang durch fast hundert Säle kann beginnen ... Selbst Museumsangestellte verlieren den Überblick, wer derzeit wo hängt. Ein Besuch im Prado ist immer auch eine Geduldsprobe.

Schon die Habsburger trugen sich mit dem Gedanken an eine Pinakothek, sammelten ebenso wie ihre bourbonischen Nachfolger eifrig Gemälde, doch erst 1819 wurde der Prado als „Königliches Museum der Gemälde und Skulpturen" eröffnet. Das von Architekt Juan de Villanueva errichtete Gebäude gilt als bestes Beispiel des spanischen Neoklassizismus. Interessanter ist sicher das Innenleben. Das 1785 begonnene Gebäude wurde zur Regierungs-

zeit von König Carlos III. entworfen und in die Gesamtanlage des Paseo del Prado mit seinem faszinierenden Cibeles-Brunnen einbezogen. Über 10.000 Kunstwerke umfasst die Sammlung, von denen bislang nur etwa 1000 ausgestellt werden können. Doch schon allein diese Zahl macht deutlich, dass der Versuch, mehr als einen groben Überblick zu geben, schnell zum Scheitern verurteilt wäre.

Derzeit ändert sich zudem das Erscheinungsbild der Galerie wie nie zuvor in der rund 200-jährigen Geschichte des Musentempels: Der Prado wird auf das Kloster Los Jerónimos ausgedehnt. Rund 500 Kunstwerke können dann zusätzlich ausgestellt werden. Außerdem erhält das Haus erstmals ein großzügiges Restaurant und ein modernes Auditorium. Bis Redaktionsschluss war der „Prado des 21. Jahrhunderts" mit einer erweiterten Fläche von 16.000 Quadratmetern unter Leitung des berühmten Architekten Rafael Moneo allerdings noch nicht fertig gestellt. Doch bereits im Vorfeld sorgte das 50 Millionen Euro teure Vorhaben für jede Menge Ärger. Vor allem die Nachbarn des Prado im großbürgerlichen Viertel Retiro befürchten einen wuchtigen Erweiterungsbau auf dem Klostergelände, der den Charakter des Belle-Époque-Stadtteils zerstört. Im Sommer 2002 stoppte sogar der Oberste Gerichtshof das größte Prestige-Projekt der spanischen Kulturpolitik. Die Richter gaben der Klage von 200 Anwohnern statt, die sich gegen die Pläne Moneos gewendet hatten, auch die angrenzende Klosterruine in die geplante Erweiterung mit einzubeziehen.

• *Öffnungszeiten* Di–So 9–19 Uhr. Eintritt 6 €, Studenten mit int. Ausweis 3 €, sonntags ist der Eintritt frei. Immer umsonst können über 65-Jährige, unter 18-Jährige und Arbeitslose den Prado besuchen. Für das „Abono Paseo del Arte", ein Kombiticket, das auch Museo Thyssen-Bornemiszamit und Centro de Arte Reina Sofía einschließt, zahlt man 7,66 € (Gültigkeit ein Jahr). Geschlossen ist der Prado am 1. Januar, am Karfreitag, am 1. Mai und am 25. Dezember. ✆ 91 3302800, ℻ 913302856, www.museoprado.mcu.es. Die nächste Metro-Station ist Atocha.

Im Museum selbst sowie an den Verkaufskiosken an den Eingängen kann man ausführliche Führer kaufen. Sie sind eine lohnende Anschaffung für alle Besucher, die Informationen zu den einzelnen Bildern schätzen. Leider sind die meisten Bücher nicht aktuell, und die Angaben zu den einzelnen Sälen stimmen nicht mehr. Lohnenswert sind daher die kostenlosen Faltblätter an der Kasse. Sie zeigen zumindest den aktuellen Aufbau des Museums und den Sammlungsschwerpunkt der jeweiligen Säle. Am besten ist man mit den Audio-Guiás bedient. Per Kopfhörer kann sich der Besucher über die wichtigsten Bilder auch in Deutsch informieren.

Im Untergeschoss befindet sich auch eine Cafeteria. Der Prado ist behindertengerecht ausgestattet. Alle Stockwerke sind auch per Aufzug zu erreichen.

Tipp: Um an besucherstarken Tagen schneller in den Prado zu kommen, empfiehlt es sich, die Kasse an der Puerta de Murillo (gegenüber dem Botanischen Garten) zu nutzen. Viele kennen diesen Eingang nicht. Entsprechend kurz ist daher meistens die Warteschlagen. Die überwiegende Zahl der Prado-Besucher stellt sich am Eingang Puerta de Gory (gegenüber vom Hotel Ritz) an.

Erdgeschoss (Gemälde aus der Zeit von 1100 bis 1600): Die Nummerierung der Säle ist etwas verwirrend. So führt der Haupteingang im Norden („Puerta de Goya") zu einer runden Halle mit der Nummer 51. Der Schwerpunkt des Erdgeschosses sind die spanische Malerei vom 12. bis 16. Jh. z. B. Werke von El Greco, die flämische Malerei im 15. und 16. Jh. z. B. Hieronymus Bosch und Pieter Brueghel, deutsche und italienische Malerei vom 15. bis 17. Jh. bis zu Albrecht Dürer oder Tizian. Teile des Erdgeschosses sind zur Zeit nicht zugänglich.

Frühe Flamen: Einige Räume des Erdgeschosses (Säle 55a, 56a, 57a, 58a, 58) gehören derzeit den Gemälden früher flämischer Meister des 14.–16. Jh. Darunter befindet sich das skurril-schreckliche Triptychon „Garten der Lüste" (Saal 56a) von Hieronymus Bosch. Das bekannteste und zugleich rätselhafteste Bild des außergewöhnlichen Künstlers stellt auf der linken Seite die Schaffung des Menschen dar, in der Mitte die Freuden und Sünden der Welt und auf der rechten Seite die Höllenstrafen für Sünder. Der nicht minder

Hier ist Geduld gefragt: Warteschlangen vor dem Prado

makabre „Triumph des Todes" von Pieter Brueghel dem Älteren thematisiert im Renaissance-Stil den Sieg des Todes über alles Weltliche.

Deutsche Meister: Die Säle 56 bis 57b sind der deutschen Malerei der Renaissance gewidmet. Das berühmteste Exponat ist das „Selbstbildnis" des Nürnberger Künstlers **Albrecht Dürer**. Der Sohn eines ungarischen Goldschmieds malte sich als 26-Jähriger im Stil eines eleganten Edelmanns. Im gleichen Saal auch Dürers Darstellung von Adam und Eva sowie Arbeiten von Lucas Cranach dem Älteren.

Spanische Schule: In den Sälen 60a bis 63a werden Teile der spanischen Schule gezeigt, darunter die weltberühmten, mystisch-verklärten Werke von **El Greco**, eigentlich Domenicus Theotocopoulos. Die Bilder im Stil des Manierismus sind Ausdruck einer lebendigen religiösen Leidenschaft und waren meistens Bestandteil von Kirchen in Toledo, wo der aus Griechenland stammende Künstler über Jahrzehnte arbeitete. Als Ausdruck des spezifisch Spanischen gilt die Darstellung von Juan de Silva, einem Notar aus Toledo, mit dem Titel „Bildnis eines Edelmannes mit der Hand auf der Brust". Das strenge Gemälde zeigt einen schwarz gekleideten Mann mit Kragen und Ärmelmanschetten aus weißer Spitze samt einem vergoldeten Knauf eines toledanischen Schwertes.

Romanische Malerei: Der Saal 51c zählt zu den ungewöhnlichsten Ausstellungsräumen des Prado. Er zeigt eine rekonstruierte Kapelle, die von einem halbröhrenförmigen Gewölbe überdacht wird. Die Fresken aus dem 12. Jh. schmückten einst das Kirchlein in dem kastilischen Dorf Maderuelo (Provinz Segovia) und wurden bereits 1947 auf Leinwand übertragen. Im Gewölbe entdeckt man Christus als Weltenherrscher (Pantokrator), der auf seinem Thron sitzt und Segen spendet.

Italienische Malerei: Die beiden großen Säle des Erdgeschosses (49 und 75) sowie eine Reihe weiterer kleinerer Säle (56b, 60–63b) sind der italienischen Malerei gewidmet. Darunter befinden sich berühmte Werke von Sandro Botticelli (1445–1510), Raffael (1483–1520) und Tizian (um 1488–1576).

Klassische Skulpturen: 220 Meisterwerke unbekannter Künstler aus der griechischen und römischen Antike sind in den Sälen 64–73 zu sehen; die Skulpturen kamen zwischen dem 16. und 19. Jh. aus Italien nach Spanien.

Mit Muße durch den Musentempel

Der Prado ist ein Museum der Superlative. Sowohl der Umfang der Sammlung als auch die vielen tausend Besucher täglich übertreffen jedes andere Museum in der spanischen Hauptstadt. Für einen Besuch des Prado sind besonders zwei Dinge wichtig: Zeit und Geduld. Vor allem bei Sonderausstellungen sind die Schlangen vor der Kasse oft kilometerlang. Und selbst bei einem oberflächlichen Besuch vergehen Stunden wie im Flug. Nach dem Motto „Weniger ist mehr" ist es empfehlenswert, sich schon im Vorhinein auf Schwerpunkte zu konzentrieren, beispielsweise auf die spanische Malerei oder die italienischen Meister. Kalkulieren Sie durchaus einen halben Tag für eine Teilbesichtigung. Lohnenswert ist ein Besuch zur Siesta ab 14 Uhr. Das hat zwei Vorteile: Erstens entgeht man in den klimatisierten Sälen der Nachmittagshitze, zweitens sind die Spanier und die meisten Touristen beim Mittagessen, so dass sich das Museum ein wenig leert. Zeit bleibt sowieso genug, denn der Prado ist werktags bis 19 Uhr geöffnet.

Wer nur wenig Zeit mitbringt, sollte sich auf den ersten Stock konzentrieren. Hier hängen die wohl berühmtesten Bilder des Hauses: die kostbaren Werke von Velázquez und Goya.

Erstes Obergeschoss (Gemälde aus der Zeit von 1600 bis 1800): Die meisten Besucher des Prado konzentrieren sich bei einem Kurzbesuch auf das Obergeschoss mit den grandiosen Werken von Velázquez und Goya (Säle 12–39).

Spanische Meister des 17./18. Jh.: In der Hochsaison drängen sich Menschentrauben um die weltberühmten Werke der großen spanischen Maler. Wer sich die Bilder genau betrachten will, muss also Geduld mitbringen.
Velázquez: Zu sehen ist gut die Hälfte seines Gesamtwerks. Eines der berühmten Beispiele des spanischen Barocks ist das über drei Meter lange und breite Bild „Die Lanzen oder die Übergabe von Breda" (Saal 16). Velázquez, Hofmaler und Kunstberater von König Felipe IV., fertigte dieses Bild für den Saal der Könige im Palast Buen Retiro. Das Meisterwerk thematisiert die Übergabe der holländischen Stadt Breda an die Spanier und zeigt zwei Gruppen, die Sieger und Besiegten.

Ein weiteres prominentes Bild sind „Die Spinnerinnen" (auch „Fabel der Arachne" genannt). Dabei handelt es sich nicht um die volkstümliche Darstellung der Teppichweberei, sondern um ein mythologisches Thema. Das Bild erzählt die Geschichte der Arachne, die von Athena in eine Spinne verwandelt ist, nachdem sie die Göttin in einem Wettkampf in der Webkunst provoziert hatte. Der Umgang mit dem Licht und die Leichtigkeit des Pinselstrichs machen dieses Werk, das im 18. Jh. oben und auf den beiden Seiten vergrößert wurde, zu einem wahren Meisterwerk. Kunsthistoriker zählen die „Spinnerinnen" zu einem Vorläufer des Impressionismus des späten 19. Jh.

Las Meninas – ein Meisterwerk des Goldenen Zeitalters

Menschentrauben bilden sich um das 3,18 mal 2,76 Meter große Gemälde im Saal 12. „Las Meninas" (auch „Die Familie Philipp IV. " genannt) – zweifellos eines der berühmtesten Bilder Velázquez ' und des Prado. Als meninas wurden im 17. Jh. die jungen Hofdamen von Königskindern bezeichnet. Im Mittelpunkt dieses 1656 entstandenen Ölgemäldes steht die Tochter von Felipe IV., die Infantin und spätere Margarethe Maria von Österreich, mit ihren Meninas. Im Hintergrund links hat sich der Hofmaler Velázquez in dem lichtdurchfluteten Galeriesaal des Madrider Alcázar selbst verewigt. Er steht vor einer Staffelei mit einem Gemälde von Felipe II. und seiner Gattin Marianne von Österreich, das sich im Spiegel an der Rückwand widerspiegelt. Nicht zuletzt wegen seiner Raumtiefe, des raffinierten Spiels von Licht und Schatten sowie der gelungenen Abbildung eines Augenblicks ziehen die Hofdamen der jungen Prinzessin den Besucher noch heute in den Bann.

Übrigens, Kunsthistoriker versuchten über Jahrhunderte, dies Meisterwerk zu enträtseln und seine Geheimnisse aufzuspüren. Schließlich wurden keinem Gemälde des spanischen Meisters – über dessen Leben wir erstaunlich wenig wissen – so viele Analysen zuteil wie „La Meninas". Die wissenschaftliche Literatur umfasst mittlerweile die Größe einer kleinen Bibliothek, ohne freilich der Magie des überraschend großen Werkes endgültig auf die Spur gekommen zu sein. Die einen sprechen von einem humanistischen Lehrstück, andere von einer Allegorie königlicher Repräsentation oder gar von der Vorwegnahme der Fotografie. Am besten, man macht sich sein eigenes Bild ...

Andere Räume präsentieren Werke großer spanischer Meister, insbesondere die Galerie (Säle 25–29). Die exzellente Sammlung besitzt Werke des asketischen Francisco de Zurbarán (Saal 18a), des Barockmalers Claudio Coello (Saal 16 a), Alonso Cano und Antonia de Pereda (Saal 17a) José de Ribera (Säle 15, 25, 26) und des Malers großer religiöser Frömmigkeit, Bartolomé Esteban Murillo (Säle 16b, 17, 28, 29).

Flämische, holländische, italienische und französische Malerei des 17. Jh.: In den Sälen 7a bis 11 präsentiert sich das Erbe der spanischen Besitzungen in den Niederlanden, die flämische und holländische Malerei des 17. Jh. mit Meisterwerken von Peter Paul Rubens („Die drei Grazien" im Saal 9), Jan Brueghel (Saal 8) und Anton von Dyck (Saal 10b). Faszinierend sind u. a. die zwölf Gemälde der Apostel (Saal 8b) sowie das 1628 entstandene Porträt des spanischen Königs Felipe II. Bilder von Rembrandt zeigt der Saal 7. In den Sälen 2 und 3 sind französische Meister zu sehen, in den Sälen 4 bis 6 kann man sich italienische Malerei anschauen, darunter Arbeiten von Caravaggio (1573–1610).

Karte S. 159

Francisco de Goya im Prado

Keinem anderen Künstler ist im Prado so viel Platz gewidmet wie Francisco de Goya y Lucientes (1746–1828). Zu Recht. Goya „glaubte an das, was er gesehen, gefühlt, berührt, gehandhabt, gerochen, genossen, (...) beobachtet, geliebt, gehasst, begehrt, gefürchtet, missbilligt, bewundert, verabscheut und zerstört hatte. Natürlich hat kein Maler je all das malen können, aber er hat es versucht" (Hemingway). In den südlichen Räumen des ersten Obergeschosses sind seine besten Arbeiten zu bewundern. Es sind rund 170 Arbeiten des großen Meisters in chronologischer Reihenfolge zu sehen. Goya, der in der europäischen Kunstgeschichte als Wegbereiter der Moderne gilt, wurde 1800 zum Hofmaler ernannt. Das hinderte ihn freilich nicht daran, ein schonungsloses Gruppenporträt der Familie des Königs Carlos IV. zu malen. Es war sein letztes Gemälde eines spanischen Monarchen. Denn Goya zeigte die Königsfamilie ganz einfach, wie sie tatsächlich war und nicht – wie es sich für einen Hofmaler gehörte – wie sie sein sollte. Goya zeigte mit dieser Arbeit unverhohlen, dass er für die dekadente und ineffektive spanische Monarchie nur wenig Sympathien empfand.

Ein zentrales Werk ist auch das symbolische Gemälde „3. Mai 1808 in Madrid: Die Erschießungen in Moncloa". Die Auftragsarbeit stellt die grausame französische Unterdrückung der Patrioten dar, die nach der Eroberung Spaniens durch Napoleon am 2. Mai 1808 revoltierten. Goyas eindrucksvolles Bild ist nicht nur ein Sinnbild für den spanischen Freiheitswillen, sondern ganz allgemein ein Werk gegen Krieg und Unterdrückung. Kunsthistoriker betrachten den Malstil dieses Bildes bereits als Vorläufer des Expressionismus.

Zwei der zweifellos berühmtesten Werke Goyas sind „Die bekleidete Maja" (1798/1800) und „Die nackte Maja" (1798–1805), die nebeneinander hängen. Der Name Maja bezeichnete übrigens Madrider Frauen sozial niederer Herkunft, die sich durch eine gewisse Freizügigkeit und Ungezwungenheit auszeichneten. Bis heute streiten Kunsthistoriker darum, ob es sich bei der Frau nicht um Maria Teresa Cayetana de Silva, der dreizehnten Herzogin von Alba, handelt. Denn die beiden hatten eine kurze intime Beziehung miteinander. Auf alle Fälle musste Goya wegen der beiden freizügigen Maja-Bilder vor der Inquisition erscheinen. Die erotische Ausstrahlung der Bilder provozierte damals die Kirchenherren. Um dem Schafott zu entgehen, emigrierte er schließlich nach Bordeaux, wo er 82-jährig starb.

Wie groß die Spannweite Goyas war, zeigen die „Pinturas negras" (Schwarze Malerei), die sein Spätwerk (1819–23) ausmachen. Das berühmteste und zugleich beunruhigende Bild „Saturn verschlingt einen seiner Söhne" gehörte ursprünglich zur Dekoration im Esszimmer von Goyas Haus in Madrid. Der spätere Besitzer des Anwesens namens Quinta del Sordo (Landhaus der Tauben) am Fluss Manzanares ließ dieses Bild und andere aus der schwarzen Serie aufgrund ihres schlechten Zustands auf Leinwand übertragen und schenkte sie dem spanischen Staat. Alptraumhaft, Illustrationen für Poe oder Lovecraft, sind die pinturas negras ihrer Zeit um Welten voraus, und, bei allen Schrecken, nicht einmal ohne Optimismus.

Letztes Königsporträt von Goya

Madrid – Retiro
Karte S. 159

Zweites Obergeschoss (Gemälde von 1700 bis 1850): Die Räume 85 bis 94 sind Goya gewidmet. Hier hängen die großen, lebensfrohen Vorlagen für die Wandteppiche der königlichen Familie. Saal 91 zeigt die Vorlagen für das Ankleidezimmer des Prinzen von Asturien, 92 die für das Schlafzimmer des Thronfolgers und Saal 93 die für die Wandteppiche des Arbeitszimmers von König Carlos IV. Die Räume 80 bis 84 widmen sich der französischen, spanischen, deutschen und italienischen Malerei aus dem 18. Jh. Darunter sind Werke wie das Selbstporträt (Saal 82) von Anton Raphael Mengs (Saal 77). Im Saal 80/81 sind auch Werke der venezianischen Malerfamilie Tiepolo zu sehen. Giovanni Battista und seine Söhne Domenico und Lorenzo statteten nicht nur den Madrider Königspalast aus, sondern waren auch als Maler sehr geschätzt. Ihre Bilder sind voller Farbenpracht und kühnen Kompositionen.

Im südlichen Rundbau sind Zeichnungen von Goya ausgestellt.

Untergeschoss: In den Sälen 100 bis 102 befindet sich der sogenannte Tesoro del Delfín, eine Sammlung von Gläsern, Karaffen, Kelchen, Tassen, Tabletts etc., die dem Grand Dauphin Louis, Vater von Felipe V., dem ersten bourbonischen König Spaniens, gehörten. Das repräsentativste Stück aus der Sammlung ist der Salzstreuer aus Onyx mit einer Seejungfrau aus Gold (Saal 101).

Casón del Buen Retiro: Etwa 200 Meter östlich des Prado, in Richtung Retiro-Park, barg dieses angeschlossene Museum früher das berühmte Picasso-Werk *Guernica*, das aber seit einigen Jahren ins Centro de Arte Reina Sofía umgezogen ist. Bis zur Renovierung wurden hier spanische Künstler des 19. Jh. und 20 Jh. ausgestellt, darunter Werke von Sorolla, Rusiñol und Fortuny. Das Gebäude ist der architektonische Rest des einstigen Königspalastes Buen Retiro, der im 17. Jh. für Felipe IV. erbaut worden war. Calle Felipe IV. (Metro: Retiro).

> Derzeit wird die Dependance des Prado renoviert.

Museo Thyssen-Bornemisza

Ein Besuchermagnet des Paseo del Arte ist die Sammlung der deutschen Industriellenfamilien Thyssen-Bornemisza.

1993 kaufte Spanien die rund 800 Werke der legendären Privatsammlung des Barons Hans Heinrich für den stolzen Preis von 350 Millionen Dollar. Die spektakuläre Sammlung, untergebracht im neoklassizistischen Palacio Villahermosa am Paseo del Prado 8, erstreckte sich über drei Etagen auf einer Fläche von 1800 Quadratmetern. 2004 hat das Museum mit einem modernen Erweiterungsbau seine Fläche um mehr als die Hälfte vergrößert. In den neuen 16 Sälen werden nun die rund 220 Bilder aus der Sammlung der geltungssüchtigen Thyssen-Witwe Carmen gezeigt.

Über eine Galerie im zweiten Stock gelangt der Besucher in den neuen Museumsanbau. Zu den wertvollsten Bildern der Sammlung der einstigen spanischen Schönheitskönigin Carmen Thyssen-Bornemisza zählen Arbeiten von Alfred Sisley, Salomon van Ruysdael, Paul Gauguin und Edgar Degas. Im ersten Stock des Erweiterungsbaus sind Meisterwerke vom Postimpressionismus über den deutschen Expressionismus bis hin zu früher abstrakter Kunst zu sehen.

Für Spanien hat sich die millionenschwere Investition in die Thyssen-Sammlung gelohnt. Seit seiner Eröffnung ist das Museum ein wahrer Besuchermagnet. An Festtagen und am Wochenende bilden sich oft lange Warteschlangen. Nicht nur die permanente Sammlung, sondern auch außergewöhnliche Wechselausstellungen locken das internationale Publikum an.

> „Die Schöpferkraft des Künstlers ist ein Geschenk an die Welt. Als ich anfing zu sammeln, waren meine Augen, ein Geschenk Gottes, mein wichtigstes Kapital. Der Künstler gestaltet sein Werk nicht für die Augen eines einzigen Menschen. Als Sammler fühle ich mich verpflichtet zu teilen, indem ich es mehr als nur einem Menschen ermögliche, die Schöpferkraft des Künstlers wahrzunehmen und nachzuempfinden."
>
> *Baron Hans Heinrich Thyssen-Bornemisza*

Für einen Besuch der gesamten Sammlung sollte man mit drei Stunden rechnen. Insgesamt verfügt der Palacio über drei Etagen. Hinzu kommen zwei Etagen der Carmen-Sammlung sowie das Erdgeschoss des Neubaus für Wechselausstellungen. Es empfiehlt sich, die Besichtigung kunstgeschichtlich chronologisch im zweiten Stock des Altbaus zu beginnen:

Hier sind Werke ausgestellt, die in den 20er und 30er Jahren vom Vater des gegenwärtigen Barons zusammengetragen wurden, einem Freund alter Meister. Die zeitliche Skala reicht vom 14. bis ins 17. Jh. Vorbei an Arbeiten von Jan van Eyk gelangt man zu Renaissancekünstlern wie Ghirlandaio („Porträt der Giovanna Tornabuoni" von 1488), Hans Holbein d. J. (Bildnis von König Heinrich VIII. Von 1534–36) und Raffael, findet eine herausragende Sammlung an Werken von Dürer, Cranach, Tizian und Tintoretto, daneben auch einige Gemälde von El Greco („Verkündigung" von 1596–1600). Auch Werke des Frühbarocks

Eleganter Erweiterungsbau des Thyssen-Museums

sind im zweiten Obergeschoss zu sehen, z. B. Caravaggios Bild „Heilige Katharina von Alexandrien" (um 1597).

Der erste Stock glänzt mit Arbeiten niederländischer Künstler des 17. Jh. In fünf Sälen sind Genreszenen, Interieurs, Landschaften und Städteansichten ausgestellt. Den Übergang vom Rokoko zum Klassizismus dokumentieren Bilder wie der „Glückliche Pierrot" (um 1712) von Watteau. Die Säle 29 und 30 sind der nordamerikanischen Malerei des 18. und 19. Jh. vorbehalten. Danach werden Arbeiten von Goya und ein Spätwerk des deutschen Romantikers Caspar David Friedrich („Ostermorgen", 1833) präsentiert. Als wahre Publikumsmagneten erweisen sich die impressionistischen und spätimpressionistischen Gemälde von Manet, Renoir, Dégas, Van Gogh, Gauguin und Cézanne. Exzellent ist die Sammlung der Expressionisten im neuen Erweiterungsbau: Egon Schiele, Edvard Munch, Schmidt-Rotluff, Heckel, Pechstein, Kirchner, Nolde, Marc, Kandinsky, Beckmann, Groß, Dix, Schad etc. – kaum ein großer Name fehlt.Auch die Kunst des 20. Jh kommt nicht zu kurz, angefangen von der Jahrhundertwende bis in die 60er Jahre. Die Liste der berühmten Namen reicht hier von Chagall über Dalí, Klee und Miró bis hin zu Hopper. Besonders gut vertreten sind die Kubisten um Pablo Picasso, Georges Braque und Juan Gris. Auch andere berühmte Vertreter der experimentellen Avantgarde wie der Bauhaus-Künstler Lászlo Moholy-Nagy, Kurt Schwitters oder Piet Mondrian sind vertreten. Mit Ausnahme des Reina-Sofía-Museums sind in Madrid nirgendwo sonst so prominente Beispiele moderner Kunst zu sehen: Dazu gehören Joan Miró, der abstrakte Expressionist Jackson Pollock, der Surrealist Salvador Dalí und schließlich die Pop-Art-Künstler Robert Rauschenberg und Roy Lichtenstein.

⌚ Di–So 10–19 Uhr; Eintritt 6 €, Studenten, über 65-Jährige 4 €, Kinder unter 12 J. haben freien Eintritt; zusammen mit der jeweiligen Wechselausstellung kostet das Ticket 10 bzw. 6 €. Es gibt Audio-Guiás, die per Kopfhörer auch auf Deutsch über die Sammlung informieren.

Für das „Abono Paseo del Arte", ein Kombiticket, das auch Prado und Museo Thyssen-Bornemisza einschließt, zahlt man 7,66 € (Gültigkeit ein Jahr). Auf Wunsch werden für gesellschaftliche oder geschäftliche Anlässe Privatbesuche außerhalb der Öffnungszeiten in Begleitung eines hochqualifizierten Führers angeboten. Das Museum verfügt über eine Buchhandlung. Nächste Metrostation: Banco de España oder Atocha. Paseo del Prado 8, ✆ 91 3690151, www.mueothyssen.org.

Essen im Thyssen: Seit 2004 lässt es sich im Thyssen zu annehmbaren Preisen speisen. Das im schicken Neubau beheimatete postmoderne Restaurant serviert einfache Gerichte und Menüs. In dem muschelförmigen Lokal kann es allerdings zur Mittagszeit ziemlich laut werden.

Jardín Botanico/Botanischer Garten

Gegenüber dem südlichen Eingang des Prado, an der Plaza de Murillo, entstand auf Initiative von König Carlos III. der botanische Garten von Madrid. Der kleine Park, nur wenige Meter vom Bahnhof Atocha, ist eine sorgsamst gepflegte Oase inmitten des Verkehrsrummels. Liebhaber tropischer und subtropischer Pflanzen schätzen den Garten genauso wie viele Besucher, die den heißen Nachmittagsstunden entkommen wollen.

⌚ 10–18 Uhr, im Sommer bis 21 Uhr. Eintritt 2 €, Studenten die Hälfte. Rentner und Kinder gratis, Plaza de Murillo 2, der Eingang befindet sich gegenüber vom Prado (Metro: Atocha).

Kirche Los Jerónimos

Die Kirche mit dem gleichnamigen Kloster hinter dem Prado wurde bereits in der zweiten Hälfte des 15. Jh. gegründet. In ganz Spanien ist das Gotteshaus bekannt, weil darin der Prinz von Asturien seinen Eid ableistete, Könige proklamiert werden und königliche Hochzeiten stattfinden. Hier heiratete beispielsweise der spanische König Alfonso XIII. Victoria von Battemberg, und auch der heutigen König Juan Carlos I. wurde hier gekrönt. Mittlerweile können aber auch gewöhnliche Sterbliche in Los Jerónimos heiraten. Die Nutzung der Kirche für feierliche Akte hat eine lange Vergangenheit. Bereits 1510 rief Fernando El Católico das erste spanische Parlament hier ein. Die heutige Kirche entstand erst im 19. Jh. und ist ein Beispiel für die kastilische Neo-Gotik. Bei Redaktionsschluss war die Kirche wegen der Erweiterung des Prado geschlossen. Calle Felipe IV. (Metro: Atocha/Retiro).

Retiro-Park

Der Parque del Retiro ist die grüne Lunge Madrids. Die elegante, weitläufige Parkanlage nur wenige Meter vom Prado war einst Teil eines Königsschlosses. Heute ist der Retiro eine Freiluftbühne für Verliebte, Gestresste, Jogger, Inline-Skater, Schauspieler, Zauberer, Müßigänger, Poeten, Straßenmusiker ...

Näher an den Hauptattraktionen Madrids und leichter zu erreichen als sein westliches, viel größeres Pendant Casa de Campo, drängt sich der Retiro – seit 1868 Stadtpark – für Pausen abseits der Straßenschluchten geradezu auf. Im 17. Jh. als königlicher Park angelegt, erfreut der Retiro besonders mit dem künstlichen See Estanque, auf dem man täglich bis zum Sonnenuntergang mit gemieteten Ruderbooten herumschippern kann. Der Teich wird beherrscht

Bootsfahrt auf dem See im Parque el Retiro – ein Klassiker für Verliebte

von einem restaurierten Monument mit einem überdimensionalen Reiterstandbild von Alfonso XII. Und im nahen Velázquez-Palast und außergewöhnlichen Kristallpalast kann man Ausstellungen besuchen. Die beiden historischen Gebäude sind Außenstellen des Kunstmuseums Reina Sofía. An der Südseite des 120 Hektar großen Parks, am ansteigenden Cuesta de Moyano, trifft man auf die Feria del Libro. Hier reihen sich die Holzhäuser auf, die preiswerte Taschenbücher aus zweiter Hand, aber auch antiquarische Kostbarkeiten anbieten.

In abgelegenen Ecken des Parks kam es abends in der Vergangenheit gelegentlich zu Überfällen, obwohl die Polizei hoch zu Ross Streife reitet. Am besten den Retiro nicht nach Einbruch der Dunkelheit betreten. Der Park ist ganztägig geöffnet. Die nächsten Metro-Stationen sind Retiro und Atocha.

Plaza de Cibeles

Das Zentrum des von einer Reihe monumentaler Bauten des 18. bis frühen 20. Jh. umgebenen Platzes bildet der aus dem 18. Jh. stammende Cibeles-Brunnen, eines der Wahrzeichen Madrids. Der Brunnen zeigt die Göttin Kybele, die Beschützerin der Städte, und ist ein beliebter Treffpunkt der Fußballfans von Real Madrid nach siegreichen Spielen. Am Cibeles-Brunnen kreuzt die wichtige Calle de Alcalá den Paseo de Prado und den Paseo de Recoletos. Rund um den von Carlos III. in Auftrag gegebenen Brunnen entstanden repräsentative Gebäude: die Spanische Staatsbank, der monumentale Palacio de Communicaciones mit seiner eindrucksvollen Post-Schalterhalle, der neobarocke Palacio de Linares (in dem es angeblich spukt) und der Palacio de Buenavista, heute Sitz des Heeres-Hauptquartiers. Übrigens, im Palacio de Communicaciones ist das Museo Postal y Telegráfico untergebracht. Ausgestellt ist

„alles aus der Welt der Kommunikation", wie es im Prospekt so schön heißt, darunter Postuniformen, Briefkästen, Gerätschaften, aber natürlich auch Briefmarken aus aller Welt.

⌚ Mo–Fr 9–14 Uhr, 17–19 Uhr; Sa 9–14 Uhr, So zu. Eintritt frei. Montalbán (Metro: Banco de España).

Museo Naval: Spanien besitzt eine große Marine-Vergangenheit. Am Paseo del Prado gibt das Marineministerium einen Einblick in die große Geschichte Spaniens als Seemacht. Das Schiffsmuseum zeigt Modelle, Schiffskarten, Navigationsinstrumente etc. vom 16. bis ins 19. Jh.

⌚ Di–So 10–14 Uhr; Eintritt frei, Paseo de Prado 5 (Metro: Retiro oder Banco de España).

Einst das Ende der Stadt, heute mitten im Zentrum

Puerta de Alcalá: Madrids Wahrzeichen

Paris hat den Triumphbogen, Berlin das Brandenburger Tor und Madrid die Puerta de Alcalá. Das berühmteste Stadttor der spanischen Hauptstadt ist ein durchaus bescheidenes klassizistisches Bauwerk mit fünf Bögen aus silbergrauem Granit, tagsüber vom Verkehr umzingelt, nachts eindrucksvoll illuminiert. Hier endete zu Zeiten Carlos III. die spanische Metropole. Das eher schlichte Bauwerk wurde zwischen 1764 und 1778 nach Plänen von Francisco Sabatini aus Granit und weißen Steinen aus dem nahen Guadarrama-Gebirge erbaut und ersetzte einen früheren barocken Bogen. Die Puerta de Alcalá ist nicht nur ein historisches Monument, sondern auch ein Symbol der Aufklärung. Nicht zuletzt der Platz des Stadttors lässt daran keinen Zweifel: Plaza de la Independencía (Metro Retiro).

Cibeles-Brunnen – hier feiern die Fans von Real Madrid

Museo Nacional de Artes Decorativas: Nur ein paar Schritte weiter in der Calle Montalbán 12 (gegenüber dem Retiro-Park). Ausgestellt sind Kunsthandwerk, Keramik, Teppiche und Möbel. Die berühmtesten Exponate sind die Vase von Sèvres (ein Geschenk Napoleons III.) und eine valencianische Küche aus dem 18. Jh. mit 1500 *azulejos*.

⌚ Di–Sa 9.30–15 Uhr, So 10–15 Uhr; Eintritt 2,40 €, Studenten 1,20 €, unter 18-Jährige, für Rentner und So gratis. Montalbán 12 (Metro: Retiro oder Banco de España).

Centro de Arte Reina Sofía

Der südliche Eckpunkt des Paseo del Arte ist das Museum Reina Sofía mit seiner exzellenten Kollektion moderner Kunst. Höhepunkt und Publikumsmagnet ist Pablo Picassos Monumentalwerk „Guernica", das auf eindrucksvolle Weise an das von Deutschen verübte Massaker in der gleichnamigen baskischen Stadt zur Zeit des spanischen Bürgerkriegs erinnert.

Neben dem berühmtesten Gemälde der spanischen Kunst des 20. Jh. sind auch andere Meisterwerke von Picasso, Salvador Dalí, Joan Miró oder Juan Gris ausgestellt. Das Museo Nacional Centro de Arte Reina Sofía – so der umständliche offizielle Titel des nach der derzeitigen spanischen Königin benannten Hauses – hat sich international mit spannenden Wechselausstellungen als eine Bühne moderner Kunst etabliert.

Das gegenüber vom Bahnhof Atocha gelegene Museum ist ein Geschenk, das sich das demokratische Spanien selbst gemacht hat. Endlich sollte die unter Franco über Jahrzehnte verschmähte Avantgarde Zuhause und Bühne zugleich erhalten. Denn das 1992 offiziell eröffnete Reina Sofía ist keineswegs nur ein Museum, sondern ein Kunstzentrum im besten Sinne des Worte. Das Reina

Das Museum Reina Sofia ist wegen „Guernica" weltberühmt

Sofía ist mit Millionenaufwand erweitert worden. Ein Häuserblock, der an das Museum angrenzt, wurde mit dem bisherigen Gebäude verbunden und in das Museum integriert.

Ursprünglich war das Reina Sofía ein Hospital, das im 18. Jh. von dem Architekten José de Hermosilla und dem Italiener Francesco Sabatini entworfen wurde. Von den fünf Stockwerken sind nur der zweite und der vierte Stock für die permanente Sammlung reserviert (erreichbar am leichtesten und am schönsten über den transparenten Aufzug, der an der Nordseite des Reina Sofía errichtet wurde).

Im Erdgeschoss sind die Werkstätten, Fotolabors und ein Restaurant untergebracht, in der ersten Etage die Bibliothek, Pressezentrum, Auditorium und Säle für Wechselausstellungen. Ebenfalls für die Bibliothek, für Dokumentation sowie Fotografie- und Graphiksammlung, aber auch für Sonderschauen ist der dritte Stock reserviert. Die fünfte Etage beherbergt ausschließlich Büroräume. Im Innenhof steht eine Plastik von Alexander Calder in den Nationalfarben Spaniens.

Die ständige Ausstellung im 2. und 4. Stock

Insgesamt gibt es 17 Säle im zweiten Stockwerk rund um den Skulpturen-Innenhof, die sich der historischen Avantgarde-Bewegung widmen. Der Rundgang beginnt entgegen dem Uhrzeigersinn.

Der Saal 1 zeigt Avantgardisten in der Zeit des Umbruchs zu Beginn des 20. Jh. wie Ignacio Zuloaga oder Hermenegildo Anglada-Camarasa. José Gutiérrez Solana ist der Saal 2 gewidmet. Hier hängt eines seiner berühmtesten Bilder und zugleich Selbstporträt „La tertulia del Café de Pombo" (1920). Das Werk erinnert an die Intellektuellenzirkel in dem berühmten Madrider Café. Im Saal 3 werden die ersten Avantgardisten wie Ferdinand Léger oder Sonia Delaunay vorgestellt. Der gesamte Saal 4 ist dem Kubisten Juan Gris gewidmet. Eines seiner schönsten Werke ist das 1916 entstandene Porträt seine Ehefrau (Retrato de Josette). Als einer der wichtigsten spanischen Bildhauer des 20. Jh. gilt Pablo Gargallo, dessen Werke im Saal 5 vorgestellt werden. Das Herzstück der Sammlung sind die Werke von Pablo Picasso, allen voran das 1937 entstandene Monumentalgemälde Guernica im Saal 6.

Guernica: Ein Fanal gegen den Krieg

„Guernica“ zählt weltweit zu den berühmtesten Werken der Malerei des 20. Jh. Das riesige Gemälde von Pablo Picasso (1881–1973) entstand unter dem Eindruck der vielen Todesopfer, welche die Bombardierung des friedlichen Baskenstädtchens durch die deutsche Fliegerstaffel „Legion Condor“ gefordert hatte. Das Massaker der Hitler-Soldaten zeigt exemplarisch die Grausamkeit und Unsinnigkeit des Krieges. Das zwischen 1. Mai und 4. Juni 1937 in Paris entstandene Bild ist ein aufrüttelndes Werk, das die ganze Grausamkeit des 20. Jh. allegorisch darstellt. Seit Goya hat kein anderer Künstler Spaniens Inhumanität, Bestialität und Abnormität des Krieges so bedrückend-intensiv dargestellt wie Picasso. Das 3,5 Meter hohe und fast 8 Meter lange Gemälde hatte ein lange Reise hinter sich, bevor es in Picassos Heimatland gezeigt werden konnte. Bis 1981 hing „Guernica“ im New Yorker Museum of Modern Art: Picasso, engagierter Gegner des Faschismus, insbesondere der Franquisten, hatte gefordert, das Bild Spanien erst nach der Rückkehr zur Demokratie wiederzugeben. Der 1973 im französischen Mougins gestorbene Künstler konnte diese Heimkehr nicht mehr selbst erleben. Im Juli 1992 erfolgte der nicht unumstrittene Umzug vom Casón del Buen Retiro (beim Prado) in die zweite Etage des Centro Reina Sofía. Auch hier wird das weltberühmte Werk gegen Krieg und Barbarei aus Angst vor rechtsextremen Anschlägen wieder durch Panzerglas und Wachmänner geschützt.

Der Saal 6 führt beispielhaft die verschiedenen Schaffensperioden Picassos vor. Ein Beispiel der blauen Periode (1901–1904) ist das Ölbild Mujer en azul (1901). Aus seiner kubistischen Schaffenszeit (1908–1916) wird Naturaleza muerta (1912) gezeigt. Auch sind hier einige eindrucksvolle Plastiken des gebürtigen Andalusiers zu sehen, beispielhaft die über zwei Meter hohe Skulptur La mujer en el jardin (1929–30) oder La dama oferente (1933) oder das überlebensgroße Werk El hombre del cordero (1943).
Ein ganz großer Name spanischer Kunst ist Joan Miró, dem der Saal 7 gewidmet ist. Der 1893 geborene und in Palma de Mallorca 1983 gestorbene Surrealist entwickelte bereits zu Beginn der 20er Jahre frei bewegte Kompositionen verschiedenster Ideogramme, die sein Werk ausmachen sollte. Ein Beispiel dafür ist der Hombre con pipa (1925) oder das 1938 entstanden Retrato II . Julio González (1876–1942) wandte sich – gefördert von Picasso – seit 1910 der Eisenplastik zu. Im Saal 8 sind Beispiele seiner chimärenähnlichen Metallkonstruktionen, die sein Werk ab 1927 auszeichnen, zu sehen: Mujer sentada (1935) und Cabeza llamada „El conejo“ (1930). Im Saal 9 sind andere in-

ternationale Vertreter des Surrealismus: Skulpturen von Alexander Calder oder Bilder von Jean Arp und Vassily Kandinsky. Ein Publikumsmagnet ist der Saal 10 mit Meisterwerken des spanischen Surrealisten Salvador Dalí (1904–1989). Hier hängen so bekannte Bilder wie Muchacha en la ventana (1925), das seine Schwester Ana María Dalí am Fenster mit Blick aufs Meer zeigt, oder El gran masturbador (1929), das die sexuellen Obsessionen zum Ausdruck bringt. Dem Surrealismus ist ebenfalls der Saal 11 gewidmet. Eindrucksvoll die bemalte Plastik von Man Ray und Salvador Dalí Retrato de Joella (1933–34) sowie Werke von Oscar Domínguez, Max Ernst oder René Magritte. Einer der größten Filmregisseure des Surrealismus ist der Spanier Luis Buñuel, der mit Un perro andaluz (zusammen mit Dalí, 1929) und La edad de oro (mit Dalí, 1930) zwei Klassiker dieser Kunstrichtung geschaffen hat. Im Saal 12 wird sein Schaffen vorgestellt. Der Saal 13 stellt die spanischen Kunst der 20er und 30er Jahre vor, interessant La verbena (1927) der galicischen Malerin Maruja Mallo. Im Saal 14 wird Luis Fernández und im Saal 15 werden die Benjamín Palencia und Albert Sánchez von der escuela de Vallecas vorgestellt. Der Saal 16 ist der spanischen Skulptur vorbehalten, Joan Miró, Angel Ferrant u. a. Im Saal 17 wechseln die Exponate aus dem Archiv des Museums.

Die vierte Etage ist der spanischen Nachkriegskunst vorbehalten. Manche Besucher verzichten auf eine Besichtigung dieses Stockwerkes, denn mit wenigen Ausnahmen fehlen in dieser Sammlung die international prominenten Namen. Doch gerade die Möglichkeit der Neuentdeckungen macht den Reiz dieser permanenten Kollektion aus.

In den Sälen 18 und 19 werden Figuración und Avantgarde-Gruppen vorgestellt, beispielsweise Personaje (1950) von Antoni Tàpies. Dem Beginn der Abstraktion sind die Säle 20, 21, 22 und 23 gewidmet, darunter das wegweisende Triptico (1960) der Equipo 57 oder Medio Este (1953) des abstrakten Expressionisten Esteban Vicente, dem übrigens in Segovia ein eigenes Museum gewidmet ist. Die Säle 24 bis 35 sind dem Thema „spanische Avantgarde im Kontext mit der europäischen Avantgarde" vorbehalten. Im Saal 24 sind Werke des 1992 in Madrid gestorbenen Francis Bacon und von Henry Moore zu sehen. Der einflussreiche Yves Klein wird im Saal 25 vorgestellt. Im Saal 29 wird der wichtige Vertreter des spanischen Informalismo, Antonio Saura, gezeigt. Nach dem Saal 30 mit Exponaten des Vertreters informeller Kunst, Jean Dubuffet, und des für seine monochromen Bilder berühmten Yves Klein werden im Saal 31 spanische Realisten wie López García mit seinem Madrid visto desde el Cerro el Tío Pío (1962/63) ausgestellt. Eine der zentralen Figuren der plastischen Kunst ist Eduardo Chillida (Saal 32). Mario Merz, einem Vertreter der arte povera, ist u. a. der Saal 33 gewidmet. Die Säle 34 und 35 führen in das Werk des wichtigen spanischen Künstlers Antoni Tàpies ein, der 1948 Mitbegründer der Gruppe „Dau al Set" war. Ein typisches Werk des vom Surrealismus beeinflussten Künstlers ist die Superposición de materia gris (1960). Die Säle 36 bis 39 stellen spanische Künstler der Abstraktion, Pop-Art und Narración figurativa vor. Im Saal 37 ist beispielsweise das ironische Pop-Werk Pintar es como golpear (1972) von Equipo Crónica zu sehen; im Saal 39 das beziehungsreiche, witzige Bild Caballero cubista con lágrimas von Luis Gordillo.

Die Säle 42 und 42 widmen sich dem Werk des bekannten baskischen Bildhauers Eduard Chillida. Eine seiner monumentalen Plastiken steht auch vor dem Bundeskanzleramt in Berlin. Die neuesten Kunstrichtungen zeigen die Sälen 40, 41, 44 und 45. Darunter sind Fotografien des Düsseldorfers Thomas Ruff (Saal 40) und seines Kollegen Thomas Struth (Saal 45), aber auch Arbeiten von Miquel Barceló und Gerhard Richter (Saal 45)

⌚ Mo–Sa 10–21 Uhr, So 10–14.30 Uhr; Di geschlossen. Eintritt 3 €, Studenten 1,50 €. Der Eintritt ist am Samstag ab 14.30 Uhr und am Sonntag umsonst. Jugendliche unter 18 Jahren und Rentner über 65 Jahre gratis. Für das „Abono Paseo del Arte", ein Kombiticket, das auch Prado und Centro de Arte Reina Sofía einschließt, zahlt man 7,66 € (Gültigkeit ein Jahr). Dem Besucher stehen Audio-Guiás für 3 € zur Verfügung, die per Kopfhörer über die Sammlung informieren. Das Museum besitzt neben einer Cafeteria auch ein nicht unbedingt preiswertes Restaurant. Ausstellungshinweise im Internet: www.museoreinasofia.mcu.es. Santa Isabel 52 (Metro: Atocha).

Atocha

Madrids größter und wichtigster Bahnhof ist heute ein Beispiel für die gelungene Verbindung zwischen alter und moderner Architektur. Die riesige Jugendstil-Wartehalle verwandelte der renommierte spanische Architekt Rafael Moneo in einen riesigen Palmengarten: Nirgendwo ist Warten schöner als in der Oase von Atocha.

Traurige Berühmtheit erlangte Atocha wegen des Blutbades vom 11. März 2004. Die Bombenanschläge islamistischer Extremisten auf vier Vorortzüge kosteten 191 Menschen das Leben, vor allem Studenten, Arbeiter und Immigranten zählten zu den Opfern. Rund 2000 wurden verletzt. Ein Mahnmal erinnert an die Bluttat.

Bahnhof Atocha: eine architektonische Meisterleistung

Madrid – Retiro
Karte S. 159

In der Real Fabrica de Tapices ist alles noch Handarbeit

Das alte Bahnhofsgebäude – eine Konstruktion aus Glas und Eisen – entstand zwischen 1888 und 1892. In den 1980er Jahren war Atocha dem gestiegenen Verkehrsaufkommen des boomenden Madrid nicht mehr gewachsen. Mehr Fahrgäste, neue S-Bahnlinien und Serviceeinrichtungen stellten ganz andere Ansprüche an das Gebäude. Zehn Jahre wurde die Kathedrale der spanischen Eisenbahn aus Ziegelstein zu einem modernen, leistungsfähigen Verkehrszentrum um- und ausgebaut, das seine alten Reize bewahrt und neue hinzugewonnen hat. Ein hoher Säulenwald stützt das riesige Dach über den Gleisen. Von hier fahren beispielsweise die Hochgeschwindigkeitszüge nach Sevilla (AVE) ab, aber auch die Cercanías (S-Bahn) nach Toledo, Aranjuez oder Alcalá de Henares ab. Herzstück des Bahnhofs ist die alte Bahnhofshalle. Die elegante Konstruktion aus Eisen und Stahl mit 150 Meter Länge und fast 30 Metern Höhe hat der Architekt Rafael Moneo in einen tropischen Wald verwandelt. Riesige Luftbefeuchter über Farnen und Bananenstauden sorgen für ein tropisches Klima mit einer konstanten Temperatur von 24 Grad. Cafés, Schalter und Wartesäle flankieren den einmaligen Bahnhofsgarten. Täglich geöffnet, Eintritt frei.

Arabisches Bad

Unweit der Bahnstation in der Calle Atocha 14 kann der Besucher sich dem Genuss eines arabisches Bades hingeben. Die jahrhundertealten Kammern einer unterirdischen Zisterne wurden im Mudejarstil wieder hergestellt. Auf einer Fläche von 500 Quadratmetern gibt es Bäder mit Fußheizung, türkische Bäder und sogar einen Enthaarungsraum. Im oberen Stock des Hamam Medina Mayrit werden Tee und andalusische Gerichte serviert.

⌚ Tägl. 8–24 Uhr. Eintritt 22,50 €. Reservierung unter ✆ 902333334.

Feria de los Libros (Straße der Buchantiquariate)

Unmittelbar neben dem Landwirtschaftsministerium aus der Belle Époque, wo sich die Straßen Claudio Moyano und Para José Quer kreuzen, steigt die Straße an.

An der südlichen Begrenzung des Botanischen Gartens stehen seit Jahrzehnten die braunen Holzbuden der Buchantiquariate. Ab dem späten Vormittag bis zum Abend wird Welt- und Schundliteratur präsentiert. Auch wenn man des Spanischen nicht mächtig ist, macht es Spaß, sich die oft antiquarischen Bücher anzusehen. Vielleicht findet man ja einen preiswerten Bildband ... (Metro: Atocha).

Jenseits des Bahnhofs Atocha

Museo Nacional de Antropología: Das anthropologische Museum am Paseo Infanta Isabel 11, östlich unweit des neuen Bahnhofs Atocha, wurde bereits 1875 von König Alfonso XII. eröffnet. Das spätklassizistische Gebäude zeigt Völkerkundliches aus aller Welt und natürlich vor allem aus den ehemaligen Kolonien Spaniens. Zu den eher seltsamen Exponaten gehört ein Skelett des „Gigante extremeño". Dabei handelt es sich um die Überreste des im Alter von 26 Jahren am 31. Dezember 1875 gestorbenen Augustín Luengo Capilla, der aufgrund einer seltenen Krankheit eine Körpergröße von 2,35 Meter erreichte.
⌚ Di–Sa 10–19.30 Uhr, So 10–14 Uhr; Eintritt 2,40 €, Studenten 1,20 €, Samstagabend und Sonntagvormittag gratis. Alfonso XII. 68 (Metro: Atocha Renfe).

Madrid – Retiro
Karte S. 159

Real Fábrica de Tapices: Meisterwerke aus Wolle und Seide

In einem nüchternen, verkehrsumtosten Viertel östlich vom Bahnhof Atocha steht in der nach dem baskischen Dorf benannten Straße Fuenterrabia ein eher trauriges, unscheinbares Fabrikgebäude. Hinter den braunroten Ziegelsteinen verbirgt sich die Real Fábrica de Tapices. Die königliche Wandteppichfabrik, gegründet 1721, zählt zu den berühmtesten in Europa. Schon Francisco Goya arbeitete für die noble Manufaktur und liefert bis heute die Vorlagen für die Textilkunstwerke. Die Real Fábrica de Tapices, früher an der Puerta de Santa Barbara zu Hause, stellt bis heute Teppiche und Gobelins her. Den Besucher erwartet daher kein Museum, sondern eine außergewöhnliche Manufaktur. Hier kann man die Sticker, Weber und Zeichner bei ihrer außergewöhnlichen Arbeit beobachten. Heutzutage werden nur noch 50 Kunsthandwerker beschäftigt. Die Kundschaften für die aufwendig hergestellten und deshalb auch teuren Teppiche ist klein. Neben dem spanischen Königshaus und staatlichen Einrichtungen gehören vermögende Privatleute zum erlesenen Kundenstamm. Ein Quadratmeter Wandteppich kostet – je nach Aufwand und Material – rund 9000 €. Die königliche Fabrik beschäftigt sich aber auch mit komplizierten Restaurierungsarbeiten und ist zugleich Ausbildungsstätte.
⌚ Tägl. Mo–Fr 10–14 Uhr, August geschlossen. Eintritt 2,50 €. Fuenterrabia 2 (Metro: Menéndez Pelayo oder Atocha Renfe).

Panteón de Hombres Ilustres: Nur ein paar Meter von der Real Fábrica de Tapices trifft man auf das merkwürdige von einem kleinen Park umgebene

Madrid pompös: der Panteón de Hombres Ilustres

Gebäude. Das im byzantinischen Stil des späten 19. Jh. erbaute Pantheon beherbergt eine Reihe berühmter Madrider Politiker der vergangenen 200 Jahre. Die Denkmäler sind teilweise in einem pompösen Stil errichtet.

⌚ Tägl. 9–19 Uhr, Okt.–März 9.30– 18 Uhr. Eintritt frei. Calle Gayarre (Metro: Menéndez Pelayo oder Atocha Renfe).

Museo Ferrocarril: Für Eisenbahnfans Pflicht – in einem ehemaligen Bahnhof am Paseo de las Delicias 61 präsentiert dieses Museum alles rund um die Schiene. Insgesamt sind 30 Züge zu sehen. Übrigens, die 1880 errichtete *Estación de las Delicias* selbst ist eine Sehenswürdigkeit. Der Bahnhof gilt als eines der bedeutendsten Beispiele für die Stahlarchitektur des 19. Jh.

⌚ Di–So 10–15 Uhr. Eintritt 3,50 €, Stud./Rentner 2 €, Sa gratis, Paseo de las Delicias 61 (Metro: Delicias).

Essen/Trinken

Bars/Cafés

Parque del Retiro (6), der Stadtpark besitzt eine Reihe von Cafés, in denen vortrefflich die heißen Nachmittagsstunden überstanden werden können. Das hat natürlich seinen Preis. Die kühlen Getränke sind oft teurer als in mancher eleganten Bar. Zum Mittagessen eignen sich die Cafés nicht, da die kleinen Pavillons über keine Küche verfügen und lediglich ein paar Aperitifs wie Oliven, Kartoffelchips oder ein Sandwich reichen.

Café La Plateria (11), wo die Altstadt-Gasse Huertas auf den Paso del Prado trifft, öffnet sich die kleine Plaza de Platerias del Martinez. Dieser schmucke Platz, der von einer Steinbüste des Denkers Vazquez de Mella beherrscht wird, ist die Adresse des gleichnamigen Cafés. Hier kann man vorzüglich frühstücken und in die Morgensonne blinzeln. Bekannt ist die relativ preiswerte Bar auch für ihre gute Weinauswahl. Abends ist das kleine Straßencafé ein beliebter Treffpunkt.

La Esquina de Café (10), bekannt für sein hausgemachtes Eis. Auch Kaffeespezialitäten mit Alkohol im Angebot. Huertas 70.

Restaurants

Restaurant La Gamella (1), eine feine Adresse an der viel befahrenen Straße Alfonso XIII., wenige Meter von der Puerta de Alcalá. Für Liebhaber der kreativen spanischen Küche ein exzellentes, aber nicht unbedingt preiswertes Restaurant. Alfonso XIII. 4, ✆ 915324509.

Restaurant Horcher (2), seit weit mehr als einem halben Jahrhundert eines der besten Restaurants in Madrid für den, der vornehm essen gehen möchte und die mitteleuropäische Küche schätzt. Spezialisiert auf Wildgerichte. Elegantes Ambiente und entsprechende Preise. Älteres, konservatives Publikum. Während des Zweiten Weltkrieges war das Horcher Treffpunkt von Nazi-Spionen. Alfonso XIII. 6, ✆ 915220731.

Tipp! Restaurant Edelweiss (4), Wer einen Madrileño nach einem Restaurant mit deutscher Küche fragt, wird keine schnelle Antwort bekommen. Nach einer Weile fällt den meisten doch das Edelweiss gleich hinter dem Parlament (Cortes) ein. Tatsächlich pflegt dieses angenehme Haus deutsche

Küche, aber man kann natürlich auch spanisch hier essen. Das Menü kostet mittags rund 18 €. Manchmal sind auch bekannte Politiker oder berühmte Schauspieler unter der Gästen. Das Teatro Zarzuela ist gleich um die Ecke. Jovellanos 7 (Banco de España).

Restaurant Errota-zar (3), nur ein paar Schritte vom Edelweiss entfernt. Das schöne Bürgerhaus ist in die Jahre gekommen, jedoch nicht die baskische Regionalküche. Stammgäste schätzen besonders die Fischgerichte. Jovellanos 3 (Banco de España).

Restaurant Viridiana (5), Gourmet-Lokal, von dem kinobegeisterten Besitzer nach einem Film des spanischen Regisseurs Luis Buñel benannt. Das feine, dennoch gemütliche Restaurant mitten im Retiro-Viertel – wenige Schritte vom Park – ist über Madrids Stadtgrenzen hinaus für seine neue kastilische Küche bekannt. Nicht nur Madrilenen, sondern auch viele Ausländer schätzen die kreative Küche. Das hat allerdings seinen hohen Preis. Juan de Mena 14, ✆ 915234478.

Hotels

(→ Karte S. 159)

Rund um den Retiro-Park und den Prado gibt es nur wenige Hotels. Die wenigen Herbergen zählen zu den schönsten, aber auch teuersten der Stadt.

***** **Hotel Ritz (7),** Der weiße Hotelpalast, gegenüber vom Prado, wurde persönlich von César Ritz und dem spanischen König Alfonso XIII. überwacht. Als das Ritz 1910 seine Pforten öffnete, waren die Gäste begeistert. Daran hat sich bis heute nichts geändert. Die diskrete Eleganz und die unschlagbare Lage bescheren dem Ritz noch heute eine ungebrochene Popularität. Es ist der Klassiker unter den Madrider Hotels. Allerdings ist der Service längst nicht immer perfekt. Und das teure Restaurant ist eher mittelmäßig. Doch noch immer feiert die Madrider Oberschicht im Ritz Hochzeiten und Silvester. DZ ab 700 €. Im Internet lassen sich die Zimmer vor allem im Sommer für weitaus weniger Geld mieten. Mehr Informationen unter www.ritzmadrid.com. Plaza de la Lealtad 5, ✆ 91 7016767, 📠 91 7016776 (Metro: Atocha).

***** **Hotel Villa Real (8)**, Nobel-Hotel gegenüber dem spanischen Parlament, der Cortes. Es ist wohl weniger berühmt als seine prominenten Nachbarn Ritz und Palace, aber an Komfort und Ausstattung fehlt es hier an nichts. Viele Zimmer sind mit Antiquitäten möbliert, die Bäder aus Marmor. Dieses Belle-Époque-Hotel mit seiner freundlichen Atmosphäre liegt ideal: Zu den berühmten Museen, aber auch zum Nachtviertel Huertas sind es nur ein paar Schritte. Viele Politiker und Intellektuelle unter den Gästen. Die stilvollen Zimmer sind mit zahlreichen Details ausgestattet, einige sogar mit Balkon (am besten im obersten Geschoss) und tollem Blick auf den Paseo del Prado. DZ ab 360 € (am Wochenende und im Hochsommer rund die Hälfte). Plaza de las Cortes 10, ✆ 914203767, 📠 914202547, www.derbyhotels.com (Metro Sevilla oder Atocha).

Tipp! ***** **Hotel Palace (9)**, für viele das beste Hotel der Stadt. Wenn es eine Konkurrenz für das Ritz gibt, so ist es das zur Hotelkette Westin gehörende Palace. Das bereits 1912 errichtete Gebäude mit seinen 440 Zimmern wurde 1997 umfassend renoviert. An modernem Komfort und auch an Glanz der Belle Époque (14 m hohe Kristallkuppel) fehlt es hier nicht. Der Luxus hat natürlich seinen Preis. DZ ab 450 €, Preis für Suiten auf Anfrage. Über Reiseveranstalter lassen sich die Zimmer jedoch weit günstiger bekommen. Plaza de las Cortes 7, ✆ 913608000, 📠 913608100, www.palacemadrid.com (Metro: Sevilla oder Atocha).

**** **Hotel Nacional (12)**, am Paseo del Prado. Die Belle-Époque-Fassade mit dem mächtigen blauen NH-Zeichen ist nicht zu übersehen. Das relativ neue Hotel (im Erdgeschoss ein McDonald) wird bei Touristen vor allem wegen seiner Lage geschätzt (der Prado ist schräg gegenüber). Der Verkehrslärm wird dafür in Kauf genommen. Die modernen Zimmer sind mit Aircondition, Fernsehen und Minibar ausgerüstet. Das Hotel verfügt übrigens über einen Wäschedienst. DZ rund 220 €. Auch auf Last-Minute-Angebote achten. Paseo del Prado 48, ✆ 914296629, 📠 913691564 (Metro: Atocha).

*** **Hotel Sur (15)**, praktisches Stadthotel der NH-Gruppe, gegenüber dem Atocha-Bahnhof. Es wird von Geschäftsleuten und Kunstreisenden gleichermaßen geschätzt. Die Zimmer sind geschmackvoll und modern eingerichtet, zuletzt 1997 renoviert. Das Hotel liegt am viel befahrenen Paseo Infanta Isabel. Wer sich ein Ruhepause gönnen möchte: Zum Retiro-Park sind es nur wenige Meter. DZ ab 180 €. Paseo Infanta Isabel 9, ✆ 91399400, 📠 914670996 (Metro: Renfe Atocha).

** **Hotel Mediodia (14)**, neben dem Reina Sofía und gegenüber vom Bahnhof Atocha liegt das Mediodia, das noch Belle-Époque-Atmosphäre versprüht. Bei dieser zentralen Lage sollte man allerdings nicht allzu viel Ruhe erwarten. Am besten sind die Zimmer nach hinten hinaus. Die vorderen zum Bahnhof haben raumhohe Fenster und bieten einen schönen Blick. Funktional eingerichtet. Plaza del Emperador Carlos V 8, DZ 69 €, ✆ 915273060, 📠 915307008 (Metro: Atocha).

* **Hostal Fernandez (13)**, ein Domizil für Kunstliebhaber mit kleinem Budget, das Hostal liegt am großen Platz vor dem Reina Sofía. Die Pension (benannt nach dem Nachnamen ihrer Besitzerin José Maria) ist in einem rosa Gebäude im 1. Stock untergebracht. Obwohl es auf dem Platz keinen Verkehrslärm gibt, ist es ziemlich laut. DZ 40 €. Sánchez Bustillo 3, ✆ 915308111 (Metro: Atocha).

Paseo de Recoletos: eine der schönsten Flaniermeilen in Madrid

Salamanca

Salamanca war seit jeher etwas Besonderes. Kein anderes Stadtviertel Madrids strahlt mehr Großbürgerlichkeit aus als die schachbrettartig angelegten Straßenzüge östlich der Verkehrs- und Geschäftsallee Castellana. Wer es in der Hauptstadt zu etwas gebracht hatte, ließ sich in einem der eleganten Häuser nieder.

Auch wenn der bourgeoise Charme Salamancas in den letzten Jahren etwas verblasst ist – noch zählt die Gegend zur nobelsten der Hauptstadt. Nicht zuletzt Prinzessin Elena, Tochter des spanischen Königs Juan Carlos, bezog nach ihrer Heirat mit Jaime de Marchillar eine großzügige Wohnung in Salamanca. Und die breite Allee Serrano sowie die kleinere Querstraße Ortega y Gasset gehören zu den elegantesten Einkaufsstraßen des Landes: Loewe, Adolfo Dominguez, Roberto Verino ... kein spanischer Modedesigner fehlt.

Vor allem an Werktagabenden schlendert das vornehme Publikum über die repräsentative Stadtallee. Serrano hat nicht nur die feinsten Bekleidungsläden, sondern auch vorzügliche Möbel- und Dekorationshäuser und verlockende Delikatessenläden. In den vielen alteingesessenen Cafés und Restaurants wie „Embassy" oder „Mallorca" ist nur selten ein Platz zu bekommen. Auch viele Ausländer schätzen das Einkaufsparadies zwischen Calle Serrano und Calle Velázquez. Nicht zuletzt die zahlreichen Botschaften, internationalen Banken sowie Versicherungen sorgen für ein kaufkräftiges Publikum.

Einst war das Barrio Salamanca eine Hochburg der Franquisten. Diese Zeiten sind längst vorbei. Doch noch immer weht hier ein konservativer Geist, auch

wenn das Stadtviertel heutzutage viel heterogener ist als noch vor Jahrzehnten. Im Gegensatz zum Centro oder Moncloa geht es am Wochenende ruhig zu. Viele der vermögenden Bewohner des Viertels verbringen die freien Tage im eigenen Landhaus in der Provinz Toledo oder in den Bergen von Madrid. Zudem sind viele Bars und Restaurants sonntags sowieso geschlossen.

Salamanca ist jedoch mehr als eine elegante Einkaufsmeile. Hier haben drei wichtige Madrider Museen ihren Sitz: das Archäologische Museum mit der Spanischen Nationalbibliothek, das Kunstmuseum Lázaro Galdiano mit einigen hervorragenden Goyas und an der Peripherie des Viertels die verträumte Künstlervilla des Impressionisten Joaquín Sorolla (1863–1923).

Plaza de Colón

Der „Kolumbusplatz“ (Metro: Colón) mit der entsprechenden Statue markiert den Übergang des Paseo Castellana in den Paso de Recoletos. Hier kreuzen sich die noblen Einkaufsmeilen Goya und Serrano. Ursprünglich war der Platz von vornehmen Stadtpalästen umgeben. Doch längst haben Hochhäuser und Bürogebäude sich breit gemacht. Die Plaza de Colón wird heute von den sogenannten Jardines del Descubrimiento de América beherrscht. Es handelt sich dabei um vier überdimensionale Skulpturenblöcke, die der Künstler Joaquín Vacquero Turcios 1976 geschaffen hat. Ein originelles Beispiel moderner Madrider Architektur ist das unterirdische städtische Kulturzentrum, das sich durch eine Art Wasserwand zur viel befahrenen Castellana abgrenzt. Übrigens fahren in einer unterirdischen Haltestelle die Busse zum Airport ab.

Museo de Cera: Spanischer Geschichtsunterricht in Wachs

Das Wachsfigurenmuseum in der Südwestecke der Plaza Colón ist nicht gerade preisgünstig, lohnt sich aber für denjenigen, der die spanische Geschichte auf kuriose Weise kennen lernen möchte. Die Galerie der Wachsfiguren reicht über Fernando el Católico, Carlos III., den Diktator Franco bis zum heutigen Kronprinzen Felipe. Für Kunstliebhaber wurde Goyas Gemälde vom 3. Mai 1808, die Exekution spanischer Patrioten durch französische Besatzungstruppen im Stadtteil Moncloa, eindrucksvoll nachgestellt. Daneben gibt es auch zahlreiche Intellektuelle und Künstler in Wachs zu bestaunen. Ein eher bizarr-schauriges Erlebnis, die Terror-Säle, welche berühmte Mörder anschaulich präsentieren.

⌚ Täglich 10–14.30, 16.30–20.30 Uhr; Eintritt 12 €, Kinder bis 7 J. und über 60-Jährige 6 €. Paseo de Recoletos 41, ✆ 91300825 (Metro: Colon).

Museo Lázaro Galdiano

In der feinen Einkaufsstraße Serrano – wo die Geschäfte allmählich weniger und die Botschaften zahlreicher werden – steht in einem malerischen Garten die opulente Villla „Parque Florido" des kunstbegeisterten und weltoffenen Finanziers und Publizisten José Lázaro Galdiano (1862–1947), der sein Vermögen mit Diamanten und Saphiren machte. Die private Kunstsammlung zählt zu den wichtigsten in Spanien und wurde bereits 1951 der Öffentlichkeit zugänglich gemacht.

Die Sammlung umfasst 5000 Kunstwerke, die Lázaro Galdiano in einem halben Jahrhundert zusammengetragen hat. Eigentlich ist das reich ausgestattete Gebäude als Beispiel großbürgerlichen Wohnens allein schon einen Besuch wert. Das selbst unter Madrileños wenig bekannte Museum verfügt über wahre Meisterwerke von Hieronymus Bosch, Brueghel, Cranach, Tiepolo und anderen berühmten niederländischen und deutschen Künstlern. Im Mittelpunkt der auf vier Etagen verteilten Sammlung stehen jedoch die Werke von Velázquez, El Greco (Saal 7: Porträt des Heiligen Franziskus, Murillo, Zurbarán, Claudio Coello und Ribera. Daneben gibt es auch schönes Kunstgewerbe von der griechischen Periode bis zur Neuzeit zu sehen.

Der eigentliche Besuchermagnet des Museums sind die Bilder Goyas. In der Villa sind mehr als ein Dutzend Werke des großen Meisters versammelt – die größte Goya-Sammlung außerhalb des Prado, auch wenn die Herkunft der Bilder nicht ganz unumstritten ist. Im Mittelpunkt stehen die Malerien der Alameda de Osuna. Die kleinen Bilder wie „Der große Ziegenbock" oder die

„Szene der Hexerei“ dienten einst als Dekoration in der sogenannten Alameda de Osuna, wo die Herzöge gleichen Namens einen Landsitz hatten.

Ⓣ Mo–So 10–16.30 Uhr, Di geschlossen; Eintritt 4 €, Studenten 3 €, Kinder unter 12 J. gratis. Calle Serrano 122 (Metro: Rubén Darío oder Nuñez de Balboa). Der Besuch des Parks ist kostenlos. In einem der Nebengebäude der Villa hat die Kunstzeitschrift „Goya“ ihren Sitz.

Die Plaza de Colón ist ein Verkehrsknotenpunkt

Museo Arqueológico

Das Archäologische Museum an der Calle Serrano 13, südöstlich der Plaza de Colón, ist eine der bedeutendsten Sammlungen der Stadt. Es wurde 1867 von Isabella II. gegründet und ist seit mehr als 100 Jahren im Gebäude der spanischen Nationalbibliothek beheimatet. Das Museum wird immer wieder einmal umstrukturiert, demnächst soll im 1. Obergeschoss eine Abteilung mit modernen Ausgrabungen eröffnet werden. Die derzeitige Sammlung zeigt die Kulturgeschichte Spaniens von der Steinzeit bis in die Neuzeit auf zwei Ebenen. Im Garten ist eine unterirdische künstliche Höhle nachgebaut worden, in der Reproduktionen der Wandgemälde von Altamira (Kantabrien) zu sehen sind, die vor 15.000 Jahren entstanden.

Am besten beginnt man einen Rundgang im Untergeschoss, das Exponate aus prähistorischer Zeit und aus der Hochzeit der Ägypter und Griechen präsentiert. Das Erdgeschoss befasst sich mit dem iberischen und römischen Spanien und der Zeit des islamischen Andalusiens bis zur Gotik. Höhepunkte sind hier die iberischen Originalbüsten der „Dama de Elche“, „Dama de Baza“ und „Dama del Cerro de los Santos“, die Sammlung römischer Mosaiken und die westgotischen Votivkronen.

Ⓣ Di–Sa 10–19.30 Uhr, So 10–14 Uhr; Eintritt 2,40 €, Studenten 1,20 €, Jugendliche unter 18 J. und Rentner ab 65 J. gratis.

Auditorio Nacional de Música

Ein großer architektonischer Wurf war die Madrider Philharmonie im Norden Salamancas nicht. Der eher nüchterne, formalistische Backsteinbau auf einem Granitsockel an der viel befahrenen Straße Príncipe de Vergara wurde 1989 eingeweiht und ist Sitz des spanischen Nationalorchesters. In Sachen Akustik ist das fast 2300 Sitze fassende Auditorium erstklassig. Geschwungene Decken aus

Walnussholz sind kaskadenförmig angebracht. Und die zahlreichen Balkone dienen zur harmonischen Schallausbreitung. Übrigens, selbst die Sala Cámara bietet noch über 700 Gästen Platz. Alles, was Rang und Namen in der klassischen Musik hat, machte und macht hier Station. Im musikverliebten Madrid sind die Konzerte schnell ausverkauft. Auch die Königsfamilie zählt zu der Stammkundschaft des Konzertsaals. Die Tickets gibt es ab 10 €. Karten an der Kasse (✆ 913370100) oder im Kaufhaus El Corte Inglés. Príncipe de Vergara 146 (Metro: Cruz de Rayo).

Joaquín Sorolla: Der Maler des Lichts

Kaum ein anderer spanischer Maler des Impressionismus ist so populär wie der in Valencia geborene Joaquín Sorolla y Bastida (1863–1923). Natürlich können seine zutiefst mediterranen Werke in den großen Museen der Welt bewundert werden. Doch nirgendwo wird man den Künstler, der in Spanien einst die Freiluftmalerei einführte, besser kennen lernen als seiner eigenen Villa. Heute ist der kleine Palast mit seinem idyllischen Gärtlein ein Museum, das ausschließlich Sorolla gewidmet ist. Der Besucher betritt keine sachlichen Ausstellungsräume, sondern teilweise mit Originalmöbeln eingerichtete Salons, das Atelier, die Küche und das Esszimmer des schon zu Lebzeiten höchst erfolgreichen Malers. Hier hat man die stimmungsvolle Gelegenheit, die schönsten der heiteren, luftigen Werke des „Malers des Lichts" zu betrachten, z.B. drei 1909 entstandene Bilder, die als repräsentativ für das Werk Sorollas gelten können: „Paseo a orillas del Mar", „La hora del baño" und „Depues del baño, Valencia". Der kleine Palast wurde nach Entwürfen Sorollas errichtet und von ihm zwischen 1910 und 1919 als Wohnhaus und Atelier benutzt. Bereits 1931 wurde das Haus auf Wunsch seiner Witwe als Museum genutzt. Die Liebe des Malers zu Andalusien erkennt man bis heute: Der kleine Garten und der romantische Innenhof sind südspanischen Vorbildern nachempfunden.

🕐 Di–Sa 9.30–15 Uhr, So 10–15 Uhr, Mo geschlossen; Eintritt 2,40 €, ermäßigt 1,20 €, Kinder und Rentner gratis. Paseo del General Martínez Campos 37 (Metro: Rubén Darío/Iglesia).

Museo de la Ciudad

Wer sich für die historische Entwicklung Madrids interessiert, ist in diesem Museum – nur wenige Meter vom Auditorio Nacional – genau richtig. Im dritten und vierten Stock dieses Backsteinbaus mit einem eindrucksvollen achteckigen Patio wird in detaillierten Modellen und anschaulichen Exponaten die Entwicklung Madrids von der Prähistorie bis ins 20. Jh. dargestellt. Vor allem bei Kindern ist die anschauliche Sammlung mit ihren riesigen Miniaturmodellen der Stadt beliebt. Im zweiten Stock werden übrigens die Wasserversorgung, Elektrizität, Gas, Telefon und die Metro mit zahlreichen Schautafeln und Exponaten erklärt. Der erste Stock ist Wechselausstellungen vorbehalten.

🕐 Mo–Fr 10–14 Uhr und 16–19 Uhr. Sa und So 10–14 Uhr. Eintritt frei. Führungen können unter ✆ 915886599 angemeldet werden. Museumsshop vorhanden. Príncipe de Vergara 140 (Metro: Cruz de Rayo).

Madrid – Salamanca
Karte S. 162

Einkaufen

Wenn die Madrileños etwas Besonderes einkaufen, bummeln sie durch Salamanca. Die Boulevards und Straßen wie Serrano, Ortega y Gasset, Claudio Coello, Hermosilla, Goya und Velázquez mit ihren vielen kleinen Geschäften und Nobel-Stores sind ein Erlebnis. Nicht Kaufhausketten bestimmen das Bild, sondern Boutiquen und individuelle Shops. Zu einer der nobelsten Einkaufsgalerien gehört El Jardin de Serrano (Ecke Calle Serrano/Goya) mit Läden wie Bulgari, Lotusse, Azul etc. Hier eine kleine Auswahl:

Loewe: Unbestritten ist Loewe die spanische Nobelmarke Nummer eins. Berühmt ist die Luxusmarke für ihre Seidenschals, Handtaschen und Krawatten. Natürlich wird auch klassisch-elegante Oberbekleidung angeboten. Loewe hat freilich seinen (sehr hohen) Preis. Serrano 26.

Adolfo Domínguez: In den 80er Jahren war der junge Modedesigner aus Galicien ein Lieblingskind der progressiv-asketischen Kundschaft. Heute sind seine schlicht-eleganten Kollektionen bereits Klassiker. Überraschend preiswert. Serrano 18 und 96, Ortega y Gasset 4.

Purificacion Garcia: Mode aus Galicien für alle, die klassisches Understatement schätzen. Edle Materialien, erschwingliche Preise u. viel Style. Serrano 28 (an der Plaza de Colón) u. Serrano 92 (Ecke Juan Bravo).

Elena Benarroch: In den kalten Wintermonaten Madrids tragen Frauen gerne Pelz. Die besten und kreativsten Mäntel und Jacken werden von Elena Benarroch entworfen. In der berühmten Luxusmeile Ortega y Gasset werden die edlen Produkte (nicht nur Pelz) präsentiert. Hier gibt es auch Taschen, Bücher, Schuhe ... Viele Kundinnen kommen einfach auf eine Tasse Kaffee vorbei. Ortega y Gasset 14.

Alfredo Villalba: Eine der bekanntesten Modemarken Spaniens. Hier fühlt sich die Kundin wohl, die Eleganz und Klassik sucht. Serrano 68, Goya 17.

Antonio Miró: Designermode für ein jüngeres Publikum. Antonio Miró schätzt schlichte, bequeme Kleidung aus exzellenten Materialien, die man täglich tragen kann. Lagasca 65.

Ermenegildo Zegna: Die Nobelmarke für den Mann offeriert Kleidung fürs Business und fürs Wochenende. Komfort, Qualität und Farbauswahl machen Zegna zu einer der beliebtesten Marken für den modebewussten Spanier. Serrano 21.

Farrutx: Die Lederfirma Farrutx gilt es eine der besten Spaniens. Das Schuhdesign ist klassisch bis modern. Preiswerter, als man denkt. Serrano 7.

Yanko: Edle mallorquinische Schuhmode

Die handgemachten Schuhe aus Mallorca zählen zu den besten Spaniens. Nicht nur die exzellente Qualität, sondern auch das Design macht Yanko zu einer der besten Adressen für Schuhe. Der Laden verkauft noch andere Lederwaren wie Gürtel, Taschen oder Jacken. Kompetenter Service. Ein Paar handgenähte Damen- oder Herrenschuhe sind bereits ab 130 € zu haben. Claudio Coello/Hermosilla (Metro: Serrano).

Arteespaña: Auf drei Etagen präsentiert die Empresa Nacional de Artesanía ihre außergewöhnliche Kollektion von Möbeln, Teppichen und Porzellan. Das Design ist klassisch bis modern. Hermosilla14.

Fancy Men: Der feine Herrenausstatter in der Calle Serrano an der Plaza de Colón verkauft edle Anzüge, zum Beispiel von Brioni. Geschätzt wird das Geschäft vor allem wegen seiner Auswahl an eleganten Krawatten. Die Qualität hat allerdings ihren Preis. Nette, zuvorkommende Bedienung.

Best: Der konservative Mann, der auf edle Materialien und klassisches Design setzt, wird sich hier wohl fühlen. In dem Shop wird nicht nur Kleidung erstklassiger Marken angeboten, es gibt auch Schuhe und Lederwaren. Kompetente Beratung. Serrano 27.

Boch: Alles rund um Leder. Topmarken aus Spanien und aus aller Welt werden hier angeboten: Lotusse, Armani, Lladró, Fendi, Mandarina Duck, Longchamp. Claudio Coello 50 und ABC-Einkaufszentrum (Serrano 61).

Camper: Die wohl innovativste und witzigste Schuhmarke Spaniens. Vor allem Studenten und junge Manager schätzen die Marke. Überraschend preiswert. Ayala 75.

Albaladejo: Feines, klassisches Schuhwerk führt dieser angenehme Laden. Die auf Mallorca noch in Handarbeit hergestellten Schuhe sind nicht einmal teuer angesichts der Qualität. Ein Paar Schuhe bereits ab 150 €. Unaufdringlicher, kompetenter Service. Claudio Coello 73 (Metro: Serrano).

Carrera y Carrera: Dieser Juwelier zählt zu den besten der spanischen Hauptstadt. Das Design und die Qualität bescheren dem noblen Laden seit Jahrzehnten eine Stammkundschaft. Serrano 27 und Boutique im Hotel Villamagna (Paseo de la Castellana).

Musgo: Egal ob Teak-Möbel, edle Füller, schicke Kinderkleidung oder silberne Bilderrahmen – Produkte mit Stil und Geschmack sind hier zu finden. Ideal für alle, die auf der Suche nach einem Geschenk sind. Serrano 18.

Tipp! Mercado de Torrijos: In diesen Markthallen gibt es nur das Beste und Feinste. Das Angebot an frischem Fisch ist beeindruckend. Seit 1933 gibt es diesen Markt, der viele Liebhaber nicht nur im Salamanca-Viertel hat. Kenner kommen vormittags. General Díaz Porlier 8/Ecke Hermosilla (Metro: Goya, Principe de Vergara).

Bravo: Der Delikatessenladen ist ein Klassiker des Salamanca-Viertels. Schinken, Kaffee und vor allem fast alle Spitzenweine Spaniens sind hier vertreten. Ayala 24 (Metro: Goya).

Cortefiel: Klassische Mode für Mann und Frau, auch für den kleineren Geldbeutel. Gute Sonderangebote. Auch Edelmarken wie Ralph Lauren. Serrano 40 und Goya 29.

Essen und Trinken

(→ Karte S. 162)

In Salamanca sind vor allem viele edle Restaurants zu Hause. Diplomaten, Manager und großbürgerliche Kundschaft bevölkern bereits zur Mittagszeit die schicken Gourmet-Tempel. Oft gibt es überraschend preiswerte Mittagsmenüs, die selbst Feinschmecker-Ansprüchen gerecht werden. Wer zu Hause isst, gönnt sich zumindest einen Aperitif in den In-Bars wie „Mallorca" oder „José Luis". Um 14 Uhr herrscht hier dichtes Gedränge um die Vitrinen mit leckeren Tapas.

Cafés/Bars

El Rincon de Goya (16), eine der besten Adressen für Tapas, hier ist alles frisch und fein. Lockerer, sehr freundlicher Service. Schönes Azulejos mit historischen Motiven sorgen für die besondere Atmosphäre des Kellerlokals. Manche Gäste zieht es gleich nach dem Aperitif und den Häppchen in das benachbarte Restaurant. Hier kommen Madrider Spezialitäten auf dem Tisch. Gute Weinkarte. Lagasca 46 und 48 (Ecke Goya).

Serrano 50 (5), schmales Café neben dem Kaufhaus El Corte Ingles. Nach dem Motto „Sehen und Gesehenwerden" kommen hier gerne vornehme Damen und Herren beim Einkaufsbummel auf eine schnelle Tasse Kaffee vorbei. An der langen Bar geht es immer hektisch, aber dafür herzlich zu. Ausgezeichnete Tapas wie Tortilla und gekochte Eier mit Mayonnaise. Im Sommer auch Straßencafé. Serrano 50.

Tipp! Embassy (7), eine Adresse für Snobs, von der Britin Margaret Kearney Taylor wurde dieser feiner Tearoom 1931 gegründet.

Bar Mallorca: ein populärer Treffpunkt für kleine Schlemmereien

Madrid – Salamanca
Karte S. 162

Café Gijon: Das Wohnzimmer der Literaten (18)

Ein wahrer Café-Mythos in Madrid. In dem 1888 eröffneten Kaffeehaus wurde Weltliteratur geschrieben. Nicht zuletzt durch den Nobelpreisträger Camilo José Cela, bekannt durch seinen Roman „Der Bienenkorb" (La Colmena), zählt das Gijon zu den großen Literaten-Cafés in Europa. Seit Jahrzehnten ist die schlichte Einrichtung fast unverändert. Auch wenn die Zeit der großer Tertulias (Gesprächskreise) im Zeitalter des Internets vorüber ist, hier treffen sich noch immer Schriftsteller, Schauspieler, Maler, Journalisten zu großen Debatten über Gott und die Welt. Der nette Service, das preiswerte Essen und der kleine Zigarettenladen am Eingang machen das Gijon zu einem zweiten Wohnzimmer für viele Intellektuelle in Madrid. Berühmte Schauspieler wie Francisco Rabel und Fernando Fernan-Gomez waren hier ebenso zu Hause wie der Schriftsteller Francisco Umbral. Aber auch viele Ausländer schätzen die einmalige Atmosphäre des Cafés an der Flaniermeile Recoletos. In der Übergangszeit von der Franco-Diktatur zur Demokratie war das Café bei den Rechtsextremisten verhasst. Mehrmals gab es sogar Gewaltaktionen gegen das Literaturhaus und seine Gäste.

Doch diese Zeiten sind heute vorbei. Spätestens in den 80er Jahren wurde das Gijon Teil der spanischen Movida und ein fester Anlaufpunkt an der Costa Castellana, wie die Einheimischen mangels eines eigenen Badestrandes die Vergnügungsmeile an der Castellana nennen. Das ursprünglich von der asturianischen Familie Gumersindo Gómez gegründete Café wurde 1997 an ein Gastronomie-Unternehmen verkauft. Der neue Besitzer Gregorio Escamilla veränderte glücklicherweise nichts ...

Gijon bietet auch relativ preiswerte Menüs an. Täglich geöffnet von 8 bis 2 Uhr, Sa auch bis 3 Uhr. Nie geschlossen. Paseo de Recoletos 21 (Metro: Colón). Auf der Terrasse, die vor allem von Touristen geschätzt wird, ist das Essen im Sommer allerdings ziemlich teuer. Reservierungen unter ✆ 915215425 oder 915310548.

Noch heute ist das Embassy einer der elitärsten und feinsten Adressen in Madrid. Hier kann jedoch nicht nur elegant Tee getrunken werden, sondern auch zu Mittag gegessen werden. Außerdem gibt es einen Laden mit den feinsten Produkten, die Spanien zu bieten hat. So ganz geschlossen und werktags bereits ab 21 Uhr. Paseo de la Castellana 12 (Metro: Colón oder Rubén Darío).

Tapa-Bar José Luis (2), ein Klassiker unter den Madrider Tapa-Bars. Egal, ob gefüllte Kroketten, feiner Hummersalat oder eine schlichte Tortilla – hier schmeckt vieles lecker. An der Bar ist oft nur schwer ein Platz zu bekommen. Serrano 89 (Metro: Rubén Darío).

Mallorca (21), Feinkostladen, in ganz Madrid für seine kleinen Schlemmereien berühmt. Egal, ob in der Cafeteria in der Einkaufsgalerie El Jardin de Serrano oder im größeren Laden der Ecke Serrano/Calle Columela, Mallorca bietet stets erstklassige Produkte. Beliebt sind die winzigen Törtchen und Brötchen, die gerne im Stehen als Aperitif verspeist werden. Gutes Preis-Leistungs-Verhältnis.

Hard Rock Café (13), auch Madrid hat eines. Das im amerikanischen Stil eingerichtete Lokal an der Plaza de Colón erfreut sich unter jungen Madrileños großer Beliebtheit. Vor allem die Terrasse ist im Sommer Treffpunkt für Modebewusste. Im Untergeschoss treten manchmal Madrider Nachwuchsbands auf. Echte amerikanische Hamburger. Paseo de la Castellana (Metro: Colón).

Restaurants

Teatriz (6), von dem französischen Designer Philippe Starck entworfenes Restaurant in der edlen Boutiquen- und Galerienstraße Claudio Coello, über Jahre eines der Lieblingsrestaurants von betuchteren Mitgliedern der Madrider Movida. Allein die kuriose Einrichtung des ehemaligen Theaters ist einen Besuch wert. Nach wie vor gilt das Café Gijon Teatriz als überdurchschnittliches Restaurant mit internationaler Küche. Mittleres Preisniveau. Hermosilla 15 (Metro: Serrano), ✆ 915775379 (abends Tischreservierung empfehlenswert).

Treffpunkt der Intellektuellen und Touristen – die Terrasse des Cafés Gijon

Tasca La Farmacia (3), unweit der US- Botschaft. Mit einer Apotheke hat das populäre Restaurant – abgesehen von Anspielungen in der Einrichtung – nichts zu tun. Die stilvolle Tasca, die von Nachbarn und Geschäftsleuten auch gerne für einen Aperitif genutzt wird, bietet eine ausgezeichnete Küche zu vernünftigen Preisen. Wenn es im Erdgeschoss zu laut ist, sollte man die ruhigeren Räume im Obergeschoss wählen. Offene Küche und nette Bedienung. Diego de Leon 9 (Metro: Diego de Leon).

Oter Epicure (8), in diesem lang gestreckten Restaurant der Oberklasse kommen Zigarrenliebhaber auf ihre Kosten – welches Restaurant verfügt schon über einen Raum zur Aufbewahrung von Zigarren? Aber auch der Weinkeller – ein Glasraum rechts vom Eingang – ist mehr als beachtenswert. Die Küche ist mediterran, kreativ und leicht. Der vollkommene Genuss hängt allerdings von der Tagesform des Kochs ab. Claudio Coello 71 (Metro: Serrano), Tischreservierung unter ✆ 91 4316771 empfehlenswert.

El Espejo (19), Jugenstilrestaurant am feinen Paseo de Recoletos. Nicht zuletzt wegen seines außergewöhnlichen Dekors in ganz Madrid bekannt. Die Küche kann allerdings nicht immer mit dem Ambiente mithalten. Sie hat sich der baskisch-französischen Kochkunst verschrieben. Kein Wunder, wenn der Seehecht gefüllt mit Muscheln und Gambas zur Spezialität des Hauses gehört. Im Sommer wird auch ein schickes Straßencafé in einem Jugendstilpavillon betrieben. Obere Preisklasse. Paseo de Recoletos 31 (Metro:Colón).

L'Olio (1), ein paar Schritte von der amerikanischen Botschaft. Die Zahl der ambitionierten italienischen Restaurants in Madrid ist nicht gerade groß. Die meisten Spanier verbinden mit Italien preiswerte Pizza und Pasta. Welchen kulinarischen Reichtum Italien tatsächlich besitzt, zeigt dieses Restaurant, das sich der anspruchsvollen Regionalküche verschrieben hat. Obere Preisklasse. Tischreservierung unter ✆ 915638152. Serrano 85 (Metro: Rubén Darío).

L'Entrecote (11), ein Klassiker an der schicken Einkaufsstraße Claudio Coello. Vor allem Liebhaber von Kalb- und Rindfleisch kommen hier auf ihre Kosten. Hier wird französisch-spanische Küche gepflegt. Spezialitäten sind neben Entrecôte französische Desserts. Mittlere Preisklasse. Sonntagabend geschlossen. Claudio Coello 70 (Metro: Serrano).

Übernachten

(→ Karte S. 162)

Die Hotels im Viertel Salamanca sind in der Regel hochpreisig. Durch die zahlreichen Banken, Versicherungen und Verbände zwischen der Verkehrsader Castellana und dem Boulevard Velázquez tummeln sich hier viele Geschäftsreisende. Aber auch Individualtouristen, die das Einkaufsparadies entlang den Straßen Serrano und Claudio Coello sowie die relative Ruhe des *barrio* schätzen, fühlen sich hier wohl.

*** **Hostal Don Diego (10)**, sympathische Pension im 5. Stock am noblen, aber auch lauten Boulevard Velázquez. Seit Jahrzehnten eines der wenigen relativ preiswerten Hotels in Salamanca. Die gepflegte Pension mit vielen Langzeitgästen liegt im Rückgebäude eines hübschen Stadthauses und ist daher ziemlich ruhig. Die Zimmer haben jedoch keine tolle Aussicht. Aufzug vorhanden. DZ mit Bad ab 92 €. Velázquez 45, ✆ 914350760, ℻ 914314263 (Metro: Velazquez).

***** **Hotel Adler (15)**, unter den 5-Sterne-Hotels in Madrid setzt das Adler nach außen auf Understatement. Dem klassizistischen Haus an der Ecke Velazquez/Goya traut der Gast auf den ersten Blick nicht den diskreten Luxus der Inneneinrichtung zu. Hier ist alles edel, fein und unaufgeregt. Mit nur 45 Zimmern ist das Adler auch die kleinste der Luxusherberge. Hier setzt man auf persönlichen Service. DZ 550 €. Velazquez 33, ✆ 914263220, ℻ 914263221 (Metro: Goya).

**** **Hotel Bauza (17)**, das zum französischen Möbelhersteller Habitat gehörende Bauza war eines der ersten Designerhotels in Madrid. Trotz der Lage am lauten Boulevard Goya sind die Zimmer zum Innenhof ruhig, allerdings mit wenig Sonne. Die minimalistische Einrichtung ist in die Jahre gekommen. Manche Zimmer sind sehr klein. Regulärer Service, exzellentes Frühstück. Leider ist der Frühstücksraum oft bereits am Morgen verraucht. DZ ab 250 €. Über das Internet gibt es aber zahlreiche Angebote. Goya 79, ✆ 914357545, ℻ 914310943, www.hotelbauza.com, (Metro: Goya).

*** **Hotel Lagasca (9)**, die Herberge der Hotelkette NH liegt mitten in Salamanca und dennoch ruhig. Die Zimmer mit Parkett und modernen Möbeln besitzen alle Klimaanlage. DZ regulär 260 €, beispielsweise im August aber nur 112 €. Lagasca 64, ✆ 915754606, ℻ 915751694, www.nh-hoteles.com (Metro: Serrano).

**** **Hotel Gran Hotel Velázquez (12)**, am breiten Boulevard Velázquez im Herzen von Salamanca. Ein Mittelklassehotel, das vor allem bei spanischen Touristen beliebt ist. Das Haus hat allerdings seine besten Zeiten schon gesehen. Zu Franco-Zeiten stiegen hier gerne die Toreros von der nahen Stierkampfarena Las Ventas ab. DZ ab 240 € (nach Sonderangebotenfragen). Velázquez 62, ✆ 915752800, ℻ 915752809, www.chh.es (Metro: Velázquez).

**** **Hotel Sanvy (14)**, ein NH-Hotel (141 Zimmer) mitten in Salamanca. Hinter der schmucklosen Ziegelsteinfassade verbirgt sich ein helles, angenehmes Hotel mit viel Komfort an Madrids beliebter Einkaufsstraße Goya. Gutes Restaurant mit Küche aus Navarra. DZ ab 290 €, am Wochenende erheblich preiswerter. Goya 3, ✆ 915760800, ℻ 915752443 (Metro: Serrano).

***** **Hotel Wellington (20)**, eines der wenigen Hotels in Madrid mit eigenem Swimmingpool. Es ist nach dem bekannten britischen Herzog benannt, der die Spanier in ihrem Unabhängigkeitskampf gegen die Franzosen unterstützte. Einst wurde das Hotel vor allem von berühmten Stierkämpfern geschätzt, die in der nahen Arena von Las Ventas ihr Geld verdienten. Eine spezielle Attraktion ist die hauseigene Flamencobühne „Zambra". Neben den normalen Zimmern gibt es noch 25 Luxussuiten. Hier werden auch gerne Hochzeiten und Familienfeiern gefeiert. DZ ab 350 €. Velázquez 8, ✆ 915754400, ℻ 915764164, www.hotel-wellington.com (Metro: Velázquez).

* **Hotel Salamanca (4)**, Ortega y Gasset ist die vornehmste Straße in Madrid. In der Luxus-Einkaufsmeile kann der Gast dennoch preiswert übernachten. Das Hostal Salamanca von Isabel Menarguez Fernándéz besitzt nur zehn Zimmer, die aber freundlich und geschmackvoll eingerichtet sind. DZ mit Bad 50 €. Ortega y Gasset 89 (3. Stock), ✆ 914024046, ℻ 914019601, www.hotelsalamanca.net (Metro) Manuel Bercera).

Der schöne Parque del Oeste war im Spanischen Bürgerkrieg hart umkämpft

Moncloa/Argüelles

Das In-Stadtviertel im Westen Madrids kennt in Spanien jedes Kind, denn Moncloa ist der offizielle Amtssitz des amtierenden Premierministers. Das weitläufige, hermetisch abgeschirmte Areal mit der Residenz des Regierungschefs liegt an der Stadtautobahn, am Rande Moncloas. Doch nicht Regierungsbeamte, sondern Studenten prägen den lebendigen Stadtteil. Die benachbarte Ciudad Universitaria – der Campus der Madrider Universität Complutense – ist Ziel tausender Studierender.

Die Calle Princesa, die von der Plaza de España stadtauswärts zu den jeweiligen Fakultäten führt, gilt als die Flaniermeile des vorwiegend jungen Publikums. Boutiquen, Schuhläden, Bars und Straßencafés ...

Das beliebte Wohnviertel verfügt über viele Grünflächen. Im verzweigten Parque del Oeste liegen im Sommer Studenten im Schatten der großen Pinien, um gemeinsam zu lernen. Abends gelten die Terrassencafés und Bars am noblen Boulevard Pintor Rosales als Treffpunkt, um den Alltagsstress hinter sich zu lassen. Am Wochenende kommt Moncloa kaum zur Ruhe. Dann strömen Jugendliche aus den Madrider Vororten hierher, um sich in den Diskotheken und Nachtbars rund um die Straße Fernandez de los Rios bis zum Sonnenaufgang zu vergnügen.

In Moncloa fanden während des spanischen Bürgerkrieges die brutalsten Kämpfe zwischen den Republikanern und den Faschisten statt. Vor allem die Ciudad Universitaria wurde damals dem Erdboden gleichgemacht. Den Sieg in Moncloa ließ Diktator Franco in monumentalem Granit verewigen: Ein

gewaltiger Triumphbogen (Arco de la Victoria) mit einer Quadriga erinnert bis heute an den Sieg der Franco-Soldaten. Das benachbarte Luftfahrtministerium – eine schlechte Kopie des Escorial von Felipe II. – ist eines der prominentesten Beispiele faschistischer Architektur in Madrid.

Das interessante Stadtviertel lädt mit seinen Boulevards und Parks zu ausgedehnten Spaziergängen ein. Beispielsweise sind es von der nahen Plaza de España zum Templo de Debod, einem Geschenk der Ägypter für die archäologischen Leistungen der Spanier, nur wenige Meter. Von der Parkterrasse genießt man einen faszinierenden Blick auf den Königspalast, die Kathedrale Almudena und die Casa de Campo. An Ausblicken mangelt es in Moncloa ohnehin nicht: Vom Faro de Madrid, einer Art Leuchtturm unweit des Triumphbogens, kann man vorzüglich die Millionenmetropole überblicken (geöffnet Di–So 10.30–13.30 und 16.40–19.45 Uhr). Zum Museo de América sind es von hier nur ein paar Meter. Das Haus mit seinem auffälligen Glockenturm am Rande der Ciudad Universitaria beherbergt eine exzellente Ausstellung zu lateinamerikanischen Kulturen und arbeitet kritisch die Kolonialzeit auf.

Wer aus der Stadt in die Natur flüchten möchte, hat in Moncloa dazu eine vergnügliche Möglichkeit. Vom Boulevard Pintor Rosales bringt eine kleine Kabinenseilbahn (Teleférico) die Besucher in nur einer Viertelstunde mitten in den riesigen Stadtpark Casa de Campo. Inmitten der Pinienwälder und Macchia finden man selbst an Sonntagen ein stilles Plätzchen. Doch Vorsicht: Am Abend und vor allem in der Nacht ist die Casa de Campo ebenso wie der Parque del Oeste ein gefährliches Pflaster.

Für den Madrider Regionalverkehr ist Moncloa ein Verkehrsknotenpunkt. Im Bahnhof Príncipe Pío werden die S-Bahn-Linien (Cercanías) mit dem Metronetz verbunden. Hier fahren zudem die Busse nach Segovia und La Granja ab. Und in der Metrostation Moncloa ist auf der ersten Ebene ein Busbahnhof integriert worden, der die wohlhabenden nordwestlichen Vororte einschließlich El Escorial mit der Hauptstadt verbindet.

Der **Teleférico** fährt täglich von 12 bis 18.30 Uhr. Einfach 2,90 €, Rückfahrkarte 4,20 €. Die Fahrtzeit beträgt rund 10 Min. Informationen unter ✆ 915417450. Paseo de Rosales (Metro: Argüelles).

El Gordo – Geldsegen zu Weihnachten

Am Studentenboulevard Princesa stehen tagaus, tagein die Losverkäufer und machen lautstark auf sich aufmerksam. Besonders in der Weihnachtszeit haben sie gut lachen. Nicht nur ganz Madrid, sondern ganz Spanien berauscht sich an der traditionellen Weihnachtslotterie. Der Hauptgewinn, der schon mal 500 Millionen Mark (!) ausmachen kann, wird einfach nur El Gordo (Der Dicke) genannt. Wirkliche Multimillionäre gibt es nur selten, denn schließlich kostet ein einzelnes Los rund 200 €. So kaufen die meisten Spanier zusammen mit der Familie, Kollegen oder Freunden ein Los. Die Tippgemeinschaft muss freilich ebenfalls den Gewinn teilen. Doch das ist bei der hohen Summe noch nie ein Problem gewesen.

Die Weihnachtslotterie ist nicht nur die größte der Welt, sondern auch die älteste. Bereits 1763 ließ König Carlos III. Lose verkaufen, um die leeren Staatskassen zu füllen. Und schon seit 1812 gibt es die Lotterie in ihrer heutigen Form. Übrigens, die Glückszahlen werden nicht einfach vorgelesen, sondern im wahrsten Sinne des Wortes vorgesungen. Diese Aufgabe übernehmen in der Regel Madrider Waisenkinder. Die Zeremonie dauert rund drei Stunden, und fast ganz Spanien sitzt dann in freudiger Erwartung vor dem Fernseher.

Parque del Oeste

Wenn man heute durch den idyllischen Westpark spaziert, ist es kaum vorstellbar, dass während des Bürgerkriegs jeder Meter hart umkämpft war. Die Bomben und Granaten hinterließen vom bereits um die Jahrhundertwende angelegten Park kaum noch etwas. Erst 1945 wurde der englische Garten wieder in seinem ursprünglichen Zustand hergestellt. Die breiten Spazierwege, die schönen Ausblicke auf die Madrider Berge und nicht zuletzt die Abendsonne, die man hier besonders gut genießen kann, verschaffen dem Westpark nicht nur bei Bewohnern des Stadtviertels eine ungebrochene Attraktivität. Die Terrassencafés mit den kleinen Kiosken entlang des Paseo del Pintor Rosales sind in heißen Sommernächten bis auf den letzten Platz gefüllt.

Ermita de San Antonio de la Florida: Goya-Fresken in neuen Glanz

Unterhalb des Parque del Oeste, wenige Meter vom Ufer des Manzanares-Flusses, wurde zwischen 1792 und 1798 die klassizistische Ermita de San Antonio de la Florida errichtet. Über Generationen war die Kapelle ein beliebter Wallfahrtsort der Hauptstädter. Noch heute findet an diesem Platz eines der schönsten Madrider Volksfeste zu Ehren des Heiligen aus Padua statt. Alljährlich am 13. Juni treffen sich heiratswillige Mädchen in der Kapelle. Sie werfen dreizehn Stecknadeln in das Taufbecken und greifen dann mit der Hand hinein. An der Zahl der haftenbleibenden Nadeln lesen die jungen Frauen ab, wieviele Verehrern sie in den nächsten Monaten erwarten können.

Die restaurierte Kapelle ist unter Kunstliebhabern vor allem als Mausoleum von Francisco de Goya bekannt. Unter einer schweren Granitplatte liegt der bis heute populäre Maler begraben. 1919 wurden aus Bordeaux, seinem südfranzösischen Exil, die Überreste nach Moncloa gebracht.

Der spanische Hofkünstler malte in nur 120 Tagen des Jahres 1798 die Kuppel des Kirchleins aus. Neben der Darstellung eines Wunders des Heiligen Antonius faszinieren die Fresken durch die Darstellung von Volksszenen. In sechzehnjähriger Kleinarbeit wurden die fast schon expressionistischen Wandmalereien restauriert. Seit 2005 erstrahlen der Heilige Antonius, der den Mittelpunkt der Kuppel bildet, und eine bunte Schar von *majas señoritos* und Kindern wieder im frischen Glanz. Die Arbeiten, die auch gerne als „Sixtinische Kapelle“ der spanischen Hauptstadt bezeichnet werden, gelten als Meisterwerk der Freskenmalerei.

Bereits seit 1905 wurde das Kirchlein zum nationalen Monument erklärt. Übrigens, neben der Kapelle wurde 1928 zum Schutz des Originals eine Kopie errichtet, die für Gottesdienste genutzt wird, und gegenüber steht ein bronzenes Goya-Denkmal.

⌚ Di–Fr 10–14 und 16–20 Uhr, Sa/So 10–14 Uhr, Eintritt frei. Glorieta de San Antonio de la Florida 5 (Metro: Príncipe Pío).

Faro de Moncloa

Der silbern glänzende „Leuchtturm“ von Moncloa neben dem Museo de América, am südlichen Ende der Ciudad Universitaria, ist eine Art Wahrzeichen des Studentenviertels. Der 1992 vom Architekten Salvador Pérez Arroyo gebaute 92 Meter hohe Turm ist keineswegs als Aussichtsturm für Touristen errichtet worden. Primäre Aufgabe war die Installation von Antennen, um den

Eigentlich kein Aussichtsturm – der Faro de Moncloa

Funkverkehr für Polizei und Feuerwehr zu verbessern. Außerdem dient der Faro de Moncloa zur Beleuchtung des viel befahrenen Autobahnendes. Avenida de la Victoria (Metro: Moncloa). Eintritt 1,50 €.

Museo de América

Viele Bewohner des Stadtviertels kommen hierher, um von der Terrasse einfach nur den schönen Ausblick auf die Guadarrama-Berge zu genießen. Bereits in den 60er Jahren wurde die Kirche Santo Tomás für das im roten Backstein errichtete Amerika-Museum umgebaut. Heute dokumentiert die vorzüglich präsentierte Sammlung Zeugnisse spanischer Kolonialgeschichte von Christoph Kolumbus bis ins 20. Jh. Schwerpunkte lateinamerikanischer Kunst sind die alten Kulturen Mexikos, Kolumbiens und Perus.

Ⓛ Di–Sa 9.30–15 Uhr, So 10–15 Uhr. Eintritt 3 €, Studenten 1,50 €, Rentner und Jugendliche gratis, Avenida Reyes Catolicos 6 (Metro: Moncloa).

Ciudad Universitaria

Die Universität Complutense gehört zu den größten Hochschulen Europas. Kernstück ist die Universitätsstadt im Nordwesten Madrids, an der Magistrale nach La Coruña. Kilometerlange Promenaden führen zu den Fakultätsgebäuden. Der riesige Campus ist ein Potpourri spanischer Nachkriegsarchitektur und reicht von Monumentalbauten aus der frühen Franco-Zeit bis zu Beton-Bunkern aus den 70er Jahren und postmodernen Zweckbauten der 90er. Während des spanischen Bürgerkrieges war die Ciudad Universitaria eines der am meisten umkämpften Gebiete.

Ursprünglich wurde sie vom spanischen König Alfonso XIII. 1927 auf das einstige Gartengelände des Königs, La Moncloa, verlegt. Diese Gebäude, die

Karte S. 172

Corte Inglés – Tempel spanischer Konsumfreude

während der Republik entstanden, wurden durch die vom Norden heranrückenden Franco-Truppen im Bürgerkrieg weitgehend zerstört. Ab 1940 wurde mit dem Wiederaufbau und den Neubauten begonnen. Zahlreiche Fakultätsgebäude atmen noch den Geist faschistischer Architektur. Am Rande der Ciudad Universitaria liegt (neben der Stadtautobahn) der abgeschirmte Palast La Moncloa, heute offizielle Residenz des spanischen Präsidenten und der Regierung. Die Gebäude, die nicht besichtigt werden können, sind eher unspektakulär. Der frühere spanische Ministerpräsident Felipe González und seine Familie schätzten den Palast aus dem 18. Jh. mit seinem weitläufigen Park nicht gerade als Wohnort. Seinem konservativen Nachfolger José Maria Aznar hingegen war das aristokratische Ambiente gerade recht.

Einkaufen

Der **Boulevard Princesa** ist eine der beliebtesten Einkaufs- und Flanierstraßen Madrids. Durch die nahe Ciudad Universitaria mit ihren zehntausenden Studenten sind auf einer Länge von rund eineinhalb Kilometer vor allem trendige Modeläden zu finden. Nach Vorlesungsende gibt es kaum noch ein Durchkommen. Rund um das Kaufhaus El Corte Inglés haben sich die meisten Fashion-Shops angesiedelt. In Madrid boomen derzeit die überdachten, klimatisierten Einkaufszentren. 2004 wurde im historischen Bahnhofsgebäude die Galerie **Principe Pío** (gleichnamige Metrostation) eröffnet. Die Läden, die vor allem junge Shopping-Gäste ansprechen, sind werktags bis 22 Uhr geöffnet. Paseo de la Florida.

Tipp! Bodegas Santmery: Dieser kleine Weinladen in dem Untergeschoss eines Wohnhauses in Argüelles ist ein Paradies für Weinliebhaber. Der Sommelier Santiago Nieto bietet nicht nur exzellente Weine, vor allem Rotweine, an, sondern auch leckere Tapas. Der Laden hat sich hauptsächlich auf die Anbaugebiete Ribera del Duero, Rioja oder Navarra spezialisiert. Empfehlenswerte Rotweine: Pesquera, Marqués de Murrieta, Faustino I. Übrigens, auf Wunsch wird für ausländische Gäste eine Kiste

Wein auch als Fluggepäck verpackt. Juan Alvarez Mendizabál 27 (Metro Ventura Rodriguez).

Cuenellas: Hier treffen sich die Feinschmecker von Argüelles. Der kleine Lebensmittel- und Weinladen neben dem Rosales-Paseo bietet ausschließlich erstklassige Produkte. Egal ob Kaffee, Bohnen oder Rotweine – die Stammkundschaft schätzt seit Jahrzehnten die Qualität und die kompetente Beratung. Nebenan gibt es auch eine kleine Bar (Hausnr. 5), welche exzellente Tapas und Weine (übrigens auch Schlösser Alt-Bier) serviert. Calle Ferraz 3 (Metro: Argüelles).

Massimo Dutti: Der katalanische Textilhändler ist für seine legere Eleganz und sein sehr gutes Preis-Leistungs-Verhältnis bekannt. Obwohl Massimo Dutti auch Frauenkleidung führt, kaufen hier vor allem junge Männer. Vom Anzug über Leisure-Clothing bis hin zu Boxer-Shorts. Über ganz Madrid sind die Läden verteilt. Drei Adressen in Argüelles: Princesa 77 und 79 sowie Alberto Aguilera 37.

Mango: Die 1984 gegründete spanische Modekette ist mittlerweile in ein paar Dutzend Ländern vertreten. Das katalanische Design für die junge Frau ist in Madrid sehr beliebt. Viele Studenten schauen in den beiden Läden nach dem Seminar vorbei: Stets aktuelle Fashion und niedriger Preis ist das Erfolgsrezept. Princesa 68 und 75.

Camper: hat zweifellos die spanische Schuhmode revolutioniert. Neue Materialien, außergewöhnliches Design und dazu noch erschwingliche Preise haben Camper zu einer der beliebtesten Marken gemacht. Der kleine Store an der Princesa ist am Abend ein Besuchermagnet. Princesa 75.

La Caprichosa: Der feine Herrenausstatter in der Einkaufsgalerie des Wohnkomplexes Galaxia verfügt nicht nur über edle Marken, sondern auch über modebewusste Verkäufer. Hier kann sich die männliche Kundschaft von Socken und Schuhen über Anzug und Mantel alles kaufen. Zwischen Fernandez de los Rios und Fernando El Católico.

Mapas Perseo: Der Reisebuchladen ist eine Institution in Madrid. Hier gibt es alles über die spanische Hauptstadt und ihre Umgebung. Vor allem exzellentes Kartenmaterial. Auch viele englischsprachige Bücher. Fernandez de los Rios 95 (Metro: Moncloa).

Sancer: Von Bleistiften mit extrem dünner Mine bis zum Aquarellblock. Die 1971 gegründete Papelerie Sancer ist stadtbekannt. Generationen von Architekten, Schriftstellern und Journalisten schätzen den Laden, der auf Service setzt. Fernandez de los Rios 93, wenige Meter von Mapas Perseo (Metro: Moncloa).

Essen und Trinken

(→ Karte S. 172)

Bars/Restaurants

Manolo (6), die Patatas Bravas, große frittierte Kartoffelstückchen mit pikanter Paprikasauce, zählen zu den besten Madrids. Auch ansonsten ist Manolo für seine leckeren Tapas wie Pulpo, Chipiriones oder Pimientos de Padrón im Studentenviertel bekannt. Guter Cidre aus der Flasche. Das über 70 Jahre alte Lokal hat ein festes Stammpublikum. Im hinteren Teil der Bar gibt es einen Speiseraum. Das Restaurant – mittleres Preisniveau – serviert nordspanische Küche mit frischen Produkten vom Markt. Princesa 83 (Metro: Moncloa).

La Princesita (5), lang gestreckte, rustikale Bar an der Einkaufsstraße Princesa, bekannt für ihren asturianischen Cidre (vom Fass). Viele Studenten schätzen nicht nur die niedrigen Preise der Sideria, sondern auch die große Auswahl an stets frischen Tapas. Im Sommer auch Straßencafé. So geschlossen. Princesa 80 (Metro: Argüelles).

Café de Rosales (12), vor allem in den Sommermonaten sind die Straßencafés am Paseo de Pintor Rosales beliebt. Und dieses gleichnamige Café zählt zu den Top-Adressen. Man lässt sich in bequemen Korbsesseln nieder und genießt die leckeren Tapas (Thunfisch, Krabben, Schinken etc.). Auch gute offene Weine. Schickes Publikum. Das von der Sonne verwöhnte Café de Rosales ist für einen Aperitif am Abend sehr beliebt. (Metro: Argüelles).

La Galeria (11), von außen würde man im Aparthotel Rosales kein besonderes Restaurant vermuten. Doch La Galeria hat sich nicht nur bei den Hotelgästen, sondern auch bei Geschäftsleuten und Bewohnern des Stadtviertels mit seiner kreativ-mediterranen Küche und den günstigen Preisen einen guten Ruf erworben. Die Spezialitäten sind Fleischgerichte vom Holzgrill und frischer Fisch wie gefüllter Seehecht (merluza). So und Mo geschlossen. Marqués de Urquijo 23 (Metro: Argüelles).

La Princesita – hier gibt es feine Sidra vom Fass

La Vaca Argentina (13): am beliebten Rosales-Boulevard gelegenes Restaurant. Es ist bekannt für seine großen, aber vor allem leckeren gegrillten Steaks (churrasco). Im Sommer ist die Terrasse ein guter Platz, um die Siesta zu verbringen. Übrigens gibt es in anderen Madrider Stadtteilen ebenfalls Restaurants unter dem gleichen Namen. Mittleres Preisniveau. Paseo de Pintor Rosales 52 (Metro: Argüelles).

Porche (14): Gartenrestaurants sind in Madrid rar. Eine Ausnahme ist das feine Porche. Das villenähnliche Restaurant mit kleinem Park ist bekannt für Rind und Lamm. Die Hauptgerichte sind nicht ganz preiswert. Tolle Terrasse. Paseo de Pintor Rosales, unweit der Teleférico-Station (Metro: Argüelles).

Mesón Cinco Jotas (1): Seit 1879 stellt Sanchez Romero Carvajal Schinken her. Mittlerweile betreibt die Firma auch einige Restaurants, die sich auf Speisen mit Schinken spezialisiert haben. So z. B. die kleine rustikale Taverne in Moncloa. Vor allem junge Leute schätzen die leckeren Schinken. Auch zahlreiche Tapas. Service lässt manchmal zu wünschen übrig. San Francisco de Sales 27 (Metro: Islas Filipinas).

Casa Mingo: Die gastronomische Botschaft Asturiens (15)

In Madrid genießt Asturien einen guten Ruf. Die Sideria namens Casa Mingo bei der Ermita de San Antonio de la Florida, Goyas Ruhestätte, ist eine Art gastronomische Botschaft dieser nordspanischen Region. Viele Gäste halten den ausgeschenkten asturianischen Cidre – sidra natural – für den besten der Stadt. Die rustikale Bar mit kleinen Holztischen bietet herzhafte Tapas wie zum Beispiel Chorizo in Sidra, den asturianischen Schimmelkäse Cabrales (aus dem gleichnamigen Bergdorf) oder ganz einfach gegrillte Hähnchen. An jedem Tag im Jahr geöffnet. Ein Glas sidra kostet 1 €, die beliebten Brathähnchen 5,80 €. Eine preiswerte Einkehr. Paseo de la Florida 34 (Metro: Principe Pío).

Übernachten

(→ Karte S. 172)

Die Zahl der Hotels in den Stadtteilen Argüelles und Moncloa ist überschaubar. Vor allem Geschäfts- und Unileute schätzen das Viertel. Da insbesondere Moncloa am Freitag und Samstag Zentrum des Madrider Nachtlebens für 15- bis 30-Jährige ist, kann es laut werden.

**** **Hotel Husa Moncloa (9)**, populäres Stadthotel der oberen Mittelklasse beim Boulevard Princesa (in Nachbarschaft zum Kaufhaus El Corte Inglés). Freundliche Zimmer in schlichter Eleganz und mit moderner Kunst an den Wänden. Viel Licht. DZ ab 200 € (je nach Saison auch weniger). Serrano Jover 1, ✆ 915424582, ✆ 915427169, www.hotelhusamoncloa.com (Metro: Argüelles).

*** **Hotel Alberto Aguilera (8)**, funktionales Hotel der NH-Gruppe. Ein komfortables, geschmackvoll eingerichtetes Stadthotel an dem viel befahrenen Boulevard Alberto Aguilera. Die 153 Zimmer des roten Backsteingebäudes sind auf dem neuesten Stand (Aircondition, Fön, Pay-TV). Vor allem von Geschäftsleuten und am Wochenende von jungen Paaren wird dieses neue Hotel in Argüelles sehr geschätzt. Nette Rezeption. DZ ab 250 €. Preiswerte Wochenendtarife. Alberto Aguilera 18, ✆ 914460900, ✆ 914460904 (Metro: Argüelles).

*** **Hotel Argüelles (2)**, 75 Zimmer großes Hotel der NH-Gruppe, das vor allem werktags bei Geschäftsleuten beliebt ist. Die Lage abseits der großen Boulevards ist zugleich ein Vorteil, denn in der Umgebung des sympathischen Hotels kann man das typische Leben in einem Madrider Stadtteil kennen lernen. Die Zimmer sind modern und komfortabel ausgestattet, differieren jedoch sehr stark in der Größe (manche zum Innenhof sind klein und auch relativ dunkel). Gutes Frühstück, freundliche Rezeption. Sehr preiswerte Wochenendtarife. Reguläres DZ ab 250 €. Vallehermoso 65, ✆ 915939777, ✆ 915942739 (Metro: Quevedo).

Tipp! Aparthotel Rosales (10), zwischen dem Einkaufsboulevard Princesa und der vornehmen Spazier-Chausee Rosales an einer viel befahrenen Straße. Hinter der eher schmucklosen Fassade verbirgt sich ein geschmackvoll eingerichtetes, gepflegtes Aparthotel (viel Marmor und Granit), das für längere Aufenthalte ideal ist. Die kleinen Wohnungen mit Klimaanlage sind mit einem Wohnzimmer, einem Schlafzimmer und einem schönen Bad ausgestattet. Garage vorhanden. Die preiswerte Cafeteria La Galeria mit leckeren Croissants und gutem Kaffee wird auch in der Nachbarschaft sehr geschätzt. Das gleichnamige Restaurant bietet preiswerte Mittagsmenüs. Die Preise für die Apartments sind je nach Aufenthaltsdauer und Jahreszeit sehr unterschiedlich. Aktuelle Preise unter www.apartotel-rosales.com. Marqués de Urquijo 23, ✆ 915420351, ✆ 915597870.

**** **Hotel Florida Norte (16)**, verkehrsgünstig, gegenüber dem Bahnhof Principe Píogen. Es ist vor allem bei Besuchern beliebt, die auf eine hohe Mobilität setzen. Gleich nebenan fahren die Busse nach

Hier lebte einst der chilenische Dichter Pablo Neruda

Segovia, La Granja, Ávila etc. ab. Großes Haus mit knapp 400 Zimmern! Eine moderne, komfortable Unterkunft, die auch über Garage, Friseur, Cafeteria und Restaurant verfügt. Nebenan das Einkaufszentrum im alten Nordbahnhof, das 2005 eröffnet wurde. DZ ab 140 €. Paseo de la Florida 5, ✆ 915428300, ✆ 915477833 (Metro: Principe Pío).

**** **Hotel Tirol (7)**, unweit der Calle Princesa, zentrale Lage, seit Jahrzehnten eines der bekanntesten Mittelklassehotels von Moncloa. DZ ab 150 €. Marques de Urquijo 4, ✆ 915481900, ✆ 915413958, (Metro: Argüelles).

** **Hostal Moncloa (4)**, mitten im Ausgehviertel von Moncloa. Vor allem von jungen Leuten wegen der Lage sehr geschätzt. Nebenan residierte einst der chilenische Poet Pablo Neruda. Saubere, einfache Zimmer. Nette Rezeption. DZ mit Bad rund 40 €. Calle Hilarion Eslava 16, ✆/✆ 915449195.

** **Hotel Artico (3)**, Hotel für Anspruchslose in Moncloa. Relativ ruhig. Alle Zimmer mit Air-Condition und Bad. Um die Ecke Cafeteria zum Frühstücken. DZ 55 €, Gaztambide 57 (Eingang Donoso Cortés 69), ✆ 915431512.

Torre Picasso – Symbol des modernen Madrids

Castellana

Die bis zu 120 Meter breite und rund sechs Kilometer lange Verkehrsader – in ihrer Verlängerung der Paseo de Recoletos und Paseo del Prado – ist das Zentrum des neuen Madrid: Hier pulsiert das Business. Der weiße, postmoderne Wolkenkratzer Torre Picasso präsentiert das ökonomische Selbstbewusstsein des heutigen Spaniens. Und die Puerta de Europa symbolisiert sozusagen die Rückkehr in das wirtschaftliche und politische Leben Europas.

Die Castellana ist heute eine Art Freiluft-Archiktekturmuseum: der Palacio de Congresos mit einem riesigen Miró-Fassadenschmuck, die teils rationalistische, teils faschistische Architektur der Nuevos Ministerios und der Postmodernismus rund um das Azca-Viertel mit der Torre Picasso oder die legendäre Fußballarena Bernabéu. Bei einem Spaziergang durch das Azca-Geschäftsviertel mit Ladengalerien und eleganten Geschäften rund um den Paseo de la Habana lernt man ein anderes Madrid kennen, abseits der gängigen Postkartenmotive.

Kaum zu glauben, aber die Castellana war einst ein vornehmes Aristokratenviertel. Im 19. Jh. ließen vermögende Bürger zahlreiche schmucke Stadtpaläste errichten. Heutzutage kann derjenige, der sich für die Prachtstraße interessiert, nur noch in historischen Bildbänden blättern. Längst sind die Villen modernen Bürobauten gewichen. Bereits 1929 gab es die ersten Pläne, die Castellana zur Nord-Süd-Achse auszubauen, um des zunehmenden Verkehrs Herr zu werden. Aber erst nach dem Bürgerkrieg – vor allem ab 1946 – wurde mit dem Ausbau des Boulevard begonnen. Es entstanden zahlreiche

Bauten in der für die Franco-Ära typischen Monumental-Architektur. Heute hingegen bestimmen vor allem Gebäude aus den 70er, 80er und 90er Jahren das Bild der Castellana.

Costa Castellana: Die Strandcafés an der Verkehrsarterie

Rund 400 Kilometer liegt Madrid vom Mittelmeer entfernt. Doch Träume sind erlaubt. So kreierten die jungen Hauptstädter schon vor Jahren ihre eigenen Küste (Costa) mitten entlang der Verkehrsarterie Castellana. Am späten Abend füllen sich die legendären *Terrazas* entlang des Prachtboulevards. Der Paseo wird zur Freiluftbühne. Eisstände, fliegende Händler und leicht bekleidete Mädchen schaffen an der Costa Castellana ein Playa-Ambiente. Viele der Sommerbars vermitteln mit Palmen und Dekoration zudem einen Hauch Ibiza. Bei 40 Grad an den heißen Tagen im Juli und August sind die eiskalten Cocktails an der Costa Castellana eine willkommene Abwechslung. Und gefeiert wird bis zum Morgengrauen.

Nach dem Ende der Franco-Diktatur und vor allem durch den Beitritt Spaniens zur Europäischen Union wurde der Bauboom beschleunigt. Keine wichtige spanische Bank oder Versicherung, die nicht mit einem repräsentativen Gebäude oder Hochhaus an der Castellana vertreten ist. Insbesondere Azca, das Viertel nördlich der Metro-Station Nuevos Ministerios, gilt heute als Herz der spanischen Wirtschaft. Hier beherrschen tausende von Büroangestellten, meist in dunkelblauen Anzügen oder koketten Kostümen, die Szenerie. In der feinen Ladengalerie zu Füßen der Torre Picasso oder am Paseo de la Habana neben dem Bernabéu-Stadion wird nach Dienstschluss noch ein kleiner Shopping-Spaziergang unternommen. Nachts ist das Ende der 60er Jahre vom Architekten Antonio Perpiña geplante Hochhaus-Viertel Azca zwischen der Castellana und der Calle Orense ausgestorben. Ein Rundgang über die menschenleeren Plätze und durch die Unterführungen zählt trotz der zahlreichen Privatpolizisten nicht gerade zu einem Vergnügen.

Seit 2005 ist das Azca-Viertel um einen architektonischen Klassiker ärmer. Das 1979 vom Architektenbüro Alas y Casariego errichtete Hochhaus Windsor brannte ab. Mehrere U-Bahn-Linien fuhren über Wochen nicht. Die Ursache der Katastrophe konnte bis heute nicht mit abschließender Sicherheit geklärt werden. Entgegen den Befürchtungen brach das 106 Meter hohe Gebäude (32 Geschosse) jedoch nicht zusammen, sondern musste aufwendig abgerissen werden.

Banco Santander

Das noble Gebäude der Banco Santander gibt einen Eindruck davon, wie die Castellana früher einmal ausgesehen hat. Das an der Ecke zur vornehmen Straße Ortega y Gasset gelegene Gebäude stammt aus dem 19. Jh. Keine Kosten und Mühen wurden gescheut, um dieses repräsentative Gebäude zum Sitz einer der mächtigsten Banken Spaniens umzubauen. Der berühmte österreichische Architekt Hans Hollein wurde 1993 schließlich beauftragt, den denkmal-

ABC – früher Druckerei, heute Ladengalerie

geschützten Komplex vor allem im Innern neu zu gestalten. Das Ergebnis war spektakulär. Obwohl das Gebäude nicht besichtigt werden kann, wird der Einblick ins Atrium (von der Filiale in der Calle José Ortega y Gasset 1) gewährt. Paseo de la Castellana 24 (Metro: Rubén Darío).

Ladengalerie ABC

ABC, die konservativ-katholische Tageszeitung – früher Bestandteil der franquistischen Presse –, hatte einst ihren Sitz in der Castellana. In den 20er Jahren errichteten die Eigentümer ein schmuckes Druckereigebäude aus rotem Ziegelstein und typischen Madrider Wandfliesen. Doch der aus mehreren Häusern bestehende Komplex ist längst zu klein für die große Tageszeitung. Und so wurde zwischen 1991 und 1995 die ehemalige Druckstraße zu einer eleganten Ladengalerie umgebaut, die sowohl von der Calle Serrano als auch von der Castellana betreten werden kann. Lohnenswert ist eine Fahrt mit dem gläsernen Aufzug in das Café im Dachgeschoss, um dort den Ausblick zu genießen. Paseo de la Castellana 34 (Metro: Rubén Darío oder Nuñez de Balboa).

Museo Escultura al Aire Libre: Abstrakte Plastiken unter freiem Himmel

Madrid war seit jeher eine kunstsinnige Stadt, in der Skulpturen und Brunnen unter freiem Himmel eine große Bedeutung besaßen. Ein Beispiel moderner Plastiken ist das Museo Escultura al Aire Libre an der Castellana. An der Stelle, wo die Verkehrsader von einer Betonbrücke, die die Straßen Juan Bravo und Eduardo Dato verbindet, überspannt wird, entstand zu Beginn der 70er Jahre ein kleines Skulpturenmuseum spanischer Avantgardisten des 20. Jh., darunter so berühmte Plastiken wie „Mère Ubu“ von Joan Miró oder die „La sírena varada“ („Gestrandete Nixe“) von Eduardo Chillida aus dem Jahr 1972 . Metro: Rubén Darío.

Hochhaus Catalana-Occidente

Eines der originellsten und elegantesten Gebäude an der Castellana ist das von Rafael de la Hoz zwischen 1977 und 1986 entworfene Verwaltungsgebäude der Catalana-Occidente: keine wuchtige Stahlkonstruktion, sondern Transparenz und Leichtigkeit. Die Außenfassade wurde mit Sicherheitsglas verkleidet, dahinter verbirgt sich eine Wand aus gehärtetem Spiegelglas. Durch diese raffinierte Kombination kann des Eindringen von Wärmeenergie vermieden werden. Für Eleganz sorgt auch die in die Rasenfläche eingelassene rationalistische Treppe, die zu dem auf einer Anhöhe über der Castellana errichteten Komplex führt. Paseo de la Castellana 50 (Metro: Rubén Darío oder Nuñez de Balboa).

Residencia de los Estudiantes

Seit ihrer Gründung war die Studentenresidenz im Botschaftsviertel zwischen der Castellana und Serrano ein kulturelles Zentrum Spaniens. Vor allem zwischen dem 1. und 2. Weltkrieg lebte hier die intellektuelle Elite des Landes, beispielsweise der Schriftsteller Federico García Lorca, Filmregisseur Luis Buñuel oder der Maler Salvador Dalí. Aber auch so berühmte Persönlichkeiten wie Albert Einstein oder Marie Curie hielten sich in der Residencia de los Estudiantes auf, debattierten über ihre revolutionären Thesen. Die Franco-Diktatur setzte der liberalen, weltoffenen Atmosphäre der Residenz schnell ein Ende. Erst mit der Rückkehr zur Demokratie knüpfte das Haus wieder an seine große intellektuelle Tradition an. Heute leben hier wieder Studenten, Forscher und Künstler. Und in einem eigenen Pavillon finden oft interessante Ausstellungen statt.

Während der Wechselausstellungen ist die Residenz Mo–Fr 11–15 und 17–20 Uhr, am Sonntag in der Regel nur 11–15 Uhr geöffnet. Freier Eintritt. Calle Pinar 23 (Metro: Gregorio Marañon od. Republicca Argentina).

Nuevos Ministerios

Die neuen Ministerien der öffentlichen Arbeiten (M. de Obras Publicas y Urbanismo), des Verkehrs (M. de Transporte, Turismo y Comunicaciones) und der Arbeit (M. de Trabajo) sind eigentlich schon ziemlich alt. Die gewaltigen Verwaltungsgebäude im Dreieck der Straßen Castellana, de la Cruz und Villaverde entstanden bereits in den 30er Jahren. Noch in der Endphase der Republik, zwischen 1932 und 36, wurde der erste Teil in einem rationalistischen, repräsentativen Stil errichtet. Der zweite Abschnitt zwischen 1940 und 42 trägt schon ganz die Züge monumental-faschistischer Architektur (Metro: Nuevos Ministerios).

El Viso: Kubistische Architektur für Einfamilienhäuser

Als das Bauhaus in der Weimarer Republik durch seine Architektur für internationales Aufsehen sorgte, feierte in Spanien der Rationalismus seinen Höhepunkt. In einer Art spanischer Bauhaus-Architektur ist das noble Stadtviertel El Viso, östlich der Castellana. Zwischen dem Paseo de la Habana, der Plaza República Argentina und der Avenida Doctor Arce entstand in den 30er Jahren eine von Bauhaus-Ideen und Art déco inspirierte Siedlung, die bis heute nichts von ihrer Faszination verloren hat. Viele der kubistischen Häuser sind noch nahezu unverändert. Dieses grüne Viertel zählt derzeit zu den beliebtesten, aber auch teuersten Stadtteilen Madrids.

Kubistische Architektur im Stadtviertel El Viso

Museo de Ciencias Naturales (Naturwissenschaftliches Museum)

Der monumentale, auf einer Anhöhe gelegene Bau wurde 1881 von dem Architekten Fernando de la Torriente in typisch kastilischer roter Backsteinarchitektur errichtet. Ursprünglich diente er für die Exposición de la Industria y las Artes. Erst später wurde der weitläufige Komplex für das Naturkundemuseum benutzt. 1990 wurde der Bau von den beiden Architekten Javier Alau und Antonio Lopera attraktiv umgestaltet. Es wurde beispielsweise ein zweistöckiger Rundpavillon – El museo del museo – im Hof errichtet. Die sehenswerte Ausstellung, die bei den Madrider Kindern und Jugendlichen hoch im Kurs steht, umfasst auch ökologische Themen und interessante Sonderausstellungen. Das Museum gliedert sich in drei Abteilungen: „Die Geschichte der Erde und des Lebens", „Der Rhythmus der Natur" (Audiovisuelle Präsentation über Prozesse in der Natur) und „Das Königliche Kabinett" (El Real Cabinete), das einst von König Carlos III. im 18. Jh. gegründet wurde.

🕐 Di–Fr 10–18 Uhr, Sa 10–20 Uhr, So 10–14.30 Uhr, Eintritt 3 €, Kinder bis 12 J. und Rentner 2,40 €. José Gutierrez Abascal 2 (Metro: Nuevos Ministerios oder República Argentina).

Torre Picasso

Wenn es ein architektonisches Symbol des neuen Spanien gibt, dann ist es die Torre Picasso. Der elegante Wolkenkratzer wurde von Minoru Yamasaki, dem Architekten des World Trade Center in New York, entworfen und ist mit 155 Metern das höchste Gebäude Madrids. Das 1974 geplante Projekt wurde allerdings nach 1988 abgeschlossen. Yamasaki konnte die Fertigstellung des weißen Turmes nicht mehr erleben. Er wäre sicher begeistert gewesen: Der 43-stöckige Komplex prägt nicht nur die Skyline Madrids, sondern ist auch ein ästhetischer Genuss. Das originell-geometrische Pflaster des Vorplatzes, die silbern glänzende Skulptur von José Maria Cruz Novillo und die schattigen, gepflegten Gartenanlagen machen auch die Umgebung der Torre Picassos zu einem Vergnügen. Insgesamt arbeiten rund 6000 Menschen in dem Hochhaus, das auch einen Helikopterlandeplatz besitzt. Plaza Pablo Ruíz Picasso (Metro: Lima).

Bernabéu-Stadion

Real Madrid ist keine Fußballmannschaft, sondern ein Mythos auf dem europäischen Rasen. Tatsächlich ist der Königliche Fußballclub einer der erfolgreichsten Vereine auf der Welt. Die Arena von Real steht nicht fernab auf der grünen Wiese, sondern mitten im Banken- und Businessviertel. Der wuchtige Betonbau wurde ursprünglich in den 40er Jahren für 75.000 Zuschauer konstruiert. Durch Umbauten 1988 konnte die Zahl auf 106.000 Plätze gesteigert werden. Die oberen Ränge werden über vier Galerien erreicht, zu den Nebentreppen führen Halbzylinder aus Beton, die von außen gut erkennbar sind. Castellana/Avenida de Concha Espina (Metro: Lima).

Real Madrid Fútbol Club: Verein, Lebensstil, Religion

Das Stadion an der Castellana ist benannt nach Santiago Bernabéu, der an dieser Stelle mit seiner Gemeinschaft den ersten Madrider Fußballverein gründete: den *Real Madrid Fútbol Club.* Niemand konnte ahnen, dass Bernabéu damit das Fundament für eine Legende legen sollte. Real, so wie der Verein kurz und bündig genannt wird, errang alle großen Titel, die es in der Welt des Fußball zu gewinnen gibt, gleich mehrmals. Und noch heute stammt fast die Hälfte der spanischen Nationalmannschaft aus den Reihen von Real.

Der Verein freilich war immer ein bisschen nobler als die anderen. Im ersten Stadion, das in den 20er Jahren entstand und über 22.000 Zuschauer aufnahm, gab es sogar eine überdachte Tribüne mit Rattansesseln für die prominenten Gäste. Heute sind es VIP-Lounges, die den Ehrengästen zur Verfügung stehen. Und Real zählt zu den vermögendsten Vereinen der Welt. Kein Spieler ist dem Club zu teuer, wenn er tatsächlich die Mannschaft stärken sollte. Natürlich sind die Eintrittstickets alles andere als preiswert. Viele Fans schuften dennoch gerne etliche Stunden in der Firma mehr, um im Bernabéu ihre Stars leibhaftig zu erleben. Real war eben schon immer mehr als nur ein Fußballverein. Der Club ist auch ein Lebensstil, ja eine Religion. Daran konnten selbst die Erfolge des jahrzehntelangen Konkurrenten Atlético de Madrid nichts ändern.

Karte S. 187

Puerta de Europa

Bei den Madrileños ist die 113 Meter hohe Puerta de Europa nicht gerade besonders beliebt. Schon beim sechsjährigen Bau der beiden um fast 15 Grad geneigten Wolkenkratzer gab es jede Menge Schwierigkeiten, vom Finanzskandal ganz zu schweigen. Ursprünglich wurden die beiden Hochhäuser vom

Kuweit Investment Office (KIO) geplant. Und als schließlich dieses modernistische, von den New Yorker Architekten John Burgee, Duane Schremp und Philip Johnsson geplante Stadttor 1996 fertig gestellt wurde, war die Enttäuschung groß. An einem der besten Plätze der Castellana war eine schwarze, einfallslose Stahlkonstruktion entstanden, die nur durch ihre Größe Aufsehen erregt. Der Brunnen mit seinen 50 Metern Durchmesser an der benachbarten Plaza de Castilla und mit seiner haushohen Wasserfontäne hat dadurch nicht gerade an Attraktivität gewonnen (Metro: Plaza Castilla).

Einkaufen

Insbesondere in Azca und auf dem Paseo de la Habana gibt es zahlreiche Boutiquen, die auch eine exklusive Klientel zufrieden stellen. Spanische Modedesigner wie Adolfo Dominguez oder Roberto Verino sind beispielsweise in der Ladengalerie am Picasso-Hochhaus vertreten. Beliebt ist auch die Einkaufsgalerie ABC die täglich bis 21.30 Uhr geöffnet ist. Die Mall liegt an der Ecke Serrano 61/Castellana 34.

Musgo: Kaum ein Kunde, der Musgo betritt und ohne eine Ware den Laden wieder verlässt. Tischlampen, Bilder, Fotoalben, Sofa oder nur ein paar modische Ohrringe. In Musgo kann der Kunde stöbern und findet stets ein originelles Stück. Paseo de la Habana 34 (Metro: Lima).

La Esquina del Bernabéu, anspruchsvolle Ladengalerie am Bernabéu-Stadion. Und wie es sich gehört: Für Fans von Real Madrid gibt es einen Laden, in dem man seiner Begeisterung für den Club freien Lauf lassen kann. Avenida Concha Espina 1 (Metro: Lima).

Bodegas Vela: Seit 1942 gibt es diesen Weinladen mitten in Chamberia, ungefähr 10 Min. von der Castellana zu Fuß. Der kleine Umweg lohnt sich, denn Bodegas Vela verfügt über eine exzellente Auswahl an spanischen Weinen. Vor allem auch alte Weine, manche über 50 Jahre alt, können hier für einen entsprechenden Preis erworben werden. Freundliche und kompetente Beratung. Calle Santa Engracia 42 (Metro: Rio Rosas).

Essen und Trinken

Bars

Irish Rover (1), einer der populärsten der in Madrid so beliebten Irischen Pubs. Hier treten tägl. außer Sa Musiker von der grünen Insel auf. Tägl. bis 4 Uhr, am Wochenende bis 5 Uhr. Avenida de Brasil 7 (Metro: Lima).

Essen

Die Restaurants rund um die Castellana sind vor allem auf Geschäftsleute und Politiker eingestellt. Deshalb ist nicht nur das Preisniveau relativ hoch, sondern zu Mittag ist auch in vielen Lokalen kaum noch ein Platz zu bekommen. Für Feinschmecker sind die Viertel entlang des Boulevards ein kleines Paradies. Nirgendwo sonst in Madrid gibt es mehr Gourmet-Restaurants als hier.

Tipp! Rianxo (7), bekannt für sein gutes Preis-Leistungs-Verhältnis. Wie schon der Name verrät, wird hier galicische Küche gepflegt. Tagsüber ist die Bar mit ihren Tapas von vielen Kunden aus dem Viertel umlagert. Im Obergeschoss befindet sich das kleine Restaurant, das vor allem bei Liebhabern von Fisch und Krustentieren hoch im Kurs steht. Feine galicische Weißweine (Albariño) und aufmerksamer Service. Raimundo Fdez. Villaverde 49, ✆ 915535030 (Metro: Cuatro Caminos od. Nuevos Ministerios).

Taberna Gaztelupe (2), Taberna, die feine baskische Küche serviert Auch wenn das Business-Viertel um die Straße Orense nicht besonders einladend ist, lohnt sich dennoch der Weg. Der frische Fisch, die große Auswahl und die netten Kellner sorgen für ein volles Haus. Am besten vorher reservieren. Exzellente Weinkarte. Das Restaurant besteht aus einem fensterlosen Saal in rustikalem Landhausstil. Commandante Zorita 32, ✆ 915349116 (Metro: Lima).

Zalacaín (10), seit Jahrzehnten von Restaurantkritikern ausgezeichnetes Restaurant der Spitzenklasse. Es gilt als eines der besten

in Spanien: Schon bald nach seiner Eröffnung im Jahre 1974 hat sich das Zalacaín einen nahezu legendären Ruf erworben. Klassisch spanische Küche aus erlesenen Rohstoffen, raffiniert zubereitet, perfekt serviert im vornehmen Ambiente. Der Weinkeller zählt zu den besten der Stadt. Man kann an warmen Tagen auch auf einer Terrasse speisen. Von den Gästen wird elegante Kleidung erwartet. Samstagmittag und So geschlossen. Mittags ab 13.30 Uhr und abends ab 21 Uhr geöffnet. Reservierung erforderlich. Alvarez de Baena 4, ✆ 915615935 (Metro: Rubén Darío).

Restaurante Jockey (6), eines der absoluten Toplokale Madrids, seit rund einem halben Jahrhundert. Spanisch-internationale Küche zu ähnlichen Preisen wie im Zalacaín. Calle Amador de los Ríos 6, eine Parallelstraße stadtwärts zum Anfang des Paseo Castellana. Wegen der nahe gelegenen Ministerien speisen hier an Werktagen gerne Politiker und Diplomaten. An Feiertagen geschlossen, ✆ 914192435 (Metro: Colón).

El Bodegon (9), elegantes Lokal, das sich der neuen baskischen Küche verschrieben hat. Nicht nur das raffiniert zubereitete Essen ist außergewöhnlich, sondern auch das Ambiente. Der Besitzer Plácido Arango ist ein Sammler moderner spanischer Kunst. An den Wänden kann man einige seiner Exponate bewundern. Reservierung empfehlenswert. Samstagmittag und So zu. Pinar 15, ✆ 915628844 (Metro: Rubén Darío).

Pedro Larumbe (12), nach seinem Küchenchef aus Navarra benanntes Luxus-Restaurant. Es versprüht eine angenehme Belle-Époque-Atmosphäre. Schon allein der Eingang ist beeindruckend. Das Lokal besteht aus drei Salons und pflegt moderne spanische Küche. Spezialität Fisch. Gute Weinkarte. Samstagmittag und So geschlossen. Serrano 61, ✆ 915751112 (Metro Nuñez de Balboa oder Rubén Darío).

O'Pazo (5), Das Meer ist in Madrid fern. Und dennoch werden in Spaniens Hauptstadt Fischgerichte geschätzt und exzellent zubereitet. Ein gutes Beispiel dafür ist O'Pazo. Das im Stil eines englischen Clubs eingerichtete Lokal – unweit der Torre Picasso – wird seit Jahren für seine außergewöhnlichen Fischspeisen geschätzt. August geschlossen. Reina Mercedes 20, ✆ 915332333 (Metro: Nuevos Ministerios).

La Dorada (3), Das bekannte Restaurant offeriert mediterrane Küche mit vielen andalusischen Spezialitäten wie pescados fritos, Krustentiere und guisos marineros. So geschlossen. Orense 64 (Metro: Tetuán).

Übernachten

(→ Karte S. 187)

Die meist nüchternen Hotels an der Castellana sind ganz auf Geschäftsleute eingerichtet. Schließlich liegen an der Verkehrsachse fast alle großen Banken, Versicherungen, Konzerne ... Dementsprechend sind auch die Preise. An Wochenenden, wenn die Manager frei haben, gibt es jedoch überraschende Sonderangebote, selbst in Spitzenhäusern.

Tipp! *** Hotel Orfila (13)**, wer in diesem Luxushotel absteigt, braucht den großen Auftritt nicht. Der kleine Stadtpalast liegt in einer ruhigen Wohnstraße (unweit der Castellana), die auf vielen Touristen-Stadtplänen nicht einmal eingezeichnet ist. Im Inneren der Nobelherberge, die Mitglied des exklusiven Hotelzirkels Relais & Chateau ist, herrscht aristokratische Noblesse. Kein cooles Design, sondern elegante Salonmöbel beherrschen das Interieur. DZ ab 365 €. Orfila 6, ✆ 917027770, 📠 917027772, www.hotelorfila.com.

******* Hotel Villa Magna (4)**, ein Klotz an der Castellana, der von außen eigentlich nicht gerade einladend aussieht. Doch tatsächlich verbirgt sich hinter der nüchternen Fassade ein elegantes Haus der luxuriösen Hyatt-Hotelkette, das nicht nur über geschmackvolle Zimmer verfügt, sondern auch über einen exzellenten Service. Es zählt zur Spitzengruppe der Madrider Hotellerie. DZ ab 550 € (im Sommer und an Wochenenden Spezialtarife). Paseo de Castellana 22, ✆ 915871234, 📠 914312286, www.madrid.hyatt.com (Metro: Colón).

***** Hotel Zurbano (11)**, Hotel der spanischen NH-Kette in dem noblen Botschaftsviertel, unweit der deutschen Vertretung und des Goethe-Instituts. Hier lässt sich komfortabel übernachten. Die in unmittelbarer Nachbarschaft zur Castellana gelegene Herberge wird vor allem von Sportlern geschätzt. DZ ab 250 € (preiswerte Arrangements am Wochenende.). Zurbano 79–81, ✆ 914415500, 📠 914413224 (Metro: Rubén Darío).

***** La Residencia de El Viso (8)**, kubistische Villa im Nobelviertel El Viso. Sie ist vor allem bei Gästen beliebt, die Ruhe schätzen und dafür bereit sind, auch ein wenig abseits zu nächtigen. Das Haus verfügt nur über 12 funktionale, moderne Zimmer (frühzeitig reservieren), die allerdings sehr eng sind und nur über kleine Fenster verfügen. Gutes, aber nicht gerade preiswertes Restaurant, in den warmen Monaten kann man in dem hübschen Garten speisen. DZ ab 130 €. Nervión 8, ✆ 915640370, 📠 915641965, www.residenciaelviso.com (Metro: República Argentina).

El Pardo: Heute werden hier Staatsgäste beherbergt

Die Peripherie

In den letzten dreißig Jahren hat die spanische Hauptstadt einen ungeahnten Boom erlebt. Nicht nur zahlenmäßig, sondern auch flächenmäßig wuchs Madrid nach allen Himmelsrichtungen. Dörfer, die einst kilometerweit von der Metropole entfernt waren, sind heute umringt von einem Häusermeer. Die leicht hügelige, aber einfach zu bebauende Region um Madrid ist zu einem städtischen Ballungsraum mit einem Durchmesser von rund 60 Kilometern angewachsen. Und der Bedarf nach Wohnraum scheint noch immer nicht gestillt.

Die Peripherie Madrids bot seit jeher beliebte Möglichkeiten zur Flucht aus der anstrengenden Metropole ungebrochener Lebensfreude. Die Casa de Campo, der riesige Park, beginnt gleich hinter dem Palacio Real und besitzt mit dem Lago das größte Gewässer Madrids. Der Pardo (nicht verwechseln mit dem Kunstmuseum Prado), das ehemalige königliche Jagdgebiet samt Schloss, diente bis 1975 Diktator Franco als Residenz, ist heute aber der Öffentlichkeit zugänglich.

In den letzten Jahren sind am Rande Madrids neue Fluchtmöglichkeiten aus dem Großstadt-Dschungel entstanden. Im Süden erfreut sich der nach dem ehemaligen Bürgermeister von Madrid benannte Parque de Tierno Galván großer Beliebtheit. Auf dem hügeligen Gelände kann man nicht nur einen faszinierenden Blick über das Häusermeer genießen, sondern auch das interessante Planetarium oder das vorbildliche Imax-Kino besuchen. Im Osten der Stadt (an der Metro-Linie zum Airport Barajas) entstand nahe dem Messegelände der Parque Juan Carlos I. In dem 20 Quadratkilometer großen Park kann man sowohl riesige Skulpturen bewundern als auch auf einem Kanal Boot fahren. Ein Kuriosum für die Hauptstadt im trockenen Kastilien.

Die Casa de Campo zieht nicht nur mit viel Natur und dem Zoo zahlreiche Besucher an, sondern auch mit dem berühmten Parque de Atracciones. Der Freizeitpark (bis spät abends geöffnet) mit seinen waghalsigen Vergnügungsmöglichkeiten ist besonders bei Kindern und Jugendlichen beliebt. Im Sommer finden hier auch Open-Air-Konzerte bekannter spanischer Gruppen statt. Nachts sollte man allerdings auf einen Spaziergang durch die Casa de Campo verzichten. Dann ist diese nämlich fest in der Hand der Straßenprostitution und der Drogenszene.

Ob Casa de Campo oder Pardo – alle Ziele in der Peripherie Madrids sind über Metro, Cercanías (S-Bahn) oder Bus leicht zu erreichen. Vor allem die Parks erfreuen sich an Sonntagen großer Popularität. Das Picknick unter freiem Himmel gehört zu den Lieblingsbeschäftigungen vieler spanischer Familien am siebten Tag der Woche. Und natürlich eines ist in Madrid nicht wegzudenken: die legendäre Stierkampfarena Las Ventas im Osten der Stadt, unweit der Stadtautobahn. Auch wenn sich die meisten Spanier für das blutige Spektakel gar nicht interessieren, der Stierkampf hat immer noch seine Anhänger.

Stierkampfarena Las Ventas

Der archaische Kampf zwischen Mensch und Tier wird in der aus rotem Backstein errichteten Stierkampfarena von Las Ventas (gleichnamige Metrostation) gepflegt wie an kaum einem anderen Ort Spaniens. Hier hatten alle berühmten Toreros der letzten Jahrzehnte ihren Auftritt. Nicht umsonst nennen die Einheimischen die Arena schlicht „La Monumental". Die Corrida de toros, der Stierkampf, zieht noch heute tausende von Kennern und Liebhabern an.

Einst außerhalb der Stadt gelegen, zählt die berühmte Arena heute beinahe schon zu den zentrumsnahen Vergnügungsstätten. Der im Neomudéjar-Stil errichtete Rundbau hat Platz für 23.000 Zuschauer und ist seit 1934 in Betrieb. Die Stierkampfsaison dauert in Madrid von März bis Oktober. Der Höhepunkt ist zweifellos die Feria de San Isidro, des Patrons der Hauptstadt. Dann treten zwischen Mitte Mai und Mitte Juni täglich in Las Ventas die besten Toreros der Welt in die Arena. Das Madrider Publikum gilt als kritisch, kompetent und begeisterungsfähig. Übrigens, an der Rückseite der Arena befindet sich das Museo Taurino, das mit unzähligen Erinnerungsstücken, Bildern, Fotografien, Kostümen, Waffen und Plakaten an die großen Matadore von Las Ventas erinnert.

- *Stierkampfmuseum* Di–So 9.30–14.30 Uhr, Mo und Sa geschlossen, Eintritt frei. Plaza de las Ventas/Alcala 237, Patio de Caballos, Metro: Ventas.
- *Eintrittskarten* Der Verkauf der Tickets erfolgt über Kassen am Haupteingang. Corridas sind ein relativ teures Vergnügen. Das Preisniveau hängt sehr stark von den jeweiligen Toreros ab. Vor allem während der extremen Hitze im Sommer sollte man auf die preiswerten Sonnenplätze (sol) verzichten, stattdessen ein paar Peseten mehr ausgeben und sich einen Schattenplatz (sombra) gönnen.

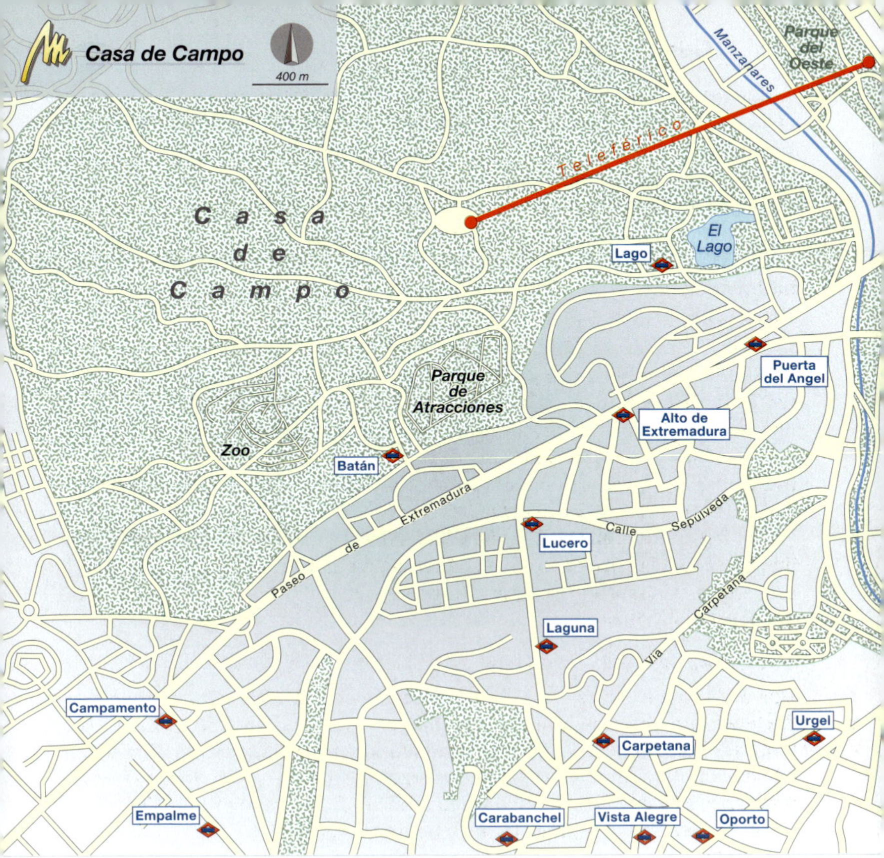

Casa de Campo

Die Natur liegt nur ein paar Schritte vom Zentrum: Vom Königspalast blickt man auf den riesigen Park im Westen Madrids. Das 1700 Hektar (!) große Gelände war einst königliches Jagdrevier. Ein ehemaliges Jagdschlösschen – die Casa del Campo – gab dem weitläufigen Gelände den Namen. Heute residiert in seinen Mauern die Stadtpolizei.

Das mit Eichen, Pinien und Pappeln bewachsene Gelände westlich vom Manzanares-Fluss ist ein traditionelles Ausflugsziel der Stadtbewohner. Vor allem rund um den Lago, den größten (künstlichen) See Madrids, haben sich viele Lokale niedergelassen, in denen jedoch nur am Wochenende richtig Leben einkehrt. Der Ruf der Casa de Campo war nie wirklich gut: Zum einen ist der Park nicht gerade besonders gepflegt, zum andern gehört das Gelände nach Einbruch der Dunkelheit den Freiern und ihren Prostituierten.

Das ursprünglich von Felipe II. ausgewählte Gelände ist jedoch kein Park im klassischen Sinne, sondern eine Art urbane Waldfläche. Casa de Campo ist mittlerweile von zahlreichen Straßen durchzogen, die Vororte mit dem Zentrum verbinden. Immer mehr Madrileños meiden daher den Park für das sonntägliche Picknick. Hauptanziehungspunkt ist neben dem **Zoo** der **Parque de Atracciones**. Der Vergnügungspark mit immer neuen spektakulären Freizeiteinrichtungen zieht Jung und Alt an. Für manche Loopings sollte man allerdings schwindelfrei sein. Ab und zu finden hier auch Open-Air-Konzerte bekannter Popstars statt. Übrigens verbindet der Teleférico Casa de Campo mit Moncloa. Die Seilbahn ist nicht nur ein romantisches Vergnügen, sondern bietet auch einen tollen Blick über das historische Zentrum.

Der relativ kleine Zoo von Madrid lohnt sich, nicht zuletzt wegen seines bekannten Delfinariums und seines ausgezeichneten Aquariums, in dem mehr als 200 Arten zu sehen sind. Der Madrider Tiergarten versteht sich als einen modernen Zoo, der nicht nur Tierarten das Überleben sichern, sondern vor allem zu einer ökologischen Erziehung beitragen möchte. Es werden hier zahlreiche zoologischen Forschungen betrieben.

• *Parque de Atracciones* Der Freizeitpark ist ganzjährig geöffnet. Im Winter nur am Wochenende von 12–22 Uhr, im Sommer tägl. bis 23 Uhr. Die Eintrittspreise sind kompliziert und vielfältig: Ticket für unbegrenzte Nutzung aller Einrichtungen Erw. 22,60 €, Kinder 12,70 €, ohne Benutzung von Geräten 5,90 €, Eintritt und zwei Attraktionen für Erwachsene 10 € – und so weiter. ✆ 914632900 (Metro: Batan).

• *Zoo* Während der Woche herrscht hier meist gähnende Leere, am Wochenende Volksfeststimmung. Der Tiergarten Casa de Campo bietet nicht nur zahlreiche Freigehege, sondern auch ein spannendes Aquarium mit Haien, Korallen, Langusten etc. und ein durchaus aufregendes Reptilienhaus. Doch die Hauptattraktion ist das Delfinarium unter freiem Himmel. Übrigens, man kann die Meeressäugetiere auch unter Wasser mittels einer Galerie bei ihren Kunststücken beobachten. Schönes Ausflugsziel zu jeder Jahreszeit. Wenig empfehlenswert sind die Cafés und Restaurants des Zoos. Von der Metro-Station Batan sind es ungefähr 10 Min. zu laufen. Allerdings führt dieser Weg durch ein Gebiet der Straßenprostitution. Deshalb sollte man nach Einbruch der Dunkelheit lieber ein Taxi zur Metro-Station nehmen. Taxistand am Eingang des Zoos. Geöffnet 10.30–20 Uhr, 13,50 € für alle über sieben Jahre, darunter 5,40 €.

• *Verbindungen* Casa de Campo ist mit dem Zentrum gut verbunden. Die Metro-Linie 10 (dunkelblau) führt von der Plaza de España bzw. Principe Pío zu den Stationen Lago und Batan. Von Batan sind es nur wenige Minuten zum Zoo oder zum Parque de Atracciones. Außerdem verbindet die Seilbahn Teleférico den Park mit dem Boulevard Rosales (Ecke Marqués de Urquijo) in Moncloa/Arguëlles. Achtung: Im Winter fährt die Teleférico nur an Wochenenden.

El Pardo

Im Nordwesten Madrids liegt das ehemalige königliche Jagdgebiet samt dem Schloss. Der im Bürgerkrieg schwer beschädigte Palast diente nach seiner Renovierung dem Diktator Franco bis zu seinem Tod 1975 als Residenz. Heute nutzt die spanische Regierung dieses malerische Anwesen zur Beherbergung von Staatsgästen und für Galadiners. Seit Wiederherstellung der Demokratie ist das Schloss der Öffentlichkeit zugänglich.

El Pardo – heute ein 5000 Einwohner großer Vorwort – war seit dem 15. Jh. das Jagdgebiet der spanischen Könige. Bereits Felipe II. ließ hier, ähnlich wie seine Vorfahren, ein Schloss errichten. Sein heutiges Aussehen verdankt der Pardo König Carlos III. Dieser ließ ab 1772 von seinem Hofarchitekten Francisco Sabatini die Anlage vergrößern und von den besten Künstlern seiner Zeit ausstatten.

Nur im Rahmen einer Führung kann dieses Königsschloss besichtigt werden. Die kostbare Ausstattung, insbesondere mit rund 200 kostbaren Gobelins (vor allem aus dem 18. Jh.), ist ein Erlebnis. Eindrucksvoll sind auch die beiden Innenhöfe, der alte Hof der Österreicher (Patio de los Austrias), und der von Sabatini geplante Bourbonenhof (Plaza de los Bourbones). In diesem mit einem Glasdach ausgestatteten Patio mit einem riesigen Teppich finden die Staatsbanketts statt. Eine Klimaanlage sorgt im Sommer für die richtige Temperierung.

Das Kapuzinerkloster Santo Christo del Pardo

Nach dem Sieg über die Demokratie ließ Franco den Palast nach seinen Vorstellungen umbauen. Der Diktator liebte den Luxus. Einen Eindruck gibt der pompöse Ministerratssaal, der größte Raum des ganzen Palastes. Hier hängen die von Goya entworfenen Wandteppiche der vier Jahreszeiten: Der Schneefall, die Weinlese, die Tenne und die Blumenverkäuferin. Das ehemalige Theater im neoklassizistischen Stil funktionierte der Alleinherrscher für sich und seine Freunde in ein Privatkino um. Franco schätzte den Pardo, 13 Kilometer von Madrid. Zum einen schützte dessen abgeschiedene Lage vor einer überraschenden Revolte der Massen, zum anderen entsprachen die umfangreichen Kasernen dem ausgeprägten Sicherheitsbedürfnis des Diktators. Zudem suggerierte der Bezug des einst königlichen Gebäudes eine Art historische Kontinuität für den „Führer" Spaniens.

Seit 1983 dienen die ehemaligen Räumlichkeiten des Caudillo als Residenz für ausländische Gäste. Der schwedische König Karl Gustav und seine Gemahlin Silvia waren die ersten Eingeladenen. Bei einem Rundgang gewinnt der Besucher einen Eindruck über die geschmackvolle Ausstattung. Übrigens, bei Visiten ausländischer Staats- und Regierungschefs sind das Schloss und der Park der Öffentlichkeit nicht zugänglich.

⌚ April–Sept. Di–Sa 10.30–17.30 Uhr, So 9.30–13.30 Uhr. Eintritt 5 €, Kinder unter 16 J. und Rentner 2,50 €. Die Führung dauert ca. 40 Min.

Westlich vom Pardo – erreichbar über eine Asphaltstraße (ca. 15 Min. zu Fuß) – liegt der bekannteste Wallfahrtsort Madrids: das Kapuzinerkloster Santo Christo del Pardo. Die in einem Glasschrein aufgebahrte Figur des toten

Christus wurde von dem kastilischen Bildhauer Gregorio Fernández um 1615 geschaffen und ist beispielhaft für die tiefreligiöse Plastik dieser Epoche. Noch heute pilgern vor allem ältere Madrileños hierher. Geöffnet 7.30–13 Uhr und 16.30–20.30 Uhr.

• *Verbindungen* Einst gab es mal eine Eisenbahn, später eine Straßenbahn. Doch diese Zeiten sind längst vorbei. Heute verbinden Busse den Pardo mit Madrid. Sie verkehren in der Regel halbstündlich. Verbindung per Bus mit Nr. 106 ab Paseo de Moret (Metro: Moncloa), per Auto über die A6/N VI, dann weiter auf der C 601.

• *Essen* **La Marquesita**, der Pardo war seit jeher ein beliebtes Ausflugsziel, nicht zuletzt wegen dem guten Essen. Dieses stilvolle, efeuumrankte Restaurant beim Schloss ist dafür ein positives Beispiel. Das gefüllte Rebhuhn (Perdíz estofado) zählt zu den Spezialitäten der Marquesita. Übrigens, auch gute Schokolade. Schattige Terrasse. Mittlere Preisklasse Tägl. geöffnet. Avenida de la Guardia 29.

Menéndez, beliebtes, schlichtes Restaurant, ebenfalls am Schlossgarten, das vor allem für seine Hirsch- und Rebhuhngerichte bekannt ist. Hier gibt es aber auch preiswerte Fischgerichte.. Nüchterner Speisesaal. Avenida de la Guardia 25. **Pedro's**, in der Nachbarschaft zum Menéndez, aber schöner. Aufmerksamer und herzlicher Service. Die Spezialität der Küche sind Reisgerichte, Entrecote und Wild. Avenida de la Guardia.

San Francisco, in einem Park gelegenes Restaurant, 500 m vom Schloss in Richtung Kloster., stilvolles Ambiente. Gegessen wird in einem Wintergarten oder in weißen Zelten. Nicht ganz preiswert. Beliebt für Familienfeiern. Camino de Christo del Pardo.

La Zarzuela: Königsschloss und Singspiel

Auf dem Rückweg nach Madrid trifft man auf den Palacio de la Zarzuela. Hier residieren König Juan Carlos und seine Frau Sofía. Das Schloss ist eher bescheiden. Seine Ursprünge gehen auf das 18. Jh. zurück, als König Carlos IV. hier einen neoklassizistischen Palast erbauen ließ, der jedoch im Bürgerkrieg zerstört wurde. 1960 wurde ein Neubau errichtet. La Zarzuela, der Öffentlichkeit nicht zugänglich, wird in Spanien nicht unbedingt mit dem Palast zwischen Madrid und Pardo verbunden, sondern der Name steht für eine singspielartige Gattung des iberischen Musiktheaters. Die Zarzuela, die von ihrer Popularität bis heute nichts eingebüßt hat, besteht aus Gesang und gesprochenem Dialog. Ihren Ursprung hat sie als höfisches Festspiel, wie sie im 17. Jh. im königlichen Lustschloss Zarzuela aufgeführt worden sein sollen. Als erstes bekanntes Stück gilt „El jardín de Falerina" (1649) von Calderón de la Barca.

Parque de Tierno Galván

Normalerweise sind Arbeiterviertel nicht gerade mit Grünflächen verwöhnt. Die Madrider Stadtregierung wollte mit der Anlage des Parque de Tierno Galván eine grüne Oase im eher tristen Häusermeer schaffen. Auf einer Fläche von 154 Hektar entstand im Süden Madrids, unweit des Autobahnrings M-30, einer der schönsten Parks der Hauptstadt. Das hügelige Gelände wird bestimmt vom postmoderne **Planetarium** mit einer 17,5 Meter breiten Kuppel. Innen gibt es eine kostenlose Ausstellung und Videos sowie das eigentliche Planetarium. Von hier hat man einen tollen Blick auf das historische Stadtzentrum. Leicht zu erkennen ist das Telefónica-Hochhaus an der Gran Vía.

Ein anderer Besuchermagnet ist das **Ciné-Imax**, eine besondere Kinotechnik, die den meist jüngeren Besuchern den Atem verschlägt. Der nach dem ersten demokratischen Bürgermeister Madrid, Tierno Galván, benannte Park liegt unweit der Autobusstation Méndez Alvaro und ist per Metro leicht zu erreichen. Übrigens liegt am Weg zur U-Bahnstation in einem Backsteingebäude das Museo Angel Nieto. Die Sammlung erinnert mit alten Motorrädern, Trophäen und Medaillen an den großen spanischen Motorsportler.

Das **Imax** zeigt vor allem Dokumentationen mit einer Länge von einer Dreiviertelstunde. Eintritt 7 €, zwei Filme 10 €. Informationen zum aktuellen Programm unter ✆ 914674800. Tickets im Vorverkauf beim Kaufhaus El Corte Ingles.

Das **Planetarium** ist von Di–Fr 9.30–13.45 Uhr, 17–19.45 Uhr, Sa/So 11–13.45 Uhr und 17–20.45 Uhr geöffnet. Der Eintritt ist frei. Neben einer Dauerausstellung werden auch allgemein verständliche Videofilme zu Fragen der Astronomie gezeigt. (Metro: Méndez Alvaro).

Tierno Galván: Madrids erster demokratischer Bürgermeister

Politiker stehen in der öffentlichen Meinung nicht besonders hoch im Kurs. Eigennutz, Prinzipienlosigkeit, Populismus bis hin zur Bestechlichkeit wird ihnen nachgesagt. Und in Spanien war man nach Jahrzehnten Franco-Diktatur besonders kritisch mit den Oberen. Doch Tierno Galván, Madrids erster demokratischer Bürgermeister nach dem Tod Francos, schaffte, was nur wenige Politiker vor ihm geschafft haben. Er wurde geliebt und verehrt. Heute wird von ihm wie von einem Heiligen gesprochen. Enrique Tierno Galván, der sich selbst bescheiden nur als „el viejo profesor" (der alte Professor) bezeichnete, regierte die spanische Hauptstadt von 1979 bis 1986. Als er 1986 starb, folgten seinem Sarg über eine Million Menschen in der spanischen Hauptstadt. Nach den Jahrzehnten der Stagnation, des Bürokratismus und des Anti-Intellektualismus war es jedoch der bekennende Marxist Tierno Galván, der Madrid aus seinem politischen, wirtschaftlichen und kulturellen Dornröschenschlaf aufweckte. Seine Ideen und sein Charisma sorgten dafür, dass Madrid in den 80er Jahren zur vielleicht spannendsten Metropole Europas avancierte und einen ungeahnten Wirtschaftsboom erlebte. Ja selbst der Begriff *movida* wird dem selbstironischen Politiker zugeschrieben. Tierno Galván war es auch, der die Infrastruktur des öffentlichen Nahverkehrs ausbaute und den sozialen Wohnungsbau sowie Stadtteil-Kulturzentren förderte. Kein Wunder, wenn der alte Professor vor allem bei den kleinen Leuten verehrt wird. Schon während der Franco-Diktator zählte der Hochschullehrer und Jurist zu den wichtigsten Figuren der demokratischen Opposition. Trotz seiner unbestrittenen Kompetenz verlor er 1965 seinen Lehrstuhl für Staatsrecht an der Universität von Salamanca. Erst nach dem Tod Francos durfte der gradlinige Wissenschaftler wieder an einer spanischen Hochschule lehren. Doch es waren nicht seine fachlichen Leistungen, die Tierno Galván populär machten. Im Gegensatz zur hermetisch abgeschotteten Politikerkaste in franquistischer Zeit lebte und feierte der linke Moralist mit den Menschen aller Schichten. Ein Mann des Volkes. Der nach ihm benannte Park inmitten der Arbeiterviertel ist Symbol und Ehrung zugleich für Madrids populären Politiker.

Parque de Juan Carlos I.

Madrid ist der wichtigste Messestandort auf der iberischen Halbinsel. Um den wachsenden Bedürfnissen entgegenzukommen, entstand im Nordosten der Hauptstadt, ganz in der Nähe des Airports Barajas, der Campo de las Naciones. Dieses gelungene Projekt zeitgenössischer Architektur wird ergänzt durch den originellen Parque de Juan Carlos I., der mit zahlreichen Plastiken spanischer Künstler eine Art Freiluftmuseum ist. Die gewaltigen Skulpturen passen gut in das futuristische Ambiente des Campo de las Naciones mit seinen Ausstellungshallen, Business-Centers und Nobelhotels. Der Park bietet Messebesuchern und Anwohnern Ruhe und Erholung, nicht zuletzt wegen der verschiedenen Mikroklimas. Dafür sorgen die sorgsam ausgewählten Bäume und Pflanzen, vor allem der künstliche See, der auch mit einem Ausflugsboot erkundet werden kann. Ein Open-Air-Auditorium und ein Golfplatz ergänzen die weitläufige Anlage (Metro: Campo de las Naciones).

Olivenernte im Park

Der jüngste unter den großen Parks der Hauptstadt verfügt über einen ganz besonderen Baumbestand. Rund 2000 Ölbäume sind auf dem riesigen Gelände bei der Madrider Messe zu finden. Keineswegs zur Zierde stehen die bis zu 200 Jahre alten Bäume auf dem Areal. 1999 wurden zum ersten Mal auch Oliven geerntet. Im Winter, wenn die knorrigen Bäume mit ihren silbern schimmernden Blätter glänzen, kommen die Ernteexperten aus dem fernen Andalusien (dem größten Olivenhain der Welt) nach Madrid. Mit einem langen Holzstock, der sogenannten „vara“, schlagen sie das „gelbe Gold“ von den Bäumen. Im Parque de Juan Carlos sind es rund zehn Kilo Oliven pro Baum. Das ist natürlich kein hoher Ertrag. Doch gute Ernten – ein Baum wirft bis zu 50 Kilo ab – sind heute gar nicht mehr gefragt. Die Überproduktion und die damit verbundenen Preise sind die größten Probleme der Bauern.

Essen und Trinken

Restaurants

In der Peripherie von Madrid gibt es natürlich eine Vielzahl von Restaurants. Neben dem klassischen Ausflugsziel El Pardo mit seinen Sommerterrassen stehen vor allem die Restaurants entlang der Autobahn in Richtung Norden (Richtung Vallaloid/Segovia) hoch im Kurs. Entlang der von den Einheimischen genannten **Carretera de La Coruña** haben sich seit Jahren eine Reihe von Restaurants der mittleren und oberen Preisklasse niedergelassen.

Portonovo, das Restaurant, benannt nach dem gleichnamigen nordspanischen Fischerdorf, pflegt anspruchsvolle galicische Küche, also viel Fisch und Krustentiere. Das weitläufige Restaurant an der Carretera de La Coruña (bei Kilometer 10.500, Salida 10) ist ein kleiner Kristallpalast mit festem Kundenstamm. Am Wochenende viele Familien. Sonntagabend geschlossen.

El Escorial: die schneebedeckte Esplanade im Winter

Umgebung von Madrid

An klaren Frühlingstagen sind im Madrider Stadtteil Moncloa die schneebedeckten Gipfel der Sierra de Guadarrama zu sehen. Der Gebirgszug im Norden der Hauptstadt ist die traditionelle Ausflugsregion der Madrileños. Skifahren, Wandern, Radfahren – die Sportmöglichkeiten in dem Mittelgebirge sind vielfältig. Kultureller Höhepunkt ist der gewaltige Klosterbau El Escorial (50 km von Madrid) mit seiner Bibliothek.

Auf der anderen Seite der Sierra de Guadarrama liegt **Segovia** (Kastilien-León). Die bereits kastilische Stadt besitzt bedeutende Baudenkmäler wie das römische Aquädukt, den Alcázar und zahlreiche Kirchen. Von der Unesco bekam Segovia das Prädikat Weltkulturerbe. Nur 11 Kilometer entfernt liegt der königliche Palast **La Granja** mit seinem riesigen Garten und monumentalen Brunnen. Und ein paar Kilometer weiter das königliche Jagdschloss **Riofrío**, umgeben von einen riesigen Park.

Im Gegensatz zur Gebirgslandschaft im Norden – selbst im Sommer gibt es hier kühle Nächte – ist der Süden Madrids eher flach, heiß und trocken. Besuchermagnet ist das ebenfalls von der Unesco zum Weltkulturerbe erklärte **Toledo** (Kastilien-La Mancha). Die Altstadt oberhalb des Tajo mit ihrem Gassenlabyrinth zeugt von der großen Vergangenheit dieser kastilischen Stadt. Katholiken, Araber, Juden – im einst multikulturellen Toledo begegnet der Besucher der spanischen Geschichte auf Schritt und Tritt.

Während Toledo streng und ernst ist, gibt sich **Aranjuez** (47 km von Madrid), in einer vom Tajo bewässerten Aulandschaft gelegen, heiter und gelassen. Seit dem 15. Jh. war das ruhige Städtchen Residenz spanischer Könige. Der Palast, aber vor allem die ausgedehnten Gärten entlang dem Fluss, machen einen Ausflug zu einem wahren Vergnügen. Sozusagen in der Nachbarschaft, inmitten des Madrider Weingebiets, liegt das Städtchen **Chinchón** (45 km von Madrid). Die von Häusern mit umlaufenden Balkonen eingerahmte Plaza Mayor ist einer der originellsten Plätze Zentralspaniens. Die am meisten unterschätzte Stadt in der Umgebung Madrids ist das nur 33 km östlich gelegene **Alcalá de Henares**. Die alte Universitätsstadt – ebenfalls Weltkulturerbe – besitzt das Geburtshaus von Cervantes.

• *Verbindungen* Aranjuez (45 Min.), Toledo (1 Std. 20 Min.), Alcalá de Henares (40 Min.) und El Escorial (1 Std.) sind bequem mit den Cercanías (S-Bahn) vom Madrider Atocha-Bahnhof zu erreichen. Segovia (1 Std. 30 Min.) besitzt eine sehr gute Busverbindung mit der Hauptstadt. Die Linie Sepulvéda fährt fast immer im Stundenrhythmus von eigenem Busbahnhof nur ein paar Schritte von der Metrostation Príncipe Pío ab. Ebenfalls mit dem Bus sind natürlich Aranjuez und Toledo von der Estación Sur (Metro: Menendéz Alvaro) zu erreichen, jedoch sind die Busverbindungen weniger häufig, teilweise langsam und keineswegs billiger.

El Escorial

Der monumentale Klosterpalast Monasterio de San Lorenzo el Real de El Escorial hat bis heute Tag nichts von seiner Faszination verloren.

Das von König Felipe II. errichtete Kloster ist ein großartiger, aber auch strenger Bau aus weißgrauem Granitstein an den Hängen des Guadarrama-Gebirges. Die weitläufige Anlage – Kloster, Palast und Grablege zugleich – wurde nach 21 Jahren Bauzeit 1584 fertig gestellt. Der größte Renaissance-Palast dieser Erde wurde Urbild aller politischen Machtzentralen – von Versailles bis zum Kreml. El Escorial, 56 Kilometer nordwestlich der Hauptstadt in über tausend Meter Höhe gelegen, ist ohne Zweifel eines der eindrucksvollsten Ziele der Madrider Umgebung, ja ganz Spaniens.

Das Wappen der Habsburger prangt über dem Haupteingang

Das zugehörige 9000-Einwohner-Städtchen besteht aus den Ortsteilen *San Lorenzo de El Escorial* neben dem Kloster und *El Escorial* etwa zwei Kilometer unterhalb. Besonders San Lorenzo mit seinen alten Häusern und gepflasterten Gassen besitzt noch viel Charme. Am Wochenende genießen hier viele Madrileños das malerische Ambiente und die frische Bergluft. El Escorial ist der meistbesuchte Ort in der Comunidad de Madrid. Das

Städtchen war seit jeher ein beliebtes Domizil. Wer es sich leisten konnte, hatte hier eine *casa del campo* oder eine Villa. Die eleganten Viertel oberhalb des Klosters bezeugen dies.

San Lorenzo el Real de El Escorial, wie der Komplex offiziell heißt, ist dem heiligen Laurentius gewidmet. Der Gitterrost, auf dem der Heilige gebraten wurde, diente als Motiv für den strengen Grundriss, den Felipe II. höchstpersönlich mit seinem Architekten Bautista de Toledo entwarf. Der spanische König, der sich als Märtyrer der Macht und des Glaubens begriff, genoss diesen Palast nicht zuletzt wegen seiner Unnahbarkeit und seinen Dimensionen: 207 Meter lang, 162 Meter breit, 16 Innenhöfe, 15 Kreuzgänge, 1200 Türen – Kloster, Basilika, Palast ...

Felipe II. – mächtig, tiefreligiös und intolerant

Als Felipe II. am 13. September 1598 für immer die Augen schloss, beherrschte er ein Territorium, das um ein Vielfaches größer war als das Römische Reich. Es umfasste nicht nur Spanien und Portugal, sondern auch die Niederlande, weite Teile Italiens, ganz Lateinamerika südlich des Río Grande sowie Gebiete in Asien und Afrika. Mit Stolz konnte er feststellen, dass in seinem Reich die Sonne niemals untergeht. Der im Deutschen als Philipp II. betitelte Monarch, geboren 1556 als Sohn des römisch-deutschen Kaisers Karl V., wurde von den Historikern eher kritisch betrachtet. Wegen seines religiösen Fanatismus und seiner Unbarmherzigkeit ging er nicht gerade als guter König in die Geschichtsbücher ein. Selbst Friedrich Schiller machte ihn in seinen Werk „Don Carlos" für den Tod seines ersten Sohnes Carlos mitverantwortlich. Erst in den letzten Jahren revidierte die Forschung das dunkle Bild des absolutistischen Monarchen. Hart, aber nicht blutrünstig sei er gewesen, bilanzieren heutzutage Experten. Zweifellos war Felipe II. ein Vorkämpfer des Katholizismus und der Gegenreformation. Die von ihm geprägte Epoche markierte den Höhepunkt und den Beginn des Niedergangs der Weltmacht Spanien. Seine Entscheidungen wirken bis heute nach. Felipe II. war es, der beschloss, die spanische Hauptstadt nach Madrid zu verlegen. Zweifellos sein größtes Denkmal ist der Klosterpalast von El Escorial. Felipe II. war keineswegs ein Müßiggänger. Er kümmerte sich um jede Kleinigkeit, saß meist bis in die Nacht am Schreibtisch und misstraute selbst seinen engsten Beratern. Auf der anderen Seite war er intolerant und brutal. So ließ Felipe II. – sich als Werkzeug Gottes begreifend – Andersdenkende rücksichtslos verfolgen und Aufstände wie in den Niederlanden blutig unterdrücken. Sein Versuch, England zu vernichten, scheiterte mit dem Untergang der legendären Armada kläglich. Seinen Untertanen blieb der introvertierte, arbeitsbesessene, finster wirkende Autokrat ein Rätsel. El Escorial ist der steinerne Ausdruck des Geistes von Felipe II. Das Gebäude ist Palast, Kloster und Mausoleum zugleich und spiegelt die Kälte und das Verlangen nach Größe wider. In seinen Mauern starb Felipe II. – umgeben von 7422 Reliquien – am 13. September 1598 an Gicht, das Kruzifix fest in Hand.

Die meisten Gäste besuchen den Escorial nur für ein paar Stunden. Eine Besichtigung des verwinkelten Klosters und des weitläufigen Parks mit seinem eindrucksvollen Blick auf Madrid – dann geht's weiter. Dabei wäre El Escorial durchaus einen längeren Aufenthalt wert. Nach Madrid ist es nur ein Katzensprung, und von hier lässt sich (am besten mit dem Auto) das schöne Guadarrama-Gebirge leicht entdecken.

Information/Verbindungen/Einkaufen

- *Telefonvorwahl* 921
- *Information* **Oficina de Turismo**, Calle Grimaldi 2, ✆ 918905313, www.sanlorenzoturismo.org.
- *Krankenhaus* **Hospital El Escorial**, Carretera M-600, km 6,255, ✆ 91 8973000.
- *Verbindungen* **Zug**: Bahnhof im Ortsteil El Escorial (Busverbindung nach San Lorenzo) an der Linie Madrid – Ávila – Salamanca. Züge zwischen 6 und 22 Uhr mindestens stündlich (meistens halbstündlich) auf der Cercanía-Linie C 8 ab Madrid-Atocha via Chamartín (Fahrtzeit ca. 1 Std.). Fahrpreis 2,50 €. Infos unter ✆ 918900413.

Bus: Das Busunternehmen Herranz (✆ 918969028) fährt täglich alle halbe Stunde nach Madrid und zurück. Die Fahrzeit beträgt rund eine Stunde. Die Busse sind komfortabel und klimatisiert. Abends fahren die letzten Busse um 22.15 Uhr nach Madrid zurück. Es gibt zwei Fahrtrouten, zum einen über Galapagar (landschaftlich reizvoller), zum andern über Guadarrama (über Autobahn größtenteils). Die einfache Fahrt kostet auf beiden Strecken knapp 3 €.

Recht gute Anschlüsse auch nach Ávila. Abfahrt an der Haupt-Plaza Virgen de Gracia, Tickets um die Ecke in der Bar Casino an der Calle del Rey, Info-Tel. 918904100. Abfahrt in Madrid, Busstation Moncloa (in der gleichnamigen Metro-Station, 1. Stock Untergeschoss).

Taxi: Taxistand an der Straße Floridablanca. Oder Sie versuchen es per Telefon: ✆ 608505000.

- *Einkaufen* **Librería Cocheras**, malerische Buchhandlung in einem alten Palast. Hier gibt es auch englisch- und deutschsprachige Bücher zum Escorial. Außerdem antiquarische Bücher. Calle del Rey 41.

Wochenende auf dem Land: El Escorial ist ein beliebtes Ziel

Übernachten

- *Hotels* Im Sommer häufig ausgebucht, was angesichts der guten Verbindungen nach Madrid jedoch kein Problem darstellen sollte. Gleich drei Hotels stehen an der Calle Floridablanca, in der auch die Touristen-Information zu finden ist.

Tipp! *** **Hotel Botánico (11)**, stilvolles neues Haus inmitten des malerischen Villenviertels von El Escorial, oberhalb des Klosters. Das von einem großen Garten umgebene Hotel ist mit viel Geschmack gemütlich eingerichtet. Sogar eine eigene Bibliothek besitzt die noble Herberge. Das Restaurant La Buganvillea im rückwärtigen Teil pflegt klassische spanische Küche. DZ mit Frühstücksbuffett ab 112 €. Timoteo Padrós 16, ✆ 918907879, 📠 918908158, www.valdesimonte.com.

**** **Hotel Victoria Palace (1)**, elegantes, in einem Park gelegenes Hotel, das schon et-

was Patina angelegt hat. Doch noch ist die Herberge am Rand der Altstadt, nur wenige Minuten vom Kloster, die nobelste Adresse. Vor allem ältere Besucher und Firmen schätzen dieses Grand Hotel, das im konservativ-eleganten Stil eingerichtet ist und über einen Swimmingpool verfügt. DZ ab 150 € in der Hochsaison an Ostern und im Sommer. Juan de Toledo 4, ✆ 918901511, 📠 918901248, www.hotelvictoriapalace.com.

*** **Hotel Miranda Suizo (7)**, traditionelles Haus in eben dieser vornehmen Kastanien-Allee neben dem Theater. Im Winter wird das Miranda wegen seiner heißen Schokolade (chocolate con picatostes) geschätzt. DZ/Bad ab 80 € (Hochsaison). Hier lohnt sich wegen der traditionellen kastilischen Küche auch Halbpension. Im großen Gastraum Zweier-Tischchen in kleinen Nischen mit Blick auf die Allee. Auch Ter-

Weihnachten in El Escorial

rasse zum Essen. Floridablanca 18, ✆ 918904711, ✆ 918904358, www.hotelmirandosuizo.com.

*** **Hotel Los Lanceros (3)**, das neue Hotel, im pompejanischen Rot gestrichen, verfügt über helle Zimmer mit großen Fenstern. Zur Ausstattung gehören Klimaanlage, Fernseher und Safe. Das sympathische Mittelklassehaus liegt nur ein paar Meter von der Busstation entfernt. DZ ab rund 90 €. ✆ 918908011, www.loslanceros.com.

** **Hostal Christina (2)**, die einfache Pension in einer dreistöckigen, rosa getünchten Villa liegt zentral (unweit vom Victoria Palace) und ist leicht zu finden. Fernando Delgado Martin vermietet nur 16 Zimmer, die im Sommer schnell ausgebucht sind, gutes Preis-Leistungs-Verhältnis, familiäre Atmosphäre. DZ ab 45 €. Juan de Toledo 6, ✆ 91 8901961, ✆ 91 8901204.

• *Jugendherberge* Die **Residencia Juvenil El Escorial** ist ein schmuckloses Gebäude am Stadtrand, im oberen Teil von San Lorenzo. Es diente einst als Studentenwohnheim und Jugendherberge. Doppel-, Vier-Bett- und Sechs-Bett-Zimmer, außerdem 5 Einzelzimmer und Behindertenzimmer. Umgeben von einem großen Garten. Ganzjährig geöffnet, außer Mitte August bis Anfang September, Weihnachten und Neujahr. Verschiedene Sportmöglichkeiten wie Tennis, Basketball und Volleyball. Calle Residencia 14, ✆ 918905924, ✆ 918900620.

• *Camping* **Caravaning El Escorial** (1. Kat.), 6 km außerhalb, Richtung Valle de los Caídos und Autobahn (Salida 2). Ein Riesenplatz (bis zu 5000 Personen können hier übernachten), der mehrmals ausgezeichnet wurde. El Escorial verfügt über drei Tennisplätze, Fußballplätze, Diskothek, zwei Schwimmbäder, Minigolf und sogar einen Feuerwehrwagen. Es werden auch Holzbungalows vermietet. Übrigens verfügt der Platz über eine eigene Bushaltestelle. Bis ins Stadtzentrum (6 km) sind es mit dem Auto nur wenige Minuten. Ganzjährig geöffnet. Erw. 4,77 €, Kind 4,63 €, Zelt 4,77 €, Auto 4,77 €. ✆ 918902412, ✆ 918961062, www.campingsescorial.com.

Essen und Trinken (→ Karte S. 201)

Der Escorial als traditionelles Ausflugsziel besitzt eine gute Gastronomie. Vor allem Rind- und Kalbfleischgerichte sowie *cocido* zählen zu den Spezialitäten.

Fondo Genara (8), in einer Ladenpassage gelegenes elegantes Restaurant (1. Stock). In dem Haus, in dem sich das erste überdachte Theater Spaniens befand (18. Jh.), wird heute sehr gut gekocht. Die leckeren Fleischgerichte und die guten Ribera-del-Duero-Weine werden seit vielen Jahren von den Einheimischen geschätzt. Für einen Snack ist die mit historischen Fotos dekorierte Bar im Erdgeschoss geeignet. Plaza de San Lorenzo 2.

Tipp! Charolés (9), das unscheinbare Feinschmeckerlokal gehört seit vielen Jahren zum Besten, was El Escorial kulinarisch bieten kann. Die feine Kochkunst hat allerdings ihren Preis. Floridablanca, ✆ 918905975.

Parrilla Príncipe (5), wenn die Nächte kalt sind, kommt ein gemütliches, stilvolles Restaurant in einem Palast des 18. Jh. wie gerufen. Die Parrilla Príncipe ist eine gute Adresse, um die Spezialitäten Kastiliens zu genießen. Mittagsmenü 16 €. Am Wochenende ist es oft schwer, hier einen Platz zu bekommen. Übrigens, das Restaurant vermietet auch Zimmer, einige mit Blick auf den Klosterkomplex. DZ 59 € (ohne Frühstück). Floridablanca 6, ✆ 918901611.

El Atalaje (4), elegant-rustikales Café mit offenem Kamin. Hier genießt man an kalten Tagen gerne eine Tasse heiße Schokolade. Im Obergeschoss des im 18. Jh. erbauten Hauses befindet sich das elegante Restaurant, das vor allem für seine kastilischen Fleischgerichte bekannt ist. Der Hauswein ist allerdings bescheiden. Nette Kellner. Calle del Rey 41.

Alaska (6), aus diesem Restaurant stammt Alaska, eine berühmte Popsängerin und einstige Protagonistin der legendären Movida. Die meisten Gäste kommen allerdings hierher, um die gute Küche und die große Auswahl an Weinen zu genießen. Nebenan die Pastelería Alaska mit den besten Kuchen und Torten der Stadt. Plaza de San Lorenzo 4.

Monasterio (10), von Arbeitern und Jugendlichen geschätzte Bar, die hier ihre Brotzeit verzehren. Die zwischen Klosterpalast und der Allee Floridablanca in einem historischen Gewölbe gelegene Bar bietet exzellenten Cidre (sidra) vom Fass. Calle Grimaldi.

Feste

Ostern: El Escorial besitzt eine der wichtigsten Osterprozessionen in der Comunidad de Madrid. Ein Besuchermagnet.

Fiesta del Patrón San Lorenzo in der ersten Augusthälfte. Fest des Patrons von Städtchen und Kloster.

Romería La Virgen de Gracía, zweiter Sonntag im September. Populäre Wallfahrt.

Weihnachten: El Escorial verwandelt sich in der Weihnachtszeit in eine lebensgroße Krippe rund um die Plaza de la Constitución. Für viele Madrider Familien wird in dieser Zeit das Städtchen zum christlichen Erlebnispark.

Monasterio de San Lorenzo de El Escorial

Ein Bau von titanischen Ausmaßen: Der Escorial bedeckt eine Fläche von 204 mal 161 Metern. Seine wuchtigen Granitmauern umschließen 2673 Fenster, 16 Höfe, 86 Treppen und 16 Kilometer Gänge.

Entstanden ist der Koloss auf Anweisung von Felipe II., zum einen als Triumphzeichen einer siegreichen Schlacht gegen den Franzosen Heinrich II., vor allem aber als Manifestation der Größe des spanischen Weltreichs. Letzteres erwies sich als vergebliche Mühe, denn schon vier Jahre nach Abschluss der Arbeiten versank die „unbesiegbare Armada" im Ärmelkanal.

Gedacht war die riesige Anlage als Kloster, Kirche, Palast und Grabstätte der Könige in einem. Die Bauarbeiten, von Felipe persönlich kontrolliert, begannen im April 1563 und waren im September 1584 beendet; für die damalige Zeit und die Ausmaße des Escorial eine beachtliche Leistung. Die Architekten waren *Juan Bautista de Toledo*, der schon 1567 starb, und *Juan de Herrera*, dessen strenger, klarer Stil dem Escorial deutlich anzusehen ist.

⌚ Frühjahr/Sommer (1. April bis 30. Sept.) Di–So 10–18 Uhr, im Winter 10–17 Uhr, letzter Einlass bis 1 Std. vor Schließung. Zugang zur Basilika gratis, restliche Räume 8 €, mit Führung 9 €. ✆ 918907818.

Die gewaltigen Dimensionen von San Lorenzo erschließen sich gut vom Hauptplatz –der *lonja* – auf der Westseite. Die streng geometrische Form der gepflasterten Plaza vor dem Hintergrund des Guadarrama-Gebirges ist schlichtweg beeindruckend. Durch die **Puerta Principal**, die mit dem Wappen der Habsburger und einer Statue des Hl. Laurentius geschmückt ist, gelangt man in den **Hof der Könige** (*Patio de los Reyes*). Gegenüber markiert eine Freitreppe den Eingang zur monumentalen **Basílica**. Die Kirche zeigt unter ihrer 90 Meter hohen Kuppel deutlich die kühle Handschrift Herreras. Der Architekt entwarf auch den 30 Meter hohen Altaraufsatz aus edlen Materialien; links und rechts davon sind Skulpturen Carlos V. und Felipe II. zu sehen, jeweils mit ihren Familien. Die dunkle Kirche ist selbst im Hochsommer ein wahrer „Kühlschrank".

Der Rundgang beginnt mit den **Museen**. Im zweiten Saal ist das großartige Bild „Das Martyrium des Heiligen Mauritius und die Legion Thebens" von El Greco zu sehen. Dahinter führt eine Treppe hinab zum **Architektur-Museum**. Hier wird die Baugeschichte des Escorial mit Plänen der Architekten Toledo und Herrera, Modellen und Handwerkszeug ausführlich. In den Sälen des Untergeschosses schließt sich das **Gemäldemuseum** an. Hier sind die Bilder ausgestellt, die im 19. Und 20. Jh. im Prado keinen Platz fanden. Die Sammlung ist erstklassig und zeigt Werke der venezianischen Schule des 16. Jh. (Tintoretto), flämische Malerei des 16. und 17. Jh. (van Dyck) und vor allem spanische Malerei, zum Beispiel Werke von José de Ribera oder Zurbarán.

Der **Palacio de los Austrias** beherbergt eine der eindrucksvollsten Räumlichkeiten des Palastes: die *Sala de Batallas*: Im „Saal der Schlachten" sind die für das damalige Spanien wichtigsten Schlachten als Wandgemälde dargestellt, darunter die von Saint-Quentin, in der Felipe II. gelobte, den Escorial zu bauen. Sie fand am 10. August 1557 statt, dem Tag des Heiligen Laurentius (San Lorenzo), weshalb ihm auch das Kloster geweiht ist. Wie es heißt, soll der Grundriss des Baus an den Rost erinnern, auf dem der Heilige das Martyrium erlitt. Die anschließenden Räume von Felipe II. sind erstaunlich schlicht. Wie für die Zeit damals üblich, gab es zwei Gemächer: eines für den König, das andere für die Königin. Von den beiden Schlafräumen konnte man durch die jeweilige Kapelle den Hauptaltar der Kirche sehen. Die Keramikverkleidung der Räumlichkeiten ist übrigens im Original erhalten, und das ausgestellte Mobiliar entspricht der Ausstattung im 16. Jh. Im Saal des Königs oder dem Vorsaal gibt es eine vollständige Serie von Bildern der königlichen Schlösser von Felipe II. in der Umgebung Madrids.

Eine Treppe führt hinunter zu einer der eindrucksvollsten Räumlichkeiten des Klosterpalastes: der marmornen Königsgruft. Der achteckige **Panteón de los Reyes** unterhalb der Kirche wurde ebenfalls von Juan de Herrera gestaltet, aber später verändert. Der große Aufwand beim Pantheon lässt sich damit erklären, dass eine der wichtigsten Funktionen des Escorial die Grablege der spanischen Könige war. Fast alle Monarchen seit Carlos V. liegen hier begraben. Die barocke Gruft der Könige ist kreisförmig und mit einer gewaltigen Kuppel versehen. Im benachbarten, 1888 fertig gestellten Panteón de los Infantes ruhen die weniger bedeutenden Mitglieder der Königsfamilien. Zu diesen zählte man auch die Königinnen, die keine späteren Herrscher geboren hatten. Die letzte Hocharistokratin, die hier beigesetzt wurde, war im Jahr 1999 die Mutter von König Juan Carlos I.

Valle de los Caídos: Das Mausoleum des Diktators Franco

Seinem Größenwahn und seiner Eitelkeit setzte Franco ein bizarres Monument: Valle de los Caídos. Das „Tal der Gefallenen" liegt in den Bergen nordöstlich des Escorial. Man fährt von San Lorenzo in Richtung Guadarrama und zweigt nach etwa 8 Kilometern kurz vor der Autobahn (bei einem Tor) nach links ab. Vom Eingang führt eine Asphaltstraße zu dem Mausoleum. In dieses bis dahin unberührte Tal ließ Franco von Häftlingen – die meisten bürgerliche Demokraten, Sozialisten und Kommunisten – ab 1940 für „seine" Toten eine Gedenkstätte des Bürgerkriegs bauen. Bis heute blieb Valle de los Caídos ein Wallfahrtsort der Faschisten. An Francos Todestag, dem 20. November, versammeln sich hier alljährliche Tausende von betagten Franquisten und Ewiggestrigen, aber auch junge Neonazis.

Rund 1200 Zwangsarbeiter hatten fast zwei Jahrzehnte gebraucht, um das Monument für den Caudillo zu errichten. Alles an der Anlage ist übergroß: das 150 Meter hohe Betonkreuz ebenso wie die unterirdisch in den Fels gesprengte Basilika, deren Hauptschiff 262 Meter (!) lang ist. Vor dem Altar liegt Franco begraben, gegenüber ruht Primo de Rivera, Gründer der rechtsradikalen Falange-Partei. Die Regierung unter dem 2004 gewählten Sozialisten José Luis Rodríguez Zapatero will nun die Vergangenheit nach Jahrzehnten aufarbeiten. Einige seiner Minister sprechen sich dafür aus, das größenwahnsinnige Denkmal in eine Gedenkstätte nach dem Vorbild von Auschwitz oder Mauthausen umzugestalten. Ein Senator schlug vor, die sterblichen Überreste Francos und seines Vorgängers Primo de Rivera an die jeweiligen Nachkommen zu übergeben. Denn die spanische Demokratie habe kein Interesse daran, beider Andenken zu bewahren. Noch ist aber nichts entschieden.

Heute steht das weitläufige Gelände, das einst König Felipe II. Ende des 16. Jh. erwarb, unter der Verwaltung des Patrimonio Nacional. Der riesige Park ist sehr bergig mit Höhenunterschieden zwischen 985 und 1758 Metern. Leider dürfen Besucher nicht durch den Naturpark wandern.

⌚ 9.30–19 Uhr (1. April bis 30. September), im Winter 10–18 Uhr. Eintritt 5 €, Stud./Rentner 2,50 €. Verbindungen: Busse der Firma Herranz ab San Lorenzo 1-mal täglich (außer montags). Abfahrt: El Escorial, Juan de Toledo 5.

Die Salas Capitulares (Kapitelsäle), in denen Deckenfresken und zahlreiche Gemälde zu bewundern sind, liegen am Ende des Patio de las Evangelistas südlich der Kirche. Die Kapitelsäle dienten der Zusammenkunft von bis zu 100 Mönchen, die im Escorial arbeiteten und lebten. Die beiden Säle, die durch einen Vorraum voneinander getrennt sind, nennt man Vikarsaal, der, über den man eintritt, und Priorsaal. Der letzte Saal unter dem Turm ist die untere Zelle des Priors. Der Vikarsaal wird von den Gemälden Tizians bzw. Riberas und der Priorsaal von Tizians „Letztem Abendmahl" beherrscht.

Die Bibliothek im Obergeschoss des Klostergebäudes zählt zu den Höhepunkten der Besichtigungstour: Sie beherbergt zehntausende wertvoller Exponate, darunter uralte Handschriften Arabiens. Trotz einiger Verluste der Bibliothek im Laufe der Jahrhunderte, finden sich hier noch immer 40.000 Bände. Der heitere und helle Saal beeindruckt jedoch nicht nur durch seine Größe – 55 Meter lang und 10 Meter breit – sondern auch durch aufwendige Regale und fröhliche Fresken, die der Künstler Pellegrine Tibaldi unter dem Einfluss Michelangelos zwischen 1586 und 1593 anfertigte.

Die Gärten des Escorial erreicht man über die Treppen am südlichen Ende der lonja. Durch einen linken Seiteneingang gelangt man zu dieser Esplanade. Fein säuberlich geschnittene Buchsbäumchen und Hecken sowie die Brunnen machen die ehemaligen königlichen Privatgärten zu einer Oase abseits des Trubels.

Casita del Príncipe: Das Prinzenschloss in den gleichnamigen Gärten, etwa 15 Fußminuten südöstlich des Escorial, wurde Ende des 18. Jh. für den späteren König Karl IV. errichtet. Eine Kastanienallee führt durch einen Park vom Klosterkomplex zu diesem Lustschlösschen, das von einem gepflegten, terrassenförmigen Garten mit Orangen- und Buchsbäumchen sowie Rosen umgeben ist. Die opulente Einrichtung des Gebäudes stammt noch aus der Entstehungszeit.

Ⓞ Tägl. nur im Sommer und in der Osterwoche, Rest des Jahres nur Samstag und Sonntag. Wer den Palast außerhalb dieser Zeit besuchen möchte, sollte sich werktags unter ✆ 918905903 und am Wochenende unter ✆ 918900421 anmelden. Eintritt 3,60 €.

Casita del Infante: Ein kleineres und weniger üppig ausgestattetes Schloss, etwa zwei Kilometer Richtung Ávila. Wie die Casita el Príncipe ließ Carlos III. es von seinem Architekten Juan de Villanueva zwischen 1771 und 1773 errichten. Die Inneneinrichtung ging im Laufe der Jahrhunderte weitgehend verloren. Bis 1966 war es die Residenz des späteren spanischen Königs Juan Carlos I, der im Colegio Alfonso XIII. zur Schule ging.

Ⓞ Nur an Osterfeiertagen und im Sommer von 10 bis 19 Uhr geöffnet. Eintritt 3,40 €.

Silla de Felipe II.: Vom „Sessel Philips II.", einem Felsblock auf einem Hügel einige Kilometer südlich des Escorial, soll der Herrscher den Bau der Anlage beobachtet haben – die Aussicht ist immer noch beeindruckend.

Sierra de Guadarrama

Der in Nord-West-Richtung verlaufende Gebirgszug erreicht stolze Höhen von bis zu 2430 Metern und bildet auf weite Strecken die Grenze zur Comunidad Castilla-León. Mit vielen Stauseen, duftenden Pinienwäldern und einem sommerfrischen Klima ist die Sierra de Guadarrama eines der beliebtesten Naherholungsziele der Hauptstädter und fungiert um den Pass *Puerto de Navacerrada* (Richtung Segovia, 1860 m) auch als Skigebiet.

Navacerrada

Skifahren in der Comunidad de Madrid ist Glücksache. Doch in vielen Wochen zwischen Dezember bis Anfang April kann man rund um das reizvolle Dorf an der Puerta de Navacerrada (1860 m) die Bretter anschnallen. Ansonsten ist das beliebte Bergdorf ein großartiges, wenig erschlossenes Wandergebiet. Die Bergstraße, die von Villalba in die Sierra de Guadarrama führt, bietet faszinierende Ausblicke. Auf dem Pass in Navacerrada führt eine romantische, gut ausgebaute Straße – vorbei am Skigebiet El Coto – nach **Rascafría** und zum 2 km westlich gelegenen Monasterio **El Paular** (1153 m). Das Kartäuserkloster aus dem 14. Jh. wird heute von Benediktinermönchen bewohnt. Doch ein Teil wird als luxuriöses Hotel genutzt. Seit vielen Jahren wird das in einem großen Saal mit schweren Leuchtern untergebrachte Restaurant für seine gute, wenn auch teure Küche geschätzt. Spezialität ist Milchlamm aus dem Ofen mit Riesenbohnen von La Granja. Vom ehemaligen Kloster gibt es zahlreiche Wander- und Fahrradwege durch das Tal.

• *Essen* **Venta Arias**, Cafeteria im Ortskern (an der Hauptstraße), die trotz ihrer Wartesaalatmosphäre eine beliebte Einkehr ist. Gerade an kalten Wintertagen wärmen sich hier Skifahrer und Wanderer bei einer Tasse Schokolade mit Picatostes oder stärken sich mit Chorizo und Rotwein.

La Fonda Real, nur wenige Kilometer unterhalb von Navacerrada gelegene Finca, ein beliebtes Ausflugsziel. Das Restaurant, umgeben von ausgedehnten Pinienwäldern, bietet ein stilvolles Ambiente.

• *Übernachten* In Navacerrado ist das Hotelangebot sehr eingeschränkt. Angesichts des oft nebeligen und fast immer windigen Wetters bevorzugen die meisten Besucher eine Herberge in den umliegenden Dörfern. In Navacerrada selbst genießt das kleine **Hotel Nava Real** einen guten Ruf. DZ ab 60 €. Ganzjährig geöffnet. ✆ 918 531300, www.hotelnavareal.com.

Darüber hinaus sei noch das **** **Hotel Santa Maria de el Paular** erwähnt, ein beliebtes Ferien- und Tagungshotel, das in einem Klostergebäude rund um den Kreuzgang untergebracht ist. Sehr kastilisch und mit viel Geschmack eingerichtet. Es zählt in der Sierra de Guadarrama zweifellos zu den besten und vor allem stimmungsvollsten Hotels. 58 Zimmer, Swimmingpool vorhanden. Übrigens, wem das noble Restaurant zu teuer ist, der kann auch an der Bar leckere Tapas essen. Im Frühjahr Tische im Arkadenhof. DZ ab 170 €, ganzjährig geöffnet. ✆ 918691011, ℻ 918691006, www.paular.com.

Von Rascafría führt eine Bergstraße aus dem Lozoya-Tal in südlicher Richtung nach Madrid zurück. Nach der Puerta de la Morcuera auf 1796 m trifft man auf das Dorf **Miraflores de Sierra** am Südhang des Guadarrama-Gebirges. Der stimmungsvolle Weiler ist ein beliebtes Wochenendziel für stressgeplagte Hauptstädter, die gute Luft schätzen.

Manzanares el Real

Das knapp 5000 Einwohner große Städtchen Manzanares el Real liegt gut 30 Kilometer nördlich von Madrid am Stausee *Embalse de Santillana* und ist wegen seines malerischen Schlosses ein populäres Ausflugsziel. Von außen einer Burg ähnlich, stammt es aus dem 15. Jh. und ist in gotisch-mudéjarem Stil gehalten. Der *Naturpark Cuenca Alta* nördlich des Ortes ist im Gebiet besser bekannt als *Pedriza de Manzanares*, als „Steinbruch von Manzanares". Die zu spektakulären Formen erodierte Felslandschaft gibt ein sehr schönes Wandergebiet ab.

• *Essen* **Tranco**, Restaurant, bekannt für seine Zicklein aus dem Ofen. Es liegt 2 km vom Dorf und vermietet auch einige Zimmer (DZ ab 50 €). Tranco 4, ✆ 918530063.

• *Übernachten* ** **Hotel Parque Real**, bei der Burg, komfortable Mittelklasse mit Garage und Restaurant, ganzjährig geöffnet. DZ/Bad ab 60 €. Calle Damián 4, ✆ 918539912, ℻ 918539960.

• *Camping* **El Ortigal**, (2. Kat.), in Seenähe östlich des Ortes, geöffnet von Mitte Juni bis Ende August, ansonsten nur während der Schulferien in Spanien. Erw. 2,20 €, Kind 2 €, Zelt 2,20 €, Auto 2 €. Montañero 19, ✆ 918530120.

Segovia: Von der Unesco zum „Kulturerbe der Menschheit" gekürt

Segovia

Das gewaltige römische Aquädukt ist das Symbol Segovias. Malerisch auf zwei Bergrücken gelegen, zieht diese kastilische Stadt mit ihrem mittelalterlichen Zentrum samt der gotischen Kathedrale und Burg Alcázar sowie den umliegenden Klöstern zahlreiche Tagesbesucher an. Nur die wenigsten Gäste bleiben länger in Segovia, rund eine Autostunde nördlich von Madrid. Dabei lohnt sich ein mehrtägiger Aufenthalt, denn die Stadt mit ihren zahlreichen Kunstschätzen lässt sich kaum in einem Tag erkunden. Und zu den königlichen Schlössern La Granja und Riofrío oder in die Sierra de Guadarrama ist es nur ein Katzensprung.

In immerhin 1000 Metern Höhe besetzt die Altstadt von Segovia einen zwischen zwei Flusstälern aufragenden Hügel. Dass die 54.000 Einwohner zählende Provinzhauptstadt beliebtes Tagesausflugsziel der Reisebusse ist, lässt sich kaum übersehen. Doch die vielen Besucher aus dem nahen Madrid verlaufen sich schnell in der verwinkelten Altstadt voller Kirchen, Klöster und Paläste. Nicht umsonst wurde Segovia 1985 von der Unesco als „Kulturerbe der Menschheit" ausgezeichnet.

Die **Orientierung** in Segovia fällt nicht ganz leicht. Den Hauptzugang zur Altstadt markiert an der Plaza del Azoguejo der gigantische Bau der römischen Wasserleitung *Acueducto*. Von ihm gelangt man über die Fußgängerzone der aufeinander folgenden Calles *Cervantes, Juan Bravo* und *Isabella la Católica* zum Stadtzentrum um die *Plaza Mayor*. Ganz in der Nähe erhebt sich auf dem höchsten Punkt des Hügels die gotische *Kathedrale* aus dem 16. Jh. An der nordwestlichen Spitze des Felsens steht, hoch über dem Schnittpunkt der beiden Täler, die dritte große Attraktion Segovias, die Burg *Alcázar*, deren Ursprünge bis ins 11. Jh. zurückreichen.

Segovia blickt auf eine große **Geschichte** zurück: Bereits von den Iberern besiedelt, erlebte es mehrere Blütezeiten. Die erste begann unter den Römern, die zweite nach der Reconquista, als Segovia sogar Königsresidenz war. Als Höhepunkt dieser Epoche gilt die glanzvolle Krönung Isabellas zur Königin von Kastilien 1474 in der Kirche San Miguel (Calle Infanta Isabel, bei Plaza Mayor). Im 16. Jh. war Segovia ein Zentrum der „Comuneros"-Aufstände gegen Karl V. (Carlos I.) und fiel in kaiserliche Ungnade. Nach dem Machtwechsel zu den Bourbonen folgte ab 1721 durch den Bau der nahe gelegenen Königspaläste *La Granja de San Ildefonso* und *Riofrío* ein neuer Aufschwung.

Segovia: Paradies für Feinschmecker

Auf kulinarischem Gebiet ist die Vergangenheit Altkastiliens noch spürbar. Segovia mit Umgebung ist die Region der Braten, vorzugsweise Spanferkel (**cochinillo**) und Milchlamm (**cordero lechal**); bei richtiger Zubereitung wird das Fleisch so zart, dass es sich mit einer Tellerkante zerteilen lässt. Charakteristisch für Altkastilien sind auch die deftigen Eintöpfe **cocidos**, oft mit Kichererbsen (garbanzos) oder anderen Hülsenfrüchten. Forellen (**truchas**) schließlich sind in Segovia auf vielen Speisekarten zu finden. Das Guadarrama-Gebirge mit seinen Flüssen ist nahe. Unter den Weinen der Comunidad verdienen besonders die Rotweine der **D.O. Ribera del Duero** Beachtung. Bodegas wie Vega Sicilia, Pesquera, Condado de Haza oder Valduero zählen zu den absoluten Spitzengewächsen Spaniens. Wer einen fruchtigen, trockenen Weißwein bevorzugt, ist mit den Erzeugnissen aus dem nahe gelegenen Gebiet **Rueda** sehr gut bedient. Wer es alkoholisch härter liebt, sollte zum Whisky DYC greifen. Seit 1959 wird dieser Whisky in Segovia nach traditioneller Methode gebrannt und in amerikanischen Eichenfässern über viele Jahre gelagert. Die Brennerei steht im Vorort Palazuelos de Eresma, ✆ 921449250.

Information/Verbindungen/Adressen

- *Telefonvorwahl* 921
- *Information* **Oficina de Turismo**, Plaza Mayor 10, ✆ 921460334, ℻ 921460330, www.aytosegovia.com oder www.turismocastillaleon.com. Für Stadt und Provinz. Mo–Fr 10–20 Uhr, im Winter von 14 bis 17 Uhr Siesta.

Oficina de Turismo, Plaza Azoguejo s/n, ✆ 921462914, ℻ 921460492, www.segoviaturismo.es. Unten beim Aquädukt, geöffnet Mo–Sa 10–14 und 17–20 Uhr, So 10–14 Uhr. Im Sommer starten hier auch mehrmals täglich Gratis-Führungen durch Segovia.

- *Verbindungen* Wer von Madrid einen Ausflug nach Segovia unternimmt, ist mit dem Bus am besten bedient (schnell und preiswert). Von Segovia gibt es darüber hinaus gute Busverbindungen nach La Granja und Valsain (Busunternehmen La Sepulvedana).

Zug: Bahnhof (✆ 902240202) am Paseo Obispo Quesada, gut 2 km südlich des Zentrums. Von/nach Madrid 9-mal täglich, Fahrtzeit 2 Std. (länger als der Bus). Abfahrt in Madrid beispielsweise von Atocha, Nuevos Ministerios oder Charmatin.

Bus: Der Busbahnhof am Paseo de Ezequiel González, südwestlich des Zentrums, unweit der Fußgängerzone und ca. 5 Min. vom Aquädukt. Deutlich näher als der Bahnhof. Von/nach Madrid etwa alle halbe Stunde (mit Ausnahme der Siesta), nach Ávila, Valladolid und Salamanca je 4-mal tägl.; nach La Granja de San Ildefonso 15-mal täglich. Aktueller Fahrplan unter www.lasepulvedana.es oder ✆ 921427707. Abfahrt in Madrid am Paseo de la Florida 11 (gegenüber der Metrostation Principe Pio). Bisweilen werden aber auch Fahrgäste an der zentralen Metro-Station Moncloa rausgelassen. Die Busstation in Madrid verkauft die Tickets im 1. Untergeschoss, Abfahrt im 2. UG. Die Fahrtzeit nach Madrid beträgt rund 1 Std. 15 Min. Fahrkarte einfach rund 9 €. Wer sein Rückfahrtticket schon in Madrid gekauft hat, muss sich dennoch in Segovia an der Kasse einen neuen Fahrschein ausstellen lassen, der freilich dann nichts mehr kostet. Außerdem gibt es Busverbindungen nach Coca (Linecar), La Granja und Turegano.

- *Taxi* Radiotaxi unter ✆ 921445000.
- *Autovermietung* **Avis**, José Zorrilla 123, ✆ 921422584.

Postkarten en masse – Kiosk an der Kathedrale in Segovia

Übernachten (→ Karte S. 212/213)

Segovia bietet als Tagesausflugsziel wenige, dafür aber stimmungsvolle Hotels. Im Sommer kann die Stadt schon mal ausgebucht sein, besonders an Wochenenden, wenn viele Madrileños anreisen.

- *Hotels* **** **Parador de Segovia**, 3 km außerhalb an der CL 601 Richtung Valladolid. Modernes, von außen eher wenig attraktives Gebäude. Von den Zimmern genießt der Gast einen wunderschönen Ausblick auf die Altstadt. Swimmingpool vorhanden. Große und komfortable Zimmer. Der Parador verfügt auch über ein gutes Restaurant, das die neue spanische Küche pflegt. Carretera s/n, La Lastrilla (Straße nach Valladolid), DZ ab 130 €, Menü 27 €, Frühstück 11 €. ✆ 921443737, ℻ 921437362, www.parador.es.

Tipp! *** **Hotel Los Linajes (2)**, eine der stimmungsvollsten Adressen in der Altstadt. Hinter der Fassade eines Adelspalastes aus dem 16. Jh. verbirgt sich ein gemütliches Hotel mit gepflegtem Interieur samt Patio. Einige Zimmer haben Aussicht auf das Eresma-Tal mit seinen romanischen Kirchen und Klöstern. Das Hotel liegt im Viertel San Esteban und besitzt noch die Fassade eines Adelspalastes der Familie Falconi aus dem 11. Jh. Alle 55 Zimmer verfügen über Bad, Aircondition. Einige habitaciónes haben auch einen Panoramablick. Nette Rezeption. Calle Dr. Velasco, DZ ab 110 €. ✆ 921460475, ℻ 921460479, www.loslinajes.com.

**** **Hotel Alcázar (1)**, das kleine Hotel mit nur acht Zimmern strahlt Eleganz und Geschichte aus. Die Zimmer sind unterschiedlich eingerichtet, gemeinsam ist die nostalgische Ausstattung (teilweise mit Antiquitäten) – ein Quartier für Individualisten. Nachteil: Es liegt außerhalb der Altstadt, aber zu Füßen des Alcázars im Stadtviertel San Marcos an der nicht geraden leisen Calle de San Marcos 5, ✆ 921438568, ℻ 0921413255, www.alcazar-hotel.com. DZ 160 €.

Tipp! ** **Hotel Las Sirenas (14)**, gegenüber der Kirche San Martín, mit dem Charme vergangener Jahrzehnte. Die stilvolle Möblierung, der Parkettboden und der nette Service machen das gute Mittelklassehotel

in der Fußgängerzone zu einer Empfehlung. 39 Zimmer, gepflegt, nostalgische Atmosphäre. In der Bar tranken schon Schauspieler wie Sophia Loren, Henry Fonda oder James Mason ihren Kaffee. Das Hotel verfügt auch über einen Garten. DZ/Bad ab 70 €. Calle Juan Bravo 30, ✆ 921462663, 📠 921462657, www.hotelsirenas.com.

**** **Hotel Arcos (3)**, modernes Haus außerhalb des historischen Zentrums (neben einer Tankstelle). Beliebt bei Geschäftsreisenden, bisweilen wird das Hotel aber auch für Hochzeiten genutzt. Sportraum und Sauna vorhanden. 2001 wurde das Arcos zum letzen Mal renoviert. DZ ab 120 €. Paseo Ezequiel González 26, ✆ 921437462, 📠 921428161, www.hotellosarcos.com.

*** **Puerta de Segovia (12)**, außerhalb des historischen Zentrums (an der Straße nach Soria) in ruhiger Lage. Das Mittelklassehotel verfügt auch über einen Pool und Tennisplatz. 2 km zum Aquädukt. Gutes Preis-Leistungs-Verhältnis. Bei Geschäftsleuten beliebt. DZ ab 110 €. Carretera de Soria 12, ✆ 921437161, 📠 921437963.

Tipp! ** **Hostal Fornos (11)**, das neben dem Plaza Mayor gelegene Hostal von Rosa María Sancho Gómez hat sich seit Jahren bei Reisenden einen guten Ruf erworben. „Das schönste Hotel meiner kastilischen Rundreise", schwärmte eine Leserin. Die Zimmer sind in mediterranen Stil mit Korbsesseln eingerichtet,. Die Wände sind in warmem Apricot gestrichen. Schöne Bäder und netter Service. DZ 50 € Calle Infanta Isabel 13, ✆ 921460198, 📠 921460198.

** **Hostal El Hidalgo (13)**, in einem alten, eindrucksvollen Palast aus dem 13. Jh. ist dieses Hostal untergebracht. 14 renovierte Zimmer, teilweise sehr hübsch mit Säulen. Sehr gutes Preis-Leistungs-Verhältnis. DZ/Bad je nach Saison ca. 40 €. Allerdings verfügen nicht alle Zimmer über ein eigenes Bad. Calle Juan Bravo 21, ✆ 921463529, 📠 921463531.

* **Hostal Plaza (6)**, sehr zentral gelegen. Die Pension von Aurelo Herrero Santos ist besser als seine Einstufung. Backsteingebäude mit Jugendstilbalkon und Parkmöglichkeit. Allerdings relativ laut. DZ/Bad ab 45 €. Calle Cronista Lecea 11 (20 m von der Plaza Mayor), ✆ 921460303, 📠 921460305, ww.hostal-plaza.com.

* **Hostal Don Jaime (21)**, beliebtes Hostal in einem historischen Haus ganz in der Nähe des Aquädukts. Sehr netter Service, manche Zimmer mit Antiquitäten eingerichtet, teilweise mit schönem Blick. DZ/Bad ab 45 € (im Winter billiger). Calle Ochoa Ondategui 8, ✆ 921444787.

*** **Hotel Acueducto (16)**, funktionales Hotel, nur 300 m vom Aquädukt an der lauten Straße nach La Granja/Madrid, neben einer Tankstelle. Schöner Blick auf die Altstadt,

Übernachten
1 Hotel Alcázar
2 Hotel Los Linajes
3 Hotel Arcos
6 Hostal Plaza
10 Hotel Infanta Isabel
11 Hostal Fornos
12 Puerta de Segovia
13 Hostal El Hidalgo
14 Hotel Las Sirenas
15 Hostal Juan Bravo
16 Hotel Acueducto
21 Hostal Don Jaime

Essen & Trinken
4 Mesón La Cueva de San Esteban
5 José Maria
7 La Concepión
8 Bar Juan Bravo
9 Mesón La Oficina
13 El Hidalgo
17 El Bernardino
18 Mesón Candido
19 Casa Duque
20 Joan Munoz
22 La Tahona

Die Ziffern beziehen sich auf die entsprechenden Tipps im Buch
Hoteltipps finden Sie auf den Seiten 211-213, Tipps zu Essen und Trinken Seiten 213/214

100 m

Segovia

Aircondition. DZ ab 95 € (Sonderangebote auf der Hotel-Homepage). ✆ 921424800, ℻ 921428446, www.hotelacueducto.com.

Tipp! * Hotel Infanta Isabel (10)**, an der Plaza Mayor, im Herzen der Stadt. Das orange angestrichene Haus aus dem 19. Jh. unweit der Kathedrale bietet seinen Gästen ein geschmackvolles Ambiente. Verschieden große Zimmer mit hohen Decken. Am schönsten sind die Zimmer zur Kathedrale. Sehr gutes Preis-Leistungs-Verhältnis. In der Nebensaison gibt es Preisnachlass. DZ ab 85 €, ✆ 921461300, ℻ 921462217, www.hotelinfantaisabl.com.

*** Hostal Juan Bravo (15)**, direkt in der Fußgängerzone, unweit des jüdischen Viertels, gegenüber der Kirche San Martin. Familienpension im 2. Stock eines klassizistischen Hauses über Rodilla. DZ/Bad je nach Saison ab 40 €. Calle Juan Bravo 12, ✆ 921463413.

• *Jugendherberge* **Albergue Juvenil** „Emperador Teodosio" (IYHF), oft sehr oft voll. Reservieren! Paseo del Conde Sepúlveda 2, an der Hauptstraße vom Bahnhof ins Zentrum, ✆ 921420226.

• *Camping* **Acueducto** (2. Kat.), etwa 3 km außerhalb an der CL 601 Richtung La Granja de San Ildefonso (Kilometer 112); etwa halbstündliche Busverbindung ab Plaza Mayor und Plaza Artilleria beim Aquädukt. Grasplatz, Swimmingpool, gute Sanitäranlagen; allerdings wenig Schatten, Einkauf nur in HS, das nahe Restaurant (außerhalb) ziemlich teuer. Nachts kann es in 1000 Meter Höhe kalt werden! Für die Osterwoche empfiehlt es sich zu reservieren. Geöffnet Anfang April bis Ende September. Erw. 4,63 €, Kind 3,60 €, Zelt 4,63 €, Auto 4,63 €. ✆ 921425000.

Essen und Trinken

Segovia gilt als Feinschmeckerziel. Die weithin gerühmte Spezialität ist gebratenes Spanferkel (cochinillo asado) und vor allem Lamm (cordero). Die Weinkeller der meisten Restaurants sind gut bestückt, insbesondere mit Spitzengewächsen aus dem nahen Ribera del Duero, das neben Rioja zu den besten Rotwein-Regionen Spaniens zählt.

Tipp! Mesón Candido (18), romantisches Fachwerkhaus am Aquädukt, eine Art gastronomisches Museum. Candido zählt zu den Restaurants, die den kulinarischen Ruf Segovias begründet haben. Stilvoller Rahmen, Spezialität natürlich Spanferkel und Milchlamm. Auch viele Wild- und Geflügelgerichte. Für die Qualität und das kastilische Ambiente überraschend preiswert. Hauptgerichte um 15 €. Zahlreiche Auszeichnungen in den vergangenen Jahrzehnten. Plaza Azoguejo 5.

Casa Duque (19), ebenfalls ein nicht ganz billiger Klassiker unter den Restaurants. Vorzügliches chochinillo (Spanferkel) aus dem Ofen. Viele Prominente schätzen das über 100 Jahre alte Lokal. Gute, nicht ganz billige Menüs. Calle Cervantes 12, Reservierung unter ✆ 921460622 empfehlenswert.

Tipp! Bar-Rest. La Concepión (7), nostalgisches Lokal von Nicolás Fernándes Sutil, an der Plaza Mayor neben dem Rathaus. Eine Institution. Hohe Beamte, Anwälte, Journalisten, Politiker ... Leute, die etwas in der Stadt zu sagen haben, treffen sich hier beispielsweise zum Frühstück. Und Kellner im Frack servieren die Getränke. Müßiggänger schätzen die Terrasse, die selbst im Spätherbst noch von der Sonne verwöhnt wird. Gutes, aber relativ teures Essen. Plaza Mayor 15.

Mesón La Cueva de San Esteban (4), 20 m von der Kirche San Esteban. Ein preiswertes Haus mit guten Tapas, das vor allem von jungen Gästen geschätzt wird. Einfache Regionalküche. Calle Valdeáguila 15.

Mesón La Oficina (9), altes Fachwerkhaus aus dem 18. Jh., seit mehr als 100 Jahren ein rustikales Restaurant. Lamm, Spanferkel und Forellen mit Schinken gehören zu den Spezialitäten. Cronista Lecea 10.

Tipp! Bar Juan Bravo (8), die Bar am Hauptplatz der Altstadt mit ihrem modernen Interieur lässt nicht vermuten, dass hier einst der Schriftsteller Antonio Machado zu den Stammgästen zählte. Bereits 1928 wurde sie gegründet und zählt noch heute zu den beliebtesten Bars der Stadt. Gute Sandwiches. Plaza Mayor 9.

El Hidalgo (13), dem gleichnamigen Hostal angeschlossen. In einem restaurierten Palast, wunderschöner Innenhof. Calle José Canalejas 5, gegenüber Kirche San Martín.

Joan Munoz (20), knapp außerhalb der Altstadt und deshalb preislich gemäßigter. Gute kastilische Gerichte, auch Spanferkel. Calle del Ochoa Ondategui 21, nicht weit vom Aquädukt.

José Maria (5), ein Traditionslokal ganz in der Nähe der Plaza Mayor. Wie es sich gehört, zählt das Spanferkel zu den Spezialitäten. Auch leckere Forellen. Historisches Ambiente. Cronista Lecea 11.

La Tahona (22), hübsch eingerichtetes Café in der Fußgängerzone (bei der Kirche San Milán), nur wenige Schritte von der Busstation. Es bietet lokale Leckereien und gute Kuchen. Beliebt bei Einheimischen. Avenida de Fernández Ladréda 28.

El Bernardino (17), eine gastronomische Institution wie Mesón Candido oder Casa Duque. Das rustikale Restaurante in der Fußgängerzone besteht bereits seit 1939. Auf der Karte stehen die Klassiker der kastilischen Küche. Lecker sind die Judiones de La Granja (Riesenbohnen). Preiswerte Menüs. Calle Cervantes 2.

Nachtleben/Feste und Veranstaltungen

• *Nachtleben* Segovia ist nicht gerade berühmt für nächtliche Aktivitäten, trotzdem gibt es eine interessante Nachtszene. Die Ausgehbars findet der Besucher in den Straßen **C. Isabel la Católica**, **C. Infanta Isabel** und **C. Escuderos**, alle rund um die Plaza Mayor. Die Bars sind in der Regel bis 2 oder 3 Uhr morgens geöffnet.

• *Feste und Veranstaltungen* **Fiestas de Santa Agueda**, am Sonntag nach dem 5. Februar, im nahen Zamarramala (3 km). An diesem Tag übernehmen die dortigen Frauen, gekleidet in historische Kostümen, die Herrschaft über das Örtchen.

Fiestas de San Juan y San Pedro, 24.6. bis etwa 29.6.; Hauptfest mit Stierkampf, Feuerwerk etc.

Festival de Segovia, letzte Juli- bis erste Augustwoche. Kammermusik und Ballett.

Sehenswertes

Acueducto: Die spektakuläre Wasserleitung ist seit Jahrhunderten das Wahrzeichen Segovias. Das römische Bauwerk wurde aus rund 25.000 tonnenschweren Granitblöcken ohne jeden Mörtel errichtet. Die Dimensionen sind beeindruckend. Das Aquädukt ist 818 Meter lang, besteht aus 166 Bögen, ist teilweise zweistöckig und bis zu 28,10 Meter hoch. Die technische Meisterleistung aus Granit versorgte die Stadt bis ins 20. Jh. mit Wasser aus dem 18 Kilometer entfernten Riofrio. Errichtet wurde das Aquädukt im 1./2. Jh. n. Chr. unter Kaiser Trajan, der von 98 bis 117 n. Chr. regierte.

Romanische Kirchen: Segovia besitzt eine ganze Reihe romanischer Kirchen, die meist nur zu Gottesdiensten geöffnet haben. Oft sind ihnen eine oder mehrere Säulenhallen angebaut, die als Versammlungsort der Bruderschaften und Zünfte dienten.

Iglesia San Millán: Die im 12. Jh. errichtete romanische Kirche steht nicht weit vom Busbahnhof und glänzt mit besonders detaillierten Kapitellen an den beiden Säulenhallen.

Iglesia San Juan de los Caballeros: An der Plaza de Colmenares, nahe der Stadtmauer. Auch dieser mit wuchtigem Turm versehenen Kirche (11. Jh.) ist eine Säulenhalle vorgelagert. In dem Gotteshaus ist das Museo Zuloaga untergebracht, das sich dem bekannten segovianischen Maler und Keramiker des Jugendstils Daniel Zuloaga widmet. Zuloaga kaufte 1905 dieses kunsthistorische Juwel und benutzte es als Atelier und Verkaufsraum bis zu seinem Tod 1921. Hier arbeitete übrigens auch sein berühmter Neffe Ignacio Zuloaga (1870–1945), der im symbolistischen Jugendstil zahlreiche Bilder aus dem spanischen Volksleben malte.

Ⓛ Di–Fr 11–14 und 16–19 Uhr, So 10–14 Uhr. Eintritt 1,20 €, Sa/So gratis.

Iglesia San Martín: Am gleichnamigen reizvollen Platz nahe der Fußgängerzone. Gleich an drei Seiten umgibt eine Säulenhalle das wahrscheinlich im 12. Jh. errichtete Gebäude. Die Kapitelle zeigen eindrucksvolle figürliche und pflanzliche Motive.

Iglesia San Esteban: An der gleichnamigen Plaza. An der Kirche des 13. Jh. fällt besonders der hohe, raffiniert in sechs Etagen gegliederte Turm auf.

Paläste: Der königskritische Adel bevorzugte wehrhafte Bauten mit hohen Türmen. Ein schönes Beispiel ist der *Torreón de Lozoya* (Geöffnet 19–21.30 Uhr, feiertags 12–14 und 19–21 Uhr) nahe der Kirche San Martín. Von der Plaza San Martín aus sieht man auch das Haus von *Juan Bravo*, einem der später hingerichteten Anführer des „Comunero"-Aufstands gegen Karl V. (Carlos I.); es ist an der Säulengalerie im Obergeschoss kenntlich. Die *Casa de los Picos*, an der Calle Juan Bravo, vom Aquädukt kommend noch vor der Plaza San Martín, wurde im 15. Jh. errichtet. Das „Haus der Spitzen" verdankt seinen Namen der repräsentativen Diamantschnittfassade.

Ⓛ **Casa de los Picos** Mo–Fr 12–14 und 18–20 Uhr, Eintritt frei.

Catedral: Das im 16./17. Jh. aus hellgelbem Sandstein erbaute Gotteshaus trat die Nachfolge der beim „Comunero"-Aufstand 1520 zerstörten alten Kathedrale an und ist die letzte gotische Kathedrale Spaniens. Das Äußere beeindruckt durch seine elegante und lebhafte Form. Die Kuppeln im Herrera-Stil über der Vierung und

Der Turm der Kathedrale ist gut 100 m hoch

Der Alcázar garantiert tolle Ausblicke auf die kastilische Landschaft

dem gut 100 Meter hohen Turm wurden erst im späten 17. Jh. aufgesetzt. Der helle und weite *Innenraum* mit den schönen Glasfenstern bewahrt noch manche Ausstattung der alten Kathedrale, ist sonst aber weitgehend barockisiert. Der *Kreuzgang* wurde von der alten, nahe dem Alcázar gelegenen Kathedrale Stück für Stück hierher transportiert; Juan Guas entwarf ihn im 15. Jh. im Flamboyantstil. Aus der reichen Sammlung des *Diözesanmuseums* ragen besonders die prächtigen Wandteppiche aus Brüssel heraus sowie alte Schriftdokumente wie eine päpstliche Bulle aus dem 12. Jh.

Museum täglich 9.30–17.30 Uhr, im Sommer bis 18.30 Uhr, So/feiertags während der Gottesdienste ist der Besuch gratis. Ansonsten Eintritt 2 €.

Alcázar: Auf einem nach drei Seiten steil abfallenden Felsen beherrscht die von vielen Fotos vertraute Burg den Schnittpunkt der beiden Täler um Segovia. Von dieser oft mit einem Schiffsbug verglichenen natürlichen Festung verteidigten schon die Mauren Segovia. Nach der Reconquista ließen die christlichen Herrscher ab Ende des 11. Jh. eine Burg anlegen, die in den folgenden Jahrhunderten stetig erweitert wurde. Seine Silhouette im Stil eines trutzigen Märchenschlosses erhielt der Alcázar jedoch erst im 17. Jh. Die nach einem Brand 1862 fast völlig zerstörte Inneneinrichtung wurde nach der Restaurierung ersetzt, ergibt aber einen guten Eindruck vom Reichtum des Adels im 15./16. Jh. Das Schönste am Alcázar aber ist der traumhafte Blick vom 80 Meter hohen Bergfried *Torre de Juan II.* auf die Altstadt und die umliegenden Klöster inmitten der trockenen kastilischen Landschaft. Das Panorama muss man sich allerdings mit einem mühevollen, schweißtreibenden Aufstieg erst erarbeiten.

Einst war der Alcázar bevorzugte Residenz der kastilischen Könige. Beispielsweise wurde hier 1474 Isabel zur Königin von Kastilien ausgerufen. 1762 errichtete hier König Carlos III. eine Artillerieschule, die bis zum Brand von 1862 existierte. Noch heute kann man im sogenannten Museo del Real Colegio de Artilleria im Alcázar die Kriegswaffen und ihre technischen Voraussetzungen begutachten.

Ⓞ Täglich 10–18 Uhr, im Sommer bis 19 Uhr; Eintritt 3,50 €, Stud./Rentner 2,30 €, Di und feiertags für EU-Bürger gratis, Infos unter www.alcazarsegovia.com.

Museo Esteban Vicente: Abstrakter Expressionismus aus New York

Der segovianische Künstler Esteban Vicente – 1903 im nahen Turégano geboren – schenkte dieses postmoderne Museum mit 148 Gemälden seiner Heimatstadt. Eröffnet wurde es 1998 in dem ehemaligen Palast von König Enrique IV. (Mitte 15. Jh.), zu dem auch eine Renaissance-Kapelle gehört. Schnell entwickelte sich die Sammlung des prominenten Künstlers zu einer Institution für moderne Kunst. Esteban Vicente, der zur sogenannten New York School gehört, zeigt eine außergewöhnliche Sammlung abstrakter Bilder und kleinerer Skulpturen.

Vicente, der sich bereits 1936 nach einer kurzen Zeit im Dienst der spanischen Republik in New York niederließ, war bis in die 90er Jahre in seiner Heimat fast unbekannt. Der Kastilier, der mit seinen Freunden De Kooning, Pollock und Rothko den abstrakten Expressionismus entscheidend prägte, war in Spanien unter Franco verpönt. Erst mit dem Sieg der Demokratie wurde dieser Künstler der internationalen Avantgarde in seinem Heimatland entdeckt. Esteban Vicentes Bilder hängen im Museum of Modern Art und im Guggenheim in New York, im Reina Sofía in Madrid und eben auch in Segovia.

Der Kastilier gehörte in seiner Heimat der „Generation der 27" an, einer Avantgardegruppe aus Intellektuellen und Künstlern, zu der auch Autoren wie Lorca und Alberti gehörten. „Ich male, um herauszufinden, was Malerei ist. Bisher habe ich es noch nicht entdeckt", sagte der einmal. Er selbst sah sich als „amerikanischen Künstler, der tief und liebevoll in Spanien verwurzelt ist". Esteban Vicente starb am 11. Januar 2001 in New York, kurz vor seinem 98. Geburtstag.

Ⓞ Di–Fr 11–14 und 16–19 Uhr, Sa 11–19 Uhr, So 11–14 Uhr, Eintritt 2,40 €, Stud./Rentner die Hälfte, Do Eintritt frei. Plazuela de las Bellas Artes (Altstadt).

Palacio Episcopal: Der bischöfliche Palast gegenüber der sehenswerten romanischen Kirche San Esteban an der gleichnamigen Plaza wurde zwischen dem 16. und 18. Jh. errichtet. Die opulente Innenausstattung kann besichtigt werden.

Ⓞ Okt.–März Fr und Sa 10–14 Uhr, im Sommer tägl. 10–14 Uhr und 17–19 Uhr.

Casa Museo de Antonio Machado: Dichterhaus in der Altstadt

Ganz in der Nähe von San Esteban, in der Gasse Desamparados, lebte zwischen 1919 und 1932 der Poet Antonio Machado. Es handelt sich um ein einfaches, fast spartanisches Haus mit einem kleinen Garten, wie es Machado liebte. Der Lyriker, der im Februar 1939 auf der Flucht vor den franquistischen Truppen starb, gilt als einer der bedeutendsten Schriftsteller Spaniens im 20. Jh. Der noch heute viel verehrte Machado schrieb nicht zuletzt über die kastilische Landschaft und das einfache Leben. Das Dichterhaus kann Mi–So 11–14 und 16.30–19.30 Uhr besucht werden. Eintritt 1,50 €, Mi gratis.

Außerhalb der Altstadt: Autofahrer sollten nicht versäumen, den Altstadthügel auf der Ringstraße zu umrunden, von der sich wunderschöne Ausblicke ergeben. Fast direkt an der Straße liegen zudem eine ganze Reihe historischer Sakralbauten. Aber auch zu Fuß lassen sich diese romantischen Kirchen und Klöster vom Alcázar erreichen. Eine Auswahl:

Monasterio de El Parral: Die mächtige, im 15. Jh. gegründete gotische Klosteranlage am Hang war eine der ersten isabellinischen Kirchen. Von dem spätgotischen Bauwerk bietet sich ein schöner Blick auf die Altstadt mit dem Alcázar.

🕐 10–12.30 und 16.15–18.30 Uhr, So 10–11.30 Uhr und 16.15–18.30 Uhr, freiwilliger Obolus. An Sonn- und Feiertagen gibt es um 12 Uhr, werktags um 13 Uhr eine Messe mit gregorianischem Gesang.

Moneten aus Segovia

Überquert man den Fluss Eresma in Richtung der Landstraße, liegt rechts die Casa de la Moneda. Hier wurde bis 1730 das Geld des spanischen Königreiches geprägt. Einst kaufte Felipe II. 1583 die alte Papiermühle zu Füßen des Alcázar und ließ sie von seinem Architekten Juan de Herrera in eine Münzprägeanstalt umbauen. Übrigens, bereits 20 v. Chr. wurden Münzen in Segovia hergestellt. Wer sich für das Geld aus vergangenen Epochen interessiert, kann sich im Museo Casa de la Moneda in Madrid in der Calle Doctor Esquerdo 36 (Metro: O'Donnell) segovianische und andere Münzen ansehen. Die Sammlung ist Di–Fr 10–19.30 Uhr und Sa/So 10–14 Uhr geöffnet, Eintritt gratis.

Iglesia de la Vera Cruz: Die einsame Lage macht den Reiz des kunsthistorisch wertvollen Gotteshauses aus. Die romanische Kirche des Templerordens aus dem frühen 13. Jh. an der Landstraße von Zamarramala ist einen Spaziergang wert. Von hier bietet sich ein schöner Blick auf die Altstadt und den Alcázar.

🕐 10.30–13.30 und 15.30–19 Uhr, im Winter 15.30–18 Uhr, Nov. und Mo geschlossen. Eintritt 1,50 €.

Convento Carmelitas Descalzos: Eine von Zypressen flankierte Treppe führt zu diesem Karmeliterkloster aus dem 16. Jh., das besichtigt werden kann.

🕐 Di –So 10–13.30 und 15–20 Uhr, freiwillige Eintrittsgebühr.

Santuario Virgen de La Fuencisla: Der kleine Park um die wuchtige Wallfahrtskirche Virgen de la Fuencisla – der Patronin Segovias – mit Pappeln und Ahornbäumen ist ein beliebter Picknickplatz.

⌚ 7.30–21 Uhr, im Winter 8.30–19.30 Uhr. Eintritt gratis.

Iglesia de San Marcos: An der gleichnamigen Straße San Marcos liegt diese romanische Templerkirche aus dem 13. Jh., die dem Malteser-Orden gehörte.

Monasterio de Santa Cruz: In der Nähe der Stadtmauer trifft man auf das bereits im 13. Jh. gegründete Kloster de Santa Cruz mit einem wertvollen Portal.

Iglesia de San Lorenzo: Bereits in der malerischen Vorstadt an der Plaza de San Lorenzo liegt die gleichnamige Kirche mit einer Apsis im Mudéjarstil.

Blick von der Altstadt Segovias auf die romanische Kirche Vera Cruz im Tal

Umgebung von Segovia

La Granja de San Ildefonso

Schon die Lage fasziniert: Der kleine Ort, umgeben von ausgiebigen Wäldern, liegt am Fuße der Sierra de Guadarrama. Selbst in den heißen Sommermonaten sind hier die Nächte angenehmen kühl. La Granja, zu deutsch Landgut, war ein idealer Standort für ein kastilisches Versailles.

Das Städtchen und der gleichnamige Palast liegen elf Kilometer südöstlich von Segovia an der Cl 601, die über den Navacerrada-Pass nach Madrid führt; Autofahrer können einen Besuch also bequem mit der Fahrt von oder nach der Landeshauptstadt verbinden. *Felipe V.* der Strenge des Escorial überdrüssig geworden, ließ das Schloss ab 1721 im Stil eines „spanischen Versailles" errichten. Zwischen 1727 und 1734 wurde das Schloss nach Plänen der beiden italienischen Architekten Andrea Procaccini und Sempronio Subiasti erweitert. Wenige Jahrzehnte später entstand unter Carlos III. die Hofstadt. Noch heute sind die zahlreichen Verwaltungs-, Wohn- und Nutzgebäude sowie die königliche Kirche La Colegiata erhalten.

Die Rokoko-Räumlichkeiten können auf einer Führung besichtigt werden; mancher wird jedoch die ausgedehnten *Gärten* voller Statuen und Fontänen reizvoller finden. Die prächtigen Wasserspiele *Cascades Nuevas* von La Granja sind leider nicht immer angestellt; Information über Betriebszeiten (bisher:

Mo, Mi, Sa und So 17.30 Uhr) bei der Tourist-Information von La Granja oder Segovia. Amüsant auch für Erwachsene ist das über 27.000 Quadratmeter große Labyrinth am Rand des Schlossparks, das 1993 fertig gestellt wurde. Andere Teile des Gartens wurden ebenfalls in den letzten Jahren wieder hergestellt, so zum Beispiel die „Partida de la Reína" (500 rechts vom Eingang). Hier handelt es sich um einen geometrisch angelegten Obstgarten.

Wer Schloss und Park und La Granja ausführlich kennen lernen möchte, sollte rund vier Stunden einrechnen. Vor allem an warmen Sommertagen ist ein Spaziergang entlang der Kanäle sowie Kaskaden und unter schattigen Bäumen ein wahres, geradezu königliches Vergnügen.

Das königliche Glas von La Granja

Die Glaskunst stand in La Granja über Jahrhunderte hoch im Kurs. Die spanischen Könige schätzten Qualität und Design der kastilischen Glasbläser. Bereits 1736 gründete Felipe V. die Real Fábrica de Cristales de la Granja. Die Manufaktur sollte ähnlich wie die königliche Teppich-Fabrik in Madrid erstklassige Ware für den Hof liefern. Seit ein paar Jahren kann man sich in der einstigen königlichen Fabrik, die ursprünglich 1770 von König Carlos III. ins Leben gerufen wurde, auf die Spuren dieser anspruchsvollen Handwerkskunst begeben. Schon die alten Fabrikationsanlagen, die 1785 von dem berühmten Architekten Juan de Villanueva erweitert wurden, sind einen Besuch wert. Darüber hinaus verfügt das Museum (10 Min. vom Schloss) – heute Centro Nacional del Vidrio – auf 14.000 Quadratmetern über eine exzellente Sammlung europäischer Glaskunst und organisiert Wechselausstellungen.

⌚ 15. Juni bis 15. September Di–So 10–18 Uhr, Sa/So bis 19 Uhr. Außerhalb des Sommers geänderte Öffnungszeiten, jedoch ist zwischen 10 und 15 Uhr immer offen. Eintritt 3,50 €, Stud. 2 €, Kinder unter 12 J. gratis. Im Internet: www.fcnv.es

Diverses/Verbindungen

• *Öffnungszeiten* **Schloss** Di–Sa 10–13.30, 15–17 Uhr, So 10–14 Uhr, vom 1. Juni bis 30. September tägl. 10–18 Uhr. Eintritt 5 € (mit Führung), 4,50 € (ohne Führung), Studenten und Rentner 2,50 €. Mittwochs ist für alle EU-Bürger der Eintritt frei. Der **Garten** ist von 10–20 Uhr geöffnet. Für die **Cascadas** fällt separate Eintrittsgebühr an. Im Laden, links vom Garteneingang, werden Bücher zu La Granja verkauft. Infos auch unter www.partrimonionacional.es.

• *Information* Bei der Real Fábrica de Cristal gibt es in der Saison eine kleine, hilfsbereite Touristen-Information für La Granja und Umgebung. ✆ 921470018.

• *Verbindungen* 15-mal täglich Busse ab Segovia, seltener auch ab Madrid. Information durch die Busgesellschaft La Sepulvedana, ✆ 921427707 oder 921470027 (in La Granja). Die Busgesellschaft La Rapdia, ✆ 921427708, fährt ebenfalls nach Madrid. Ankunftsstation ist Estación Sur (mit Metroverbindung). Taxis sind unter ✆ 921471841 oder 921470856 erreichbar.

Übernachten

Derzeit sind die Übernachtungsmöglichkeiten in La Granja bescheiden. Das wird sich in den nächsten Jahren ändern. In historischen Gebäuden am Rand der Altstadt entsteht gerade ein Parador. Wann das 4-Sterne-Hotel eröffnet wird, war bis Redaktionsschluss noch unklar.

** **Hotel Roma**, apricotfarbenes Haus links vom Eingang zum Königsschloss. Es ist eine relativ preiswerte Möglichkeit, ein Wochenende in den Bergen zu verbringen. Die Zimmer sind groß und die Bäder in gutem Zustand. Große Terrasse. Ganzjährig geöffnet. Das Roma verfügt auch über ein beliebtes, relativ preiswertes Restaurant. DZ ab 60 €. ✆ 921470752, 📠 921470278, www.hotelroma.org.

* **Hostal El Torreón**, kastilisches Restaurant im kleinen Nachbarort Valsain mit Zimmervermietung. El Torreón bietet nicht nur hervorragende Lamm- und Rindfleischgerichte an, sondern auch preiswerte Zimmer ab etwa 50 €. Da das Hostal von Justo Heredero Sanz nur über 6 Zimmer verfügt, sollte man insbesondere an Wochenenden frühzeitig reservieren. ✆ 921470904, 📠 921470904 (ganzjährig geöffnet).

Essen

Casa Hilaria, Gasthaus in Valsain (Nachbarort von La Granja), direkt an der Straße von Navacerrada nach La Granja. Es ist in der Region für seine Riesenbohnen (judiones de la Granja) bekannt. Ein empfehlenswertes Gericht sind auch die Huevos con todo – ein Eiergericht mit Chorizo, Lomo, Pisto und Morcilla. Der einfache Speisesaal ist an kalten Tagen gut geheizt. Der Gasthof bekam mehrere gastronomische Preise. Im Sommer auch Terrasse. Mo und teilweise auch im Juni geschlossen.

Los Siros, 50 Meter vom Rathaus in La Granja. Das Restaurant ist bekannt für Lamm und Spanferkel. Mittagessen zwischen 13 und 15.30 Uhr. Sonntagabend zu. Parkplatz kein Problem. Baños 4.

La Terraza, beliebtes Straßencafé unmittelbar an der Durchgangsstraße (am Kreisverkehr) bei der Abbiegung zum Schloss. Schmucklos eingerichtet, aber preiswert. Kastilische Küche. Vor allem am Wochenende wegen des vielen Verkehrs eher laut. Di geschlossen. Puerta de Segovia 2.

Ríofrío

Während La Granja zu den beliebtesten Ausflugszielen des Guadarrama-Gebirges zählt, ist der rosa Palast von Ríofrío fast vergessen. Das Jagdschloss aus der Mitte des 18. Jh. inmitten eines weitläufigen Naturparks lohnt sich über einen Abstecher zu besichtigen.

Die zwölf Kilometer südwestlich von Segovia in schöner Landschaft gelegene quadratische Vierflügelanlage um einen Innenhof wurde auf Veranlassung von Isabel de Farnesio, der Gemahlin Philipps V. errichtet, die nach dem Tod ihres Mannes (1746) befürchtete, von seinem Nachfolger aus dem Schloss La Granja hinausgeworfen zu werden. Ursprünglich waren für die Witwe auch ein Kloster, ein Theater und weitere Nebengebäude geplant. Doch nur das Schloss, dessen Bauarbeiten 1754 unter dem italienischen Architekten Virgilio Rabaglio begannen, wurde fertig gestellt. Seit vielen Jahren ist in dem Palacio ein Jagdmuseum mit Jagdtrophäen untergebracht. Interessanter ist jedoch ein Spaziergang durch die königlichen Gemächer (Arbeits- und Schlafzimmer von Alfonso XII.) mit ihrer höchst unterschiedlichen Ausstattung (vorwiegend im Stil des 19. Jh.) und der Gemäldesammlung. Die einsame Lage am Fuß des Gebirges und der riesige Park (leider nicht zugänglich) geben dem Palast eine besondere Atmosphäre. Schade nur, dass Spaziergänge durch das einst königliche Jagdrevier nicht erlaubt werden.

🕐 Täglich 10–18 Uhr. Eintritt 5 €, Studenten und Rentner 2,50 €, Mi für EU-Bürger gratis. Für die Fahrt durch den malerischen Park wird eine Gebühr von 2,25 € pro Fahrzeug erhoben. Keine Busverbindung.

Pedraza

Die berühmte kastilische Meseta – dieser flache, trockene und harte Landstrich beginnt nördlich, östlich und westlich von Segovia. Eine Spazierfahrt in Richtung Burgos lohnt sich, um einige historische Orte dieser urtypischen spanischen Landschaft kennen zu lernen. Vor allem das malerische Pedraza lohnt sich für einen Umweg.

In Pedraza wie auch in den malerischen Städtchen **Sepúlveda** und **Turégano** stehen eindrucksvolle Beispiele kastilischer Kastelle. Alle drei Orte sind berühmt für ihre Restaurants, in denen Lammgerichte serviert werden. Insbesondere das weltvergessene Pedraza mit seinem alten Kastell und der original erhaltenen Plaza zieht am Wochenende viele Madrileños an. Noch in der Mitte des 20. Jh. war Pedraza fast menschenleer. Nur ein paar Dutzend Familien lebten in der alten Stadt. Erst in den 70er Jahren entdeckten Künstler und Intellektuelle die einmalige historische Atmosphäre von Pedraza. Heute zählt man wieder rund 500 Einwohner (zusammen mit den Nachbarsiedlungen Rades und La Velilla). In den letzten Jahren entstanden außerdem zahlreiche Läden, die ökologische Lebensmittel oder schöne Landhausmöbel anbieten. Viele Besucher kommen aber ganz einfach wegen der guten Restaurants hierher.

• *Information* Touristenbüro in der Calle Real, 40172 Pedraza, ✆ 921508666, www.pedraza.net.

• *Öffnungszeiten* Die Burg von Pedraza – Museum des Malers Zuloaga – hat keine festen Öffnungszeiten. Interessenten melden sich unter ✆ 921509825 an. Mo und Di geschlossen. Eintritt 4 €. Außerdem kann das Stadtgefängnis (carcel) besichtigt werden. Geöffnet am Wochenende von 11.30–14 und 15.30–18 Uhr, Eintritt 2,50 €.

• *Übernachten* Pedraza besitzt nur wenige Hotels, dafür sind diese umso romantischer.

*** **Hotel de la Villa**, geschmackvoll eingerichtete Herberge, die auch gerne für Familienfeiern genutzt wird. Da die elegant-rustikalen Zimmer (DZ ab 100 €) (Calle Calzada 5) schnell vergeben sind, sollte man vorher unter ✆ 921508651 anrufen. Jedes Zimmer ist anders eingerichtet, aber auf alle Fälle mit viel Sinn für Ästhetik. www.elhoteldelavilla.com

** **Posada de Don Mariano**, ebenfalls romantisch, aber etwas preiswerter. DZ ab 80 €. Calle Mayor 14, ✆ 921509886, www.hoteldonmariano.com.

• *Essen* **Restaurant La Olma**, das elegant-rustikale Restaurant – übersetzt „Die Ulme" – hat eine treue Fangemeinde. Zu Recht, denn die kastilischen Gerichte, die im Restaurant im 1. Stock auf den Tisch kommen, sind nicht nur frisch, sondern auch raffiniert zubereitet. Eine kulinarisches Erlebnis mit gutem Preis-Leistungs-Verhältnis. Plaza del Ganado 1, ✆ 921509981 (am Wochenende ist eine Reservierung empfehlenswert), www.laolma.com.

Restaurant El Soportal, uriges Restaurant an der Plaza Mayor. Im 1. Stock liegt der

Hospedería de Santo Domingo – Aufwachen mit den Störchen

Ein traumhaftes Quartier – hier vereinen sich Lage, Geschmack und Service wie selten in einem Mittelklassehotel. Die Herberge ist ein Adelspalast aus dem 18 Jh. im ehemaligen jüdischen Viertel Pedrazas. Der in Spanien bekannte Designer Francisco Munoz verwandelte das verwinkelte Haus an der Stadtmauer zu einem der schönsten Landhotels Kastiliens. Die schönsten Zimmer sind die zur Stadtmauer; sie bieten einen tollen Blick über die karge Landschaft. Auf der Stadtmauer im kleinen Hotelgarten brütet Jahr für Jahr ein Storch. Das Klappern der Schnäbel ersetzt dann im Frühjahr den Wecker. Anschließend wird im Untergeschoss ein exzellentes Frühstück mit Produkten aus der Region serviert. Kein Restaurant. DZ zwischen 90 und 120 €. ✆ 921509971, 📠 921598683, www.santodomingo.com.

Horno de Asar. Aus dem Ofen kommen die berühmten, nach alten Rezepten zubereiteten Lamm- und Spanferkelgerichte in großen Keramikpfannen. Dazu ein guter Rotwein der Region – und das kulinarische Glück ist perfekt. Familiäres Ambiente.

In Richtung Valladolid bietet sich für Autofahrer ein kleiner Abstecher zu dem etwa 50 Kilometer nordwestlich gelegenen Städtchen **Coca** an, das mit dem „Castillo de Fonseca" eine faszinierende Backsteinburg (15. Jh.) im Mudéjarstil besitzt.

Burg von Coca tägl. 10.30–13 und 16.30–18 Uhr, im Sommer länger. 1. Di im Monat geschlossen. Eintritt 2,50 €.

Toledo: Die Vielfalt der Kulturen hat die 60.000 Einwohner-Stadt geprägt

Toledo

Multikulturell war Toledo seit Jahrhunderten: Christen, Muslime und Juden wohnten in dieser vom Tajo umschlossenen Stadt, und ihr berühmtester Maler, El Greco, war ein gebürtiger Kreter. Über Jahrhunderte war Toledo die Hauptstadt Kastiliens und das religiöse Zentrum von ganz Spanien. Seine Gassen und zahlreichen Baudenkmäler atmen Geschichte und Tragik. Das 70.000 Einwohner große Toledo ist zweifellos einer der Höhepunkte jeder Reise durch Zentralspanien.

Toledo ist eine sehr kastilische Stadt: stolz bis zum Hochmut. Die grausame Inquisition hatte hier einen der mächtigsten Stützpunkte. Toledo ist keine heitere Stadt wie Aranjuez oder gar Madrid. Es ist ernst, mysteriös, konservativ und streng katholisch. Angesichts der Touristenströme, die sich durch die dicht zusammengedrängte Altstadt zwängen, angesichts der Souvenirgeschäfte, die leider die alte Tradition der Schwertschmiedekunst zu Ramschware pervertieren, mag das schwer zu glauben sein. Wer aber die Stadt im eiskalten Winter besucht oder in später Nacht erkundet, wird die vergangenen Jahrhunderte spüren.

Toledo liegt im Norden der Comunidad Kastilien-La Mancha, nur etwa 70 Kilometer südwestlich von Madrid. Allein die Silhouette der Stadt, auf einem Granitfelsen hoch über einer Schleife des Río Tajo und dominiert von den mächtigen Bauten der Kathedrale und der Festung Alcázar, ist frappierend. Nicht umsonst wurde Toledo von der Unesco mit dem Prädikat „Kulturerbe der Menschheit“ geadelt.

El Greco: Woher kommt bloß das Licht auf der Leinwand?

Domenikos Theotokopoulos ist mit dem Namen Toledo verbunden wie kein anderer Maler vor oder nach ihm. Unter seinem griechischen Namen ist der 1541 in Fodele bei der kretischen Hauptstadt Iraklion geborene Künstler doch den wenigsten ein Begriff. Die Kastilier nannten den Renaissance-Künstler schlicht El Greco, der Grieche. Bereits im Alter von 25 Jahren verließ der Maler seine Heimat Kreta, siedelte erst nach Venedig und Rom über und ließ sich letztendlich in Spanien nieder. Mehr als die Hälfte seines Lebens verbrachte El Greco in diesem Land. Griechenland sollte der 1614 gestorbene Maler nie wieder sehen. El Greco ist ein europäischer Maler im besten Sinne des Wortes. Er ließ sich von Griechenland, Italien und Spanien gleichermaßen beeinflussen und entwickelte seinen unverwechselbaren Stil. Freilich, sein größter Wunsch, in Spanien unter König Felipe II. Hofmaler zu werden und an der Ausschmückung des Klosterpalastes El Escorial nördlich von Madrid mitwirken zu dürfen, erfüllte sich nicht. Von 1577 bis zu seinem Tod lebte El Greco in Toledo. Hier wurde er von der Kirche, aber auch vom Adel mit Aufträgen überschüttet und unterhielt eine gut gehende Künstlerwerkstatt. Jahrhundertelang blieb El Greco verkannt. Und noch heute streiten sich die Kunstgelehrten, ob es sich bei ihm um einen Maler des Spätbyzantinismus, der Renaissance oder der spanischen Mystik handelt. Auf alle Fälle verblüfft El Greco bis auf den heutigen Tag mit der Behandlung des Lichts in seinen Bildern, denn er lässt den Betrachter im Unklaren, von welcher Quelle das Licht auf der Leinwand stammt. Auch mit dem damals verbreiteten Realismus hatte der Künstler wenig im Sinn. Nach einem Modell oder der Natur zu malen, war nicht seine Sache. In seinen Bildern zog er Gesichter, Gliedmaßen und Körper in die Länge, was von Experten als ein Ausdruck der Vergeistigung interpretiert wird. In Toledo, aber auch in Madrid kann man sich auf die Spuren dieses außergewöhnlichen Malers begeben. In einem Ausstellungsprojekt wurde 1999 und 2000 El Greco mit seinen drei Lebensabschnitten in Spanien, Italien und Griechenland präsentiert und sein europäisches Werk in Madrid, Rom und Athen mehr als einer Million Menschen zugänglich gemacht.

Übrigens, die Casa Museo El Greco war wohl nicht das Wohnhaus des legendären Malers, ist aber im Stil der damaligen Epoche eingerichtet und zeigt Gemälde des Meisters. Eines seiner Hauptwerke, „Das Begräbnis des Grafen von Orgaz“, ist in der Kirche Santo Tomé zu bewundern.

Orientierung: Das verwinkelte, noch auf maurische Ursprünge zurückgehende Gassenlabyrinth der Altstadt verweigert sich jeder Systematisierung. Der Hauptplatz Toledos ist die *Plaza de Zocodover* im nordöstlichen Altstadtbereich. Dieses unspanisch klingende Wort entstand aus dem arabischen „suk ad-dawab", was so viel bedeutet wie „Markt der Lasttiere". Heutzutage sitzt man hier in den Straßencafés und genießt das berühmte toledanische Marzipan. Der komplizierte Grundriss dieser Stadt ist übrigens gerade auch ihr größter Vorteil. Die meisten Gassen sind kaum mit einem Fahrzeug zu befahren. Am besten, man lässt sich auf das malerische, fußgängerfreundliche Labyrinth aus Gassen und Straßen ein und spaziert ohne großen Plan durch diese bezaubernde Stadt. Verlieren kann man sich in dem Straßengewirr sowieso nicht, denn die Stadtmauer und der Fluss markieren die natürlichen Grenzen der Altstadt.

Geschichte

Toledo zählt zu den ältesten Städten Kastiliens, ja der iberischen Halbinsel. Anfang des 2. Jh. v. Chr. eroberten die Römer die schon zu Zeiten der Keltiberer bedeutende Siedlung *Toletum*, die an der Kreuzung wichtiger Handelsstraßen schnellen Aufstieg nahm. Unter den Westgoten war Toledo von 554 bis 711 Hauptstadt ihres Königreichs. 711 konnten die Mauren Toledo einnehmen. *Tolaitola* war der wichtigste Vorposten im Norden des maurischen Reichs. Mehr als dreieinhalb Jahrhunderte islamischer Herrschaft prägten die Stadt.

Nach der christlichen Rückeroberung 1085 durch Alfonso VI. und den legendären Cid wurde Toledo bis ins 16. Jh. Hauptstadt Kastiliens und religiöses Zentrum Spaniens. Christen, Juden und Mauren lebten jahrhundertelang tolerant zusammen, ermutigt von Königen wie Alfonso X. „El Sabio", der seinen

Juden in Toledo: Das traurige Ende der Toleranz

Die jüdische Gemeinde Toledos war im Mittelalter die größte des Landes, weshalb die Stadt auch „Spanisches Jerusalem" genannt wurde. Die *Sephardim*, die spanischen Juden, stellten einen guten Teil der Beamtenschaft, der Ärzte und der Dolmetscher der Übersetzerschule. In den beiden Judenvierteln *Aljamas* standen mindestens zehn Synagogen (nur zwei sind verblieben), denen fünf Schulen angeschlossen waren. Doch schon damals bekamen die Juden Fremdenfeindlichkeit zu spüren. Ab dem 13./14. Jh. begann der erarbeitete Wohlstand der Juden verstärkt den Neid der Christen zu erregen. 1391 plünderte und brandschatzte der Pöbel Toledos die Judenviertel. Fast alle Synagogen wurden zerstört. Ein gutes Jahrhundert später zwang das Verdikt der Katholischen Könige alle Juden Spaniens zur Taufe oder zur Auswanderung. Viele verließen die Stadt und nahmen als Symbol der erhofften Rückkehr ihre Hausschlüssel mit, die bis heute im Familienbesitz weitergegeben werden. Wer als „Converso", als Getaufter, blieb, bekam die brutale Geißel der Inquisition unter ihrem in Toledo wütenden Oberhenker Tomás Torquemada zu spüren. Bis heute sind kaum Juden nach Toledo zurückgekehrt. Der Versuch eines jüdischen Restaurants scheiterte mangels Kundschaft. Auch das Projekt, die Übersetzerschule wieder aufleben zu lassen, liegt derzeit auf Eis.

Beinamen „der Weise“ wirklich verdiente. Die Kenntnisse der drei Kulturen ergänzten sich vortrefflich. Eine bedeutende Übersetzerschule entstand, Kultur und Wissenschaften blühten. Noch heute zeigen Stadttore und Kirchenbauten im Mudéjarstil die Kunst der maurischen Architekten.

Der Abstieg Toledos zur Provinzhauptstadt begann mit der Verlegung der königlichen Residenz nach Madrid unter Felipe II. Einmal noch geriet die Stadt in den Blickpunkt der Welt: Während des spanischen Bürgerkriegs wurde der von den Franquisten besetzte Alcázar monatelang belagert und gilt den Falangisten seitdem als Symbol.

Information/Verbindungen/Diverses

• *Information* **Oficina de Turismo**, Puerta de Bisagra 1, ✆ 925220843, ✆ 925252648. Nördlich außerhalb der Stadtmauer, jenseits der Ringstraße; an einem kleinen Park und unweit der Kreuzung der großen Fernstraßen. Mo–Fr 9–14, 16–18 Uhr, Sa 9–15, 16–19 Uhr, So 9–15 Uhr. **Zweigstelle** in einem Kiosk an der Plaza Zocodover. Außerdem für die Region Castilla-La Mancha, Dirección General de Turismos, Plaza Zocodover 7, ✆ 925254030, www.diputoledo.es.

• *Verbindungen* **Zug**: Schöner Bahnhof (✆ 925221272) im Neomudéjarstil etwa 20 Fußminuten nordöstlich außerhalb der Altstadt, jenseits des Río Tajo; Busverbindung ins Zentrum. Bis Redaktionsschluss war die Strecke wegen Bauarbeiten außer Betrieb. Ansonsten Fahrtdauer nach Madrid 80 Min.

Bus: Der Busbahnhof liegt am nördlichen Rand der Altstadt, ca. 15 Min. Fußweg, auch Busverbindungen. Wer sich die Mühe sparen möchte, dem sei das Taxi empfohlen. Die Fahrt beispielsweise zum Alcázar kostet gerade 4 €. Häufig Busse der Firma Continental (Auskunft unter ✆ 917456300) nach Madrid (ungefähr alle halbe Stunde). Es gibt zweierlei Busse, sogenannte Direktbusse (Fahrtdauer ca. 60 Min.) und Normalbusse (Fahrtdauer ca. 75 Min). Die Busse kommen in Madrid an der großen Busstation Estación Sur (Metro: Mendez Alvaro) an. Von dort kann man mit Metro und S-Bahn weiterfahren. Fahrt nach Madrid einfach 4 €.

Auto: Besser gar nicht erst in die Altstadt hineinfahren – beschilderte Parkmöglichkeiten an der Ringstraße.

Taxi: ✆ 925255050.

• *Post* Calle de la Plata 1, von der Plaza Zocodover westlich über die Calle Toledo de Ohio. Mo–Fr 8–21 Uhr, Sa 9–14 Uhr.

Übernachten

Toledo ist eines der populärsten Reiseziele in Kastilien. Deshalb kann es im Frühjahr und Herbst, speziell an den Wochenenden, zu Engpässen kommen. In den sehr heißen Monaten Juli und August herrscht dagegen weniger Nachfrage, da der Hochsommer bei Temperaturen über 40 Grad nicht gerade gut für eine Stadtbesichtigung geeignet ist.

• *Hotels* **Tipp!** ****** AC Ciudad de Toleda**, die tolle Aussicht auf die Altstadt, die exzellente Ausstattung und der erstklassige Service machen dieses Hotel zur ersten Adresse in Toledo. Die Luxusherberge – im modern-funktionalen Stil eingerichtet – liegt ungefähr 2 km außerhalb des Zentrums (Richtung Parador). DZ 170 €, Frühstück 12 €, bisweilen aber Angebote im Internet. Frühzeitig reservieren, da es nur 42 Zimmer gibt. Carretera Circunvalación 15, ✆ 925285125, ✆ 925284700, www.ac-hotels.com.

****** Parador Conde de Orgaz**, in Natursteinen erbauter, mit historischen Möbeln eingerichteter Parador, südlich jenseits des Río Tajo. Er bietet eine atemberaubende Aussicht. Das Haus besitzt nicht nur schöne Zimmer mit Balkon, sondern auch einen angenehmen Pool. Das Restaurant mit Spezialitäten aus Toledo (gefülltes Rebhuhn) und La Mancha gilt jedoch nicht gerade als Spitzenadresse in Toledo. Außerdem gibt der Service des Hauses immer wieder Grund zur Kritik. Zufahrt von der Umgehungsstraße. DZ/Bad ab 130 €, Frühstück

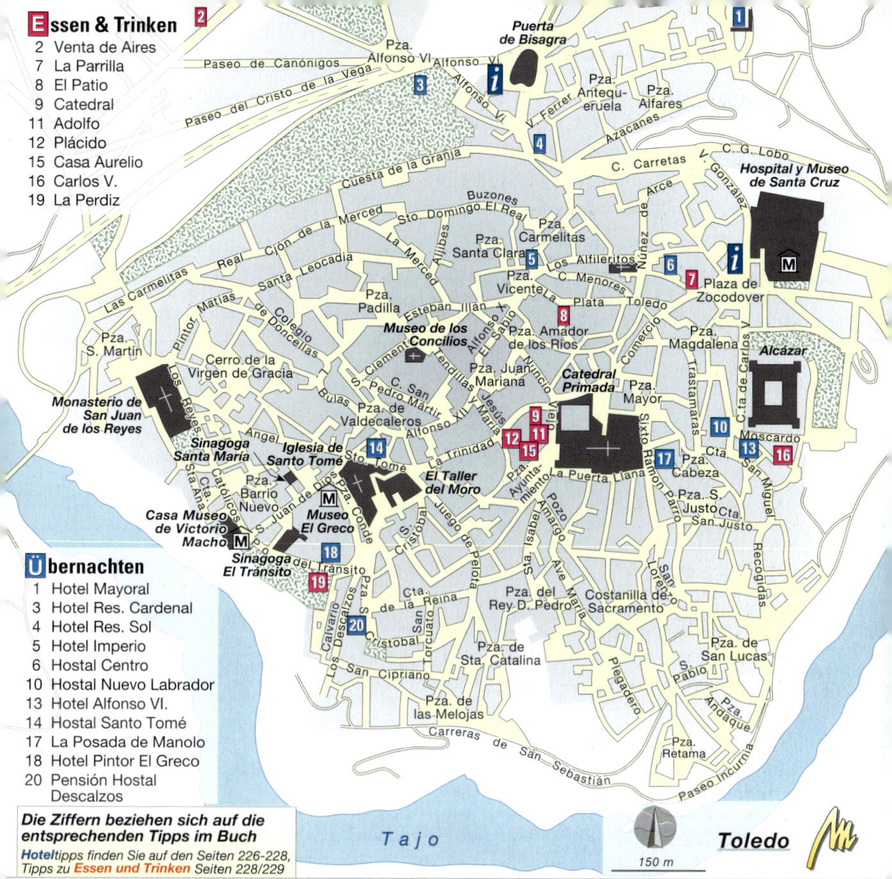

pro Person 17 €. Cerro del Emperador, ✆ 925221850, ℻ 925225166, www.parador.es.

****** Hotel Alfonso VI. (13)**, vor allem wegen seiner Lage unmittelbar hinterm Alcázar geschätzt. Innen in mittelalterlichem Stil etwas kitschig eingerichtet. Die mit toledanischen Holzmöbeln ausgestatteten Zimmer haben teilweise einen schönen Ausblick auf die Altstadt. DZ ab 130 €. General Moscardó 2, ✆ 925222600, ℻ 925214458.

Tipp! * Hotel Pintor El Greco (18)**, mitten im jüdischen Viertel, an einem ruhigen Platz. Malerisches Mittelklassehotel, das zweifellos zu den schönsten der Stadt gehört. Die 33 Zimmer sind schnell ausgebucht, man sollte frühzeitig reservieren, besonders an Ostern und im Frühsommer. Das typisch toledanische Haus aus dem 17. Jh. – eine frühere Bäckerei – wurde mit viel Liebe zum Detail ausgestattet. Nettes Ambiente. DZ ab 110 €. Alamillos del Tránsito 13, ✆ 925285191, ℻ 925215819, www.hotelpintorelgreco.com.

***** Hotel El Cardenal (3)**, ein kleines Paradies. Sehr schönes Gebäude aus dem 18. Jh., ehemaliger Sommersitz eines Kardinals; zwei Höfe, viele Antiquitäten. Innerhalb der Stadtmauern, nahe Puertas de Bisagra (nördliche Altstadt). Oft ausgebucht, Reservierung ratsam. Abends kann man hier auch auf der Terrasse essen. Nicht alle mögen den Service. DZ/Bad 110 €. Paseo de Recaredo 24, ✆ 925224900, ℻ 925222991, www.hostaldelcardenal.com

***** Hotel Mayoral (1)**, modernes, pyramidenähnliches Hotel außerhalb der Altstadt, am Platz der Busstation. Keine unbedingt romantische Herberge, dafür aber komfortabel und mit Blick auf die Altstadt. Rezeption in Marmor. DZ ab 100 €. Avenida

Castilla-La Mancha. ✆ 925216000, ℻ 925216954, www.hotelesmayoral.com

Tipp! ** **La Posada de Manolo (17)**, stilvolle, nur 14 Zimmer große Herberge in der Nähe der Kathedrale (auf dem Weg zur Plaza San Justo). In dem historischen Haus verteilten sich die Zimmer (nüchtern eingerichtet mit typisch toledanischen Möbeln) auf drei Stockwerke. Alle Zimmer haben Klimaanlage, Heizung und eigenes Bad, sind aber teilweise klein. DZ ab 72 €. Sixto Ramón Parro 8, ✆ 925282250, ℻ 925282251, www.laposadademanolo.com.

* **Hotel Sol (4)**, gute Lage im nördlichen Altstadtbereich, innerhalb der Stadtmauern, freundlich und mit eigener Garage. Empfehlenswert. DZ/Bad je nach Saison bis 40 €. Calle de Azacanes 15, etwas kompliziert über eine Abzweigung der Calle Real de Arrabal (nördliche Hauptzufahrt durch die Stadttore Puerta de Bisagra) zu erreichen, Zimmer nach Norden nehmen; ✆ 925213650, ℻ 925216159.

** **Pensión Hostal Descalzos (20)**, im Südwesten der Altstadt. Gute DZ/Bad, teilweise renoviert und mit schöner Aussicht, je nach Saison um 50 €; auch einige einfachere und deutlich preiswertere DZ ohne Bad. Der Besitzer spricht Englisch. Calle de los Descalzos 30, ✆/℻ 925222888, www.hostaldescalzos.com.

** **Hostal Nuevo Labrador (10)**, neue Herberge westlich vom Alcázar, bietet ein gutes Preis-Leistungs-Verhältnis. Auch wenn die Zimmer keine tolle Aussicht haben, dafür sind sie geschmackvoll mit Holzmöbeln eingerichtet. Außerdem TV und Aircondition, DZ/Bad etwa 45 €. Auch Drei- und Vierbettzimmer. Calle Juan Labrador 10, zu erreichen über eine Seitengasse der Cuesta de Carlos V. (vor dem Alcázar); ✆ 925222620, ℻ 925229399, Restaurant im Untergeschoss. Freundlicher Service.

** **Hostal Santo Tomé (14)**, am Rande des jüdischen Viertels liegt diese kleine Pension (10 Zimmer), im Erdgeschoss ein Andenkengeschäft. Obergeschoss mit Balkon. DZ mit Bad rund 45 €. Calle Santo Tomé 13, ✆ 925221712, ℻ 925225855.

** **Hostal Centro (6)**, der Name ist Programm, die moderne Herberge liegt unweit des Alacazar am Eingang der Fußgängerzone an der zentralen Plaza Zocodover. Zimmer mit Klimaanlage und Bad, teilweise etwas dunkel. DZ 45 €. Im EG betreibt der Besitzer Eloy Rodriguez Miguel ein nach ihm benanntes Restaurant. Calle Nueva 13, ✆ 925257091, ℻ 925257848, www.hostalcentro.com.

* **Hotel Imperio (5)**, in der Nähe der Polizeistation, gutes Preis-Leistungs-Verhältnis. Das Backsteingebäude liegt zentral. Alle zehn Zimmer mit Aircondition. Im Erdgeschoss Cafeteria, die preiswerte Menüs serviert. DZ rund 40 €. Calle Cadenas 5, ✆ 925227650, ℻ 925253183, www.hotelsantotome.com.

• *Jugendherberge* Residencia Juvenil **„San Servando"** (IYHF), im gleichnamigen Kastell auf einem Hügel nordöstlich der Altstadt, jenseits des Río Tajo, günstig zum Bahnhof gelegen. Pro Person rund 9 €, über 30-Jährige 12 €. Gut ausgestattet (Schwimmbad), schöne Lage, oft voll – reservieren unter ✆ 925224554.

• *Camping* **El Greco** (1. Kat.), knapp 3 km südwestlich, an der C 502 Richtung La Puebla de Montalbán. Gepflegter, gut ausgestatteter Platz, anständige Sanitärs, Swimmingpool gegen Extrazahlung. Etwa stündlich Bus Nr. 7 Plaza Zocodover. Ganzjährig geöffnet. Erw. 4,75 €, Kind 4 €, Zelt und Auto jeweils 4,55 €. Ctra. Toledo-Talavera, Cigarral El Angel, ✆ 925220090, ℻ 925220090, www.campingelgreco.es.vg.

Essen und Trinken (→ Karte S. 227)

Grundsätzlich: In Toledo kann man lecker speisen. Lokale Spezialität ist gefülltes Rebhuhn („perdiz toledana"). Die Preise liegen jedoch angesichts des Tourismus und der Wirtschaftskraft der Stadt über dem spanischen Durchschnitt. Fast alle Restaurants befinden sich in den Altstadtmauern. Nicht zu vergessen ist das Mazapán (Marzipan), dessen Herstellung in Toledo eine große Tradition hat.

Tipp! **Venta de Aires (2)**, das vielleicht berühmteste und größte Restaurant der Stadt. Außerhalb der Altstadt gelegen, zu Fuß jedoch in 10 Min. zu erreichen (bei den Ruinen des Circo Romano). Hier wird die feine Toledo-Küche (Spezialität Rebhuhn) gepflegt. Seit Jahrzehnten schätzen Einheimische wie Touristen das Restaurant mit großer Terrasse. Gute und nicht einmal teure Weinauswahl. Das Backsteingebäude liegt in einer wenig attraktiven Gegend. Viele Berühmtheiten speisten hier schon,

Plaza de Zocodover: Sehen und gesehen werden

beispielsweise die Poeten Federico Garcia Lorca und Rafael Alberti, der Maler Salvador Dalí und der spanische König Juan Carlos I. Übrigens, wie Rafael Alberti berichtet, verewigte sich Dalí nach einem Rebhuhn-Essen im Hof auf einer Mauer mit Zeichnungen. Doch trotz des Hinweises Albertis, dass es sich um Zeichnungen eines berühmten Künstlers handle, wurden sie später von den neuen Besitzern des Gasthauses übertüncht. Circo Romano 35.

Adolfo (11), bei Feinschmeckern ist das Traditionshaus unweit der Kathedrale seit Jahrzehnten eine beliebte Adresse. Schwerpunkt der Karte ist Wild, beispielsweise Rebhuhn oder Hirsch. Sehr gute Weinauswahl und die für Toleda typischen Marzipan-Süßigkeiten aus eigener Herstellung. Gutes Preis-Leistungs-Verhältnis. Granada 6, ✆ 925227321.

Catedral (9), beliebte Tapa-Bar an der Kathedrale – im Besitz des Restaurants Adolfo. Traditionelle Küche. Es werden auch preiswerte Menüs angeboten. Nuncio Viejo 1.

El Patio (8), mit hübsch dekoriertem, grünem Innenhof; an den Wänden Jagdtrophäen. Hausspezialität ist Rebhuhn. Plaza de San Vicente 4, von der Plaza Zocodover über die Calle de la Plata, nahe der Post.

Carlos V (16), im Mudéjarstil errichtetes 3-Sterne-Hotel mit geschmackvollem Restaurant in der Nähe des Alcázar. Tolle Dachterrasse, gute Regionalküche zu mittleren Preisen. Zimmer mit Aircondition (DZ ca. 110 €) und Blick auf die Kathedale. Trastamara 1, ✆ 925222100 ℻ 925222105, www.carlosv.com.

La Perdiz (19), beliebtes Restaurant im jüdischen Viertel, eines der wenigen mit durchgehender Küche von 12 bis 20 Uhr. Schön eingerichtet. Bietet nicht nur leckere Fleisch-, sondern auch gute Fischgerichte an. Für Hauptgerichte sollte man rund 16 € rechnen. Preiswerte Menüs. Calle Reyes Católicos 7 (zwischen der Sinagoga del Transito und Santa Maria La Blanca).

Casa Aurelio (15), eines der bekanntesten Restaurants der Altstadt. Es liegt in einer kleinen Gasse und hat zwei weitere Filialen. Berühmt sind der Schinken (jamón de bellota) und die Grillgerichte. Gehobenes Preisniveau. Hauptgerichte zwischen 15 und 20 €. Sinagoga 1 und 6 sowie Plaza de Ayuntamiento 4.

Plácido (12), im Herzen der Altstadt (westlich der Kathedrale). Hübscher Patio, Spezialitäten sind Lamm und Rebhuhn. Di geschlossen.Calle Santo Tomé 6.

La Parrilla (7), 50 Meter vom Hauptplatz, recht versteckt. Comedor im 1. Stock, typische toledanische Hausmannskost. Calle Barrio Rey, südwestlicher Abzweig der Plaza Zocodover.

Der Alcázar: Symbol für den Sieg der Falangisten

Nachtleben/Einkaufen/Feste

- *Kneipen, Nachtleben* Der Bär ist nicht gerade los in Toledo. Einige gut besuchte Musikbars nördlich nahe der Plaza Zocodover um die Calle Sillería, ebenso östlich in der parallelen Calle Santa Fe, Richtung Tajo.
- *Einkaufen* Markt vormittags an der Plaza Mayor, nahe Kathedrale; Flohmarkt jeden Dienstagvormittag hinter dem Convento Conceptionistas, flusswärts (östlich) der Plaza Zocodover. Die berühmten Toledo-Schwerter mit Eisenkern und die Gold-Einlegearbeiten „Damasquino" sind heute überwiegend industriell hergestellte Massenware – schwer, gute Stücke aufzutreiben. Alternatives Souvenir für Süßmäuler: Mazapán (Marzipan) hat lange Tradition in Toledo.
- *Feste* **Corpus Christi**, Fronleichnam, große Prozession mit berühmter Monstranz, Beginn gegen 11.30 Uhr an der Kathedrale; gleichzeitig Hauptsaison für Stierkämpfe.

Fiesta de la Virgen de Sagrario, etwa 10. bis 15. August.; jährlich wechselnd, letzter Tag Sonntag. Riesenfest mit Feuerwerk, Umzügen etc.; traditionell wird ein Schluck Wasser aus den Krügen „botijos" genommen, die im Kreuzgang der Kathedrale stehen.

Sehenswertes

Alle Sehenswürdigkeiten Toledos zu beschreiben, würde allein ein dickes Buch füllen. Ohnehin ist man bereits mit den Hauptattraktionen gut zwei Tage beschäftigt. Doch die Faszination Toledos macht nicht das bloße Abhaken von Kirchen, Klöstern und Palästen aus. Vor allem die kleinen Details verdienen bei einem Spaziergang durch die labyrinthartige Altstadt Beachtung, wie zum Beispiel die eingemauerten hebräischen Ecksteine, die an manchen Häusern zu sehen sind.

Puertas de Bisagra: Zwei Tore markieren den nördlichen Hauptzugang zur Altstadt. Die *Puerta Nueva* gegenüber der Informationsstelle wurde 1550 errichtet, ihr Gegenstück *Puerta Vieja* stammt aus der Maurenzeit des 10. Jh. Etwas

RESERVADO EL DERECHO DE ADMISIÓN
ES OBLIGATORIO EL RESPETO A LAS NORMAS DE LA RELIGIÓN CATÓLICA EN LOS TEMPLOS

DIVES TOLETANA

«Uno de los templos más opulentos de la cristiandad» (M BARRES)

«Orgullo de la arquitectura universal» (V LAMPÉREZ)

«Un mundo a través de los siglos se han depositado en esta Catedral tantas obras notables, que su fabulosa riqueza produce al punto impresiones de estupor» (MR LAMBERT)

«Museo de arquitectura, pintura y escultura, de orfebrería, rejería y vidriería, de tejidos y bordados Admirable conjunción de todas las manifestaciones de las Bellas Artes» (M B Cossío)

«En el frondoso bosque de valores que Toledo atesora, destaca la Catedral Primada como altísimo ciprés» (J CAMÓN Y AZNAR)

EL PRECIO DE ESTE TICKET NO TIENE NINGÚN FIN LUCRATIVO. LOS INGRESOS OBTENIDOS POR LA VISITA A ESTOS MUSEOS SE DEDICAN AL MANTENIMIENTO INTEGRAL DEL MONUMENTO, SUS ARCHIVOS Y FINES BENÉFICOS Y PASTORALES.

Catedral de Toledo

Capilla San Blas

www.architoledo.org/Catedral
info@catedralprimada.org

290833538 PVP: 6,00 €
GENERAL 14-20
16/12/2006 12:25

LA CATEDRAL NO TIENE GUÍAS OFICIALES, NI SE RESPONSABILIZA DE LOS HONORARIOS QUE PERCIBAN ESTOS PROFESIONALES.
BILLETE VÁLIDO PARA VISITAR LAS DEPENDENCIAS DETALLADAS AL PIE.
NO PERMITIDO FILMAR NI FOTOGRAFIAR - DESGLOSE DE LA VISITA - CONSÉRVESE HASTA LA SALIDA

Tesoro	Coro	Sala Capitular	Sacristía Museo

weiter stadtwärts steht die *Puerta del Sol* in reinem Mudéjarstil des 14. Jh., gleich dahinter die Kirche *Cristo de la Luz*, eine ehemalige Moschee. Hält man sich stattdessen links, gelangt man zur Plaza de Zocodover.

Plaza de Zocodover: Der Hauptplatz Toledos ist für die Einheimischen der Ausgangs- und Endpunkt des abendlichen Bummels. Nicht immer war es hier so friedlich. Früher diente der Platz als öffentliche Hinrichtungsstätte – nicht umsonst heißt der Durchgang an der Ostseite *Arco de Sangre*: „Blutbogen".Heute dient der Platz mit seinen zahlreichen Cafés als „Wohnzimmer der Stadt".

Hospital y Museo de Santa Cruz: Der platereske Bau des frühen 16. Jh., zu erreichen durch eben diesen Durchgang, birgt heute ein bunt gemischtes Sammelsurium. Hauptattraktion ist die 1961 gegründeten Gemäldegalerie, in der neben Ribera und Goyavor allem El Greco vertreten ist. Das Spätwerk „Mariä Himmelfahrt" gilt als eine seiner besten Arbeiten.

Ⓞ Di–Sa 10–18.30 Uhr, So 10–14 Uhr, Mo 10–14, 16–18.30 Uhr. Eintritt gratis. Calle Cervantes 3.

Alcázar

Der Palast, der die Silhouette Toledos dominiert, erhebt sich auf geschichtsträchtigem Boden: Seit Römerzeiten stand hier unter all den wechselnden Herren stets eine Festung. Seine heutige strenge Form erhielt der Alcázar unter Karl V. (Carlos I.) und Felipe II. Das Gebäude ist jedoch nicht mehr original, sondern nach den schweren Zerstörungen des Bürgerkriegs fast komplett wieder aufgebaut worden.

Es war Carlos I., der nach seinem Aufenthalt anlässlich der Einberufung der Cortes (Parlament) 1525 beschloss, die Festung auszubauen. 1536 begannen die umfangreichen Arbeiten, die dem Alcázar sein heutiges Aussehen gaben. Während des spanischen Bürgerkrieges flüchteten am 20. Juli 1936 etwa tausend Franco-Anhänger mit hunderten von Frauen und Kindern, aber auch republikanischen Geiseln, in den Alcázar, der von den Republikanern wochenlang belagert wurde. Bereits am 25. Juli übergab ein spanischer Offizier in Bayreuth dem gerade aus der Wagner-Oper kommenden Adolf Hitler einen Brief Francos, im dem dieser um die Unterstützung seiner Revolte gegen die Demokratie bat. Bomben und Sprengungen der republikanischen Truppen ließen die Fassaden mit Ausnahme der heute noch originalen Südseite einstürzen, doch die Struktur des Gebäudes hielt stand. Am 27. September schließlich nahm Francos Armee Toledo ein, befreite die im Alcázar eingeschlossenen Falangisten und richtete unter der Bevölkerung Toledos ein Blutbad an. Von den mitgenommen republikanischen Geiseln im Alcázar hat man nie mehr etwas gehört. Der Slogan „Der Alcázar ergibt sich nicht" wurde zum franquistischen Propaganda-Symbol.

Lange Zeit war die wuchtige Festung mit ihren vier Türmen ein Symbol für den Sieg der Falangisten über Demokratie und Sozialismus. Das bizarre Militärmuseum mit seinen verstaubten Uniformen, Orden und Waffen, das die militärischen Erfolge über die spanische Republik in den 30er Jahren hemmungslos glorifiziert hatte, ist nun Vergangenheit.

Mittlerweile befindet sich im Alcázar die neue Bibliothek der Region Castilla-La Mancha. Dass eine der größten öffentlichen Büchereien in den historischen Mauern des Alcázar Platz gefunden hat, löste jahrelang erbitterten Streit aus. Manche rechtskonservative Politiker wollten die Festung ausschließlich dem bisherigen Heeresmuseum vorbehalten und keine kulturelle Institution dulden. Doch dieser Streit ist mittlerweile zugunsten der Kultur entschieden. Die heutige Bibliothek umfasst beinahe 300.000 Bände, darunter auch zahlreiche neue Medien. Der wertvollste Bestand ist der Bücherschatz der Erzbischöfe Borbón und Lorenzana aus dem 18. Jh. Interessant ist auch die Architektur der Festungsanlage. Im Untergeschoss ist sogar noch ein arabisches Tor aus dem 10. Jh. erhalten. Derzeit wird der Alcázar umgebaut und ist deshalb nicht zu besichtigen.

Karl V. und der Alcázar

Carlos I. (1500–1558) – in Mitteleuropa vor allem als Kaiser Karl V. bekannt – heiratete die schöne und zugleich intelligente Prinzessin Isabella von Portugal. Das Paar residierte im Alcázar in Toledo. Die einzigartige kastilische Stadt, seit jeher Schmelztiegel christlicher, jüdischer und muslimischer Kultur, war wie keine andere als Residenzstadt geeignet. Karl V. wollte die mittelalterliche Trutzburg, die noch heute die Stadt prägt, in einen Renaissance-Palast umbauen lassen. Doch es reichte nur bis zum Innenhof. Während sich Karl V. um die vielfältigen Probleme seines Riesenreiches kümmerte, verbrachte Isabella viele einsame Stunden in der wenig wohnlichen Burg. Später verließ sie die düstere Wehranlage und zog in den Palast der befreundeten Familien Fuensalida um. Hier starb auch die Frau Karls V. nach der Geburt ihres siebten Kindes. Eine Bronzestatue im Arkadenhof des gotischen Baus erinnert noch heute an die früh gestorbenen Monarchin.

Catedral Primada

Etwa in der Mitte der Altstadt erhebt sich mit fünf Schiffen eine der bedeutendsten Kirchen Spaniens an einer Stelle, die vor ihr schon die maurische Hauptmoschee und eine westgotische Basilika innehatten. Aufgrund der langen Bauzeit (1226–1493) ist ihr Stil nicht einheitlich, reicht von der Frühgotik über Mudéjar bis zur Renaissance, was jedoch den Gesamteindruck in keiner Weise beeinträchtigt. Den heutigen Eingang bildet die *Puerta de Mollete* zum Kreuzgang, links neben dem schönen Hauptportal *Puerta del Perdón*.
Die Weite des **Innenraums** (112 Meter Länge, 56 Meter Breite, 44 Meter Höhe) ist überwältigend. Direkt neben dem Eingang ist der Kirchenschatz *Tesoro* zu sehen, dessen Monstranz ganz aus Gold und Silber die wertvollste Spaniens ist. Den Raum überspannt eine Decke im Mudéjarstil. Der *Chor* in der Mitte des Hauptschiffs illustriert im unteren Teil des Gestühls in 54 Szenen prachtvoller Holzschnitzerei die Eroberung Granadas. Nicht minder prächtig ist die obere Etage mit biblischen Motiven. Die reich mit Gold geschmückte Hauptkapelle *Capilla Mayor* direkt hinter dem Chor wird dominiert von einer ungemein großen Altarwand, die vor lebensgroßen biblischen Motiven fast überquillt. An der Rückseite der Capilla steht der *Transparente*, ein vielleicht etwas arg überladener Churrigueresco-Altar. Der Kapitelsaal *Sala Capitular*, ganz hinten rechts, enthält Bildnisse der Erzbischöfe von Toledo, davon zwei von Goya.

Die *Sakristei* im linken Anbau wäre allein den Weg in die Kathedrale wert: Sie ist eine echte Gemäldegalerie. Werke von Ribera, Raffael, van Dyk und vielen anderen berühmten Namen hängen hier. Unter dem guten Dutzend Gemälden von El Greco ist besonders die „Entkleidung Christi" auf dem Altar herauszuheben. Rechts davon lohnt sich ebenfalls ein längerer Blick: Erschrockene, aber auch sehr boshafte Gesichter begleiten die „Gefangennahme Christi" – Goya.

Ⓞ Täglich 10–18.30 Uhr (im Winter 10.30–12 und 16–18 Uhr), So 14–18 Uhr. Das Museum ist täglich zwischen 10.30 und 18 Uhr offen. Eintritt 8 €.

Die Kathedrale im Zentrum der Altstadt

Westlich der Kathedrale

Museo de los Concilios y de la Cultura Visigótica: In der Mudéjar-Kirche *San Román* (13. Jh.), an der Calle San Clemente, umgeben von weiteren historischen Gebäuden. Die Kirche selbst, auf uralten Fundamenten stehend, ist vielleicht sogar interessanter als die relativ mager ausfallenden Funde der westgotischen Zeit. Beachtenswert die Säulen und Kapitelle arabischen, westgotischen und byzantinischen Stils, ebenso die Fresken, die wahrscheinlich noch aus dem 13. Jh. stammen.

Ⓞ Di–Sa 10–14, 16–18.30 Uhr, So 10–14 Uhr. Eintritt 0,60 €. Samstagnachmittag und So Eintritt frei. Calle Clemente 4.

Iglesia de Santo Tomé: An der gleichnamigen Straße, ein Stück südlich des Museums. Im Inneren wird das mit 4,80 x 3,60 Metern größte Gemälde von El Greco gezeigt: *El Entierro del Conde de Orgaz*, „Das Begräbnis des Grafen von Orgaz" von 1586. Schade, dass der Andrang meist keine ruhigere Betrachtung zulässt, die Gesichter (Philipp II., Freunde Grecos) und die Details wären es wert. Leider auch schlecht beleuchtet.

Ⓞ Saisonal wechselnd; Di–So10–17.45 Uhr (im Sommer bis 18.45 Uhr). Eintritt 1,90 €. Plaza del Conde.

El Taller del Moro, nahe Santo Tomé, Eingang in Calle Taller de Moro. Die aus dem 14. Jh. stammende Werkstatt gehörte einem der am Bau der Kathedrale mitarbeitenden Mudéjar-Künstler. Auch das Gebäude selbst ist in diesem Stil gehalten.

Ⓞ Di–Sa 10–14 und 16–18.30 Uhr, So 10–14 Uhr. Bei Redaktionsschluss wegen Renovierungsarbeiten geschlossen. Calle Taller del Moro.

Casa y Museo El Greco: Ein kleines Stück flusswärts (südwestlich) der Kirche Santo Tomé, zu erreichen über die Calle de los Amarillos. Das in einem der ehemaligen Judenviertel gelegene Haus war wahrscheinlich nie Wohnsitz des Künstlers, steht aber exemplarisch für die toledanischen Stadthäuser des 16. Jh.

Im angeschlossenen Museum Studien und komplette Arbeiten El Grecos, bemerkenswert die Apostelgemälde. Interessant auch das Werk „Ansicht und Plan von Toledo“: Viel hat sich an der Stadtsilhouette nicht geändert.

Ⓞ Di–Sa 10–14, 16–18 Uhr, So 10–14 Uhr. Eintritt 2,40 €, Samstagnachmittag und So Eintritt frei. Calle Samuel Leví.

Sinagoga El Tránsito (Museo Sefardí): Direkt hinter der Casa del Greco. Samuel Levi, jüdischer Berater Pedros des Grausamen und später von diesem ermordet, ließ die Synagoge 1357 erbauen. Schöner Mudéjar-Stil mit Artesonado-Decke; die Frauengalerie ist typisch für Synagogen. Angeschlossen ist ein kleines Museum jüdischer Kultur.

Ⓞ Di–Sa 10–14 und 16–18 Uhr, So 10–14 Uhr. Eintritt 2,40 €, Samstagnachmittag und So Eintritt frei.

Sinagoga Santa María la Blanca: Wie El Tránsito (daher der Name) wurde auch diese Synagoge des 12./13. Jh. später in eine Kirche umgewandelt. Ihr Inneres mit Mudéjar-Dekoration erinnert ebenfalls eher an eine Moschee.

Ⓞ Täglich 10–18 Uhr (im Sommer bis 19 Uhr). Eintritt 1,90 €.

Museo Vicotrio Macho – Skulpturen mit Panaroma

Das kleine Kunstmuseum am südwestlichen Rand der Altstadt ist schon allein wegen seiner spektakulären Lage über dem Tajo einen Besuch wert. Die Sammlung selbst zeigt das Werk des kastilischen Bildhauers Victoria Macho (1887–1966), einer der Mitbegründer der modernen spanischen Skulpturen-Kunst. Während des Bürgerkrieges emigrierte Macho nach Frankreich, Russland, in die USA und schließlich nach Peru. 1952 kehrte er nach Spanien zurück und ließ sich in Toledo nieder. Das heutige Museum war Wohnhaus und Atelier zugleich. 1966 starb Macho. Die Sammlung ist in drei Bereiche unterteilt: in das eigentliche Museum mit berühmten Arbeiten wie dem „Autoretrato a los 16 anos“ oder „La Madre“, die Krypta mit Plastiken wie „Hermano Marcello“ oder „Monumento a Grau“ und schließlich den Garten mit Arbeiten wie „Eva de América“ und „La Máscara“. Das Museum zeigt übrigens auch einen knapp halbstündigen Film („Una visión de Toledo“), der einen guten Überblick über die Geschichte und Kultur der Stadt gibt (nur auf Englisch und Spanisch).

Mo–Sa 10–19 Uhr, So 10–15 Uhr. Eintritt 3 €, Kinder u. 12 J. frei. Plaza de Victorio Macho 2.

Monasterio de San Juan de los Reyes: Mit diesem gewaltigen Bau gedachten die *Reyes Católicos* Isabella und Ferdinand, ihren strategisch wichtigen Sieg über Portugal in der Schlacht von Toro 1476 zu dokumentieren und sich gleichzeitig hier ihre Grabstätte legen zu lassen – Granada schien dann später aber doch passender. In der gotischen Kirche und auch im schönen, doppelstöckigen Kreuzgang sind an mehreren Stellen ihre Wappen und Initialen zu sehen. Die Ketten an den Außenwänden der Kirche sollen von aus maurischer Gefangenschaft befreiten Christen stammen, unter anderem von den armen Wasserträgern aus Ronda.

Ⓞ Täglich 10–18 Uhr (im Sommer bis 19 Uhr). Eintritt 1,90 €. Calle Reyes Católicos 17.

Rundfahrt um Toledo: An vielen Stellen der Carretera Circunvalación, die sich um die Stadt zieht, bieten sich herrliche Panoramen.

In Alcalá studierten viele berühmte Köpfe

Alcalá de Henares

Als Madrid noch ein Dorf war, galt Alcalá bereits als intellektuelles Zentrum. Die 1499 gegründete Universität übte über Jahrhunderte eine magische Anziehungskraft aus. Durch die malerischen Gassen der Geburtsstadt von Miguel de Cervantes sind viele Künstler gezogen. Der junge Luis Bunuel entschied sich in Alcalá endgültig für die Filmkunst. Im Goldenen Zeitalter studierte hier eine ganze Generation spanischer Klassiker: Calderón, Lope de Vega, Tirso de Molina und Quevedo. Geschichte und Geschichten auf Schritt und Tritt. Dennoch ist Alcalá kein Freilichtmuseum. Die Studenten der erst 1973 wieder gegründeten Universität prägen heute das Bild.

Alcalá liegt gut 30 Kilometer östlich von Madrid (A 2/N II) und ist heute eine moderne, schnell gewachsene Stadt mit fast 170.000 Einwohnern. Im Vergleich zur nahen Metropole geht es in Alcalá ruhig und gelassen zu. Auch die Preise für Wohnen und Essen sind hier niedriger, so dass Alcalá zum beliebten Vorort von Madrid avanciert ist, auch wenn es in der Einflugschneise des Airports Barajas liegt.

Der Geburtsort von Cervantes ist natürlich in erster Linie für Fans des Don-Quijote-Autors interessant: Die Casa de Cervantes wurde an der vermuteten Stelle seines Geburtshauses als Museum stilgerecht nachgebaut. Ansonsten unternehmen nur wenige Touristen einen Ausflug hierher. Vollkommen zu Unrecht, denn die traditionsreiche Universitätsstadt, die bereits unter den Römern und später unter den Mauren eine wichtige Rolle spielte, ist von der UNESCO zum Weltkulturerbe erklärt worden. Die Störche, die sich auf den Dächern der historischen Gebäude niedergelassen haben, sorgen für ein malerisches Ambiente.

Den Mittelpunkt der Stadt bildet die rechteckige Plaza de Cervantes mit einer großen Skulptur des wohl berühmtesten spanischen Dichters. An der Plaza de San Diego gleich daneben trifft man auf die alte Universität. Es lohnt sich, durch das relativ kleine Stadtzentrum mit seinen vielen Colegios und schönen Innenhöfen zu schlendern.

Alcalá de Henares: Mehr als ein halbes Jahrtausend Universität

Es war Kardinal Francisco Jiménez de Cisneros, der 1499, unweit eines kleinen Dorfes namens Madrid, eine Universität in Alcalá de Henares gründete. Der Franziskaner, nach dem König der mächtigste Mann in Spanien, wollte ein wissenschaftliches Zentrum für Theologie, Philosophie und Kunst schaffen. Vor allem sollte Alcalá eine Art theologisch-humanistische Kaderschmiede werden, die auch sozial benachteiligten Bevölkerungsschichten offen stand. Bereits 1508 wurde der Lehrbetrieb aufgenommen. Im 16. Und 17. Jh. war die Universidad Complutense – der Name bezieht sich auf Complutum, wie Alcalá unter den Römern hieß – ein Zentrum der spanischen Literatur. So berühmte Leute wie Lope de Vega, Calderón de la Barca, Tirso de Molina oder Ignacio de Loyola nahmen am intellektuellen Leben der Hochschule teil. Die Universidad Complutense verlor jedoch im 18. und 19. Jh. an Einfluss. 1836 ließ Königin María Cristina de Bourbon die Universität ins boomende Madrid verlegen. Und König Alfonso XIII. war es schließlich, der das Projekt einer eigenen Universitätsstadt in der spanischen Hauptstadt vorantrieb. Die Ironie der Geschichte: Als 1931 die spanische Republik ausgerufen wurde, musste der König ins Exil gehen, und die Arbeiten für die Ciudad Universitaria im Madrider Stadtteil Moncloa wurden aufgenommen. Heute zählt die renommierte Universidad Complutense in Madrid mit mehr als 100.000 Studenten zu den größten Universitäten Europas. Und in Alcalá de Henares: 1973 wurde in der einst so verschlafenen Stadt, wo das Geburtshaus Cervantes' steht und Kardinal Cisneros seine letzte Ruhe fand, die alte Uni mit großem Erfolg neu gegründet.

Information/Verbindungen

• *Information* **Oficina de Turismo**, Callejón de Santa María 1, nahe der zentralen Plaza Cervantes, ✆ 918892694. Mo–So 10–14 und 16–18.30 Uhr.

• *Telefonvorwahl* 91 (Madrid).

• *Verbindungen* **Zug**: Laufend Cercanía-Züge der Linie C-2 von/nach Madrid-Atocha und Madrid-Charmartín (weitere Haltestellen Recoletos und Nuevos Ministerios). Die S-Bahnen fahren zwischen 5 und 23.30 Uhr. Die einfache Fahrt dauert etwa 35 Min. und kostet rund 2 €. Infos unter ✆ 915067067.

Bus: Die Linien 223, 227 und 229 fahren von Madrid – Haltstellen Avenida de America, Canillejas und Barajas Aeropuerto – nach Alcalá. Häufige Abfahrten. Einfache Fahrt knapp 2 €.

Taxis: ✆ 918822188 od. 918822179.

Tren de Cervantes: Von Mitte April bis Mitte Jun. und von Ende September bis Anfang Dezember fährt der „Cervantes-Zug". Die Gäste steigen am Madrider Bahnhof Atocha ein. In Alcala warten dann verschiedene Überraschungen und kleine Theateraufführungen auf die Cervantes-Fans. Abfahrt 11 Uhr, Rückkehr 19 Uhr. Infos bei Renfe unter ✆ 915066356 oder im Touristenbüro von Alcalá.

Übernachten

Die meisten Gäste kommen nur als Tagesausflügler nach Alcalá. Es gibt daher nur wenige Hotels. Derzeit entsteht jedoch im historischen Zentrum ein Parador-Luxushotel. Ein Eröffnungstermin stand bis Redaktionsschluss noch nicht fest. Aufgrund der sehr guten Verkehrsverbindungen eignet sich das Uni-Städtchen aber auch als mehrtägiger Standort. Die Preise in Alcalá liegen erheblich unter denen von Madrid und sind eher auf ein studentisches Publikum ausgerichtet.

Tipp! ** Hostal Miguel de Cervantes (9), in einer Seitengasse der Calle Mayor. Eines der stimmungsvollsten Häuser der Stadt und dabei nicht einmal teuer. Anfang der 90er Jahre wurde das Anwesen aus dem 16. Jh. aufwendig und stilvoll renoviert. Die Zimmer sind rustikal eingerichtet, alle mit Bad. Modern-elegantes Restaurant, bekannt für seine Fleischgerichte auf heißem Stein, und Fisch. DZ rund 90 € (nur 13 Zimmer, frühzeitig reservieren). Calle Imagen 12, ✆ 918831277, 📠 918830502, www.hostalmcervantes.com.

***** Hotel El Bedel (2)**, im Zentrum der Stadt. Dieses Hotel der Husa-Gruppe liegt an dem vielleicht schönsten Platz des Colegio de San Ildefonso. Betagtes Interieur, ruhig und sauber, viele Geschäftsleute (Firmenseminare), angenehme Bar mit Ledersesseln, gute Wochenendtarife, DZ 115 €. Plaza de San Diego 6, ✆ 918893700, 📠 918893716, www.husa.es.

Tipp! Hospederia La Tercia (14), mitten in der Altstadt liegt diese geschmackvolle, harmonische Haus. Die nur 14 Zimmer in dem historischen Gebäude aus dem Goldenen Zeitalter sind für die Einrichtung und Lage preislich angemessen. Jeder Raum ist unterschiedlich eingerichtet. DZ ab 70 €, Suite ab 90 €, Calle la Tercia 8, ✆ 918796800.

*** Hostal Jacinto (1)**, kleine, einfache Pension im 1. Stock, in der Nähe des Bahnhofs. DZ 37 € (mit Bad), 34 € (mit Dusche), auch preiswertere Zimmer nur mit Etagendusche, ganzjährig geöffnet, Paseo de la Estación, ✆ 918891432. Ein bisschen teurer, aber ähnlich das **Hostal El Torero** an der Avenida de Madrid, DZ 45 €. Avenida de Madrid 18, ✆ 918890373

Essen

Tipp! Hostería del Estudiante (8), von der Parador-Organisation betriebenes Restaurant in einem Gebäude aus dem 16. Jh.; gilt als das eleganteste der Stadt. Passend zum stilvollen historischen Ambiente mit alten kastilischen Möbeln wird feine Regionalküche gepflegt. Leckere Knoblauchsuppe und Braten. Im Sommer wird

Alcalá lädt mit seinen vielen Plätzen zum Flanieren ein

der Patio Trilingüe genutzt. Colegios 3, ✆ 918880330.

Gran Mesón La Casa Vieja (13), gleich in der Nähe des Palacio Arzobispal (Bischofspalast) in einem Haus aus dem 16. Jh. In Alcalá sehr beliebt. Hier lebte einst der bekannte Maler Félix Yuste (1875–1950). Heute ist das Haus Treffpunkt für Feinschmecker. Leckere Tapas, aber auch typische kastilische Gerichte aus dem Ofen und vom Grill. Gehobene Preisklasse. Calle San Felipe Neri 7.

Asador Santiago (4), das Altstadthaus in einer der schönsten Gassen der Stadt ist bekannt für seine Ofengerichte. Calle Santiago 42.

Rodillo (5), eine Art kastilische Fastfood-Kette, die seit mehr als einem halben Jahrhundert leckere Sandwiches und Tapas serviert. Beliebt bei Studenten. Zentral gelegene Filiale in der Calle Libreros 22.

El Balcon de Cervantes (3), elegantes Restaurant im historischen Zentrum, 1997 eröffnet. Es bietet preiswerte Mittagsmenüs. Im überdachten Patio zu sitzen, macht Spaß. Hier werden auch regionale Produkte wie Olivenöl, Spargel etc. verkauft. Guter Kabeljau (Bacalao).Cervantes 2, ✆ 918806778.

Las Cuadras de Rocinante (10), bereits seit 1952 bestehendes Lokal im Zentrum (beim Cervantes-Haus), beliebt am Abend. Die Einheimischen schätzen insbesondere die Tapas des typischen Mesón. Carmen Calzado 1.

Cervecería Kneipe (12), Bierlokal mit dem deutschen Namen gegenüber vom Cervantes-Haus. Es ist bekannt für seine Wurstgerichte und Salate. Die bayerische Rautenflagge kündigt bereits den Schwerpunkt des Lokals an. Hier werden dutzende verschiedener Biere geboten. Preiswerte Mittagsmenüs. Calle Mayor 45.

Casa Bayton (7), am zentralen Cervantes-Platz. Restaurant auf zwei Stockwerken im englischen Stil. Exzellente Tapas. Bekannt sind neben kastilischen Spezialitäten die Fischgerichte wie arroz con marisco. Nicht ganz billig. Plaza de Cervantes 21.

El Casino (6), bekanntes Restaurant am Cervantes-Platz, das allerdings schon etwas in die Jahre gekommen ist. Nicht ganz preiswert. Älteres Publikum. Hauseigene Konditorei. Plaza de Cervantes.

Tipp! Mesón Don José (11), beliebter Treffpunkt der Einheimischen in der Altstadt. Das Backsteinhaus gegenüber vom Konvent de la Madre de Dios ist bekannt für die Vielfalt und Qualität seiner Tapas. Hier gibt es auch preiswerte Mittagmenüs. Calle de Santiago 4 (nicht weit vom Bischofspalast).

Sehenswertes

Museum und Geburtshaus von Cervantes

Die Calle Mayor mit ihren malerischen Arkaden ist seit Jahrhunderten die wichtigste Straße der Stadt. Die Hausnummer 48 ist das 1997 im Stil des 16. Jh. renovierte Museo Casa Natal de Miguel de Cervantes. Es wurde genau an der Stelle errichtet, wo man das Geburtshaus des großen Dichters vermutete.

Alcalá ist stolz darauf, dass Cervantes – Spaniens berühmtester Dichter – hier im Jahre 1547 geboren ist. Tritt man durch die Eingangstür, öffnet sich ein kleiner Patio mit Granitsäulen, deren korinthische Kapitelle eine Galerie aus Holz stützen. Insgesamt ist ein Besuch des Geburtshauses eher enttäuschend, denn von Originalmöbeln und persönlichen Dingen des Poeten ist nichts erhalten. Das Museum gibt allerdings einen Einblick in die Wohn- und Lebensverhältnisse des 16. und 17. Jh. in Kastilien, denn die Räume im Erd- und Obergeschoss sind mit zeitgenössischen Haushaltsgeräten, Möbeln und Keramiken ausgestattet. Darüber hinaus beherbergen zwei Räume eine Sammlung von Cervantes-Ausgaben in den unterschiedlichsten Sprachen – Cervantes, der universelle Erfolgsautor. Bei einer Renovierung wurden übrigens auch einige Fresken mit gotischen Inschriften freigelegt.

Das genaue Geburtsdatum von Miguel de Cervantes Saavedra ist nicht bekannt, vielleicht war es der 29. September 1547. Beurkundet ist auf alle Fälle der Tag der Taufe: 9. Oktober 1547. Über seine Kindheit und Jugend weiß man relativ wenig. Der Kastilier führte jedoch ein abenteuerliches und beschwerliches Leben. So wurde seine linke Hand in der Schlacht von Lepanto verstümmelt. Er war mehrere Jahre Gefangener algerischer Piraten und landete auch im Gefängnis. Weltberühmt wurde Cervantes mit seinem Roman „Don Quijote" (1605/1615) als Satire auf die zeitgenössischen Ritterromane. Am 23. April 1616 starb der Dichter in Madrid.

Di–So 10–13 und 17–20 Uhr, Mo zu, Eintritt gratis.

Mit Cervantes durch Alcalá

Die Geburtsstadt von Miguel de Cervantes bieten jeden Freitag bis Sonntag Führungen zu Denkmälern der Stadt an, die eine enge Verbindung zum Dichter und seiner Zeit haben. Von Cervantes' Geburtshaus geht es durch die von Arkaden gesäumte Calle Mayor zur Taufsäule in der Kapelle Oidor. Natürlich ist auch die rechteckige Plaza de Cervantes mit dem Denkmal für den größten Sohn der Stadt Bestandteil der Tour. Weitere Stationen sind das Hospital de Antezana, die Casa de la Calzonera und das Bernhardinerinnenkloster aus dem 17. Jh. Die genauen Führungstermine kann man bei der Touristeninformation (918892694) erfragen.

Universidad/Colegio Mayor de San Ildefonso

Die prächtig ausgestattete Hauptfassade des Colegio unterstreicht die Bedeutung der Universität im 16. Jh. Dahinter verbergen sich drei Innenhöfe. Der erste, Patio de Santo Tomás y Villanueva, beherbergt einen Brunnen mit einem

Schwanenmotiv (Wappenvogel des Uni-Gründers Cisneros) und eine dreistöckige Galerie. Danach folgt der wieder aufgebaute Innenhof der Philosophen (Patio de Filósofos) und danach der Patio Trilingüe. Er erinnert an die drei Vorlesungssprachen Hebräisch, Griechisch und Latein. Schließlich entstand in Alcalá bereits 1517 die erste mehrsprachige Bibel. Rechts vom Eingang befindet sich die Kirche San Ildefonso mit dem marmornen Renaissance-Grab des 1517 gestorbenen Kardinals Cisneros. Auf dem Platz vor der Universität steht eine Bronzeplastik Cisneros'. Das Kollegialgebäude, noch heute von der Uni genutzt, kann ohne Eintritt besichtigt werden. Bei Studenten ist die preiswerte Unicafeteria im Innenhof beliebt (Plaza de San Diego). Hier verleiht übrigens König Juan Carlos I. jährlich den Cervantes-Preis, eine der angesehensten Literatur-Auszeichnungen für spanische Autoren.

Die Räumlichkeiten können im Rahmen einer Führung besichtigt werden. An Werktagen fünf, samstags und sonntags zehn Führungen, in der Regel jeweils zur vollen Stunde. Auskünfte über Zeiten an der Pforte oder in der Touristeninformation (✆918821354). Eintritt 2,50 €.

Erzbischöflicher Palast/Kloster Las Bernardas

Nicht gerade wie ein Palast, sondern vielmehr wie eine Wehranlage sieht der Sitz des Erzbischofs von Toledo (**Palacio Arzobispal**) an der pittoresken Plaza de Palacio aus. Innerhalb dieser Mauern wurden Könige geboren und wichtige politische Entscheidungen getroffen. Hier fand auch die erste Begegnung zwischen der spanischen Königin Isabella und Christoph Kolumbus statt. Neben dem imposanten Gebäude, das im Wesentlichen im 14. und 16. Jh. erbaut wurde, liegen die Kirche und das **Kloster Las Bernardas** (1617–1627). Die Barockkirche beherbergt eine wichtige Sammlung italienischer Malerei aus dem 17. Jh. und ein Museum religiöser Kunst. Am Wochenende Führungen: drei am Vormittag und drei am Nachmittag. Eintritt frei.

Zu Restaurieren gibt es in Alcalá immer etwas

An der Plaza Palacio finden sich weitere Sakralgebäude: östlich der **Konvent de la Madre de Dios** (1576), der heute als **Archäologisches Museum** (Di–Sa 11–19 Uhr, So 11–15 Uhr, Eintritt frei) dient. Die Sammlung zeigt vor allem römische Fundstücke aus Complutum. Jenseits des Platzes liegt die schlichte, einschiffige Kirche **Oratorio de San Felipe Neri** (1698–1704). Ein paar Meter weiter trifft man auf die klassizistische **Puerta de Madrid** (1788) und Reste der alten Festungsmauer. Der dazugehörige Park ist heute eine Art **Skulpturenmuseum** unter freiem Himmel.

Palacio Laredo: Architektonisches Gesamtkunstwerk

Wer vom S-Bahnhof ins historische Stadtzentrum spaziert, wird ein extravagantes, von Palmen umgebenes Gebäudeensemble aus Backstein entdecken. Mit seinem Türmchen (einem Minarett ähnlich), seinen Erkern und Fassadenverzierungen wirkt das Anwesen wie ein architektonischer Fremdkörper. Das am Paseo de la Estación gelegene Hotel Laredo im Stil des Neomudéjar ist keineswegs eine Luxusherberge, sondern die ehemalige Villa des Erbauers Manuel José Laredo y Ordoño (1842–1896). Der Künstler und Bürgermeister von Alcalá verwirklichte sich am Ende seines Lebens in einem Gesamtkunstwerk, vor dem man heute so staunend steht wie zu seiner Eröffnung im Jahre 1895. Innen beherbergt der Palast außergewöhnliche Räume wie den Salón de los Reyes, dessen Decke den Himmel nach mittelalterlichen Vorstellungen darstellt. Seit einigen Jahren ist hier das Museo Cisneriano untergebracht. Die Sammlung präsentiert alte Schriften der Universität, darunter die Biblia Poliglota Complutense und die Biblia de Amberes (Bibel von Antwerpen). Geöffnet Di bis So 10–14 und 17–20 Uhr. Eintritt frei.

Weitere Sehenswürdigkeiten

Hospital de Antezana: Neben dem Cervantes-Museum liegt dieses 1483 gegründete Armenspital. Es ist die älteste Krankenhauseinrichtung, die in Europa ununterbrochen in Betrieb ist. Das Gebäude dient noch heute sozialen Zwecken. Hier arbeitete einst der Vater von Miguel Cervantes, Rodrigo, als eine Art Chirurg. Auch Ignacio de Loyola war hier während seiner Studentenzeit als Koch für die Kranken tätig. Heute fungiert die spanische Königin Reina Sofía als Präsidentin dieser berühmten Institution. Ein Besuch lohnt sich wegen des stimmungsvollen kastilischen, efeuumrankten Patio aus dem 16. Jh.

Ⓛ Mo–Fr 10–13 und 17–20 Uhr, Eintritt gratis.

Magistral-Kathedrale: Die Kirche wurde an der Stelle errichte, an der die Kinder Justo und Pastor im Jahre 305 das Martyrium erlitten haben sollen. 1497 gab Kardinal Cisneros die nur wenige Schritte von der Plaza Palacio entfernte Kirche in Auftrag. Kathedrale darf sich das Gotteshaus aber erst seit 1991 nennen, als das einstige Bistum Alcalá wiederhergestellt wurde. Die spätgotische Kirche mit ihrem leicht geneigten Turm ist innen jedoch eher eine Enttäuschung. Die reiche Ausstattung wurde während des spanischen Bürgerkriegs weitgehend zerstört. Der Kreuzgang und der Kapitalsaal dienen heute als Museum für sakrale Kunst.

Complutum/Casa de Hippolytus : Das römische Complutum aus dem 4. Jh. nach Christus liegt heute am Stadtrand von Alcalá (beim Sportzentrum El Juncal). Das Gelände mit der Casa de Hippolytus kann bequem im Rahmen einer Führung (mit Busfahrt, Linie 1) besichtigt werden. Einstündige Führungen am Wochenende, Abfahrt an der Plaza de Cervantes (Zeiten bei der Touristeninformation). Ansonsten ist das Ausgrabungsgelände mit seinen Mosaiken und Thermen mit dem Taxi zu erreichen.

Ⓛ Di–Fr 10–14 Uhr, am Sa/So auch 16–19 Uhr. Eintritt frei.

Chinchón

Chinchón das ist vor allem die Plaza Mayor. Die staubige Arena, umringt von mehrstöckigen Häusern mit Balkonen, dient zu festlichen Angelegenheiten noch für den Stierkampf. Der malerische Platz, der durch keinen Neubau gestört wird, war wiederholt Kulisse für Spielfilme. Das historische Städtchen, 40 Kilometer südöstlich von Madrid, ist auch Liebhabern von Anisschnäpsen und -likören bekannt: Von hier stammt die berühmteste Sorte Spaniens.

Wie eine Oase der Ruhe wirkt die Kleinstadt mit gerade 4000 Einwohnern im Gegensatz zur hektischen Millionenmetropole Madrid. In Chinchón geht es gemächlich zu. Noch immer dominiert die Landwirtschaft das lokale Wirtschaftsgeschehen. Weinberge, Obstgärten, Olivenhaine und Getreidefelder prägen das Landschaftsbild. Besonders im Frühjahr, wenn der Mohn viele Wegränder und Felder leuchtend rot färbt, zeigt sich Chinchón von seiner besten Seite. Stolz sind die Einheimischen auf Produkte wie Knoblauch, Olivenöl und Rotwein aus der Garnacha-Traube (Bodegas Jesús del Nero, Calle Benito Hortelano 6), die wegen ihrer Qualität nicht nur in Kastilien einen exzellenten Ruf genießen.

Lebhaft wird es erst am Wochenende. Viele Einwohner, die wochentags in Madrid leben, kehren in ihre Heimatstadt zurück. Aber auch viele Ausflügler besuchen den pittoresken Ort, dem erst 1916 die Stadtrechte verliehen wurden.

Anís de Chinchón: Süß bis extra trocken

In ganz Spanien ist Chinchón bekannt. Der Name des schmucken kastilischen Städtchens steht für den berühmtesten Anisschnaps des Landes. Im Gegensatz zu manch anderen Anisgetränken in Europa wird hier nur der echte Anis gebrannt. Die Sociedad Alcoholera de Chinchón produziert den legendären Brand in einer großen, modernen Abfüllanlage längst außerhalb der Stadt. Woher der Anis stammt, ist ungeklärt. Am wahrscheinlichsten ist die These, die Araber hätten ihn eingeführt und dann entsprechend kultiviert. Den Anís de Chichón gibt es in verschiedenen Varianten. Am populärsten ist der süße mit 38 Prozent. Er wird gerne nach dem Essen oder mit Eis getrunken. Als Digestif oder Aperitif wird der trockene geschätzt. 45 bis 50 Prozent Alkohol hat dieser Anisschnaps, der auch gerne im Kaffee als *carajillo* getrunken wird. Die echten Kenner des Chinchón schwören jedoch auf die extra trockene Variante (seco especial), die allerdings in Läden und Restaurants nur selten zu finden ist. Vorsicht! Dieser Anisbrand zählt 74 Prozent Alkohol. Wer ihm ein wenig die Schärfe nehmen möchte, zündet den Brand mit einem Streichholz an.

Chinchón ist ein ideales Ausgangsquartier, denn einerseits sind Madrid, Aranjuez und Toledo schnell mit dem Auto zu erreichen, andererseits wohnt man abseits vom großstädtischen Trubel. Das ehemalige Augustinerkloster von Chinchón, nur wenige Meter von der Plaza Mayor, dient seit Jahrzehnten als 4-Sterne-Parador. Hier logiert man in historischem Ambiente und entspannt an heißen Tagen am Swimmingpool.

Information/Verbindungen

• *Information* Plaza Mayor 6 (neben dem Rathaus), Mo–Fr 10–19 Uhr (im Sommer, bis 21 Uhr), samstags und sonntags öffnet die Touristeninformation erst um 11.30 Uhr. ✆ 918935323, www.ciudad-chinchon.com.

• *Verbindungen* Keine Zug-, dafür aber exzellente Busverbindungen nach Chinchón. In Madrid starten die Busse der privaten Gesellschaft La Veloz an der Avenida del Mediterraneo 49 (Metro: Conde de Casal) jeweils zur vollen oder zur halben Stunde (zwischen 7 und 23 Uhr). Fahrzeit 1 Stunde, 3 € einfach. Info unter ✆ 914097602. Wer es eilig hat, kann auch ein Taxi rufen. In Chinchón gib es vier Taxifahrer, darunter Jesús (✆ 679412232) und José Antonio (✆ 649608262).

Übernachten

• *Hotels* **** **Parador de Chinchón**, in einem früheren Augustiner-Kloster des 17. Jh. – nur ein paar Schritte von der Plaza Mayor und doch eine eigene Welt. Das Haus mit schönem Innenhof und malerischem Swimmingpool zählt (zu Unrecht) zu den unbekannteren Paradores in Kastilien. Das antiquarische Mobiliar, die Fresken und historischen Gemälde, der spartanische Terrakotta-Boden erzeugen eine ganz eigene, friedvolle, ja fast klösterliche Atmosphäre. Das Restaurant pflegt kastilische Küche. Empfehlenswert: Knoblauchsuppe, Spanferkel und Lammgerichte. Nur 38 Zimmer (mit Bad und Aircondition), eine frühzeitige Reservierung vor allem an Wochenenden empfiehlt sich. DZ 130 €, Frühstück 11 €. Avda. Generalísimo 1, ✆ 918940836, ℻ 918940908.

*** **Hotel Condesa de Chincón**, das in der Nähe der Plaza Mayor gelegene Mittelklassehotel versprüht nostalgischen Charme, die Zimmer mit dunklem Parkettboden sind stilvoll und sehr unterschiedlich eingerichtet. DZ ab 105 €. Avendia de Generalisimo 26, ✆ 918935400, ℻ 918941090, www.condesachinchon.com.

** **Hostal Chinchón**, einfach, aber stimmungsvoll bei der Plaza Mayor, über einem Mesón. Von der renovierungsbedürftigen Fassade nicht abschrecken lassen. Die Pension verfügt nur über 10 Zimmer, die alle mit Aircondition ausgestattet sind. Hübsche Rezeption mit historischen Fotos. Im Sommer gibt es sogar einen Swimmingpool. DZ ab 40 €. Es gibt auch ein Dreibett-Zimmer für 50 €. José Antonio 12, ✆ 918935398, ℻ 918949108.

• *Apartments* Direkt an Plaza Mayor werden zwei Apartments mit Balkon vermietet. Die kleinen Wohnungen verfügen über Küche, Klimaanlage, Fernseher etc. Die einmalige Lage ist nicht ganz preiswert: für 3 Pers. 120 €, für 4 Pers. 150 €. Plaza Mayor 41, ✆ 918940989, www.soportaleschinchon.com.

Essen

Es gibt Orte, die selbst die altgedientesten Klischees bestätigten. Die Plaza Mayor, bisweilen als Stierkampfarena benutzt, mit ihren historischen Häusern und den Veranden ist ein Stück Bilderbuch-Spanien. Doch die malerische Plaza ist keineswegs eine Touristenattraktion, sondern noch immer auch abendlicher Treffpunkt der Einheimischen. Zudem isst man in den Restaurants durchweg gut. Was nicht fehlen sollte bei einem Essen, ist ein Wein aus Chinchón, insbesondere die roten haben sich einen guten Namen gemacht. Nicht zu vergessen auch der in ganz Spanien berühmte Anisschnaps Chinchón.

Mesón Cuevas del Vino, außergewöhnliches Restaurant mit rustikalem Ambiente in einer alten Olivenmühle. Nicht nur die Fleischgerichte werden von den vielen Stammgästen geschätzt, sondern auch die exzellenten Weine, viele aus der Gegend von Chinchón. Empfehlenswerte Gerichte: Chonicillo Asado (Spanferkel), Chorizo und der Edelschinken Jamón de Jabugo. Mittlere Preisklasse. Di Ruhetag. Benito Hortelano 13 (5 Min. von der Plaza Mayor).

Café de la Iberia, klassisches Restaurant an der Plaza Mayor, das bereits im Jahr 1879 gegründet wurde. Das im 18. Jh. erbaute Haus besitzt einen schönen Innenhof mit Arkaden. Auf der Veranda zu sitzen, die vorzüglichen Chorizos zu genießen, Lammkoteletts bei einem Glas kastilischen Rotwein zu verzehren, erweist sich als echtes Vergnügen. Gute Rinderfilets, deren Fleisch aus Galicien kommt. Hier wird auch der leckere lokale Rotwein Jesus del Nero serviert. Netter Service. Mittlere Preisklasse. Plaza Mayor 17.

La Balconada, Traditionslokal links vom Torbogen an der Plaza Mayor. Natürlich gibt es leckere Fleischgerichte und hausgemachte Chorizos. Überdurchschnittlich ist allerdings die Weinkarte mit Weinen wie Santiago Ruiz, Protos, Vega Sicilia, aber auch lokale Weine wie Jesus Diaz aus dem benachbarten Colmenar de Oreja. Die Balkone zum Essen sind oft so schmal, dass der Kellner wahre Akrobatenstückchen beim Servieren vollführen muss. Mittleres Preisniveau.

Mesón de la Virreina, an der Plaza Mayor, auch mit Balkon. Man serviert typische kastilische Gerichte. Leckere Speisen aus dem Ofen. Viele Berühmtheiten verkehrten in diesem Traditionshaus. Im Sommer abends lange geöffnet. Plaza Mayor 28.

Panederia Manuel Vidal, wenn die Hauptstädter am Wochenende aufs Land nach Chinchón fahren, gehört ein Laib Brot für zu Hause zu den klassischen Mitbringseln. Die historische Bäckerei an der Plaza Mayor (im Hinterhof) macht das beste Brot der Stadt. Zusammen mit Chorizo wird die Brotzeit zum kulinarischen Vergnügen. Plaza Mayor 34.

Venta Reyes, es handelt es sich um einen exzentrischen Ort: Das Gut im andalusischen Stil verfügt neben einem Restaurant auch über eine kleine Stierkampfarena, Pferdestall und ein bescheidenes Stierkampfmuseum.

Sehenswertes

Plaza Mayor: Seit Jahrhunderten ist die Plaza Mayor der Hauptanziehungspunkt der gerade 4000 Einwohner großen Stadt. Mit ihren typischen kastilischen Holzbalkonen und Arkaden ist die Plaza Mayor, die auch als Stierkampfarena genutzt wird, Treffpunkt für Einheimische und Touristen. Die Häuser rund um die leicht abfallende, im Sommer staubige Plaza sind unterschiedlich in Höhe, Größe und Zustand. Gerade die Heterogenität der Architektur macht den Charme und die Schönheit dieses außergewöhnlichen Platzes aus. Die ältesten Häuser stammen aus dem 15. Jh. Die Plaza, die als Musterbeispiel eines mittelalterlichen Platzes in Spanien gilt, wurde 1683 komplett von Gebäuden umschlossen. Fünf Straßen treffen seitdem hier aufeinander. In der zweiten Hälfte des 16. Jh. wurde die Plaza für Ratsversammlungen genutzt. In dieser Zeit fanden erstmals auch die Stierkämpfe zu Ehren des Stadtheiligen San Roque statt. Das Schutzheiligenfest Mitte August ist heute ein Publikumsmagnet.

Kirche Nuestra Señora de la Asunción: Von der Plaza Mayor führt die steile Gasse Cuesta Palacio hinauf zu einer Esplanade, die von der mächtigen Kirche Nuestra Señora de la Asunción beherrscht wird. Dieses Gotteshaus mit gotischen und barocken Elementen entstand zwischen 1534 und 1626 und beherbergt ein Gemälde von Goya. Das Kunstwerk zeigt die Asunción de la Virgen (Himmelfahrt der Jungfrau Maria). Goya fertigte das große Ölgemälde 1812, als Chinchón sich noch nicht von der Plünderung während des spanischen Unabhängigkeitskrieges erholt hatte. Denn aus Rache für zwei getötete Soldaten plünderten die französischen Truppen die kleine Stadt. In Chinchón lebte übrigens auch der Bruder Goyas, der Pfarrer Camilo.
Links vom Haupteingang steht der sogenannte Uhrturm (Torre del Reloj), Relikt einer 1809 abgebrannten Kirche.

Castillo de los Condes: Außerhalb des Zentrums, aber zu Fuß in 15 Min. zu erreichen, findet sich die Ruine der einstigen Burg von Chinchón. Die Wehranlage der Herzöge von Chinchón entstand Ende des 16. Jh. und wurde durch einen Brand zu Beginn des 18. Jh. zerstört. Noch bis vor wenigen Jahren wurden die alten Mauern für die Herstellung von Anisschnaps genutzt.

Aranjuez – das spanische Versailles

Aranjuez

Das „spanische Versailles" nannte der Schriftsteller Alexandre Dumas das Städtchen am Tajo. Tatsächlich hat Aranjuez mit seinen weitläufigen Gärten und mit seiner königlichen Sommerresidenz vieles mit dem französischen Gegenstück gemein.

Das knapp 50 Straßenkilometer südlich von Madrid gelegene, 42.000 Einwohner große Städtchen verdankt seine Parkanlagen, Obsthaine und Gemüsefelder dem nahen Río Tajo. Unter den Habsburgern und Bourbonen war Aranjuez die Sommerresidenz der spanischen Könige. Deren Schlösser und Gärten sind heute die Hauptanziehungspunkte des Städtchens. Im Frühjahr allerdings pilgern die Madrileños der hiesigen Erdbeeren und des berühmten Spargels wegen her.

Der „tren de las fresas" (Erdbeerzug) fährt noch heute vom Madrider Bahnhof Atocha hierher. 1851 wurde die Eisenbahnstrecke gebaut, um die Hauptstadt mit landwirtschaftlichen Produkten aus der Umgebung zu beliefern und Ausflügler nach Aranjuez zu bringen. Knapp 80 Jahre später war die Dampfeisenbahn zur Tatenlosigkeit verurteilt. Heute jedoch besitzt sie modern ausgestattete Waggons für über 300 Fahrgäste. Von Mitte April bis Ende Oktober kann man sich am Wochenende zurück ins 18. Jh. befördern lassen.

Zentrum von Aranjuez, das ab dem 18. Jh. planmäßig um die Palastanlagen errichtet wurde, ist die Plaza de San Rusiñol. Hier treffen sich die beiden fast parallel nach Osten verlaufenden Alleen Calle Príncipe und Calle Infantas. Den Besuch von Aranjuez sollte man möglichst nicht auf einen Montag legen:

Dann hat der Königspalast und mit ihm das halbe Städtchen geschlossen. Noch heute kann man auf den Spuren der spanischen Könige, die hier prunkvolle Feste feierten, in den Gärten lustwandeln. Bereits im 13. Jh. existierte ein Palast, doch ein „Real Sitio" – ein königlicher Ort – wurde Aranjuez erst zur Zeit der Katholischen Könige. Im 16. Jh. entstand das königliche Schloss mit seinen Gärten. Carlos V. schließlich beauftragte seinen Architekten, die landwirtschaftlich genutzte Fläche am Ufer des Tajo in eine königliche Residenz umzuwandeln. Und unter Felipe II. baute Juan de Herrera – obwohl er selbst Architekt des Escorial war – sozusagen ein heiteres Gegenstück zu dem Monumentalbau in den Guadarrama-Bergen.

Seit Anfang des 21. Jh. sind fast sämtliche historische Gebäude in Aranjuez restauriert. Vor allem der weitläufige Schlosspark entlang dem Tajo wird von dutzenden von Gärtnern gepflegt. Für einen Ausflug sollte man ausreichend Zeit mitbringen. Dann kann man auch den romantischen Spaziergang zur Casa del Labrador, einem vornehmen Landschloss, unternehmen. Dieses um 1800 entstandene architektonische Schmuckstück, das übersetzt ganz bescheiden „Haus des Landarbeiters" heißt, wird von den meisten Besuchern in Aranjuez vollkommen zu Unrecht links liegen gelassen.

Das 36.000 Einwohner zählende Residenzstädtchen, bequem mit S-Bahn oder Bus zu erreichen, ist seit vielen Jahrzehnten ein Treffpunkt für Feinschmecker. Die Restaurants am Schlosspark und im Stadtzentrum sind bekannt für ihre leckeren Fasangerichte. Auf der Speisekarte stehen in der Saison auch Artischocken sowie Spargel und die in ganz Spanien bekannten Erdbeeren.

Information/Verbindungen

• *Information* Oficina de Turismo, Plaza de San Antonio 9, ✆ 918910427, ✆ 918914197, www.aranjuez.net. Mo–So 9–18 Uhr.

• *Verbindungen* S-Bahn: Schöner Art-déco-Bahnhof an der Hauptlinie nach Andalusien, etwa 1 km westlich des Zentrums. Mehrmals stündlich Cercanías der Linie C-3 von Madrid-Atocha (zwischen 5.50 bis 23.30 Uhr. Die Fahrt von Madrid nach Aranjuez dauert rund 40 Min. und kostet einfach 2,50 €. Die Buslinien 1 und 2 verbinden den Bahnhof mit dem Zentrum. Eine Taxifahrt kostet rund 4 €. Zu Fuß braucht man ins Zentrum rund 20 Min.

Bus: Busstation an der Calle Infantas (Zentrum), häufige Verbindungen mit AISA von/nach Madrid. In Madrid kommt man in der Estación del sur (Metro: Mendez Alvaro) ab. Die Fahrtzeit beträgt 1 Stunde, Busse nach Madrid starten zwischen 6.40 und 23 Uhr alle 20 Minuten, einfach 3 €, Informationen unter ✆ 915271294. Es gibt auch eine Busverbindung der Firma Mosamo nach Chinchón. Auskunft ✆ 918913937.

Im Erdbeerzug nach Aranjuez

Bahn-Nostalgie pur: Von April bis Oktober fährt jeweils am Samstag und Sonntag der Nachbau des legendären „Erdbeerzugs" (tren de fresas) von 1851. Abfahrt am Bhf. Madrid-Atocha morgens, Rückkehr am Abend. Infos unter ✆ 902228822.

Übernachten/Camping

Die Zahl der Hotels in Aranjuez ist klein. Die meisten Besucher sind Tagesausflügler. Wer jedoch eine ruhige und preiswerte Übernachtungsmöglichkeit mit guten Verkehrsverbindungen nach Madrid sucht, ist in Aranjuez richtig.

**** **Hotel Principe de la Paz (8)**, die Lage gegenüber dem königlichen Schloss und seinen Gärten könnte nicht besser sein. Das modern gestylte Haus der NH-Gruppe

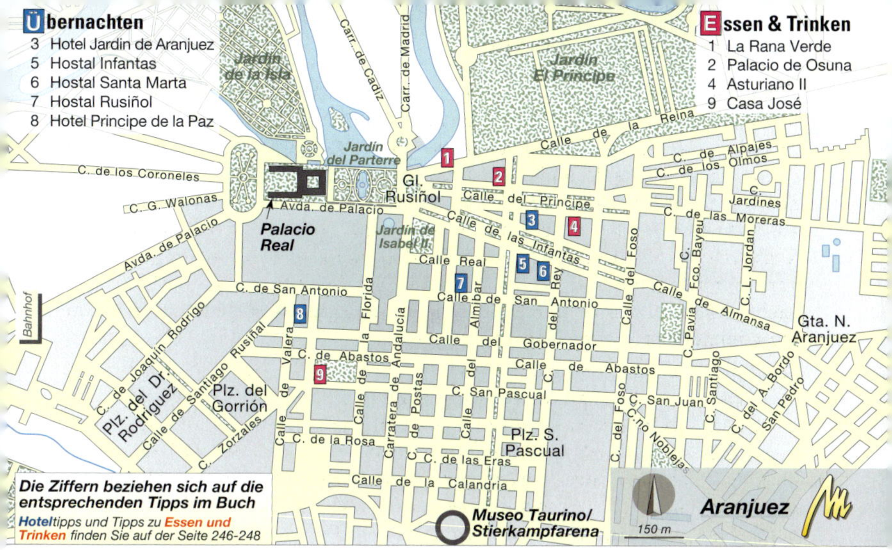

ist die vornehmste Herberge, die Aranjuez bieten kann. DZ ab 140 € (am Wochenende und im Sommer gibt es gute Angebote). San Antonia 22, ✆ 918099222, 📠 918925999.

*** **Hotel Jardin de Aranjuez (3),** in großen Lettern prangt der neue Hotelname auf der rosa Fassade. Die liebevoll geführte Herberge besitzt nur einen Stern, doch die Ausstattung liegt weiter darüber. Deshalb sind alle Betten schnell vergeben. Sämtliche Zimmer haben Bäder, Klimaanlage, Fernseher und Minibar. Im Erdgeschoss gibt es auch eine Cafeteria „im irischen Stil", wie der Besitzer Jorge Juan Yanini Colas sagt. DZ 70 €. Avenida Principe 26, ✆ 918754207, 📠 918911149, www.hoteljardindearanuez.com.

** **Hostal Infantas (5)**, zentrale und neu renovierte Pension in einem 5-stöckigen Haus. DZ/Dusche 48 € (Aircondition). Im Erdgeschoss eine Cafeteria, die guten Fisch serviert (z. B. Pulpo à la Gallega). Calle Infantas 6, ✆ 918911341, 📠 918916643.

*** **Hostal Santa Marta (6)**, modern eingerichtete, aber nicht allzu große Zimmer, im Erdgeschoss ein Café unter Bäumen, innen mit Stierkampfbildern dekoriert. Das Restaurant ist für seine Krustentiere (marisco) bekannt. DZ rund 60 €. Calle Infantas 4, ✆ 918924767.

* **Hostal Rusiñol (7)**, einstöckige Pension in einem historischen Haus beim Rathaus. Ein preiswertes, zentrales Quartier. Auch Cafeteria. DZ mit Bad etwa 40 €. San Antonio 26, ✆ 918910155.

• *Camping* **Camping Soto del Castillo** (1. Kat.), angenehmer und gut ausgestatteter Platz, zentrumsnah auf der anderen Tajo-Seite. Gut begrünt, komfortabel und mit Swimmingpool (gratis). Carretera de Andalucia, Kilometer 46.800. Ganzjährig geöffnet, ✆ 918911395 .

Essen und Trinken/Feste

Tipp! Casa José (9), geschmackvolles Haus an der Esplanade. „Cocina imaginativa" heißt hier das Konzept. Casa José hat seit Jahren ein treue Fangemeinde. Die Originalität und Qualität haben natürlich ihren Preis. Calle Abastos 32.

La Rana Verde (1), zwischen Schloss und Park gelegen. Das Restaurant „Zum grünen Frosch" zählt seit Jahrzehnten zu den beliebtesten Ausflugszielen (gegründet 1902). Auch Hochzeiten werden gerne hier gefeiert. Doch die meisten Besucher nehmen nur einen Aperitif und genießen den Blick von der Terrasse. Tolle Gerichte mit Früchten.

Asturiano II (4), obwohl es in Aranjuez nur einen Asturiano gibt, trägt das Restaurant die Nummer zwei. Die Gäste schätzen die asturianische Regionalküche, beispielsweise den deftigen Eintopf *Fabada austriana*, Lachs in Cidre-Sauce, Schimmelkäse (Cabrales). Viele Tapas und guter Cidre. Calle Príncipe 12.

Palacio de Osuna (2), unweit des Jardín del Príncipe. Dieses Restaurant erfüllt auch Feinschmecker-Erwartungen. Feine kastilische Küche, viel Lamm, Spanferkel. Exzellente Weine. Aufmerksamer Service in elegantem Ambiente. Gehobenes Preisniveau. Sonntagabend geschlossen. Calle Príncipe 21.

• *Feste* Hauptfest der Stadt sind die **Ferias del Motín** in der erste Woche im September, Konzerte in den Parks etc.

Sehenswertes

Palacio Real

Der westlich nahe dem Zentrum gelegene Königspalast entstand ab 1560 unter König Felipe II. Die Baumeister waren keine geringeren als die späteren Escorial-Architekten Juan Bautista de Toledo und Juan de Herrera. Der spätere König Carlos III. ließ die Sommerresidenz erweitern. Architekt Francesco Sabatini fügte dem Schloss zwei Seitenflügel hinzu. Die verschwenderisch ausgestatteten Innenräume, darunter als ästhetischer Höhepunkt das „Porzellanzimmer" mit überschwänglicher Farbenpracht, können besichtigt werden. Die Ausstattung wurde einst von der Madrider Keramikwerkstatt des Bueno Retiro angefertigt. Ein weiteres Schmuckstück ist neben den Repräsentationsräumen das „Chinesische Zimmer", ein Geschenk des Kaisers von China an Isabel II. Kunstliebhaber können außerdem Gemälde von Lucas Jordan, Philipp Wouverman bewundern. Der Palast, in dem auch immer wieder interessante Sonderausstellungen stattfinden, kann nur im Rahmen einer Führung besichtigt werden. Ein Rundgang gibt einen guten Einblick in das einstige höfische Leben: Musik- und Prinzenzimmer, Hauskapelle, arabisches Kabinett, Thronsaal mit großartigen Fresken und das königliche Arbeitszimmer ... Das Museum zeigt u. a. auch zahlreiche Uniformen von Carlos III. bis Alfonso XIII.

Der Palacio Real ist heute ein Museum

⌚ Di–So 10–18.15 Uhr (Winter bis 17.15 Uhr); Eintritt 4,50 € (mit Führung 5 €), Stud./Rentner 2,25 €, Mi für EU-Bürger gratis.

Gärten

An heißen Sommertagen eine Lust – man versteht gut, warum die Könige Aranjuez wählten. Das Städtchen besitzt eine ganze Reihe von Anlagen: Östlich des Königsschlosses der mit Statuen geschmückte Garten *Parterre*, auf einer Insel im Tajo der 1560 bereits unter Felipe II. entstandene *Jardín de la Isla* und südlich der Plaza de San Rusiñol der *Jardín de Isabel II.*, Favorit der „Katholischen Königin".

Jardín El Principe

Der größte und prächtigste der Gärten entstand unter Carlos IV. zwischen 1789 und 1808. Hier stehen das Lustschlösschen *Casa del Labrador* und das 1963 erbaute Marinemuseum *Museo de Falúas*, in dem einige königliche Barken ausgestellt sind. Heute pflegen dutzende von Gärtnern den weitläufigen Park am Tajo. Für einen Rundgang sollte man mindestens zwei Stunden einplanen, denn der Park mit seinen zahlreichen Brunnen und seinem interessanten Baumbestand beherbergt viele Überraschungen. In der Hochsaison kann sich der Besucher auch mit einem Boot auf dem Tajo schippern lassen. Stündlich gibt es eine Fahrt. Haltestellen sind: Puente de Barca, Casa del Labrador und Casa de Marinos.

Casa del Labrador: Elegantes „Haus des Landarbeiters"

Die 2,5 km vom Eingang gelegene Casa del Labrador kann nur im Rahmen von kleinen Gruppen besichtigt werden und ist nach ihrer aufwendigen Renovierung ein kunsthistorisches Schmuckstück. Der Palast – zwischen 1791 und 1803 von Juan de Villanueva erbaut – mit seinen intimen Räumlichkeiten beherbergt auch eine interessante Bildersammlung sowie eine Skulpturensammlung griechischer Philosophen und Autoren. Faszinierend sind außerdem das mit viel Marmor, Bronze und Mahagoni aufwendig gestaltete Treppenhaus sowie die Böden und Deckenfresken in den einzelnen Salons. Eher kurios ist die reich ausgestattete Toilette des Palastes, für die der Künstler Antonio Marzal verantwortlich war. Voranmeldungen für eine Besichtung werden unter ✆ 918910305 entgegengenommen. Eintritt 3 €, Studenten/Rentner 2,25 €.

Museo de Falúas: Die spanischen Könige schätzten eine Fahrt über den Tajo. Mit welchem Aufwand diese Flussfahrten betrieben wurden, dokumentiert das kleine Marine-Museum, das in einem nüchternen Zweckbau untergebracht ist. Hier sind die reich verzierten Barkassen einiger Monarchen wie Carlos IV. oder Alfonso XII. zu sehen. Übrigens, auf dem Fluss Tajo werden im Sommer auch Bootsfahrten unternommen (Info ✆ 908401791).

🕐 Gärten (gratis) bis Sonnenuntergang (im Winter bis 18.30 Uhr, im Sommer bis 20.30 Uhr), Casa del Labrador und Museo de Falúas geöffnet 10–17.15 Uhr, (im Sommer bis 18.15 Uhr), Eintritt 3,40 €, Stud. 2,50 €, Mi für EU-Bürger gratis. Info-Tel. 918910305.

• *Essen* Gegenüber dem Marine-Museum ist in einer unter König Carlos IV. errichteten Burg am Tajo das Restaurant **El Castillo de 1806** untergebracht. Die efeuumrankte Wehranlage hatte nur dekorative Zwecke. Heute wird das elegante Ambiente gerne für Hochzeitsfeiern genutzt. Auch viele Besucher des Prinzen-Gartens lassen sich hier im Schatten gerne nieder. Gutes, wenn auch nicht ganz preiswertes Essen .

Museo Taurino/Stierkampfarena: An der Plaza de Toros, die 15 Minuten vom Stadtzentrum entfernt ist, kommen Liebhaber des Stierkampfs auf ihre Kosten. Der Eintritt in dieses Museum an der Puerta de Cuadrillas ist gratis. Die besten Zeiten, eine Corrida in Aranjuez zu sehen, sind die Fiesta de San Fernando Ende Mai und die Fiesta de Motín Anfang September.

🕐 Di–Do 11–19.30 Uhr, Infos unter ✆ 918921643.

Etwas Spanisch

Für Ihren Urlaub müssen Sie nicht unbedingt Spanisch lernen. Deutsch, Englisch und die Gebärdensprache reichen meist völlig aus, um einzukaufen, ein Auto oder Zimmer zu mieten. Wer aber näher mit den Menschen im Lande in Kontakt kommen möchte, wird schnell merken, wie erfreut und geduldig Spanier reagieren, wenn man sich ein bisschen Mühe gibt.

- *Aussprache des Spanischen:*

c: vor a, o, u wie k, vor e und i wie engl. "th" (cero = thero)

ch: wie tsch (mucho = mutscho)

g: vor a,o,u wie das deutsche g, vor e und i ählich dem deutschen ch, nur tief im Rachen etwa wie in "Ach du liebe Güte"

h: ist stumm (helado = elado)

j: wie ch (rojo = rocho)

ll: wie j (calle = caje), manchmal auch wie lj

ñ: wie nj (año = anjo)

qu: wie k (queso = keso)

v: wie leichtes b (vaso = baso), manchmal wie "w" (vino = wino)

y: wie j (yo = jo)

z: wie engl. "th" (zona = thona)

Minimal-Wortschatz / Grüße & Small Talk

Ja	sí
Nein	no
Bitte	por favor
Vielen Dank	muchas gracias
Entschuldigung	perdón
groß/klein	grande/pequeño
gut/schlecht	bueno/mal(o)
billig/teuer	barato/caro
mehr/weniger	mas/menos
mit/ohne	con/sin
offen/geschlossen	abierto/cerrado
Frau	señora
junge Frau	señorita
Herr	señor
Sprechen Sie Deutsch (Englisch)?	Habla usted alemán (inglés)?
Ich verstehe nicht	no entiendo
Guten Morgen (bis Mittag)	buenos días
Guten Tag (bis zum Abend)	buenas tardes
Guten Abend/ gute Nacht	buenas noches
Hallo	hola
Auf Wiedersehen	adiós
Wie geht's?	Cómo está?
Sehr gut, danke	muy bien, gracias

Fragen & Antworten / Zeiten & Tage

Gibt es ... ?	hay...?
Was kostet das?	Cuánto cuesta esto?
Wissen Sie ...?	Sabe usted ... ?
Ich weiß nicht	Yo no sé
Haben Sie ... ?	Tiene ... ?
Ich möchte ...	Quisiera ...
Kann/darf man ...?	Se puede...?
wo?/wann?	dónde?/cuando?
links/rechts	izquierda/derecha
geradeaus	todo derecho
hier/dort	aquí/allí
Morgen (bis Mittag)	mañana
Nachmittag/Abend	tarde
Nacht	noche
Montag	lunes
Dienstag	martes
Mittwoch	miércoles
Donnerstag	jueves
Freitag	viernes
Samstag	sábado
Sonntag	domingo
Werktage (Mo–Sa)	laborables
Feiertage	festivos
heute	hoy
morgen	mañana
gestern	ayer

Unterwegs / Im Hotel & Restaurant

Ich möchte mieten...	quisiera alquilar
ein Auto	un coche
ein Motorrad	una moto
Tankstelle	gasolinera
bleifreies Benzin	gasolina sin plomo
Diesel	gasoleo "A"
volltanken	lleno
parken	aparcar
Autobus	autobús
Bahnhof	estación
Haltestelle	parada
Fahrkarte	billete
hin und zurück	ida y vuelta
Abfahrt	salida
Ankunft	llegada
Ich möchte aussteigen	quisiero salir
Haben Sie ... ?	tiene ...?
ein Doppel- (Einzel-) Zimmer	una habitación doble (individual)
... für eine Nacht (Woche)	para una noche (semana)
mit Dusche/Bad	con ducha/baño
Frühstück	desayuno
Pension (Voll/Halb)	pensión (completa/-media)
Die Rechnung bitte	la cuenta por favor
Toiletten	servicios
Damen/Herren	Señoras/Hombres

Krankheit & Hilfe

Arzt	médico
Zahnarzt	dentista
Krankenhaus	hospital
Krankenwagen	ambulancia
Unfall	accidente
Ich habe Schmerzen (hier)	me duele (aquí)
Apotheke	farmacia

Zahlen

0	cero	*14*	catorce	*60*	sesenta
1	un/una	*15*	quince	*70*	setenta
2	dos	*16*	dieciséis	*80*	ochenta
3	tres	*17*	diecisiete	*90*	noventa
4	cuatro	*18*	dieciocho	*100*	cien
5	cinco	*19*	diecinueve	*110*	ciento diez
6	seis	*20*	veinte	*200*	doscientos
7	siete	*21*	veintiuno	*300*	trescientos
8	ocho	*22*	veintidós	*500*	quinientos
9	nueve	*23*	veintitrés	*1000*	mil
10	diez	*30*	treinta	*2000*	dos mil
11	once	*31*	treinta y uno	*5000*	cinco mil
12	doce	*40*	cuarenta	*10.000*	diez mil
13	trece	*50*	cincuenta		

Verlagsprogramm

Ägypten
- Ägypten
- Sinai & Rotes Meer

- **Baltische Länder**

- **Bulgarien** – Schwarzmeerküste

- **Dominikanische Republik**

Deutschland
- Allgäu
- Altmühltal
- Berlin & Umgebung
- *MM-City* Berlin
- Bodensee
- Franken
- Fränkische Schweiz
- Mainfranken
- Nürnberg, Fürth, Erlangen
- Ostseeküste – von Lübeck bis Kiel
- Rügen, Stralsund, Hiddensee
- Schwäbische Alb

- **Ecuador**

Frankreich
- Bretagne
- Côte d'Azur
- Elsass
- Haute-Provence
- Korsika
- Languedoc-Roussillon
- *MM-City* Paris
- Provence & Côte d'Azur
- Südfrankreich
- Südwestfrankreich

Griechenland
- Athen & Attika
- Chalkidiki
- Griechenland gesamt
- Griechische Inseln
- Karpathos
- Kefalonia & Ithaka
- Korfu
- Kos
- Kreta
- Kykladen
- Lesbos
- Naxos
- Nord- u. Mittelgriechenland
- Peloponnes
- Rhodos
- Samos
- Santorini
- Skiathos, Skopelos, Alonnisos, Skyros – Nördl. Sporaden
- Thassos, Samothraki
- Zakynthos

Grossbritannien
- Cornwall & Devon
- England
- *MM-City* London
- Südengland
- Schottland

- **Irland**

- **Island**

Italien
- Abruzzen
- Apulien
- Chianti – Florenz, Siena
- Dolomiten – Südtirol Ost
- Elba
- Gardasee
- Golf von Neapel
- Italien
- Italienische Riviera & Cinque Terre
- Kalabrien & Basilikata
- Liparische Inseln
- Marken
- Mittelitalien
- Oberitalien
- Oberitalienische Seen
- Piemont & Aostatal
- *MM-City* Rom
- Rom & Latium
- Sardinien
- Sizilien
- Südtirol
- Südtoscana
- Toscana
- Umbrien
- *MM-City* Venedig
- Venetien

Kroatien
- Istrien
- Kroatische Inseln & Küste
- Mittel- und Süddalmatien
- Nordkroatien – Kvarner Bucht

- **Malta**, Gozo, Comino

- **Niederlande**
- *MM-City* Amsterdam
- Niederlande

Norwegen
- Norwegen
- Südnorwegen

Österreich
- *MM-City* Wien
- Wachau, Wald- u. Weinviertel

Polen
- Polen
- Polnische Ostseeküste

Portugal
- Algarve
- Azoren
- *MM-City* Lissabon
- Lissabon & Umgebung
- Madeira
- Nordportugal
- Portugal – gesamt

Schweden
- Südschweden

Schweiz
- Genferseeregion
- Tessin

- **Slowenien**

Spanien
- Andalusien
- *MM-City* Barcelona
- Costa Brava
- Costa de la Luz
- Gomera
- Gran Canaria
- *MM-Touring* Gran Canaria
- Ibiza
- Katalonien
- Lanzarote
- La Palma
- *MM-Touring* La Palma
- Madrid & Umgebung
- Mallorca
- Nordspanien
- Spanien – gesamt
- Teneriffa
- *MM-Touring* Teneriffa

Tschechien
- *MM-City* Prag
- Südböhmen
- Tschechien – gesamt
- Westböhmen & Bäderdreieck

- **Tunesien**

- **Türkei**
- *MM-City* Istanbul
- Türkei – gesamt
- Türkei – Mittelmeerküste
- Türkei – Südküste
- Türkei – Westküste
- Türkische Riviera – Kappadokien

- **Ungarn**

- **Zypern**

Aktuelle Informationen zu allen Reiseführern finden Sie im Internet unter www.michael-mueller-verlag.de

Gerne schicken wir Ihnen auch das aktuelle Verlagsprogramm zu.

Michael Müller Verlag GmbH, Gerberei 19, 91054 Erlangen, Tel. 0 91 31 / 81 28 08-0; Fax 0 91 31 / 20 75 41; E-Mail: mmv@michael-mueller-verlag.de

Sach- und Personenregister

Madrid – Verzeichnis der Sehenswürdigkeiten

Umgebung von Madrid – Verzeichnis der Sehenswürdigkeiten